Annette Borchardt-Wenzel

Die Frauen am badischen Hof

Zu diesem Buch

Wer waren sie eigentlich, die Frauen an der Seite der badischen Großherzöge? Welche Rechte, welche Pflichten, welche Freiräume hatten sie? Besonders spannend sind die Lebensgeschichten der Frauen um Großherzog Karl Friedrich: Markgräfin Karoline Luise von Baden Durlach (1723–1783) erlebte den Anfall der baden-badischen Gebiete, nicht aber den Aufstieg ihres Gemahls zum Großherzog. Seine zweite Frau, Reichsgräfin Luise Karoline von Hochberg (1768–1820), kämpfte ihr Leben lang vergeblich um Anerkennung. Karl Friedrichs ehrgeizige Schwiegertochter Amalie (1754–1832) wurde durch den Tod ihres Mannes, des Erbprinzen Karl Ludwig, in eine tiefe Krise gestürzt. Luise von Preußen (1838–1923) schließlich, Tochter Kaiser Wilhelms I., war eine der energischsten und bedeutendsten deutschen Fürstinnen des 19. Jahrhunderts. Einfühlsam und anschaulich beschreibt Annette Borchardt-Wenzel das Leben von sieben zentralen Frauengestalten am badischen Hof und macht so ein Stück Geschichte auf unterhaltsame Weise lebendig.

Annette Bochardt-Wenzel, geboren 1962 in Bruchsal und aufgewachsen in Karlsruhe, studierte Geschichte und Deutsch in Mannheim. Seit 1988 ist sie als Redakteurin bei einer Tageszeitung tätig.

Annette Borchardt-Wenzel

Die Frauen am badischen Hof

Gefährtinnen der Großherzöge zwischen Liebe, Pflicht und Intrigen

Mit 25 Abbildungen

Piper München Zürich

FSC

Dieses Taschenbuch wurde auf FSC-zertifiziertem Papier gedruckt. FSC (Forest Stewardship Council) ist eine nichtstaatliche, gemeinnützige Organisation, die sich für eine ökologische und sozialverantwortliche Nutzung der Wälder unserer Erde einsetzt (vgl. Logo auf der Umschlagrückseite).

Ungekürzte Taschenbuchausgabe
Piper Verlag GmbH, München
1. Auflage Januar 2003
3. Auflage September 2005

Umschlag/Bildredaktion: Büro Hamburg
Isabel Bünermann, Julia Martinez/
Charlotte Wippermann, Katharina Oesten
Umschlagabbildung: Philipp Jakob Becker (»Karoline von Baden«)
Satz: Casimir Katz Verlag, Gernsbach
Papier: Munken Print von Arctic Paper Munkedals AB, Schweden
Druck und Bindung: Clausen & Bosse, Leck
Printed in Germany
ISBN-13: 978-3-492-23696-6
ISBN-10: 3-492-23696-0

www.piper.de

Inhalt

Einleitung

Wer im ehemals badischen Teil des Südweststaates lebt, stößt immer wieder auf ihre Namen: Karoline Luise, Amalie, Stephanie, Sophie, Luise und Hilda. Zahlreiche Örtlichkeiten und Institutionen tragen die Namen derjenigen Frauen, die einst das Leben der Großherzöge von Baden so entscheidend beeinflusst haben. Das nahe bei Gaggenau gelegene Hofgut „Amalienberg" beispielsweise erinnert an die „Schwiegermutter Europas", die „Karl-Friedrich-, Leopold- und Sophienstiftung" an ihre Enkelin, die Großherzogin Sophie. Das ehemalige Stephanienbad in Karlsruhe lässt an die Adoptivtochter Napoleons denken, die Bezeichnung „Luisenschwestern" an die energische Tochter Kaiser Wilhelms I. Nach Markgräfin Karoline Luise, der hochgebildeten Gemahlin des späteren Großherzogs Karl Friedrich, ist sogar eine in Mittelamerika beheimatete Pflanze benannt. Im Bundesgerichtshof vergisst man selten darauf hinzuweisen, dass man in den Mauern des einstigen Erbgroßherzoglichen Palais weilt, welches einst für Friedrich II. und seine Frau Hilda gebaut wurde. In fast jeder badischen Stadt sind Straßen zu finden, die nach den Fürstinnen benannt sind. Karoline Luise und Amalie sind allerdings vorwiegend im nordbadischen Raum vertreten, während die Großherzoginnen landesweit durch solche Namensgebungen geehrt wurden. Ein Frauenname, der für das Haus Baden von entscheidender Bedeutung ist, fehlt allerdings auf den Straßenschildern, hat weder für Mädchenpensionate noch Waisenhäuser oder Krankenanstalten herhalten dürfen: derjenige der Reichsgräfin Luise Karoline von Hochberg, der Mutter Großherzog Leopolds, der Großmutter Friedrichs I., der Urgroßmutter Friedrichs II. Wenn das nicht vielsagend ist!

Geschichte ist im Alltag überall präsent. Sie begegnet uns in Bauwerken, Denkmälern, Institutionen, Zeitungen, Rundfunk und Fernsehen, oft auch in der persönlichen Erinnerung älterer Mitbürger. Jede Frau und jeder Mann hat ein gewisses, wenn auch oft nur rudimentäres historisches Wissen. Jeder hat eine ungefähre Vorstellung davon, wie die Welt in der Vergangenheit ausgesehen haben könnte. Und jeder verfügt über das Bewusstsein, dass die eigene Gegenwart etwas mit dieser Vergangenheit zu tun hat.

Dieses Bewusstsein macht neugierig. Sich an Vergangenes zu erinnern ist ein menschliches Grundbedürfnis. Doch bis heute schlagen viele Geschichtswissenschaftlerinnen und Geschichtswissenschaftler dem historisch interessierten Laienpublikum die Tür zur Vergangenheit vor der Nase zu. Vor allem deutsche Historiker empfinden allergrößtes Misstrauen, wenn Geschichte zur „Unterhaltung" herhalten soll. Obwohl populäre Geschichtswerke seit dem 19. Jahrhundert zur bevorzugten Lektüre gebildeter Bevölkerungsschichten gehören – man denke nur an Bestseller wie Gustav Freytags „Bilder aus der deutschen Vergangenheit", an Franz Kuglers „Geschichte Friedrichs des Großen" oder, in neuer Zeit, an Golo Manns „Wallenstein" oder an Barbara Beuys' „Der große Kurfürst" – werden die Bücher für die „Massen" von den Forschern meist verächtlich abgetan. Wer Geschichte ganz einfach erzählen will statt sie im kritischen Diskurs von Vergangenheit und Gegenwart zu entwickeln, der hat einen schweren Stand in den hehren Reihen der Geschichtsforscher.

Dieses Buch, in dessen Mittelpunkt die Frauen an der Seite der badischen Großherzöge stehen, entstand auf der Grundlage wissenschaftlicher Darstellungen und gedruckter Quellen. Aber ist es kein wissenschaftliches Buch. Mit diesem Buch will ich nicht nur informieren, sondern auch unterhalten. Nicht gesellschaftliche Strukturen oder politische Entwicklungen stehen im Mittelpunkt des Interesses, sondern Individuen mit ihren Stärken und Schwächen, ihren Hoffnungen, ihren genutzten und ungenutzten Möglichkeiten, ihren Erfolgen und ihrem Versagen. Der Gedanke, dass sich Leserinnen und Leser in die geschilderten Persönlichkeiten hineinversetzen könnten, hat für mich nichts Erschreckendes. Kritische Distanz bietet letztlich ohnehin keine Gewähr für Objektivität. Wer sich mit einer historischen Persönlichkeit identifiziert, der versucht auf seine Weise, Vergangenheit zu verstehen. Es ist ein möglicher Zugang zur Geschichte – und bestimmt nicht der Schlechteste.

Dass von den Frauen an der Seite mächtiger Männer eine ganz besondere Faszination ausgeht, beweist die Regenbogenpresse jeden Tag. Die eigentümliche Situation von Fürstengattinnen zwischen Macht und Ohnmacht beflügelt von je her die Fantasie von Frauen und Männern. Der Mythos, der um eigenwillige Fürstinnen wie Kaiserin Elisabeth von Österreich (Sissi) oder Königin Luise von Preußen gewoben wurde, nährt sich nicht zuletzt aus diesem Spannungsfeld. Auch am großherzoglich-badischen Hof gab es eine ganze Reihe starker Frauen, die sich nicht in gängige Normen pressen ließen.

Wer waren die Frauen an der Seite der badischen Großherzöge? Waren sie Kämpferinnen oder lag ihre Stärke in der Duldsamkeit? Welche Rechte, welche Pflichten, welche Freiräume hatten die Gemahlinnen der Fürsten? Wie standen sie zu ihren Männern und wie standen die Fürsten zu ihnen? Beschränkten sich die Fürstinnen darauf zu repräsentieren, oder versuchten sie, politischen Einfluss zu nehmen? In welchem Ansehen standen die „Landesmütter" bei ihrem Volk? Was leisteten sie wirklich für die Menschen im Land? Was waren ihre Ziele; welche Mittel standen ihnen bei deren Durchsetzung zur Verfügung? Und nicht zuletzt: Erreichten die Frauen ihre selbst gesteckten Ziele oder scheiterten sie? Diese Fragen behielt ich immer im Auge, als ich das Material für die Frauenbiographien sammelte. Manchmal wurde mir dabei ganz ehrfurchtsvoll zu Mute. Dann wieder hatte ich das Gefühl, mich im falschen Film zu befinden. Denn – mal ganz ehrlich – manche Episode im Leben der badischen Fürstinnen liest sich, als stamme sie aus einem Groschenroman. Die Geschichte schreibt eben die besten Geschichten.

Bei den hier vorliegenden Biographien wurde versucht, die historischen Ereignisse aus der jeweiligen Perspektive der einzelnen Frau zu betrachten. Es entstanden dadurch Lebensbeschreibungen, die unabhängig von einander gelesen werden können. Das hat zwar den Nachteil, dass Wiederholungen einzelner Ereignisse nicht konsequent vermieden werden können – aber es ist meiner Ansicht nach ungeheuer spannend festzustellen, wie unterschiedlich sich die gleichen Ereignisse auf die verschiedenen Frauen ausgewirkt haben beziehungsweise wie unterschiedlich die Frauen reagierten.

Besonders reizvoll ist dieses Unterfangen bei den vier Frauen um Großherzog Karl Friedrich, deren Lebenswege sich teilweise kreuzten und die gegenseitig so wenig Sympathie füreinander empfanden. Bei Markgräfin Karoline Luise von Baden-Durlach, der ersten Frau Karl Friedrichs, setzt das Buch ein. Die hochgebildete Frau hat zwar noch den Anfall der baden-badischen Gebiete miterlebt, nicht aber den Aufstieg ihres Gemahls zum Großherzog. Karl Friedrichs Schwiegertochter Amalie ist die Zweite in der Reihe. Sie war die Frau des Erbprinzen Karl Ludwig, dessen unerwarteter Tod die ehrgeizige Prinzessin in eine tiefe Krise stürzte. Ihr Lebenstraum, regierende Fürstin zu werden, war zerstört. Berühmt wurde die Dame, die Napoleon als „einzigen Mann am badischen Hof" bewunderte, statt dessen als „Schwiegermutter Europas". Die dritte Biographie widmet sich der Reichsgräfin Luise Karoline von Hochberg, der zweiten, aber unebenbürtigen Gemahlin Karl Friedrichs. Diese Frau, der ihre Zeitgenossen so ziemlich jede Gemeinheit zutrauten, kämpfte ihr Leben lang vergeblich um Anerkennung. Die vierte bedeutende Frau schließlich, die viel Wirbel in Karl Friedrichs letzte Lebensjahre brachte, war Stephanie Napoleon, die Adoptivtochter des Franzosenkaisers, die mit dem Enkel des greisen Fürsten vermählt wurde. Sie war nach Karl Friedrichs Tod die erste Großherzogin von Baden.

Stephanie hatte als regierende Fürstin von Baden drei Nachfolgerinnen: die Großherzoginnen Sophie, Luise und Hilda. Mit diesen drei Frauen beschäftigen sich die weiteren Kapitel dieses Buches, wobei der Großherzogin Luise mit Abstand am meisten Raum eingeräumt wird. Luise, Tochter Kaiser Wilhelms I. und Enkelin der berühmten Königin Luise von Preußen, gehört zwar keineswegs zu den schillerndsten, aber mit Sicherheit zu den energischsten und wohl auch zu den bedeutendsten deutschen Fürstinnen des 19. und frühen 20. Jahrhunderts.

Wie oben erwähnt – dies ist kein wissenschaftliches Werk. Deshalb fehlen ihm auch viele Merkmale, die wissenschaftliche Werke sonst auszeichnen. Weil dieses Buch von dem Gedanken getragen ist, dass Geschichte Spaß macht (und Spaß machen soll), habe ich auf möglichst allen gelehrten „Ballast" verzichtet. So habe ich im Interesse der leichten Lesbarkeit und Überschaubarkeit darauf geachtet, sparsam mit Namen, Örtlichkeiten und Jahreszahlen umzugehen. Hingegen konnte es nicht ausbleiben, dass zumindest Grundzüge der politischen Geschichte Badens erläutert werden. Auch finden sich immer wieder Hinweise auf höfische Frauen- und Familienvorstellungen, die vom heute gängigen Familienbild, das sich im 19. Jahrhundert herausbildete und zur gängigen Norm erstarrte, teilweise erheblich abweichen.

Der besseren Lesbarkeit wegen wurde bei diesen Biographien außerdem auf Fußnoten verzichtet. Wer sich intensiver mit der Geschichte der Frauen am badischen Hof beschäftigen will, findet unter „Anmerkungen" Hinweise zur grundlegenden Lektüre und zum Stand der wissenschaftlichen Forschung. Ein Verzeichnis der verwendeten Literatur ist dem Buch beigefügt. Soweit in den Biographien historische Persönlichkeiten zitiert werden, sind diese Aussagen den Quellen bzw. Darstellungen entnommen.

Karoline Luise

Eine fleißige Prinzessin von Hessen-Darmstadt

Im Jahr 1723 erhielt Markgraf Karl Wilhelm von Baden-Durlach, der Gründer der Stadt Karlsruhe, einen Brief, von dessen Inhalt er pflichtschuldigst Notiz nahm, dem er aber ansonsten wenig Bedeutung beimaß. In diesem Schreiben teilte der regierende Landgraf von Hessen-Darmstadt, Ernst Ludwig, seinem „freundlich geliebten Herrn Vetter" mit, dass seine Schwiegertochter, die Erbprinzessin, am 11. Juli ihrer „Leibsbürde in Gnaden entbunden" sei. Die Familie war mit einer kleinen, wohlgestalteten Prinzessin gesegnet worden. Weil die Häuser Baden-Durlach und Hessen-Darmstadt befreundet waren, wollte der Landgraf seinem geliebten Vetter die junge Prinzessin als Patenkind „offerieren". Eine Antwort hatte der alte Herr gar nicht erst abgewartet, denn die Wahrscheinlichkeit, dass der badische Vetter diese Ehre ablehnen würde, ging gegen Null. Als der Brief ankam, war das Baby längst getauft. Ernst Ludwig hatte einfach bei der Taufe seiner Enkeltochter den noch gar nicht unterrichteten Paten vertreten. Der Säugling hatte den Namen Karoline Luise erhalten. Dem Markgrafen von Baden-Durlach war es recht. Fast 28 Jahre später sollte die hessische Prinzessin, deren Gevatter Karl Wilhelm so überraschend geworden war, seinen Enkel heiraten und Herrin im Karlsruher Schloss werden.

Ein eigenartiges Mädchen hatte an jenem 11. Juli 1723 das Licht der Welt erblickt. Karoline Luise war das vierte Kind des Erbprinzen Ludwig von Hessen-Darmstadt und seiner Gemahlin Charlotte, einer geborenen Hanau-Lichtenberg. Zwei Söhne, Ludwig und Georg Wilhelm, hatte die Erbprinzessin bereits zur Welt gebracht und ein Töchterlein, das aber im zarten Alten von nur drei Monaten gestorben war. Erbprinzessin Charlotte betete darum, dass die kleine Karoline ihrer Schwester nicht bald folgen möge, denn das Baby erwies sich als kränklich und anfällig für allerlei üble Bauchschmerzen. Koliken schüttelten das zarte Geschöpf und das permanente Gebrüll des Säuglings brachte die übermüdeten Wärterinnen an den Rand des Wahnsinns. Doch was kaum jemand zu hoffen wagte, geschah: Der magere Körper setzte Fett an und bald tat Karolinchen am Gängelband die ersten unbeholfenen Schritte. Mutter Charlotte allerdings war viel zu sehr mit ihren Pflichten als Erbprinzessin und mit ihren Schwangerschaftsbeschwerden beschäftigt, als dass sie sich intensiv um das drollige Mädchen mit den runden Backen, dem dicken Näschen und der vorgewölbten Unterlippe hätte kümmern können. Es waren noch keine zwei Jahre seit Karolines Geburt ins Land gegangen, da brachte Charlotte eine weitere Tochter, Luise Auguste Magdalene, zur Welt. Schon im Mai 1726 folgte Söhnchen Johann Friedrich Karl. Die 26-jährige Erbprinzessin von Hessen-Darmstadt erholte sich von den Strapazen dieses Kindbetts nicht mehr. Erschöpft von sechs schweren Geburten und ausgezehrt von allerhand Krankheiten schloss sie am 1. Juli 1726 für immer die Augen. Töchterchen Karoline war noch nicht ganz drei Jahre alt.

Beim Tod der Erbprinzessin wurde, wie üblich, Hoftrauer verhängt, aber kaum jemand sah Anlass, die fünf kleinen Kinder der Verstorbenen besonders zu bedauern. Frauen starben nun einmal bei Geburten und für die fürstlichen Kinder war ja bestens gesorgt. Karoline Luise und ihre Geschwister lebten in einer höfischen Welt, deren Mittelpunkt ihr Großvater, der alte Landgraf Ernst Ludwig, war. Wie sein Durlacher Vetter, der Markgraf Karl Wilhelm, war Ernst Ludwig ein durch und durch barocker Fürst. Ein kleiner Herrscher, der sich den vom Sonnenkönig in Frankreich vorgelebten Absolutismus zum Beispiel nahm. Die französischen Kriege und der Spanische Erbfolgekrieg hatten Ernst Ludwigs kleines Land in ein kaum lösbares finanzielles Dilemma gestürzt. Das hinderte ihn jedoch nicht daran, sein fürstliches Selbstverständnis aufs Prunkvollste auszuleben. Ernst Ludwigs Leidenschaft war die Jagd – und in diese Passion flossen immense Beträge. Nun war der Landgraf aber kein gewissenloser Verschwender, denn er arbeitete intensiv an der Erschließung neuer Geldquellen. Durch alchemistische Experimente hoffte Karolines Großvater, seiner finanziellen Misere Herr zu werden: Er wollte das Elixier entdecken, das unedle Metalle in Gold verwandeln konnte. Dabei ging der ansonsten so schlaue Mann allerlei windigen Goldmachern und üblen Betrügern auf den Leim – sehr zum Schaden der Darmstädter Staatsfinanzen.

Abgesehen von seinen im Hochadel üblichen Leidenschaften und einer heftigen Neigung zum Aberglauben, war Karolines Großvater väterlicherseits ein frommer Lutheraner, der sehr darauf achtete, dass seine Enkel im christlichen Sinne erzogen wurden. Karoline und ihre Schwester vertraute er dem Brauch gemäß einer Hofmeisterin an. Seine männlichen Enkelkinder hingegen schickte Ernst Ludwig zur Erziehung nach Buchsweiler, der Hauptstadt der im Elsass gelegenen Gebiete der Grafschaft Hanau. Diese Gebiete sollten die Kinder der verstorbenen Erbprinzessin Charlotte später einmal als mütterliches Erbe erhalten. Denn Karolines Mutter war die einzige Tochter Johann Reinhards III. von Hanau-Lichtenberg gewesen. Charlottes Vater hatte alle Hebel in Bewegung gesetzt, um das weibliche Nachfolgerecht durchzusetzen; er wünschte um nichts in der Welt, dass seine Ländereien im Elsass der französischen Krone zufallen sollten. So waren zwar auch Karoline und ihre Schwester Luise Erbinnen der elsässischen Güter, doch sollten sie, wie es sich für Mädchen gehörte, unter der Aufsicht ihrer nächsten Verwandten in Darmstadt bleiben. Wie es damals üblich war, wurden die beiden Mädchen im christlichen Sinne, aber mit harter Hand und ohne zimperliches Eingehen auf kindliche Wünsche erzogen.

Die kleine Karoline litt unter massiven Verdauungsproblemen. Ihr Leib war häufig schmerzhaft geschwollen. Ihre Betreuerinnen reagierten darauf, indem sie den aufgedunsenen Bauch gnadenlos einschnürten. Von wegen Schonkost! Schon im zarten Alter kamen die Fürstenkinder in den „Genuss" schwerer höfischer Speisen. Reichte man Karolinchen stark blähendes Essen, traten ihr Tränen in die Augen. Wusste sie doch, dass die Damen ihr das Mahl unnachsichtig eintrichtern würden, sollte sie es verweigern. Kohl oder Rüben hatten besonders schlimme Auswirkungen: Karoline wand sich nach einem solchen Essen in Krämpfen. Doch ihr offensichtliches Unwohlsein führte keineswegs dazu, dass der Koch dem kleinen Mädchen leichtere Mahlzeiten bereitete. Im Gegenteil. Um den schwachen Leib abzuhärten, flößten die Damen dem Kind mit Gewalt Hülsenfrüchte und Kraut ein. Dass Karoline sich nach dieser Tortur regelmäßig übergab, wurde als ebenso bedauerliches wie lästiges Ungemach hingenommen, änderte an der Behandlung aber rein gar nichts.

Immerhin brauten die Damen der kleinen Prinzessin Tränke aus Anis und Fenchel, um das Erbrechen zu lindern. Da diese jedoch nicht die gewünschte Wirkung hatten, griffen die Hofdamen zu einer Medizin, die vielerorts noch bis an die Schwelle des 20. Jahrhunderts als Allheilmittel galt: Wein. Karoline Luise war noch keine zehn Jahre alt, als ihr nach jedem Essen ein Glas Rheinwein zur besseren Verdauung aufgedrängt wurde. Um den gesundheitsfördernden Effekt weiter zu steigern, ergänzten die Damen die Mahlzeiten des kleinen Mädchens oft noch zusätzlich durch Tokaier, Burgunder oder Liköre. Auch in anderer Beziehung setzten die Erzieherinnen in Darmstadt auf Abhärtung: Ob es Katzen hagelte, schneite oder die Sommerhitze brütete – am Nachmittag mussten die Töchter des Erbprinzen entweder ausfahren oder spazieren gehen. Einem Arzt, der eine solche Bezeichnung auch nur im Entferntesten verdiente, wurden die kleinen Prinzessinnen in ihren ersten Lebensjahren nicht vorgeführt. Zwar schienen die Mädchen ähnlich anfällig zu sein wie ihre verstorbene Mutter, doch man vertraute auf Hausmittel – oder, wie Karoline selbst sagte: auf den Rat einiger alter Frauen. In einem Zeitalter, in dem 50 Prozent der Buben und Mädchen vor Erreichen des zehnten Lebensjahres starben, hätte man es als herausgeschmissenes Geld betrachtet, einen Arzt zu konsultieren. Zumal ja Karoline und ihre Schwester nur Mädchen waren. Ihr Leben spielte für den Fortbestand der Dynastie eine untergeordnete Rolle.

So wahnwitzig die hochprozentigen Therapien am Darmstädter Hof uns heute vorkommen mögen – ganz offensichtlich hat der frühe Alkoholkonsum der intellektuellen Entwicklung der Prinzessin Karoline Luise keinen Abbruch getan. Zu ihrer körperlichen Genesung allerdings trug der reichliche Weingenuss auch nicht bei – Karoline kämpfte ihr Leben lang mit heftigen Magen- und Darmbeschwerden. Doch vor 300 Jahren galt das „Verzärteln" von Kindern als vollkommen unangemessen. Selbst wenn sie lebensbedrohlich krank waren, hatten sie sich den Regeln der Gesellschaft zu unterwerfen. Als Karoline zehn Jahre alt war, erkrankte sie an den Pocken. Ihr ehedem rundlicher Körper rang verzweifelt um sein junges Leben. Vier Wochen lang wälzte sich die Prinzessin auf ihrem Lager. Sie brachte fast keine Nahrung über ihre Lippen, magerte ab bis auf die Knochen. Doch kaum war das Schlimmste überstanden, kaum konnten Karolines Füße ihr Gewicht wieder tragen, da war die Schonzeit auch schon vorbei: Von sieben Uhr morgens bis abends um zehn diktierte der höfische

Stundenplan wieder, was die kleine Prinzessin zu tun und zu lassen hatte.

Und er diktierte gnadenlos. Zum Glück war Karoline nicht nur ein äußerst pflichtbewusstes, sondern auch ein unglaublich wissbegieriges junges Mädchen. Französisch sprach sie schon als kleines Kind beinahe perfekt. Die einfachen Dienerinnen mochten den plumpen hessischen Dialekt sprechen (den Karoline prompt übernahm und im Gespräch mit den Dienstboten ohne alle Hemmungen reproduzierte) – höher gestellte Damen parlierten selbstverständlich in der Sprache der eleganten Welt. Und das war allemal Französisch.

Die stupide Auswendiglernerei, die man im 18. Jahrhundert als einzige Lehrmethode praktizierte, hemmte Karoline wenig, da ihr reger Geist unweigerlich begann, Gehörtes oder Gelesenes zu analysieren und zu systematisieren. Weil es für die Prinzessin selbstverständlich war, den Unterrichtsstoff nicht nur gedankenlos wiederzukäuen, sondern ihn weiter zu entwickeln, war ihr das Lernen keine Last, sondern eine Lust. Hinzu kam, dass ihr „Informator", der Hauslehrer der Darmstädter Prinzessinnen, ein überaus geistreicher Mann mit einem für die damalige Zeit ungewöhnlichen Einfühlungsvermögen in kindliche Bedürfnisse war. Im frühen 18. Jahrhundert galt es als verderblich, Kindern gegenüber Nachsicht zu üben. Wer seine Kinder liebte, der züchtigte sie, und der hohe Wert des Pflichtbewusstseins (auch schon im zartesten Alter) wurde in der beginnenden Aufklärung höher gehalten denn je. Was für den erzieherischen Alltag im Allgemeinen bedeutete: Den Kindern wurde befohlen, die Kinder hatten zu gehorchen – und bei Nichtbefolgen der erzieherischen Maßregeln drohten drakonische und äußerst schmerzhafte Strafen. Mädchen und Jungen am Hofe waren in dieser Beziehung keineswegs bevorzugt. Gerade weil die absoluten Fürsten allmählich begannen, sich dem Pflichtgedanken zu verschreiben, verlangten sie ihrem Nachwuchs ein Höchstmaß an Gehorsam ab. Und diesen Gehorsam sahen sie keineswegs als Widerspruch zu den Privilegien ihres Standes, sondern als logische Ergänzung.

Dass in Hessen-Darmstadt die junge Karoline Luise dem Informator Johann Peter Job anvertraut wurde, erwies sich als Glücksfall. Job war gerade 20 Jahre alt, als er an den Darmstädter Hof kam. Er war ein hoch gebildeter Mann, der seinen Gedanken gerne die Freiheit gestattete, sich über die Enge des kirchlichen und höfischen Lebens zu erheben. Als brillanter Redner verstand er es, diese Gedanken in Worte zu kleiden. Karoline war tief beeindruckt von diesen geistigen Höhenflügen und eiferte ihrem Lehrer mit erstaunlicher Beflissenheit nach. Job seinerseits war fasziniert von diesem schwächlichen Mädchen, das so über seine Jahre reif war und geradezu unersättlich alles Neue aufsog. Er tat, was gute Lehrer seit Jahrhunderten tun: Er nahm seine Schülerin ernst. Er versuchte nicht, ihr ein starres Korsett des Wissens überzustülpen, sondern er bemühte sich, Karolines vielfältige Begabungen, die er neidlos anerkannte, zu fördern. Job hatte Respekt vor Karoline und Karoline respektierte ihren Lehrer. Wenn der junge Theologe predigte, notierte sich die Prinzessin die wichtigsten Gedanken seiner Kanzelreden, um sie anschließend auszuarbeiten und mit ihm zu diskutieren. Die Prinzessin und ihr Lehrer wurden Freunde im besten Sinne des Wortes.

Karoline Luise war 16 Jahre alt, als ihr Großvater, Landgraf Ernst Ludwig, starb. Plötzlich fand sich die junge Prinzessin in der Rolle der ersten Dame ihres Landes wieder. Ihr Vater, Ludwig VIII., hatte nach dem Tod von Karolines Mutter nicht mehr geheiratet, und so sah sich Karoline jetzt zu Repräsentationspflichten genötigt. Obwohl ihr diese Rolle viel Zeit stahl, die sie lieber mit ihren Büchern zugebracht hätte: Sie füllte sie klaglos und mit viel Charme aus – und bewältigte beinahe nebenbei ihr Unterrichtspensum, das 60 Wochenstunden in Anspruch nahm.

Geschichte war das wichtigste Unterrichtsfach. Es wurde ergänzt durch Wappenkunde und Genealogie, zwei Fächer, denen regierende Fürstenhäuser gar nicht genug Wert beimessen konnten. Der Deutschunterricht war als einziges Fach für Karoline eine Qual. Ihr französisch geschulter Geist hatte immense Probleme damit, über die Niederungen des hessischen Dienstboten-Dialekts zu den Schönheiten der deutschen Hochsprache vorzudringen. Latein dagegen, die Sprache der Gelehrten, fiel der systematisch denkenden Karoline leicht. Französisch war ihr ohnehin die liebste Sprache und hier entwickelte sie einen unglaublichen Ehrgeiz. Stundenlang feilte sie an ihren Aufsätzen herum. Sie war stets bemüht, es zu einer geschliffenen und unübertrefflich eleganten Form des Ausdrucks zu bringen.

Mit nicht ganz so viel Elan, aber mit dem gehörigen Respekt widmete sich Karoline der Religion und ethischen Fragen. Religion war im 18. Jahrhundert das zentrale Element jedes Schulunterrichts, ganz gleich ob in bescheidenen Bürgerhäusern oder in den Palästen der Fürsten. Hinzu kamen für Karoline Erdkunde und

Physik sowie die Mythologie. Die Kenntnis von Sagen des klassischen Griechenlands und des alten Roms waren im 18. Jahrhundert unverzichtbar für alle Leute, die am kulturellen Leben teilhaben wollten. Die bildende Kunst, die Musik und die Literatur widmeten sich damals mit Vorliebe antiken Heldengestalten, seien sie nun männlich oder weiblich.

Karoline Luises Ausbildung konnte es durchaus mit dem Lehrplan männlicher Fürstenkinder aufnehmen. Was ihr jedoch versagt blieb, war der – für Männer ihres Standes unverzichtbare – Unterricht im Reitsport und in der Kriegskunst. Auch die „grand tour", die oft viele Monate dauernde Bildungsreise junger Fürstensöhne durch Europa, kam für Karoline natürlich nicht in Frage. Ihre „Hochfürstliche Durchlaucht", die Prinzessin Karoline Luise von Hessen-Darmstadt, war mit 18 Jahren reif für eine Heirat. Sie hätte auf dem europäischen Heiratsmarkt (jedenfalls für die protestantischen Fürsten) als geradezu ideale Partie gelten können, wäre Hessen-Darmstadt nicht so hoffnungslos verschuldet gewesen.

Luises Vater kämpfte, was die Staatsfinanzen anbelangte, gegen Windmühlen. Anno 1740 beklagte sich die Hofmeisterin der Prinzessin darüber, dass den Bediensteten Karoline Luises seit sechs Jahren kein Lohn mehr ausgezahlt worden sei. An Karolines Lebensführung lag es nicht, wenn am Hof an allen Ecken und Enden geknausert werden musste. Die Prinzessin führte schon seit Jahren selbst über ihre geringsten Ausgaben Buch. Das Pflichtgefühl, das Lehrer Job in ihr zu wecken gewusst hatte, ließ nicht zu, dass sie gedankenlos Geld ausgab. Und so teilte die Prinzessin das „glanzvolle Elend" vieler Hofdamen ihrer Zeit: Sie sah sich aus Prestigegründen gezwungen, einen Aufwand bei Dienerschaft, Festlichkeiten und Garderobe zu betreiben, den sie sich eigentlich nicht leisten konnte.

Ihrem Bruder Fritz berichtete Karoline Luise im Sommer 1744 von einem wunderschönen Kleid, das sie sich bestellt hatte: Es handelte sich um ein Pariser Modell aus weißer Seide mit eingewebten goldenen Blumenmustern. Karoline war hingerissen von dieser Robe. Weniger begeistert allerdings war sie von dem Preis, den die Kleidermacherinnen für das Traumgewand verlangten. Und weil bei Karoline die Vernunft meist über die Begeisterung siegte, bot sie das Kleid kurz entschlossen der Herzogin von Württemberg an – unter der Hand und etwas unter Preis. Europas Klatschchronisten würden sich Jahre später über Karolines Pfennigfuchserei und ihre ans Kleinliche grenzende Sparsamkeit lustig machen, ohne auch nur anstandshalber zu erwähnen, aus welch bitterer Notwendigkeit diese herrührte.

Der neue Landgraf legte wenig Wert auf Repräsentation und lebte, wie zuvor sein Vater, vor allem für die Jagd. Karolines höfische Pflichten blieben daher auf ein für sie erträgliches Maß begrenzt und sie hatte viel Zeit für ihre Studien. Ihre Schwester Luise war im Jahr 1742 im Alter von 17 Jahren einem Lungenleiden erlegen. Karoline hatte sich, ihrer Gefährtin beraubt, fortan noch mehr in ihre Bücher vergraben.

Die Entwicklung des Österreichischen Erbfolgekrieges beobachtete Karoline mit nüchternem Interesse, doch berührten die Ereignisse ihren Alltag kaum. Die Prinzessin eignete sich allmählich ein geradezu enzyklopädisches Wissen an. Trotz ihrer wissenschaftlichen Neigungen galt die junge Fürstin aber als ein ganz reizendes Geschöpf. Die aufgeklärten Höfe waren gebildeten Frauen freundlich gesonnen. Nahm Karoline an Festen teil, war ihr Benehmen untadelig, und ihre Begabung für ebenso anspruchsvolle wie anregende Plaudereien war legendär. Karoline war keineswegs ein verschlossener Mensch, wie man aus ihrem Lerneifer schließen könnte. Und sie war alles andere als ein Mauerblümchen. Ihr gesundes Selbstbewusstsein ließ sie vor den Vertretern ungleich mächtigerer Fürstenhäuser keinerlei Scheu empfinden. Bei großen Ereignissen wie der Krönung des Kurfürsten von Bayern zu Kaiser Karl VII. im Jahr 1742 knüpfte die damals 19-Jährige viele Kontakte. Als drei Jahre später Franz I., der Gemahl Maria Theresias, zum Kaiser gekrönt wurde, nahm Karoline auch an diesen Festlichkeiten bei. Sie freute sich darauf, der Kaiserin ihre Aufwartung zu machen, denn die Hartnäckigkeit, mit der Maria Theresia als Frau ihre Ansprüche auf die Kaiserkrone durchgefochten hatte, weckte Karolines höchste Bewunderung. Es sollte sich bei den wenigen Begegnungen im Herbst 1745 zwischen der 28-jährigen Maria Theresia und der 22-jährigen Prinzessin von Hessen-Darmstadt eine lebenslange Freundschaft entwickeln, die in einem regen Briefwechsel Ausdruck fand.

Karoline Luise war mit ihrem Dasein zufrieden. Natürlich dachte sie auch an eine Heirat. Der Gedanke, sich zu vermählen, erschreckte sie nicht, ließ sie aber auch nicht in Vorfreude erbeben. Prinzessinnen wurden dafür erzogen, ihrem Haus Ehre zu machen und standesgemäß zu heiraten. Sie wuchsen in der Überzeugung auf, dass die Dynastie, der sie entstammten, jedes persönliche Opfer wert sei. Die intensive Beschäftigung mit ihren Ahnen, mit der Familiengeschichte und der Historie der verwandten Fürstenhäuser schuf in den jungen Frauen das kaum zu erschütternde Bewusstsein, Teil eines erhabenen Ganzen zu sein. Die Loyalität ihren Familien gegenüber war selbstverständlich. Was Eheschließungen anging, so galten die Interessen der Dynastie für weit wichtiger als irgendwelche Neigungen „alberner" junger Mädchen. Oft fiel eine Entscheidung fürs Leben, ohne dass die Brautleute sich je vorher gesehen hatten. Liebe und erotische Anziehungskraft spielten keine Rolle; es wurde jedoch erwartet, dass die Ehepartner sich mit gegenseitiger Achtung und höflichem Respekt begegneten. Denn ein Heiratsprojekt war ein politisches Geschäft von höchster Bedeutung.

Karoline war knapp 20, als Verhandlungen zwischen den Höfen von Hessen-Darmstadt und Hannover aufgenommen wurden. Georg II., der zugleich Kurfürst von Hannover und König von England war, suchte eine Frau für einen seiner nachgeborenen Söhne, den Duke of Cumberland. Karoline galt als passende Partie, zumal die verstorbene Gemahlin Georgs eine Patin der Darmstädter Prinzessin gewesen war. Der englische König nahm Karoline sogar höchstpersönlich in Augenschein und sagte später, er habe in ganz Deutschland keine so wohlerzogene und vollkommene Fürstentochter gefunden wie sie. Trotzdem schleppten sich die Verhandlungen hin und wurden schließlich ganz abgebrochen. Der Duke of Cumberland blieb unvermählt.

Der Landgraf von Hessen-Darmstadt hatte für seine Tochter aber noch ein weiteres Eisen im Feuer. Der Erbprinz von Schwarzburg-Rudolstadt warb um Karoline Luise. Der Gedanke an diese Heirat allerdings war der Auserwählten höchst zuwider, obgleich sie als pflichtbewusste Tochter der Partie grundsätzlich zugestimmt hatte. Karoline schaltete sich jedoch selbst in die Verhandlungen um den Ehevertrag ein und empörte sich lautstark über die Knickerigkeit des Schwarzburger Hofes. Die vorgesehene Apanage sei viel zu niedrig; zudem verlangte die Prinzessin neben zwei Hoffräulein und einem Hofmeister noch einen Kammerjunker. Karoline, die ihren Freier von ganzem Herzen verabscheute, war überzeugt davon, dass sie unter den vorgesehenen Umständen in Schwarzburg wie eine Sklavin gehalten würde. Sie flehte ihren Vater an, sie nicht ins Unglück zu stürzen.

Ludwig, der die einzig ihm verbliebene Tochter zärtlich liebte, bemühte sich selbst um Nachbesserungen bei den Vertragsbedingungen. Über die strikte Ablehnung seiner Anliegen aus Schwarzburg – er betrachtete sie als „Schikane“ – war er überaus verschnupft. Er hatte das Gefühl, dass seine Tochter, Spross eines alten Geschlechts, von einer „neuen“ Familie, die erst 1697 in den Reichsgrafenstand erhoben worden war, nicht recht gewürdigt wurde. Die Verhandlungsführer in Rudolstadt waren allerdings nicht sensibel genug, die Verärgerung des Brautvaters zu bemerken, und fragten ungeniert an, wann denn der Ehevertrag unterzeichnet werden könne.

Der beleidigte Ludwig stellte es jetzt seiner Tochter anheim, über die Eheschließung zu entscheiden. Karoline war zutiefst beglückt über diese Wendung. Sie teilte ihrem Vater ungeschminkt mit, dass diese Heirat sie zur unglücklichsten Person der Welt machen würde. Worauf der Landgraf seinem Geheimratskollegium mitteilte: „Ich will keines meiner Kinder zwingen, sich zu verheiraten, vor allem nicht gegen deren Neigung.“ Eine Bemerkung, die bei vielen Standesgenossen Ludwigs erstauntes Kopfschütteln hervorrief. Wer um Gottes willen war dieser Landgraf, der seiner Tochter solch unerhörtes Verhalten nicht nur durchgehen ließ, sondern es offensichtlich sogar noch billigte? Wo käme man denn hin, wenn Prinzessinnen künftig selbst entscheiden würden, wen sie zu heiraten gedächten? Nun ja, Hessen-Darmstadts Fürsten genossen ja schon lange den Ruf, höchst exzentrisch zu sein.

Der Rückhalt, den Karoline Luise in ihrem Vater fand, schützte sie vor gesellschaftlicher Ächtung. Trotzdem führte die Prinzessin fortan ein sehr zurückgezogenes Leben. Sie liebte die Musik und die Malerei, las daneben unaufhörlich und bezog immer mehr Wissensgebiete in ihre Lektüre ein. Offiziellen Verpflichtungen entzog sie sich auch jetzt nicht – sie widmete sich ihnen mit einem für eine junge Frau ungewöhnlichen Selbstbewusstsein. Trotzdem deutete alles darauf hin, dass die Prinzessin unverheiratet ein den Wissenschaften und den Künsten gewidmetes Leben führen würde. Aber dann, im Jahr 1748, fragte unvermutet Markgraf Karl Friedrich von Baden-Durlach an, ob eine Bewerbung um die Hand Karoline Luises von Erfolg gekrönt sein könne.

Die Prinzessin nickte errötend, als sie über die Anfrage aus Karlsruhe informiert wurde. Sie war dem badischen Markgrafen zwei Jahre zuvor begegnet, als er auf der Rückreise von Holland dem Darmstädter Hof einen Besuch abstattete. Der sehr junge Mann hatte in Karolines Seele eine Saite zum Klingen gebracht, von deren Existenz sie bislang nichts gewusst hatte.

Die Braut wartet geduldig

Karl Friedrich von Baden-Durlach war Herr über eine kleine Markgrafschaft von knapp 30 Quadratmeilen, in der gerade mal 90.000 Menschen lebten. Kernstück seines Landes war die Untere Markgrafschaft mit den Städten Karlsruhe, Durlach und Pforzheim. Ettlingen gehörte bereits zum Territorium der katholischen Verwandtschaft aus dem Hause Baden-Baden; Bruchsal war Teil des Bistums Speyer; Graben bildete die Grenze zur Kurpfalz. Karl Friedrichs badische Oberlande lagen, von der Unteren Markgrafschaft getrennt durch Baden-Badener Gebiet, an der Grenze zu Vorderösterreich. Zu ihnen gehörten winzige Flecken wie die Markgrafschaft Hachberg mit Emmendingen, die Landgrafschaft Sausenburg, die Herrschaft Badenweiler sowie die Herrschaft Rötteln zwischen Grenzach und Basel.

Der 20-jährige Fürst, der in diesem kleinen, zerrissenen Ländchen herrschte, war der Enkel jenes Markgrafen Karl Wilhelm, der die Stadt Karlsruhe gegründet hatte und der so unerwartet ein Pate der kleinen Karoline Luise von Hessen-Darmstadt geworden war. Über ihren längst verstorbenen Paten und seine Lebensgewohnheiten hatte Karoline ganz unglaubliche Dinge gehört. Von einem richtig gehenden Harem war da die Rede, den sich der Markgraf Karl Wilhelm zu Lebzeiten in seinem neuen Schlosse gehalten haben sollte. Jedes Mal, wenn die Geschichte von neuem erzählt wurde, kamen der Ausschweifungen mehr hinzu...

Karl Wilhelm von Baden-Durlach war kein Kostverächter gewesen. Doch die Erzählungen von seinem Serail, die später von Klatschchronisten wie Karl Eduard Vehse begeistert aufgegriffen wurden, waren gnadenlos überzeichnet. Die angeblichen Liebesdienerinnen Karl Wilhelms, die als Tulpenmädchen in die Geschichte eingingen, waren in Wirklichkeit Hofsängerinnen gewesen. Dass der Markgraf mit einigen seiner Hofsängerinnen intime Beziehungen hatte, lässt sich allerdings kaum leugnen. Denn mehrere dieser schwer arbeitenden Frauen, die übrigens hohes Ansehen in der Karlsruher Bürgerschaft genossen, gebaren vaterlose Kinder, für deren Erziehung Karl Wilhelm aufkam. Was an den von Mätressen wimmelnden europäischen Höfen des 18. Jahrhunderts jedoch kein Grund war, den Stab über einen Fürsten zu brechen.

Wer den Karlsruher Stadtgründer Karl Wilhelm lediglich für einen prassenden Wüstling hält, verkennt diesen barocken Fürsten. Bei aller Selbstherrlichkeit konnte Karl Wilhelm scharf rechnen. Anders als seinem Freund, dem Landgrafen von Hessen-Darmstadt, war es dem Badener sogar gelungen, in die Finanzen seines durch die Franzosenkriege schwer in Mitleidenschaft gezogenen Landes wieder Ordnung zu bringen. So eindrucksvoll die neue Karlsruher Schlossanlage mit ihren Gärten und den Strahlenstraßen war, so absolutistisch der Anspruch, der hinter der Neugründung stand – bei dem Gebäude selbst hatte Karl Wilhelm geknausert. Einem Reisenden, Baron Pöllnitz, gegenüber hatte sich Karl Wilhelm einmal geäußert: „Ich bin ein kleiner Fürst, und ich habe ein Haus nach meinem Stand gebaut. Mir ist es lieber, man sagt von mir, ich sei schlecht logiert, hätte aber keine Schulden, als man sagt, ich bewohne ein superbes Schloss, hätte aber große Schulden".

Karl Wilhelm von Baden-Durlach hatte sein neues Karlsruher Residenzschloss nicht mit seiner Gemahlin geteilt. Seiner Angetrauten, Magdalene Wilhelmine, einer württembergischen Prinzessin, wird oft unterstellt, sie habe den Markgrafen mit ihrem ebenso frömmlerischen wie zänkischen Wesen aus der alten Residenzstadt Durlach vertrieben. Tatsächlich war Magdalene Wilhelmine, die allgemein als hässlich galt, eine Frau von ehernen Grundsätzen und strengster lutherischer Moral. Sie mag es als Gnade Gottes angesehen haben, dass ihr unverbesserlicher Herr Gemahl seinen Wohnsitz in den Hardtwald verlegte. Jedenfalls zeigte sie nicht die geringste Neigung, ihm – außer bei besonderen Anlässen zu Repräsentationszwecken – in sein neues Heim zu folgen. Warum auch? Ihre Pflicht hatte Magdalene Wilhelmine ja getan: Sie hatte dem Markgrafen zwei Söhne geschenkt. Der Herrgott hatte zwar den Älteren schon als Elfjährigen in sein himmlisches Reich heimgeholt, aber der 1703 geborene zweite Sohn, Erbprinz Friedrich, hatte die Mannesjahre erreicht. Im Jahr 1727 hatte er Anna Charlotte Amalie von Nassau-Oranien geheiratet. Dieser Ehe waren wiederum zwei Kinder entsprossen: der 1728 geborene Karl Friedrich und sein vier Jahre jüngerer Bruder Wilhelm Ludwig.

Unmittelbar nach der schweren Geburt ihres zweiten Kindes im Jahr 1732 begann Karl Friedrichs Mutter unter religiösen Wahnvorstellungen zu leiden, die sich schnell zu einer schweren Geisteskrankheit auswuchsen. Ihr Gemahl, der Erbprinz, starb im selben Jahr an einer „heftigen Brustkrankheit“. Der alte Markgraf Karl Wilhelm, zutiefst erschüttert über den unerwarteten Tod seines Sohnes und den Wahnsinn seiner Schwiegertochter, bestimmte, dass die zwei kleinen Prinzen in die Obhut ihrer Großmutter nach Durlach kämen. Er war sich sicher, dass seine Erben dort gut aufgehoben wären. Denn bei all seinen Vorbehalten gegenüber seiner Gemahlin – Magdalene Wilhelmine war eine mustergültige Erzieherin. Karl Wilhelms Schwiegertochter, der verwitweten Anna Charlotte, wurde im Durlacher Schloss eine Wohnung eingerichtet. Ihr 20-köpfiger Hofstaat hatte strenge Anweisung, die Witwe des Erbprinzen ständig zu bewachen: Die von unheilbarem Wahnsinn umfangene Mutter Karl Friedrichs lebte 45 Jahre lang in strenger Abgeschiedenheit, bis sie im Jahr 1777 starb.

So hatte fortan die fromme Großmutter Magdalene Wilhelmine die Oberaufsicht über die Erziehung des vierjährigen Thronerben Karl Friedrich. Sie sorgte dafür, dass das Kind umgehend Unterricht im lutherischen Katechismus erhielt. An manchen Tagen führte sie Karl Friedrich und seinen kleinen Bruder sogar zwei Mal in die Schlosskapelle, wo sie voll Inbrunst zum öffentlichen Gebet niederkniete. Der Thronfolger wurde ganz im alten Stile erzogen. Von der aufklärerischen Aufgeschlossenheit in Darmstadt, der Karoline Luise so viele Freiheiten verdankte, war am Hofe zu Durlach nichts zu spüren. Als der alte Markgraf Karl Wilhelm 1738 einem Schlaganfall erlag, übernahm Magdalene Wilhelmine zusammen mit einem Neffen ihres verstorbenen Gemahls sowie dem Geheimratskollegium formell auch die Vormundschaft über den gerade einmal zehn Jahre alten neuen Herrscher und seinen kleinen Bruder. Karl Friedrichs Biograph Drais misst – wie viele spätere Historiker – der Erziehung durch die fromme Großmutter eine hohe Bedeutung zu: Sie habe prägend auf die Geisteshaltung Karl Friedrichs gewirkt. Magdalene Wilhelmine starb, als Karl Friedrich 14 Jahre alt war.

Der junge Markgraf war den Widersprüchlichkeiten seiner Zeit hilflos ausgesetzt. Auf der einen Seite war er die ranghöchste Person in seinem winzigen Land und mit entsprechenden Privilegien ausgestattet. Auf der anderen Seite sollte er ohne alle Widerworte seinen Vormündern gehorchen, die ihm keine Schwäche nachsahen. In Durlach hatte er bei der Großmutter gelebt, die – fernab von ihrem zu Ausschweifungen neigenden Gatten – ihn zu höchster Moral ermahnte. Aber dort, in Karlsruhe, hatte Markgraf Karl Wilhelm Hof gehalten, der ebenso verruchte wie faszinierende Großvater. Karl Friedrich bewunderte den resoluten alten Mann insgeheim sehr, hätte sich aber nie getraut, dies gegenüber seiner Großmutter zu erwähnen. Die Markgräfin hätte um sein Seelenheil gebangt und ihrem Enkel vermutlich keine ruhige Minute mehr gelassen.

Nach dem Tod Magdalene Wilhelmines beobachtete Friedrich Emrich Johann von Üxküll, der Präsident des Geheimratskollegiums, die Entwicklung des jugendlichen Fürsten mit Sorge. Karl Friedrich scharte junge, lebenslustige Leute um sich, die einem typischen Laster ihrer Zeit frönten: dem Kartenspiel mit hohen Einsätzen. Noch bedenklicher schien dem ernsthaften Herrn allerdings Karl Friedrichs Neigung zu weiblichen Personen von niedrigem Stande. Eine unselige Leidenschaft, die er wohl vom Großvater geerbt haben musste...

Karl Friedrich verbrachte mehrere Studienjahre in Lausanne. Reisen führten ihn an all jene Orte, die für eine Kavalierstour unverzichtbar waren. Viel zu früh für seinen Geschmack drängte Üxküll auf eine Ehe, damit die Zukunft der Markgrafschaft Baden-Durlach gesichert sei. Karl Friedrich, den der Kaiser vorzeitig für volljährig erklärt hatte, stellte sich taub. Die Schwester des dänischen Königs Friedrich V. wurde ihm angeboten wie sauer Bier, doch Karl Friedrich lehnte nach einigem Zögern ab. Auch eine Schwester des Herzogs von Braunschweig-Wolfenbüttel vermochte ihn nicht zu locken. Karoline Luise von Hessen-Darmstadt, die er im Herbst 1746 in Darmstadt kennen gelernt hatte, beeindruckte ihn nicht mehr als andere junge Damen von Stande. Die gebildete Prinzessin war ihm sogar eher unheimlich – viel zu selbstbewusst für eine unverheiratete Frau. Gewiss, Karoline Luise war fünf Jahre älter als er. Aber das betrachtete der junge Markgraf erst recht nicht als Empfehlung.

Karl Friedrich, den Johann Gottfried Herder viele Jahre später als „Deutschlands besten Fürsten“ bezeichnen sollte, war in den ersten Jahren seiner Regierung ein reichlich gehemmter und zaghafter junger Mann, dem es schwer fiel, schnelle Entscheidungen zu fällen, und der sich von den Urteilen seiner Umgebung massiv beeinflussen ließ. Der Knabe, dem man von Jugend an Pflichtbewusstsein gepredigt hatte, war froh, als regierender Fürst einige Freiheiten gewonnen zu haben – und da sollte er sich jetzt schon wieder Fesseln anlegen lassen? Möglicherweise eine dominante, hochgebildete Frau heiraten, die ihm seine Unzulänglichkeiten nur allzu deutlich vor Augen führen würde? Karl Friedrich war dem schönen Geschlecht durchaus zugetan. Aber seine Zuneigung gehörte den einfältigen jungen Frauen. Großäugige Mädchen, die ehrfürchtig und schmachtend zu ihm aufsahen und dem hohen Herrn bereitwillig Liebesdienste anboten – das war genau das, was dem von Selbstzweifeln geplagten Jüngling schmeichelte.

Nicht nur Karl Friedrichs Geheimratskollegium, auch die Verwandtschaft seiner irrsinnigen Mutter drängte ihn zur Ehe. Immer wieder wurde Karoline Luise von Hessen-Darmstadt als geeignete Kandidatin genannt. Nicht einmal die residenzstädtische Bevölkerung gab Ruhe. Das Volk ließ keinen Zweifel daran, dass es nach dem Regierungsantritt Karl Friedrichs baldmöglichst eine Märchenhochzeit wünschte: „Der redlich deutschen Fürsten schönster Töchter Herzen, erwarten Deine Wahl in reinster Liebe Schmerzen“ hieß es auf einem der Plakate, mit dem die Karlsruher ihren jungen Fürsten zu Entscheidungen anfeuerten. Ohne jede Begeisterung ließ Karl Friedrich schließlich in Darmstadt anfragen, ob eine Werbung um die Hand der Prinzessin dort auf Wohlwollen stoßen werde.

Das Wohlwollen wurde prompt signalisiert – aber Karl Friedrich beabsichtigte nicht, eine Heirat zu überstürzen. Er verlangte von seinem künftigen Schwiegervater und seiner Braut, dass die Verlobung so lange geheim gehalten werden müsse, bis er selbst das Zeichen für ihre Veröffentlichung gebe.

Karl Friedrich stellte Karolines Geduld auf eine harte Probe. Im Jahr 1748 hatte er erstmals nachgefragt, im Februar 1749 hatte er brieflich um die Prinzessin geworben, im Sommer begannen die Verhandlungen über die Eheverträge. Da erreichte den Darmstädter Hof plötzlich das Gerücht, Karl Friedrich von Baden habe sein Herz an eine Dame verloren, über deren gesellschaftliche Stellung man besser nicht sprach. Jetzt, so hieß es, suche er nach einer Möglichkeit, seine (ja immer noch nicht offizielle) Verlobung wieder zu lösen. Karoline ignorierte das Gerede.

Es ließ sich nicht leugnen – Karl Friedrich war ein Mann, der die Frauen liebte. Nur leider nicht diejenige, die das Schicksal ihm zugedacht hatte. Mit einem einfachen Mädchen namens Elise Barbara Schlutter hatte der junge Markgraf im Frühjahr 1749 eine Liebelei begonnen. Dieses Verhältnis hätte für Prinzessin Karoline allerdings kaum gefährlich sein können – schließlich war die Person als Gemahlin eines regierenden Fürsten undenkbar. Doch boshafte Höflinge bauschten das Verhältnis zum Skandal auf. Das Mädchen gebar im Dezember in Badenweiler einen Sohn, der auf den Namen Karl Friedrich Hermann getauft wurde. Gewöhnliche Mütter von unehelichen Kindern wurden damals in Baden für ihre Liederlichkeit streng bestraft und öffentlich als Huren angeprangert. Seiner reizenden Gespielin jedoch verschaffte der Markgraf eine anständige Aussteuer. Dann verheiratete er sie an einen markgräflichen Oberjäger. Karl Friedrich sorgte auch dafür, dass sein „natürlicher" Sohn eine gute Erziehung erhielt.

Während Karl Friedrich diese oder jene niedrige Weibsperson mit seiner Aufmerksamkeit beglückte, vernachlässigte er seine Darmstädter Braut mit fast schon beleidigender Konsequenz. Üxküll beschwor den Markgrafen, der sich von Januar bis September 1750 den Wunsch einer Italienreise erfüllte, mit schönster Regelmäßigkeit, seiner Verlobten einige briefliche Komplimente zukommen zu lassen. Doch Karl Friedrich konnte sich nur zu wenigen, durchweg sehr konventionellen Schreiben durchringen. Er beunruhigte Üxküll weiterhin durch seine ungezügelte Spielleidenschaft und – zu dieser Zeit noch weitaus schlimmer – durch möglicherweise katholische Neigungen. Einige Zeitungen vermeldeten sogar schon hämisch, der Markgraf von Baden-Durlach wolle zur römisch-katholischen Kirche übertreten. Karoline Luise im fernen Darmstadt ignorierte auch dieses Geschwätz.

Die hessische Braut übte sich fast zwei Jahre lang in Geduld. Sie führte ihr zurückgezogenes Leben weiter, malte, musizierte, lernte, wartete. Als im Spätsommer 1750 die glückliche Heimkehr des Bräutigams aus Italien nach Karlsruhe gemeldet wurde, fand Karl Friedrich keinen Grund mehr, die Heirat hinauszuzögern. Jedes weitere Zuwarten wäre jetzt als Affront gewertet worden. So wurde die Hochzeit auf den Karlstag, den 28. Januar 1751 festgesetzt. Karl Friedrich von Baden-Durlach und Karoline Luise wurden in der Schlosskapelle zu Darmstadt getraut.

Anfang Februar zog das hohe Paar in Karlsruhe ein, wo es von der Bevölkerung freudig begrüßt wurde. Selbst die Karlsruher Kapuziner wollten bei der Hochzeit ihres jugendlichen Landesvaters nicht abseits stehen. Sein Großvater, der evangelische Markgraf Karl Wilhelm, hatte 1730 die Genehmigung zur Gründung einer kleinen Kapuzinerniederlassung in Karlsruhe erteilt, damit die katholischen Bewohner seiner neuen Residenz eine angemessene seelsorgerische Betreuung erhielten. Die Kapuziner fühlten sich daher dem markgräflichen Haus besonders verbunden. Die dankbaren Patres verfassten für die neue Markgräfin ein Brautlied in lateinischer Sprache, das durch einige deutsche Verse ergänzt wurde. Da hieß es unter anderem, keineswegs anstößig für damaliges Feingefühl:

> „Hochfürstliches Brautpaar, der Himmel Dir schenke,
> das höchste Vergnügen, in Fried, Freud versenke,
> Dir geb Gott Gesundheit, Lob, Liebe und Ruh,
> verleih Dir auch baldigst ein Erbprinz dazu."

Die vernachlässigte Ehefrau

Nach „vollzogenem Beilager" hatte Karoline Luise ein Recht auf ihre Morgengabe von 10.000 Gulden, die ihr Gemahl ihr als eine Art Leibrente, verzinsbar mit 125 Gulden pro Quartal, auszahlen sollte. Ferner standen ihr als Handgeld jährlich 4.000 Gulden zu. So verlangte es der Ehevertrag, der zwischen Karlsruhe und Darmstadt ausgehandelt worden war. Als Personal waren Karoline Luise darin drei Hofdamen sowie ein Hofmeister zugestanden worden, außerdem ein Page, zwei Kammerjungfern, drei weitere Jungfern für die Damen, ein paar Garderobenmädchen, ein Schneider, zwei Lakaien für die Fürstin und vier für ihre Damen, außerdem ein Kutscher und ein paar weitere Dienstboten. Alles in allem gehörten zum persönlichen Hofstaat der frisch gebackenen Markgräfin mindestens 22 Personen.

Karoline Luise kam nicht mit leeren Händen nach Karlsruhe. Im Ehevertrag hatte sich Darmstadt verpflichtet, der Prinzessin ein Jahr nach „gehaltenem ehelichen Beilager" 20.000 Gulden als Aussteuer auszuhändigen. Da sich die Auszahlung verzögerte – die chronische Finanznot Darmstadts war Schuld daran, – musste der Betrag mit fünf Prozent verzinst werden. Anspruch hatte die Markgräfin außerdem auf das Kapital, das ihr Großvater mütterlicherseits ihr für den Zeitpunkt ihrer Hochzeit vermacht hatte. Außerdem war Karoline natürlich mit Schmuck, Kleidern und Geschirr versehen worden, wie es sich für eine Braut aus fürstlichem Hause gehörte. Die Brautausstattung sowie die Gelder aus Darmstadt und Hanau waren das persönliche Eigentum der Markgräfin, über das ihr Gemahl keinerlei Verfügungsrecht hatte.

Ein Ehevertrag im Hochadel überließ nichts dem Zufall. Auch für ein eventuelles Ableben des Ehemannes war vorgesorgt. Wäre Karl Friedrich vor seiner Frau gestorben, hätte seine Witwe die

Vormundschaft über ihre minderjährigen Kinder ebenso geführt wie – bis zur Großjährigkeit ihres ältesten Sohnes – die Regierung und Verwaltung der badischen Lande. Wenigstens nominell. Denn sie wäre als Regentin an die Vota des Geheimratskollegiums gebunden gewesen. Macht im eigentlichen Sinne wurde deutschen Fürstinnen nicht zugebilligt. Doch allein durch ihren Stand, durch ihre Existenz als Gemahlin eines regierenden Fürsten und als Mutter eines künftigen Herrschers, genoss sie Privilegien, die für Frauen anderer Stände undenkbar waren.

Genauestens festgeschrieben für den Fall der Fälle war auch Karolines Witwenpension samt den ihr zustehenden Mengen an Roggen, Dinkel, Hafer, Wein, Heu und Stroh, Brennholz und Wild. Über den Witwensitz hieß es, dass der Markgräfin eine „convenable Wohnung" mit standesgemäßer Ausstattung zustehe, die sie allerdings auf eigene Kosten unterhalten müsse – und die nach ihrem Tod an die Familie ihres Mannes zurückfallen würde.

Die Eheverträge, bei denen üblicher Weise um jeden einzelnen Punkt heftig gefeilscht wurde, hatten zum einen den Zweck, die Reputation und das Vermögen der beteiligten Fürstenhäuser bestmöglich zu wahren. Sie sorgten aber auch dafür, dass den fürstlichen Ehefrauen eine gewisse Unabhängigkeit erhalten blieb und Schutz vor Willkürakten des Gemahls bestand. So wundert es wenig, dass eine hoch intelligente Frau wie Karoline Luise bei den Verhandlungen um ihren Ehevertrag kräftig mitgemischt hatte. Die Prinzessin mochte ja sehr verliebt in den jungen Durlacher sein, aber sie war weder gutgläubig noch einfältig. Und auf gar keinen Fall war sie bereit, sich unter Wert zu verkaufen.

Der Beginn der Ehe ließ nicht eben Hoffnungen auf glückliche Zweisamkeit aufkommen. Der Markgraf kam zwar seinen ehelichen Pflichten regelmäßig nach und gab Karoline nach außen hin auch keinen Anlass zur Klage über Vernachlässigung, doch sprach seine höflich-kühle Zurückhaltung Bände. Hätte Karoline Hoffnungen gehegt, dass irgendwelche zarten Gefühle für sie Karl Friedrich zur Werbung ermuntert hätten – die wären ihr in Karlsruhe schnell vergangen. Der junge Markgraf fühlte, dass er seiner „hessischen Minerva", was Bildung und geistige Beweglichkeit anging, weit unterlegen war. Sein schwach ausgebildetes Selbstbewusstsein ertrug den Gedanken nicht, dass sie ihn vor seinem Hofe dominieren könne. So wies er alle Annäherungsversuche Karoline Luises brüsk zurück. Vier Monate nach der Hochzeit teilte er seiner verdutzten Gemahlin mit, dass er zu verreisen gedenke.

Karoline solle ihn nicht begleiten, denn er beabsichtige, zunächst seinen Onkel in Oranien zu besuchen und sich dann für einige Monate zu Studienzwecken nach England zu begeben.

Karoline, im vierten Monat schwanger und völlig überrascht von den „Fluchtplänen“ ihres Gatten, wünschte Karl Friedrich formvollendet eine angenehme Reise. Doch während sie äußerlich Haltung bewahrte und ihr gepudertes Haupt hoch trug, fühlte sie sich zutiefst verletzt. Karoline, die nach ihrer Hochzeit so viele Pflichten als neue Landesherrin zu erfüllen gehabt hatte, dass sie nur während der Toilette dazu kam, private Briefe zu diktieren, hatte mit all ihrer Liebe und all ihrem Bemühen keinerlei Zuneigung in ihrem Gemahl geweckt. Als Karl Friedrich Karlsruhe verlassen hatte, vergrub sie sich in ihre Bücher und sonderte sich – so weit es einer Dame von Stand eben möglich war – von aller Welt ab. Die Mischung aus Schwermut und Gleichgültigkeit, welche die ansonsten so lebhafte Markgräfin lähmte, beunruhigte ihre Umgebung zutiefst. Schließlich war die hohe Frau gesegneten Leibes und es war ja bekannt, dass die Stimmungen der Mütter nicht ohne Einfluss auf die Ungeborenen blieben. Geheimrat Üxküll forderte Karoline auf, kleine Promenaden zu unternehmen oder sich sonstigen harmlosen Zerstreuungen hinzugeben, wie sie elegante Damen seiner Erfahrung nach schätzten. Die Markgräfin jedoch lehnte alle seine Vorschläge mit der immer gleichen Begründung ab: Sie wisse nicht, ob ihr Gemahl solche Aktivitäten billigen würde.

Üxküll beobachtete die junge Fürstin mit großer Sorge. So sehr sie sich bemühte, die große Dame hervorzukehren – seinen scharfen Augen entging es nicht, dass Karoline Luise in tiefe Depression zu versinken drohte. Verschärft wurde ihr erbärmlicher Zustand durch allerlei lästige Schwangerschaftsbeschwerden. Üxküll sah sich wieder einmal gezwungen, seinem Fürsten höflich, aber bestimmt klar zu machen, dass es so nicht weitergehen konnte: „Es kostet Sie doch so wenig, Monseigneur, ihr (Karoline Luise) von Zeit zu Zeit einige freundliche Worte zu schreiben, welche während Ihrer Abwesenheit die ganze Seligkeit für sie bedeuten. Ich wage es, mir zu schmeicheln, dass Ew. Hoheit ihr solch unschuldige Satisfaktion nicht vorenthalten werden“, schrieb er an den jungen Markgrafen. Karl Friedrich war von den Vorhaltungen des verdienten Mannes schlichtweg gelangweilt. Weil er aber aus alter Erfahrung wusste, dass Üxküll ungeheuer hartnäckig war und ihn fortwährend mit dieser Lappalie belästigen würde, forderte er seine Frau schließlich brieflich auf, doch einige Ausflüge zu unternehmen. Karoline wertete selbst Karl Friedrichs laue Anregung als ein hoffnungsvolles Zeichen. Ihre Lebensgeister erwachten wieder. Anfang Juli reiste sie in Begleitung Üxkülls und seiner Frau inkognito nach Mannheim.

Die neuen Eindrücke taten Karoline gut. Ihre Gier, der Welt ihre Geheimnisse zu entreißen, war wieder erwacht. Bis dahin hatte Karolines forschender Geist sich fast ununterbrochen mit den möglichen Gründen für das lieblose Verhalten ihres Gemahles beschäftigt. Jetzt war sie sich klar darüber geworden, welchen Weg sie zu gehen hatte: Wenn sie Karl Friedrich für sich gewinnen wollte, dann musste er das Gefühl haben, dass er der führende Kopf in dieser Ehe war. Natürlich würde es Karoline Luise nicht übers Herz bringen, das Dummerchen zu spielen und Wissenschaften und Künste aus ihrem Leben auszuklammern. Aber Karl Friedrich sollte den Eindruck haben, dass er ohne jede Einschränkung der Herr im Hause war, dass die wissenschaftlichen Interessen seiner Frau nur eine Art nützlicher Liebhaberei seien. Absolute Zurückhaltung wollte sich Karoline in allen Fragen der Politik auferlegen. Kein Wort der Kritik an ihren Mann sollte je über ihre Lippen kommen; nie dürfte der Eindruck entstehen, sie sei ein zänkisches Weib.

Selbst dieses verlotterte Residenzschloss wollte sie ohne Klage hinnehmen – auch wenn's bisweilen schwer fiel. Denn das erst 35 Jahre alte Schloss war durch und durch marode. Da gab es windschiefe Balken und dringend der Reparatur bedürftige Holztreppen. Kamine und Fußböden waren in desolatem Zustand, und das, obwohl Karl Friedrich die schlimmsten Schäden schon hatte beseitigen lassen. Karoline beschloss, sich zu diesem heiklen Thema nur dann zu äußern, wenn Karl Friedrich ihren Rat suchte. Sie wusste, dass der Markgraf sich intensiv mit dem Neubau seines Schlosses beschäftigt hatte und sich von dem berühmten Balthasar Neumann Pläne unterbreiten ließ. Auf der Grundlage dieser Entwürfe sollte im Frühjahr 1752 der Hofjunker Albrecht Friedrich von Keßlau die endgültigen Pläne erarbeiten, die zur Folge hatten, dass Karoline bis zu ihrer silbernen Hochzeit inmitten einer Baustelle lebte. Aber Karoline hätte mit Karl Friedrich auch in einer Ruine gehaust – wenn er doch nur endlich wieder da gewesen wäre und ein wenig Zuneigung zu ihr gezeigt hätte.

Als Karl Friedrich im September 1751 nach Karlsruhe zurückkehrte, empfing ihn seine Frau auf die liebenswürdigste Weise. Sie war jetzt überaus schwerfällig – die Geburt ihres ersten Kindes stand unmittelbar bevor. So viel Ungemach ihr diese Leibesfrucht auch bereitet hatte – nicht nur Übelkeit, sondern auch Krämpfe, Blutungen und Ohnmachten machten ihr schwer zu schaffen – Karoline war doch insgeheim stolz darauf, dass ihr schwacher Körper so schnell einen Erben hervorzubringen versprach. Am 19. September wand sich die Markgräfin unter der Wucht der Wehen. Als der kleine Körper endlich den Mutterschoß verlassen hatte, hörte Karoline Luise das Baby nicht schreien. Die bestürzten Ausrufe von Hebamme und Arzt ließen sie das Schlimmste vermuten. Zu Recht, wie sich herausstellte. Mit versteinertem Gesicht vernahm die Markgräfin die Nachricht, dass sie einen Sohn geboren hatte und dass dieser Sohn tot war. Karl Friedrich war in diesen Tagen trotz seiner Enttäuschung sehr freundlich zu seiner Frau.

Es vergingen nur wenige Monate, da mehrten sich die Anzeichen, dass die Markgräfin wieder schwanger war. Die Hofdamen kümmerten sich sehr intensiv um die Fürstin, die bedauerlicherweise in diesem Zustand krank wurde und kleine rote Flecken am ganzen Körper bekam. Karoline schien sich längst von den Röteln erholt zu haben, als plötzlich heftige Schmerzen und starke Blutungen ihren Hoffnungen ein Ende bereiteten: Die Markgräfin erlitt eine Fehlgeburt. Eine dritte Schwangerschaft ließ ihren Leib erneut gewaltig anschwellen. Doch das Kind, das im Juni 1753 entbunden wurde, atmete nicht.

Karoline Luise begann allmählich, sich Sorgen zu machen: Dies war ihre dritte glücklose Schwangerschaft! Sie war es ihrem Mann und dem Volk schuldig, den Erben zu gebären! Was das Kinderkriegen anging, nützte ihr die Überzeugung, die sie sich während vieler Krankheiten und Unwohlsein zugelegt hatte, nichts: dass der starke Geist allezeit über den schwachen Körper triumphieren müsse.

Karoline war Realistin: Ihr Geist würde ihr nicht zum Thronerben verhelfen, da musste der Körper ran. Die Markgräfin wandte sich daher an einen königlich preußischen Medikus, dessen Ruhm bis zu ihr nach Karlsruhe gedrungen war. Sie schilderte ihm schriftlich in aller Ausführlichkeit ihre Beschwerden während Kindheit, Erwachsenenalter und Schwangerschaften. Der gute Mann las die Briefe und diagnostizierte aus der Ferne eine „große Vollblütigkeit“, außerdem schwache Nerven und sensible Gefäße. Weshalb er einen monatlichen Aderlass, Einläufe, Diät sowie die Einnahme saurer Tropfen empfahl. Die sauren Tropfen schickte er seiner fürstlichen Patientin gleich mit.

Karoline Luise befolgte die Anweisungen des Arztes getreulich und mit dem zu erwartenden Erfolg: gar keinem. Nochmals schrieb sie dem Medikus, der nunmehr die Zahl der Aderlässe reduzierte und eine neue Mixtur sandte, die die Markgräfin schlucken sollte. Und Karoline Luise schluckte. Inwieweit sie nach dem Scheitern der ersten Therapieversuche noch Vertrauen zu den Künsten dieses Arztes hatte, blieb ihr Geheimnis. Jedenfalls hatte sie zu ihrer Zeit wenig Aussicht darauf, einen Mediziner zu finden, der ihr wirksamere Therapien hätte verschreiben können.

Karl Friedrich beobachtete die Torturen, denen sich Karoline unterwarf, um ein lebensfähiges Kind zu gebären, mit zunehmendem Interesse. Hätten die Schwangerschaften der Markgräfin glücklich geendet – ihr Gemahl wäre zwar aller Sorgen um die Zukunft seines Hauses enthoben worden. Doch sein Eindruck, dass Karoline viel zu perfekt sei, um ihm eine wahre Gefährtin abzugeben, der wäre noch verstärkt worden. So aber erlebte Karl Friedrich seine Frau in ihrer Hilflosigkeit, in ihrer Schwäche. Und er konnte ihr seine Bewunderung nicht versagen, als er sah, mit welcher Entschlossenheit sie versuchte, diese Schwäche zu überwinden. Wirklich eine erstaunliche Frau, diese Prinzessin aus Hessen-Darmstadt! Und wie offensichtlich sie ihn bewunderte! Jeden seiner Wünsche versuchte sie, im Voraus zu erahnen und zu erfüllen.

Karl Friedrich gewann allmählich den Eindruck, dass seine Wahl doch nicht so übel gewesen sei. Er begann, seiner Frau den ein oder anderen Gedanken anzuvertrauen, den er glaubte, sonst nicht aussprechen zu können. Und er stellte zu seiner Freude fest, dass sie ihn keineswegs auslachte. Im Gegenteil: Karoline lauschte, überdachte das Gehörte in aller Ruhe und teilte ihrem Gemahl dann ihre Überlegungen dazu mit. Wobei sie nie einen Zweifel daran ließ, dass die letzte Entscheidung immer die Seine sein müsse. Und immer die richtige sein werde! Karolines Glauben an seine Person, ihre offen bekundete Anbetung, ließ Karl Friedrich wachsen. Und mit seinem Glauben an sich selbst wuchs auch seine Zuneigung zu seiner Gemahlin. Gott mochte geben, dass ihrer vierten Schwangerschaft mehr Erfolg beschieden sein würde als den früheren.

„Vergessen Sie auf keinen Fall die Alte“

Immer wieder hatte Karoline Luise in sich hineingehorcht. Und immer wieder hatte sie erleichtert aufgeatmet, wenn sie spürte, dass das Kind in ihrem Leibe sich bewegte. Selbst als der Schmerz der Wehen alle Gedanken auszulöschen drohte, bemühte sie sich noch, Lebenszeichen der Frucht zu spüren. Eine ungeheure Erleichterung überkam sie, als sie das maunzende Quäken des Neugeborenen vernahm. Diese Erleichterung wandelte sich in ein wildes Glücksgefühl, als die bedeutungsschweren Worte „ein Prinz“ fielen. Und es steigerte sich gar noch, als Karl Friedrich sich mit einem zärtlichen Lächeln über seine Frau beugte, um ihr zu danken.

Karl Friedrich und Karoline Luise, die fortan nicht müde wurden, sich gegenseitig ihre Anbetung zu erklären, führten ein weitaus „bürgerlicheres“ Leben, als es an europäischen Höfen dieser Zeit üblich war. Dies hatte auch zur Folge, dass sie sich um den kleinen Erbprinzen Karl Ludwig, wie der am 15. Februar 1755 geborene Thronfolger genannt wurde, in ungewöhnlichem Maße persönlich kümmerten. Zwar wäre Karoline nie auf die Idee gekommen, ihr Kind etwa zu stillen oder seine Windeln zu wechseln – für „niedrige“ Arbeiten dieser Art war die Saugamme zuständig. Doch die Vorstellung, dass ein Kind der Aufmerksamkeit seiner hochwohlgeborenen Eltern erst dann bedürfe, wenn es aus den Windeln heraus und etwas „menschlicher“ geworden sei – diese im 18. Jahrhundert gängige Vorstellung machten sich weder Karoline noch Karl Friedrich zu eigen. Sie ließen sich vom Wunder dieses Lebens faszinieren. In Gegenwart seines Sohnes zeigte sich Karl Friedrich regelrecht gefühlvoll. Und Karoline Luise, die die Strapazen der Niederkunft nur sehr langsam überwand, war immer gerne bereit, ihre Bücher beiseite zu legen, um ihr Baby zu herzen oder Anweisungen zu geben, wie es zu behandeln sei. Viel zu kurz schienen ihr die zwei Monate bis zur ihrem „Hervorgang", ihrem ersten öffentlichen Auftreten nach der Geburt, der mit einer Gala-Cour begangen wurde. Die Pflichten des Hofes hatten von nun an wieder Vorrang vor den privaten Wünschen der Markgräfin.

Das höfische Leben in Karlsruhe entwickelte unter Karl Friedrich und Karoline Luise einen ganz eigenen Reiz. Das lag daran, dass der Markgraf und seine Gemahlin nicht an lange eingespielte Regeln gebunden waren, sondern ein höfisches Zeremoniell erst einmal entwickeln mussten. Unter dem Stadtgründer, Markgraf Karl Wilhelm, konnte von einem geregelten Hofleben noch nicht die Rede sein, hatte zu seiner Zeit der Karlsruher Hof doch die wichtigste Stütze entbehren müssen: die Fürstin.

Ein Fürstenhof im 18. Jahrhundert war ein Mikrokosmos, in dem sich alles um das Herrscherpaar drehte und starren Regeln gehorchte. Die Etikette regelte das Leben bis ins kleinste Detail. Wer wem bei einer offiziellen Gelegenheit den Vortritt lassen musste, war keine Frage der Höflichkeit oder der Ehrpusseligkeit, sondern ein Merkmal des Sozialprestiges, das man in diesem Mikrokosmos genoss. Karoline Luise und Karl Friedrich, die stets danach trachteten, Persönlichkeiten von Geist in Karlsruhe zu empfangen, mochten das Hofleben freizügiger gestalten als andere Fürsten – aber über die Spielregeln ihrer Zeit vermochten auch sie sich nicht hinwegzusetzen. Denn Baden-Durlach wollte und konnte sich vor anderen Höfen keine Blöße geben.

Eine Episode, die sich viele Jahre später ereignete, vermittelt einen Eindruck davon, wie eng der Rahmen war, den die höfischen Gepflogenheiten zogen: Friedrich Gottlob Klopstock war einer der berühmtesten Dichter seiner Zeit. Auch Karoline und ihr Gemahl gehörten zu seinen Bewunderern. Karl Friedrich, dessen Geist nie die analytische Schärfe seiner Frau annahm, hatte eine besondere Vorliebe für Klopstocks „Messiade": Die gefühlvolle Religiosität und die Schwärmerei dieses Epos kamen seinen eigenen Neigungen entgegen. Jedenfalls schlug der Markgraf dem Dichter 1774 vor, als Hofrat nach Baden überzusiedeln. Klopstock fühlte sich geschmeichelt und sagte zu. Er folgte dem Hof im Februar 1775 auch für einige Wochen nach Rastatt. Karl Friedrich schätzte den Dichter hoch und suchte seinen Hofrat fast täglich zum Gedankenaustausch auf. Die Gunst, in der der Dichter stand, war einigen eifersüchtigen Höflingen allerdings ein Dorn im Auge. Sie nützten die Vorrangstellung, die ihnen die Hofordnung einräumte, mit aller

Arroganz ihres Standes aus, um dem bürgerlichen Eindringling klar zu machen, dass er lediglich ein gebildeter Niemand, ein besoldeter Hofrat sei. Klopstock hatte nicht die Seelengröße, die solche Beleidigungen einfach wegstecken lässt. Er fühlte sich zutiefst in seiner Ehre gekränkt. Ohne auch nur von seinen fürstlichen Gönnern Abschied zu nehmen, war er eines Morgens verschwunden. Es spricht sehr für Karl Friedrich, dass er – trotz seiner Bestürzung und seiner geradezu legendären Sparsamkeit – dem Dichter verzieh und ihm sogar noch ein Jahresgehalt ausbezahlte.

Am Karlsruher Hof gingen fürstliche Prachtentfaltung und kleinlichste Sparsamkeit eine merkwürdige Verbindung ein. Karoline Luise, die schon in Hessen-Darmstadt selbst über lächerliche Ausgaben Buch geführt hatte, war bei Karl Friedrich auf eine verwandte Seele gestoßen. Der Markgraf mochte als junger Mann bisweilen über die Stränge geschlagen haben – als Regent hatte er sich schnell ein eigenes Gesetz geschaffen: Und das hieß Pflichterfüllung. Sinnlose Prasserei waren Karl Friedrich und seiner Frau ein Gräuel. Karoline zollte ihrem Mann uneingeschränkt Beifall, als er seinem Volk die Sparsamkeit mit Gewalt einzubläuen versuchte. Mit einem Edikt beispielsweise legte Karl Friedrich exakt den Verlauf und die Ausgestaltung von bürgerlichen Hochzeitsfeiern fest. Die Zahl der Geladenen bei solchen Festen beschränkte er auf 24 Personen und es durften nicht mehr als achterlei warme Speisen gereicht werden. Für jede weitere Speise und jedes Maß ausländischen Weines, das bei der Feier ausgeschenkt wurde, hatte das Brautpaar drei Reichstaler Strafe zu zahlen. Karl Friedrich verbot, Brautpaare zu beschenken. Auch Tauffeierlichkeiten wurden reglementiert: Mindestens zwei, höchstens jedoch vier Taufpaten pro Kind waren erlaubt. Ortsansässige Paten durften nur mit Kuchen und Landwein bewirtet werden und mussten vor dem Abendessen wieder zu Hause sein. Weder Karl Friedrich noch Karoline Luise wären je auf den Gedanken gekommen, diese Bestimmungen als Gängelei des dritten Standes anzusehen. Sie sahen sie als einen Akt der Fürsorge: Ihnen als aufgeklärten Landeseltern oblag es, das Volk zu dessen eigenen Besten zu erziehen. Dass bei Hofe ganz andere Maßstäbe angesetzt wurden, das verstand sich von selbst.

Allerdings herrschte auch im Schloss ein strenges Regiment. Die Hofordnung schrieb bis ins Kleinste fest, was jedermann zu tun und zu lassen hatte. So sollte sich ein jeder Höfling nicht nur selbst um einen christlichen Lebenswandel bemühen und ohne triftigen Grund keinen Gottesdienst versäumen, sondern auch sein Gesinde zu einer frommen Lebensführung anhalten. Ohne Erlaubnis des Fürsten oder des Oberhofmarschalls war es keinem Adeligen gestattet zu verreisen. In Kleidervorschriften war exakt festgelegt, welche Robe bei welcher Gelegenheit zu tragen sei. Selbst die Stoffart war bei vielen Anlässen vorgegeben.

Das Markgrafenpaar hielt – bei aller religiösen Toleranz – die Höflinge dazu an, ihr Gesinde möglichst aus Angehörigen der evangelischen Kirche zu rekrutieren. Alles in allem führten die kleinen Dienstboten ein freudloses Leben unter allgegenwärtiger Kontrolle. Einigen von ihnen diente ihr Arbeitsplatz im Schloss sogar als Schlafplatz: So hatte die Garderobenmagd ihr Bett in einem Garderobenzimmer, der Dienst habende Kammerherr schlief oft in einem Vorzimmer. Möglich wurde dies durch so genannte „Tischbetten". Das waren riesige Deckeltruhen, die tagsüber durch lange Tischdecken verborgen waren und nachts als Schlafstätte dienten.

Auch der Adel hatte seine persönlichen Bedürfnisse jederzeit hinter den Interessen des Markgrafen und seiner Gemahlin anzustellen. Wer zum Hofdienst berufen war, musste sich täglich eine Stunde vor den Mahlzeiten im Vorraum des Fürsten einfinden und sich auch nach der Abendtafel ständig im Dunstkreis des Markgrafen aufhalten. Widerspruch gegen den erklärten Willen des Landesherrn war undenkbar. Auch den Anweisungen des Oberhofmarschalls, des höchsten Vorgesetzten aller Bediensteten, musste unbedingt Folge geleistet werden. Zwei große Tafeln waren im Speisesaal gedeckt, die eine für die fürstliche Familie, deren Verwandtschaft und für hoch gestellte Gäste. Die zweite Tafel war die „Marschallstafel" für höhere Hofchargen, Kavaliere, Offiziere und andere Gäste, die aus irgendwelchen Gründen für wert befunden wurden, bei Hofe zu speisen. Lautes Reden und Disputieren bei Tisch waren allerdings untersagt. Offensichtlich rechnete das hohe Paar auch mit einer gewissen Bedürftigkeit seiner Gäste und der Höflinge. Jedenfalls war es streng verboten, sich etwas von den aufgetragenen Speisen zu nehmen, nachdem die Tafel offiziell aufgehoben war. Und schon gar nicht durfte man von dem, was übrig geblieben war, etwas einstecken. Alle Speisereste, so sah es die Hofordnung vor, sollten anderweitig genutzt oder an arme Personen verteilt werden. Gegen jeglichen „Schwund" war Vorsorge getroffen: Der Hofmarschall musste sich regelrecht als Erbsenzähler betätigen, denn er hatte Küche und Keller genauestens zu kontrollieren. Bis zum letzten Löffel wurde geprüft, ob nach jeder Mahlzeit die Bestecke, Platten und Schüsseln wieder in der Silberkammer angekommen waren.

So sorgfältig das Markgrafenpaar darauf achtete, dass nichts verschwendet wurde, so sehr war es andererseits darauf bedacht, dass es seinen Gästen an nichts fehlte. Karl Friedrich gefiel der Gedanke, dass der kleine Karlsruher Hof eine Art Musentempel sei. Der Ruf, den Karoline Luise schon in jungen Jahren genoss, führte dazu, dass neben Adeligen, Diplomaten und Offizieren sowie höheren Beamten aus anderen Ländern sich viele Gelehrte, Künstler und Schriftsteller in Karlsruhe vorstellten. Unverzichtbar war auch die zwei Mal wöchentlich gehaltene „Cour", ein Empfang bei Hof, zu dem alle hoffähigen Männer und Frauen eingeladen wurden. Die Hofkapelle spielte, die Höflinge machten Konversation und alles, was Rang und Namen hatte, gab sich dem Kartenspiel hin – ausgiebig und voll Leidenschaft, selbst wenn Karl Friedrich sich diesem Laster nicht mehr mit der gleichen Inbrunst widmete wie in seinen Jünglingsjahren. „Wir spielen den ganzen Tag und mein Hintern klebt an meinem Stuhl, dass ich nicht mehr kann", schrieb Karoline einmal an ihren auf der Jagd weilenden Gemahl. Keine Frage übrigens, dass auch das Kartenspiel ein Privileg des Adels war. Dem Gesinde war es unter Androhung empfindlicher Strafen verboten, dem Glücksspiel zu frönen.

Karoline, die während ihrer ersten Karlsruher Jahre vor allem bemüht war, ihre Bibliothek auszubauen, um für alle Disziplinen der Geistes- und Naturwissenschaften sowie der schönen Literatur mit den grundlegenden Werken ausgestattet zu sein, sah ihre gesellschaftlichen und repräsentativen Aufgaben nicht als bloße Pflichterfüllung an. Sie waren ihr eine Selbstverständlichkeit und obwohl sie ihr viel Zeit stahlen, gewann sie ihnen die besten Seiten ab. Karoline war aufrichtig interessiert an den Menschen, die an ihrem Hof lebten oder ihn besuchten – und weil diese Anteilnahme der hohen Frau der Eitelkeit der meisten Menschen schmeichelte, wurde Karoline Luises Warmherzigkeit allenthalben gepriesen. Dass diese charmante Person überdies so ungemein klug war, steigerte noch die Bewunderung, die ihr die Besucher entgegen brachten.

„Fast männlich" nannte ein Zeitgenosse Karoline Luises Verstand und betrachtete dies als höchstes Lob in einer Gesellschaft, in der als weiblich eingestufte Eigenheiten gering geschätzt wurden. Doch auch typisch „weibliche Künste" stießen bei der

Markgräfin keineswegs auf Verachtung. Ganz im Gegenteil. Sie beschäftigte sich intensiv mit Modefragen. Prächtig gekleidet zu sein war nicht nur Recht, sondern auch Pflicht ihres Standes. Und möglichst gut aussehen und elegant auftreten wollte Karoline Luise schon ihrem Mann zuliebe, der – wie sie nur zu gut wusste – ein Auge für weibliche Schönheit hatte. Wenngleich Karl Friedrich seine Frau aufrichtig liebte und bewunderte, war er doch einer Liaison mit ebenso hübschen wie leichtsinnigen Schauspielerinnen noch nie aus dem Weg gegangen. Nicht dass Karoline die Konkurrenz eines reizenden Gesichtchens gefürchtet hätte, hinter dessen glatter Stirn meist weniger Talent als Einfalt ihren Sitz hatte. Aber sie wollte auch kein Risiko eingehen. Diskret sorgte sie dafür, dass solche Dämchen bald möglichst wieder vom Hofe verschwanden. Offiziell übersah sie natürlich, was vor sich ging. Und nie hätte sie ihrem Gemahl irgendwelche Vorwürfe gemacht. Karl Friedrich, der mit einer der intelligentesten und gebildetsten Damen seiner Zeit glücklich verheiratet war, zeigte nach wie vor ein auffallendes Interesse an Frauen, mit deren geistigem Vermögen es nicht allzu weit her war. Wusste er doch, dass er jederzeit in die Arme seiner hessischen Minerva zurückkehren konnte.

Doch Karoline Luise wollte ihrem Gemahl nicht nur als Beraterin und als Mutter seiner Kinder, sondern durchaus auch als Frau gefallen. Zum Glück hatte Karl Friedrich eine Schwäche für füllige Damen, denn Karolines Leib entwickelte sich allmählich – nicht zuletzt durch die vielen Schwangerschaften und durch ihre chronische Verstopfung – von einer angenehmen Molligkeit zur feisten Stattlichkeit. Immerhin war die Mode damals kräftigen Figuren wohlgesonnen.

Nicht anders als mit den Künsten und den Wissenschaften hielt es Karoline mit modischen Fragen: Sie überließ nichts dem Zufall, sondern orientierte sich an den maßgeblichen Autoritäten. Und die lebten in Frankreich. Allerdings waren die Autoritäten des Kleidermarktes im 18. Jahrhundert keine großen Modedesigner – die gab es damals noch nicht. Kleider für Frauen wurden von schlecht bezahlten Frauen entworfen und genäht. Den Ton gaben vielmehr einige wenige Damen der höchsten französischen Gesellschaft an, die durch ihre Stellung und ihren Geschmack Vorbildfunktion gewonnen hatten. Womit die elegantesten Frauen von Versailles und Paris sich schmückten, damit wollten auch die Fürstinnen im übrigen Europa Ehre einlegen.

Karoline Luise ließ sich durch einen Kommissionär namens Pierre Philippe Maelrondt über alle Details der französischen Mode, angefangen von den Stoffen über Schnitte, Farben, Frisuren und Accessoires bis hin zu den Parfums, berichten. Die Damen, die damals vorlebten, was für Fürstinnen und Adelsdamen en vogue war, stammten selbst zwar häufig, aber nicht zwangsläufig aus den Reihen der Hocharistokratie. Anno 1756 fragte Karoline beispielsweise bei Maelrondt an, ob Madame de Pompadour noch „en vogue" sei. Man hatte der Markgräfin einen Taft in dem sagenhaften Pompadour-Rosa angeboten. Doch ehe Karoline zugriff, wollte sie wissen, ob die Farbe, die die Geliebte des französischen Königs groß herausgebracht hatte, überhaupt noch modern sei. Es war der Markgräfin zu Ohren gekommen, dass Ludwig XV. für die Marquise nur mehr freundschaftliche Gefühle empfinde. Eine französische Mätresse im Ruhestand würde schließlich kaum mehr als modisches Vorbild herhalten können. Karoline im provinziellen Karlsruhe wollte da kein Risiko eingehen.

Sympathischer war es der sittenstrengen Karoline allemal, wenn sie sich modisch an respektablen Damen orientieren konnte. Etliche Jahre später, anno 1770, forderte sie Maelrondt auf, ihr genauestens die komplizierte, mit Juwelen geschmückte Frisur Madame Adelaides, der Tochter des französischen Königs, zu beschreiben. Sie sei ihm aber auch nicht böse, wenn er eine andere 40-jährige Dame kenne, die sich „noblement" frisiere, und wenn er ihr davon eine exakte Zeichnung schicken würde. Es müsse sich allerdings um eine Dame handeln, „welche die beste Frisur trägt". Einen sehr menschlichen Zug, nämlich den einer neugierigen Frau, zeigte Karoline Luise am Ende dieses Briefes, als sie auf die zweite berühmte Geliebte Ludwigs XV. zu sprechen kam: „Und fügen Sie doch bitte auch noch die (Frisur) von Madame du Barry hinzu. Dies nur, um meine Neugierde zu befriedigen; ich fürchte nämlich, was sie trägt, dürfte im Geschmack doch ein wenig ‚en petite Maitresse' sein."

Auch was ihre Söhne anging, überließ Karoline nichts dem Zufall. Im März 1758 fragte die Markgräfin bei Maelrondt in Paris an, welche Art von Fallhüten die Enkel Ludwigs XV. trugen. Diese Fallhüte, dick gepolsterte Kopfbedeckungen, die kleine Kinder bei Stürzen vor Schädelverletzungen bewahren sollten, gehörten im 18. Jahrhundert ebenso zur Standardkleidung wie die Röcke, die alle Kinder unter sieben Jahren trugen, ob sie nun männlichen oder weiblichen Geschlechts waren.

Bald nach der Geburt des Erbprinzen Karl Ludwig war Karoline wieder schwanger geworden. Ende August 1756 kam ihr zweiter Sohn Friedrich auf die Welt. Karoline Luise hatte unter Schwangerschaft und Niederkunft auch diesmal schwer gelitten. Doch sie, die stets den Geist höher schätzte als den Körper, beherrschte allmählich perfekt die Kunst, sich selbst als „medizinischen Fall" zu betrachten. Jedenfalls führte sie akribisch Buch über all ihre Schwangerschaftsbeschwerden, ihre Ernährung und die Medikamente, die man ihr gegeben hatte.

Der Jubel in der Markgrafschaft bei der Geburt des Prinzen Friedrich war ungeheuer – durch den zweiten Sohn durfte die Nachfolge als gesichert gelten. Die Markgräfin war trotz der vielen Fehl- und Totgeburten ganz offensichtlich auch in der Lage, gesunde Kinder zu gebären. Selbst wenn – was Gott verhüten mochte – der Erbprinz einer Krankheit zum Opfer fiele (was angesichts der traurigen Tatsache, dass damals jedes zweite Kind vor seinem zehnten Geburtstag starb, gar nicht so unwahrscheinlich war), konnte man damit rechnen, dass ein Sohn Karl Friedrichs bereit stünde, das Erbe anzutreten.

Höchst erfreut über die Fruchtbarkeit seiner Schwägerin war auch Karl Friedrichs jüngerer Bruder, der Markgraf Wilhelm Ludwig. Der nämlich fand wenig Gefallen an den Töchtern des europäischen Hochadels. Seine Neigung galt einer Bürgerlichen, einer gewissen Wilhelmine Christine Schortmann aus Stuttgart. Nachdem nun sicher schien, dass Karl Friedrich und seine Frau für den Fortbestand des Fürstenhauses sorgen würden, fühlte sich Wilhelm Ludwig berechtigt, dieser Neigung nachzugeben. Er teilte seinem regierenden Bruder im Oktober 1760 mit, dass er sich nicht standesgemäß zu verheiraten beabsichtigte, sondern sich die Schortmann zur „linken Hand" antrauen lassen wolle. Das bedeutete, dass die Bürgerliche die rechtmäßige Frau des Markgrafen wurde, ohne aber seine standesgemäßen Vorrechte zu teilen. Auch ihre Kinder hätten keinerlei Ansprüche auf den Thron von Baden-Durlach. Obwohl Karoline Luise nur wenige Wochen zuvor wieder von einem toten Knaben entbunden worden war, akzeptierte Karl Friedrich diese Entscheidung seines jüngeren Bruders. Jahre später erhob er die Schortmann und ihre Kinder in den erblichen Adelsstand. Er verlieh ihnen Namen und Wappen des alten, längst erloschenen Geschlechts der Freiherrn von Seldeneck.

Karl Friedrich war höchst zufrieden mit der Entwicklung seiner Ehe und seiner Familie. Diese Frau, die er so ungern geheiratet hatte, hatte sich wirklich als Glückstreffer erwiesen. Wie prachtvoll sie es verstand, die Dinge auf den Punkt zu bringen! Er, Karl Friedrich, trug nicht leicht an seiner Verantwortung als Landesherr. Seine viel gerühmte Gewissenhaftigkeit und seine an Pedanterie grenzende Sorgfalt machten es ihm oft genug schwer, eine Entscheidung zu fällen. Der Markgraf neigte dazu, sich die möglichen Folgen seiner Handlungen in den schwärzesten Farben auszumalen und alle nur irgend denkbaren Eventualitäten vor seinem geistigen Auge auszubreiten. Zum Glück hatte er unvoreingenommene und loyale Berater, die er nicht, wie viele seiner Standesgenossen, nur pro forma befragte, sondern denen er wirklich zuhörte. Seine wichtigste und vertrauenswürdigste Beraterin aber wurde seine Gemahlin.

Für Karoline Luise war Politik so etwas wie eine mathematische Gleichung mit mehreren Unbekannten. Sie wog das Für und Wider gegeneinander ab und präsentierte ihrem Gatten nüchtern ihre Lösungsvorschläge. Dabei passte sie auf wie ein Luchs, damit sie Karl Friedrich bloß keine Entscheidung aufdrängte, die ihm nicht behagte. Nach außen hin spielte die Markgräfin in der Landespolitik keine Rolle. Doch Insider wussten, dass Karl Friedrich ohne Karoline Luises Zustimmung so gut wie gar nichts unternahm.

So war die Markgräfin auch das Ziel der Bemühungen des französischen Marschalls d'Estrées, der kurz nach Beginn des Siebenjährigen Krieges in Karlsruhe erschien, um Baden-Durlach auf die Seite Frankreichs und Österreichs zu ziehen. Der Marschall glaubte, leichtes Spiel zu haben, war die dralle Dame an Karl Friedrichs Seite doch als Verehrerin der Kaiserin Maria Theresia bekannt und überdies die Tochter eines österreichischen Generalfeldmarschalls. Es war ein Fehler, Karoline Luise zu unterschätzen. Karl Friedrich und seine Frau mochten ihre Sympathien haben – aber weitaus wichtiger als persönliche Vorlieben war ihnen das Wohl ihres winzigen Landes. Sie kamen zu dem Entschluss, dass sie ihr Heil in der Neutralität suchen sollten. Ja, sie ließen sogar durchblicken, dass sie eher zum Gegner Frankreichs und Österreichs, zum Preußenkönig Friedrich dem Großen, tendierten. Von Preußen, nicht von Österreich versprachen sich die Baden-Durlacher eine politische Stärkung ihres kleinen Landes und territorialen Zugewinn. Baden-Durlach als Bollwerk des Reiches gegen Frankreich: Karl Friedrich teilte mit seiner Gemahlin ehrgeizige Träume. Doch die Zeit für ihre Verwirklichung war noch nicht reif.

Baden-Durlach litt zwar unter Einquartierungen und trug schmerzliche finanzielle Verluste aus dem Siebenjährigen Krieg davon, blieb aber, wie Voltaire es ausdrückte, ein „Asyl der Ruhe" am Rande des blutigen Spiels um die Macht in Europa. So hatte Karoline Luise Zeit, ihre wissenschaftlich-künstlerischen Interessen zu pflegen, ihren Mann bei seinen aufgeklärten Vorhaben zu unterstützen und sich außerdem noch intensiv um ihre Kinder zu kümmern.

Für Karolines Bestreben, sich eine Gemäldegalerie zuzulegen, waren die Kriegsereignisse sogar von Vorteil: Die Kunstpreise hatten einen Tiefpunkt erreicht, und Karoline Luise konnte Werke kaufen, die zu anderen Zeiten ihre beschränkten Mittel weit überfordert hätten. Als nach Kriegsende finanzstarke Konkurrenten wie Friedrich der Große und Katharina II. von Russland wieder den Markt beherrschten, sank die Zahl der Erwerbungen für Karoline Luises Malereikabinett ganz beträchtlich. Karolines Interesse galt besonders der niederländischen Malerei des 17. Jahrhunderts und der zeitgenössischen französischen Malerei. So kaufte sie unter anderem die Gemälde lebender Künstler wie Chardin und Vernet. Ihre Sammelleidenschaft diente allerdings nicht vorrangig dem Schmuck des Karlsruher Schlosses. Wichtiger, als Gemälde zu zeigen, war es ihr, sie zu besitzen. Karoline konnte sich ganz in die Bilder versenken; sie zu betrachten war für sie reiner Genuss. Und sie waren ihr vor allem auch Lehrgegenstände: Viele der Originale kopierte die Markgräfin, um davon für ihr eigenes künstlerisches Schaffen zu profitieren. Es war ihr wahrscheinlich selbst bewusst, dass sie keine begnadete Künstlerin war – aber sie zeichnete und malte nun mal für ihr Leben gern. Und für eine Frau ihres Standes eignete sie sich eine Technik an, die sich durchaus sehen lassen konnte. Von ihrem Gemahl, ihren Kindern und nicht zuletzt von ihrem Schoßhündchen fertigte Karoline Skizzen an, die nicht von Genie, wohl aber von zeichnerischem Geschick zeugten.

Ihren ältesten Sohn Karl Ludwig liebte Karoline zärtlich. Allerdings waren die Erwartungen, die sie und der Markgraf in den Erbprinzen setzten, sehr hoch gesteckt. Der arme Karl Ludwig, ein eher durchschnittlich begabtes Kerlchen, wurde permanent zur Perfektion angehalten. Ob er dies oder jenes verstanden habe? Er möge es doch bitte noch einmal wiederholen! Sodann möge er erläutern, warum dies so zu sein habe. Der kleine Junge mit den verstörten Augen repetierte stockend, was ihm im Gedächtnis geblieben war. Ihm stiegen die Tränen in die Augen, wenn er bemerkte, dass die Eltern unzufrieden mit ihm waren.

Mit zunehmendem Missmut bemerkte Karoline, dass der kleine Junge sich zwar nach Kräften bemühte, ihren Ansprüchen gerecht zu werden, dabei aber jegliche Eigeninitiative verlor. Ließ ihm der strenge Erziehungsplan seiner Eltern ein paar Minuten Freizeit, kam Karl Ludwig gar nicht auf den Gedanken, diesen womöglich zum Spielen zu nützen. Vielmehr erkundigte er sich schüchtern, mit welcher Tätigkeit er seine Eltern nunmehr erfreuen könne. Der Knabe Karl Ludwig litt nicht – wie viele seiner Standesgenossen – unter der Gleichgültigkeit seiner Eltern. Ihn drohten vielmehr ihr liebevoller Ehrgeiz und ihre ständige Kontrolle zu ersticken. Karoline bemerkte sehr wohl, dass ihr Sohn nie agierte, sondern immer nur reagierte. Auf ihre fordernde Erziehungsmethode führte sie dies allerdings nicht zurück. Die Markgräfin kam zu dem Schluss, dass dieses Kind lange ihrer sorgsamen Leitung bedürfen werde. Als Karl Ludwig vier Jahre alt war, verpflichtete das Markgrafenpaar einen Magister der Philosophie als „Informator“ für seine Söhne. Karoline Luise wäre gar nicht auf die Idee gekommen, dass ihre Kinder vielleicht weniger Interesse an geistiger Beschäftigung haben könnten als sie selbst im gleichen Alter.

Leichter als der Erbprinz hatte es Karolines zweiter Sohn Friedrich. Ein schwächliches Bürschlein war das zwar, das zu allerhand Krankheiten neigte – doch vielleicht gerade deshalb glaubte Karoline Luise, sich in dem Kinde wieder zu erkennen. Als nachgeborener Sohn war Friedrich nicht dem Perfektionsdruck ausgesetzt, der seinem Bruder so zu schaffen machte. Zwar erwarteten Karoline und Karl Friedrich von allen ihren Kindern, dass sie pflichtschuldigst ihr Bestes gaben – doch beim Thronfolger war die Messlatte immer noch ein bisschen höher angesetzt als bei den jüngeren Söhnen. Friedrich (Karoline nannte ihn „Fritz“) war ohne Zweifel ein „Sensibelchen“; der Gedanke, die Soldatenlaufbahn einschlagen zu müssen, verursachte ihm schon in zarten Jahren Magendrücken. Umso erfreuter war die Mutter, als der Kleine so auffallendes Interesse an ihren künstlerischen und wissenschaftlichen Aktivitäten zeigte.

Das Leben war schön für Karoline Luise in den ausgehenden 50er Jahren des 18. Jahrhunderts. Mochte die lästige Migräne sie bisweilen auch plagen und die kranken Därme sie manchmal anschwellen lassen, bis sie meinte, ihr Bauch würde platzen – sie hatte zwei reizende Söhne und neben ihren höfischen Pflichten blieb ihr genügend Zeit für Wissenschaft und Kunst. Vor allem aber: Sie hatte das Herz des Mannes gewonnen, den sie begehrte, seit sie ihn zum ersten Mal gesehen hatte. Ein Brief, den Karoline ihrem „lieben Herz“ schrieb, als der Markgraf in Pforzheim weilte, war mit dem augenzwinkernden Nachtrag versehen: „In Karlsruhe morgens um 10 Uhr. Ich weiß nichts Neues, habe mich gerade frisieren lassen und bin dann bei den Kleinen gewesen. Adieu mein Engel, vergessen Sie auf keinen Fall die Alte“. Karl Friedrich wiederum ließ in seinem Antwortschreiben die „Alte“ wissen, dass er Gott danke für die Güte, ihm eine Gefährtin gegeben zu haben, „welche mich zum Glücklichsten aller Sterblichen macht“.

Zeit des unermüdlichen Schaffens

Dass der Tag nur 24 Stunden hatte! Oft kam Karoline Luise vor zwei Uhr in der Nacht nicht von ihren Büchern los. Der Aufbau ihres Malereikabinetts kostete sie viel Zeit und Energie; und auf die eigene künstlerische Tätigkeit mochte sie auch nicht verzichten. Welch ein Glück, dass sie diesen Josef Melling als Lehrer gewonnen hatte. Und dass der Hofmaler, der ihr als künstlerischer Berater diente, so lange in Paris gelebt hatte. Wenn er von seinen Erfahrungen und Begegnungen in der französischen Hauptstadt berichtete – und er hatte viel Zeit zu berichten während er Karoline Luise und ihre zwei Söhne porträtierte – dann überkam die Markgräfin bisweilen Bitterkeit darüber, dass sie als Mädchen geboren war. Hätte sie doch, wie ihre Brüder, auf Kavalierstour gehen dürfen! Oder hätte sie wenigstens als verheiratete Frau ausgedehnte Kunstreisen unternehmen können. Aber die vielen Schwangerschaften und der angegriffene Leib ließen es nicht ratsam scheinen, die Strapazen einer größeren Reise auf sich zu nehmen. Immerhin hatte Karoline einige Besuche in Mannheim gemacht, wo sich mit der Sammlung des Kurfürsten Karl Theodor von der Pfalz die einzige wirklich bedeutende Galerie in der Nachbarschaft befand. Das Leben hatte so viel Großartiges zu bieten – doch Karoline Luise war eine Frau und gebunden an ihre kleine Residenz. Dann wollte sie wenigstens versuchen, diese kleine Residenz zu einem Sitz der Musen zu machen. Welch ein Glück, dass Karl Friedrich dieses Bestreben so angenehm war und er ihr Unterstützung gewährte, wo es ihm möglich war.

Ja, Karl Friedrich war stolz auf seine Karoline Luise. Es schmeichelte seiner Eitelkeit, die Lobeshymnen auf seine Gemahlin zu vernehmen, die ihrerseits nie einen Zweifel daran ließ, dass Karl Friedrichs Wunsch für sie Befehl war. Und an Anerkennung für die Markgräfin von Baden-Durlach mangelte es wahrhaftig nicht. Ein hessischer Hofrat, der Prinzenerzieher Johann Joachim Ewald, der 1757 in Karlsruhe Station machte, schrieb später an einen Freund: „Alle Künste wohnen in Karlsruhe, und die Frau Markgräfin ist eine Minerva. Sie denkt, spricht, zeichnet, spielt den Flügel, man kann es nicht besser".

Die Besuche von reisenden Gelehrten, Wissenschaftlern und Künstlern waren Karolines größtes Vergnügen. Bücher und Briefe mochten ihr das Tor zur Welt eröffnen – doch persönliche Erfahrungen und Gespräche gingen ihr über alles. Auf keinen Besuch und keine Freundschaft sollte sie Zeit Lebens stolzer sein als auf die Visite Voltaires im August 1758. Sie konnte sich nicht erinnern, je einem Menschen begegnet zu sein, der so scharf denken und so brillant formulieren konnte. Auch der Franzose machte keinen Hehl daraus, dass er die Gespräche mit der badischen Markgräfin genoss. Mit dem alternden Dichter hielt Karoline Luise noch viele Jahre nach dieser Begegnung brieflich Kontakt. Stundenlang konnte sie, wenn sie an Voltaire schrieb, über Formulierungen brüten. Schließlich stand es einer Frau, selbst wenn sie eine Fürstin war, zu, ein bisschen eitel zu sein. Und Karoline war sehr bemüht, der Bewunderung, die der berühmte Franzose ihr entgegenbrachte, gerecht zu werden. Voltaire seinerseits überschüttete Karoline Luise mit schwülstigen Komplimenten, die bei aller Überschwänglichkeit wohl aufrichtig gemeint waren. Jedenfalls rühmte er auch gegenüber anderen Karoline Luise in den höchsten Tönen: „Keine Französin gibt es, die so viel Geist, Wissen und Höflichkeit besäße wie sie. Ihre Konversation hat mich entzückt. Hätte ich sie nur schon früher kennen gelernt!"

Ja, die Korrespondenz mit Voltaire bereitete Karoline Luise viel Freude und Genugtuung. Eine Freude, für die sie sich immer viel Zeit nahm. Ansonsten kam sie ja kaum mehr zur Ruhe. Die 60er Jahre des 18. Jahrhunderts waren für Karoline Luise eine Zeit des unermüdlichen Schaffens. Neben ihren höfischen und familiären Pflichten widmete sie sich zunächst intensiv dem Aufbau ihrer Gemäldesammlung (sie bildete den Grundstock für die heutige Staatliche Kunsthalle Karlsruhe), dann wandte sie sich vor allem ihrem Naturalienkabinett zu (aus dem das Staatliche Museum für Naturkunde in Karlsruhe erwuchs). Daneben nahm sie wie immer kräftigen Anteil an den Bestrebungen ihres Gemahls. Mit ihm freute sie sich darüber, dass 1765 der Erbvertrag mit dem kinderlosen, kränklichen Vetter in Rastatt unterzeichnet worden war – Karl

Friedrich hatte seit Jahren darauf hin gearbeitet. Die Wiedervereinigung der beiden Landesteile – die Markgrafschaft Baden-Baden war seit dem 16. Jahrhundert von Baden-Durlach getrennt – rückte damit in greifbare Nähe. Karoline Luise nützte all ihre Kontakte und Beziehungen zu den europäischen Höfen aus, damit der Vertrag von den Herrscherfamilien Europas anerkannt wurde.

Alles hätte sie für Karl Friedrich getan. So richtig glücklich war sie nur, wenn er in ihrer Nähe war. „Mir kommt es vor, als nähmet Ihr mein ganzes Selbst mit Euch, wenn Ihr fortgeht, und als bleibe hier nur ein schwacher Automat zurück. Dann bin ich ein solches Dummchen, dass ich mich selbst nicht ausstehen kann; hundert Dinge fange ich auf einmal an und bringe nicht ein einziges zu Ende“, schrieb sie an den Markgrafen. Für ihn war sie bereit, jede Demütigung auf sich zu nehmen. Selbst als Karl Friedrich 1761 einen unehelichen Sohn an den Karlsruhe Hof holte, biss sie die Zähne zusammen. Sie schwieg, aber sie setzte alles daran, den Burschen möglichst rasch wieder aus dem Dunstkreis des Markgrafen zu entfernen. Zwei Jahre später hatte sie erreicht, dass der Junge für seine militärische Ausbildung nach St. Petersburg geschickt wurde.

Körperlich ging es Karoline Luise in diesen Jahren des unermüdlichen Schaffens miserabel. Im Februar 1763 kam Sohn Ludwig auf die Welt. Sie hatte die Folgen der Geburt noch längst nicht überwunden, als sie erneut schwanger wurde – zum achten Mal. Im Juli 1764 brachte ihr Körper wieder ein totes Kind hervor. Karoline Luise fühlte sich kraftlos wie nie zuvor, da erkrankten ihre drei Söhne an den Blattern. Die Markgräfin war nicht dazu zu bewegen, von den Betten ihrer Kinder zu weichen. Besondere Ängste stand sie um Fritz aus, der drei Tage im Delirium lag. Grenzenlose Erleichterung und Dankbarkeit empfand sie, als er die gefährliche Krankheit überwunden hatte.

Es mögen die langen Stunden an den Krankenbetten gewesen sein, in denen Karoline Luise einen Entschluss fasste. Für ihren ältesten Sohn Karl Ludwig, den Erbprinzen, war gesorgt; aber ihr geliebter Fritz und der kleine Ludwig, die sollten zu ihrer persönlichen Sicherstellung eine selbstständige, reichsunmittelbare Herrschaft erhalten. Nachdem Karoline Luise ihr Ziel erst einmal ins Auge gefasst hatte, ließ sie sich weder von Finanzierungsschwierigkeiten noch von Bedenken ihres Gemahls stoppen. Immerhin dauerte es fast sieben Jahre, bis sie Karl Friedrich so weit hatte, dass er ihr den zwischen Bruchsal und Bretten gelegenen Flecken Gondelsheim abtrat.

Bei aller Liebe zu seiner Gemahlin ließ sich der Markgraf den ehemaligen Besitz der Familie von Menzingen teuer bezahlen: Nach dem Kauf musste Karoline sich finanziell nicht unbeträchtlich einschränken, um die Raten aufbringen zu können. Aber das war ihr der Besitz wert: Immerhin erwarb sie ihn für ihre Söhne mit allen Rechten und Gerechtigkeiten, Äckern, Wiesen, Waldungen, Gebäuden, Jagden und Fischereien. Auch die niedrige Gerichtsbarkeit in erster Instanz oblag ihr in ihrem neuen Besitztum fortan. Dazu gehörte etwa die Bestrafung von Feld- und Waldfreveln, Schlägereien, Ehebruch, Hurerei oder anderen Händeln, die nach dem Landrecht mit dem Turm oder mit einer Geldstrafe geahndet wurden. Zwar sollte Gondelsheim auf ewig ein Teil der Markgrafschaft bleiben, doch war Karoline frei, den Flecken an ihre Söhne zu vererben. Es musste ihr jetzt nur noch gelingen, die beiden jüngeren Söhne durch Kaiser Joseph II. in den reichsunmittelbaren Adel erheben zu lassen, damit diese die selbstständige Territorialherrschaft innerhalb des Deutschen Reiches übernehmen konnten. Was nicht ganz einfach war, da der Kaiser den Baden-Durlachern ihre preußenfreundliche Haltung noch immer heftig verübelte. Aber Karoline ließ nicht locker – und setzte ihren Willen zu guter Letzt durch.

Karoline Luise, die in dem künstlichen Mikrokosmos der höfischen Welt lebte, konnte sich wie ein kleines Kind für die Phänomene der Natur begeistern. Etwa seit dem Jahr 1762 begann sie geradezu fieberhaft alles zu sammeln, was mit Botanik, Geologie, Mineralogie und Zoologie zusammenhing. Karoline wäre allerdings nicht Karoline gewesen, hätte sie die wilde Sammelleidenschaft nicht schnell in wissenschaftliche Bahnen gelenkt. Die Markgräfin vertiefte sich in die Fachliteratur, knüpfte Kontakte zu Sammlern, Händlern und den bekanntesten Wissenschaftlern ihrer Zeit, darunter der schwedische Naturforscher Karl von Linné.

Linné, der als Begründer der modernen Systematik in Botanik und Zoologie gilt, hatte es dem ordnungsliebenden Geist der Markgräfin besonders angetan. Sie machte seine „Systema naturae“ zur Grundlage ihrer Sammeltätigkeit. Und weil sie davon überzeugt war, dass Linné noch viel mehr Beachtung verdiente, als er ohnehin schon genoss, fasste sie den Plan, das monumentale Werk des Wissenschaftlers durch Bildbände zu erschließen. Linné war verständlicherweise begeistert von Karolines Unterstützung seiner Arbeit. Um ihr seine Verehrung zu beweisen, gab der Forscher einer neu entdeckten mittelamerikanischen Pflanze den Namen „Carolinea Lovisa Carolina“ oder „Carolina princeps“. Doch obgleich Karoline Luise mit einer Begeisterung zur Tat schritt, die ihresgleichen suchte, war ihr ehrgeiziges Vorhaben, ein Abbildungswerk aller im 18. Jahrhundert bekannter Pflanzen zu schaffen, zum Scheitern verurteilt. Zu umfassend wäre das Werk gewesen, zu lang die Herstellungszeit, zu teuer das Projekt. Die mindestens 1.000 Subskribenten, die nötig gewesen wären, um das Unternehmen bezahlen zu können, fanden sich nicht. Karoline war eine Frau mit Weitblick und Scharfsinn, aber sie war weder eine Fanatikerin noch eine Prophetin. Wegen finanzieller Bedenken brach sie das Vorhaben, das ein Jahrhundertwerk hätte werden können, schließlich ab.

Karoline Luise konnte rechnen – hätte sie nicht über diesen mathematisch berechnenden Verstand verfügt – vielleicht würde sie heute als eines der Genies des 18. Jahrhunderts gehandelt. Aber die Markgräfin von Baden-Durlach blieb erdverbunden. Ihr naturwissenschaftliches Interesse war groß und echt – doch betrieb Karoline die Wissenschaften nicht um der reinen Erkenntnis willen. Ihr Wissen sollte, sofern es irgend möglich war, Nutzen bringen. Als Mineralogin ließ sie die alten Bergbaugebiete bei Sulzburg und Badenweiler untersuchen und forderte genaue Angaben über die Vorkommen ein. Karolines Wissen als Botanikerin und Zoologin flossen in ihre Arbeit als Gutsherrin und als Unternehmerin ein. Karl Friedrich bemühte sich damals, den Bauern seines kleinen Landes durch neue Methoden in Vieh- und Landwirtschaft zu besseren Erträgen zu verhelfen. Auch die Förderung neuer Industrien hatte er sich auf die Fahnen geschrieben. Karoline nun war wie immer bestrebt, die Anliegen ihres Gemahls zu unterstützen. 1764 gründete sie eine Seidenplantage auf dem Kühlen Feld (dem heutigen Killisfeld), zwei Jahre später übernahm sie eine kleine Seiden- und Kerzenfabrik. Außerdem stieg sie in die Produktion und den Vertrieb der Färberpflanze Krapp ein. Im Killisfeld, in Gondelsheim und auf anderen Grundstücken ließ sie Krapp anpflanzen und in ihren Mühlen in Grötzingen und Söllingen vermahlen. 1774 kaufte sie dann noch eine verfallene Ölmühle in Ettlingen, an deren Stelle sie eine Papiermühle errichten ließ (die von ihren Erben 1810/1817 an den Kaufmann Franz Buhl verkauft wurde). Die Geschäfte der Markgräfin fanden viel Beachtung, auch wenn sie längst nicht alle erfolgreich verliefen und Karoline viele Rückschläge zu verzeichnen hatte. Immerhin erstreckte sich der Handel, den Karoline mit ihren Produkten betrieb, über ganz Süddeutschland bis in die Schweiz, ins Elsass und sogar bis nach England.

Prächtig und majestätisch

Für einen hochintelligenten Menschen wie Karoline Luise war es ein merkwürdiges Gefühl, plötzlich zu spüren, dass sie neuen Zeitströmungen nicht mehr zu folgen vermochte. Die große Zeit der Aufklärer neigte sich dem Ende zu, die Bewegung des Sturm und Drang trug frischen Wind in die gebildete Welt. Karoline Luise beobachtete die Entwicklung mit Interesse. Doch sie war eine Frau, die bei aller Stärke der Gefühle stets einen kühlen Kopf bewahrte. Mehr als Schwärmerei zählten für sie Argumente. Jetzt, da sie sich ihrem 50. Lebensjahr näherte, brachte sie den Wallungen der jungen Hitzköpfe, die sich selbst für modern hielten, mehr Amüsement als Verständnis entgegen.

Johann Gottfried Herder, einer der Wortführer des Sturm und Drang, litt heftig und öffentlichkeitswirksam unter der Trennung von seiner Braut, als er im Jahr 1770 als Begleiter eines jungen Fürsten nach Karlsruhe kam. Dass Markgraf Karl Friedrich sich Herder auf höchst ungezwungene Art näherte – fast, als habe er es mit einem Gleichgestellten zu tun – schmeichelte dem Sohn eines Kantors ungemein. Später bezeichnete Herder den badischen Markgrafen als den „besten Fürsten, den ich auf meinem Lebensweg sah“. Leidenschaftlich unterhielt sich der Philosoph mit Karl Friedrich über die Freiheit des menschlichen Geschlechts – worunter Herder allerdings vorwiegend die Freiheit des männlichen Geschlechts verstand.

Karoline Luise gegenüber jedoch, die sich dem Gast gleichfalls freundlich zuwandte, zeigte sich Herder so reserviert, dass es fast schon an Unhöflichkeit grenzte. Seiner Braut vertraute Herder hinterher an, dass er keine Lust verspürt habe, der Markgräfin Weihrauch zu streuen, wie es so viele französische und deutsche Narren um sie herum täten: „Überhaupt, da ich für keine Kreatur in der

Welt mehr Abscheu habe als für ein gelehrtes Frauenzimmer, und wäre sie der erhabendste Geist, so werden wir uns wohl nie recht begegnen...". Immerhin war der schriftstellernde Prediger so gerecht zuzugeben, dass die Markgräfin über ausnehmend große Kenntnisse und bemerkenswerte Talente verfügte.

Karoline Luise bemerkte wohl, dass Herder seine Probleme damit hatte, einer Dame zu begegnen, die mit „männlichen" Kenntnissen und Eigenschaften brillierte. Sie wusste, die jungen Leute verfolgten neuen Ideale; der strenge Rationalismus der Aufklärung stieß zunehmend auf Widerstand. Mehr denn je verlangte der Zeitgeist nach zarten, hingebungsvollen Frauen, die nicht den Verstand, sondern die Gefühle regieren ließen. In den Augen Herders war die badische Markgräfin ein Mannweib, fast schon ein gelehrtes Monster. Karoline Luise durchschaute Herders Dilemma durchaus, sah aber natürlich keinerlei Anlass, der Ursache abzuhelfen. Ihre Reaktion auf seine Vorbehalte war ein nachsichtiges Gewähren lassen, ähnlich dem Verhalten einer klugen Mutter gegenüber ihrem pubertierenden Sohn. Diese Nachsicht allerdings verübelte der gekränkte Gelehrte der Markgräfin nur noch mehr.

Im Grunde ihres Herzens war Karoline es leid, die Lasten des Frauen- und Mutterdaseins zu tragen. Gerade drei Jahre war es her, da hatte Karoline Luise die ersehnte Tochter zur Welt gebracht. Ein süßes Mädchen war das gewesen. Doch es lebte nur drei Tage lang. Nur ein Jahr war es her, da hatten die stechenden Schmerzen und das Blut, das an Karolines Beinen herablief, davon gekündet, dass ihre zehnte Schwangerschaft glücklos verlaufen war. Jetzt aber näherte sich Karoline Luise dem Alter, in dem Frauen nicht mehr in ständiger Furcht vor oder in Hoffnung auf eine Schwangerschaft leben müssen. Die Anzeichen häuften sich, dass die Markgräfin über ihre fruchtbare Zeit hinaus war.

Karoline schmiedete Pläne. Ihre beiden älteren Söhne waren mit 16 und 14 Jahren allmählich reif für einen Bildungsaufenthalt in Paris. Selbstverständlich würden die beiden inkognito reisen; ein Haus für etwa 20 Personen inklusive Dienerschaft würde ausreichen. Karoline Luise kümmerte sich frühzeitig und intensiv um die große Reise ihrer Kinder. Dabei kam ihr ein Gedanke, der sie mehr und mehr faszinierte: Die Eltern, Karl Friedrich und sie, könnten die Buben doch begleiten. Das würde die Angelegenheit zwar nicht unwesentlich verteuern, doch die Kosten könnte man, weil es selbstverständlich keine offizielle Reise wäre, in erträglichen finanziellen Grenzen halten. Und Paris, das war der Mittelpunkt der eleganten Welt. Das war das Synonym für Kultur, war der Treffpunkt der Gebildeten. Wenn die markgräfliche Familie nun für den Aufenthalt in Paris den Namen der Grafen von Eberstein annähme? Die Aufregung der Fürstin wuchs von Minute zu Minute. Fast zaghaft stellte sie ihrem Mann die entscheidende Frage.

Karoline fand bei Karl Friedrich ein offenes Ohr. Der Markgraf war sehr interessiert daran, Paris zu besuchen – hielten sich dort doch die führenden Köpfe der Physiokraten auf, eine Gruppe von Männern, die in der Landwirtschaft die Quelle staatlichen Wohlstandes erblickten und die daher den Landbau nach Kräften zu fördern trachteten. Karl Friedrich interessierte sich brennend für diese Lehre, hatte im eigenen Land sogar schon Versuche unternommen, sie in die Praxis umzusetzen. Der Markgraf beschloss, dass seine Gemahlin und er selbst die Söhne begleiten würden. Die waren – bei aller Wertschätzung ihrer Eltern – recht enttäuscht darüber, nicht nur unter Aufsicht ihrer Erzieher, sondern unter den noch strengeren Augen von Vater und Mutter ihre große Reise unternehmen zu müssen. Aber sie hätten es nie gewagt, das hohe Paar ihren Missmut spüren zu lassen.

In letzter Minute entschied Karoline Luise, dass auch der achtjährige Ludwig an der Familienreise teilnehmen sollte. Am 5. Juni 1771 verließ die markgräfliche Familie Karlsruhe, eine Woche später kamen die Grafen von Eberstein in der französischen Hauptstadt an. Für Karoline war es, als sei ihr das Tor zu einer neuen Welt aufgestoßen worden. Die Sehenswürdigkeiten und das bunte Leben der Stadt an der Seine berauschten sie: die Ausstellungen, die Galerien, die Ateliers, die Theater, die Opern und die Menschen – ja, vor allem die Menschen. Noch nie war Karoline so vielen Persönlichkeiten aus Wissenschaft und Kunst, so vielen geistreichen Frauen und Männern begegnet wie in Paris. Ihr Ruf öffnete der badischen Markgräfin fast alle Türen. Denn selbstverständlich ließ sich durch den Namen der Gräflich Ebersteinischen Herrschaften niemand auch nur eine Minute lang täuschen. Trotzdem verschaffte das Inkognito dem markgräflichen Paar eine Bewegungsfreiheit, von der ein regierender Fürst auf Reisen sonst nur träumen konnte.

Karoline Luise war traurig um jeden Tag, an dem sie nicht Marie-Thérèse Geoffrin sah. Die Witwe eines reichen Fabrikanten hatte den Karlsruher Hof im Jahr 1766 für vier Tage aufgesucht und Karoline hatte die zierliche Dame mit dem eisernen Willen bereits damals in ihr Herz geschlossen. Ja, keinem ihrer Gäste außer Voltaire hatte die Markgräfin mehr Gewicht beigemessen als ihrer französischen Freundin. Madame Geoffrin führte in Paris einen Salon, der als eine der „höchsten Institutionen Europas" galt. Die Geoffrin war eine geistig überaus rege und aufgeschlossene, dabei aber auch eine höchst sittenstrenge Persönlichkeit. Dass ihre moralisch einwandfreien Anschauungen manchen geistigen Höhenflug vorzeitig zum Absturz brachten, hinderte weder namhafte Enzyklopädisten noch bekannte Schauspieler, Maler, Architekten und Bildhauer daran, sich mit schönster Regelmäßigkeit in ihrem Hause einzufinden. Selbst Katharina die Große stand in regem Briefwechsel mit der Geoffrin. Karoline betrachtete jede Minute, die sie in den Salons der lieben Thérèse verbrachte, als einen Gewinn. Sie lernte hier manchen Gleichgesinnten kennen, mit dem sie noch jahrelang briefliche Kontakte pflegen sollte.

Wie lebhaft und liebenswürdig doch die Stimmung in den Salons von Madame Geoffrin war! Und wie unangenehm und steif dagegen die Atmosphäre in Versailles. Karl Friedrich und Karoline Luise sahen keine Möglichkeit, einen Besuch bei Hofe zu umgehen. Denn natürlich wusste auch der französische König, was es mit den Grafen Eberstein auf sich hatte. Karoline legte vor allem Wert darauf, die Prinzessin Marie Antoinette zu sehen, die Tochter der Kaiserin Maria Theresia und künftige Königin von Frankreich. Wie gut erinnerte sich Karoline an die ebenso hübsche wie unsichere kleine Erzherzogin von Österreich, die die markgräfliche Familie auf ihrer Fahrt zur Hochzeit mit dem Dauphin in Freiburg und Emmendingen begrüßt hatte. Welches Mitleid hatte Karoline Luise mit diesem Kind empfunden, das unterwegs war zu einem Bräutigam, vom dem es kaum etwas wusste. Marie Antoinette begrüßte die Badener in ihrem Parade-Schlafzimmer. Für den Empfang eines inkognito reisenden Fürstenpaares aus einem kleinen deutschen Ländchen war dies durchaus angemessen, zumal König Ludwig XV. sich im Umgang mit anderen europäischen Monarchen gerne betont arrogant zeigte und diese Haltung auch von seinen Familienangehörigen erwartete. Seine Schwiegertochter Marie Antoinette gab sich den Badenern gegenüber charmant, aber auf eine etwas herablassend-distanzierte Art. Allerdings erkundigte sie sich freundlich bei Karoline nach dem kleinen Ludwig, der an diesem Besuch nicht teilnehmen durfte. Etwas mehr als zehn Minuten dauerte die Audienz, dann war das markgräfliche Paar schon wieder entlassen. Immerhin wurden anlässlich der Visite von Karl

Friedrich und seiner Frau die Wasserspiele von Versailles angestellt. Eine Ehre, die nicht jedem zuteil wurde!

Noch schneller als bei der Dauphine war zwei Tage später der Empfang des Markgrafen und seines ältesten Sohnes bei König Ludwig XV. beendet. Auch um Besuche bei den übrigen Mitgliedern der königlichen Familie, angefangen beim Thronfolger über dessen Onkel bis hin zu den Töchtern des Königs, kam die markgräfliche Familie nicht herum. Die Prinzen Karl Ludwig und Friedrich, an die eher herzliche Atmosphäre im Karlsruher Schloss gewöhnt, ließen sich von dem strengen, unpersönlichen Hofzeremoniell gebührend beeindrucken. Für Karl Friedrich und Karoline Luise waren die Besuche in Versailles eine Strapaze. Insgeheim gratulierten sie sich dazu, ihrem eigenen Hof einen bewusst „bürgerlichen" Anstrich gegeben zu haben...

Versailles glich einem Marionettentheater. In der gekünstelten Welt des französischen Hofes fand sich keine Spur von der geistigen Regsamkeit, die Karoline Luise sonst an Paris wie an keiner anderen Stadt schätzte. Die besten Vertreter der französischen Aristokratie meinte die Markgräfin ohnehin, in den Salons kennen gelernt zu haben. Wäre es nach Karoline gegangen, diese Pariser Tage hätten niemals enden müssen. Die Fürstin fühlte sich so jung, wie seit 30 Jahren nicht mehr. Und das lag nur zum allergeringsten Teil daran, dass sie in Paris weitaus freizügiger mit Puder und Schönheitspflästerchen umging als in Karlsruhe.

Aber welchem Sterblichen ist dauerhaftes Glück beschieden? Ende August bereitete die Nachricht, dass der Markgraf von Baden-Baden im Sterben liege, der unbeschwerten Stimmung Karoline Luises ein jähes Ende. Es gelang ihr, eine überstürzte Abreise zu verhindern. Sie überredete Karl Friedrich, erst einmal abzuwarten, doch die Nachrichten aus der Heimat wurden immer dringlicher. Karoline sah ein, dass die künftigen Baden-Badener Untertanen es Karl Friedrich schwer verübeln könnten, wenn er in Paris seinem Vergnügen nachging, während Vetter August Georg dahinschied.

Die Pflicht rief – und Karoline war wie immer bereit, diese zu erfüllen. Aber selten fiel es ihr so schwer wie dieses Mal. Ihr versagte die Stimme, als sie sich von ihrer Freundin Madame Geoffrin verabschiedete. Die Rückreise wurde ihr zur Qual, zumal gleich vier Achsbrüche bei den Karossen immer wieder zu höchst ärgerlichen Verzögerungen führten. Am 22. September 1771 endlich waren Karl Friedrich und Karoline Luise wieder in Karlsruhe.

Karoline wusste selbst, dass ihre Gefühle denjenigen eines beleidigten Kindes glichen, das Tatsachen einfach nicht akzeptieren mag. Trotzdem nahm sie es dem schwer kranken Markgrafen von Baden-Baden regelrecht übel, dass er sich mit dem Sterben so lange Zeit ließ. So dringlich waren die Rufe gewesen – und jetzt dauerte es immerhin noch bis zum 21. Oktober, dass der kinderlose jüngste Sohn der berühmten Sibylla Augusta von Baden-Baden seinen Geist aufgab.

Durch August Georgs Tod wuchsen die badischen Markgrafschaften aufgrund des Hausgesetzes und des Erbvertrages nach über 250 Jahren der Trennung wieder zusammen. Karl Friedrichs Herrschaftsgebiet verdoppelte sich; er gewann 190.000 Untertanen hinzu, von denen die meisten der katholischen Kirche angehörten.

Der Zugewinn an Land und Seelen brachte Karl Friedrich aber auch eine Menge Ärger ein: Da war einmal die ungeheure Schuldenlast Baden-Badens, die er mitgeerbt hatte und die einen schweren Rückschlag für seinen soliden Staatshaushalt bedeutete. Und dann war da die Witwe des verstorbenen Vetters, die Markgräfin Maria Viktoria. Die Dame bereitete Schwierigkeiten, wo es nur ging. Karl Friedrich hatte im Erbvertrag den katholischen Baden-Badenern die volle Freiheit bei der Ausübung ihrer Religion zugestanden; doch durfte dies natürlich nicht dazu führen, dass er landesherrliche Rechte zugunsten katholischer Strukturen zu opfern hätte. Genau dies aber versuchte Maria Viktoria mit allen Mitteln zu erreichen. Sie, die wegen ihrer Wohltätigkeit beim Volk hohes Ansehen genoss, scharte – zunächst erfolgreich – Bürger um sich, vor allem aus den Städten Baden-Baden und Rastatt, um vor dem Reichshofrat in Wien Klage gegen Karl Friedrich zu erheben.

Die Front des Protestes begann bald zu bröckeln – zum einen wegen einer Aufklärungskampagne, die der Markgraf inszenierte, zum anderen, weil seine Regierungsweise schlichtweg überzeugte. Trotzdem blieb die Witwe August Georgs noch Jahre lang ein Stachel im Fleisch Karl Friedrichs und seiner Frau. Obwohl Karl Friedrich mehrfach versuchte, ihr goldene Brücken zu bauen, wies die Baden-Badener Cousine alle Angebote, die auf eine Versöhnung zielten, brüsk zurück. Erst als der Kaiser selbst die Markgräfin von Baden-Baden in die Schranken wies, gab sie Ruhe. Maria Viktoria verließ Baden im Jahr 1784. Karoline Luise sollte es nicht mehr erleben.

Eine der schmerzlichsten Mitteilungen, die Karoline während der 70er Jahre erhielt, war die, dass ihre Schwägerin Henriette Karoline von Hessen-Darmstadt am 30. März 1774 im Alter von 53 Jahren gestorben war. Goethe hatte dieser Ehrfurcht gebietenden Dame den Namen „die große Landgräfin" gegeben; Friedrich der Große hatte sie einst als „Zierde und Bewunderung unseres Jahrhunderts" bezeichnet. Karoline Luise von Baden war der Gemahlin ihres Bruders Ludwig (IX.) von Herzen zugetan – und das nicht nur, weil die Schwägerinnen künstlerische und literarische Interessen teilten. Beide Frauen waren Persönlichkeiten, die ihrer Umwelt ihren Stempel aufdrückten. Wie Karoline Luise dem Hof zu Karlsruhe zu einem Namen verholfen hatte, der in der gebildeten Welt geachtet wurde – so hatte die große Landgräfin Darmstadt zu einem Sitz der Musen erhoben. Schon in den frühen 50er Jahren hatten die beiden Fürstinnen vereinbart, dass sie einst ihre damals noch ungeborenen Kinder miteinander vermählen wollten. Ein Plan, den die hohen Damen niemals aus den Augen verloren. Die große Landgräfin nahm ihrer dritten Tochter Amalie noch auf dem Sterbebett das Versprechen ab, sich mit dem Karlsruher Vetter Karl Ludwig zu vermählen. Die hessische Prinzessin heiratete den badischen Erbprinzen im Sommer 1774.

Karoline, die die Entwicklung ihres ältesten Sohnes mit Sorge betrachtete (Karl Ludwig versprach immer mehr ein Langweiler der schlimmsten Sorte zu werden), hoffte, dass eine Tochter der großen Landgräfin den Thronfolger beflügeln werde, sodass er endlich eine gewisse geistige Reife erlangen würde. Weil Amalie wie Karoline Luise selbst aus Darmstadt kam und weil sie eine so überaus intelligente und kunstsinnige Mutter hatte, erwartete die badische Markgräfin, in der Nichte einen verwandten Geist zu finden. Sie wurde bitter enttäuscht.

Die Schwiegertochter war niedlich. Das war in Karolines Augen aber auch schon alles. Ein zartes, schwächliches Geschöpf, hübsch, wohlerzogen und ebenso langweilig wie ihr Gemahl. Das sahen zwar manche Hofschranzen anders, weil die junge Frau eine scharfe Zunge hatte und für ihr Leben gerne klatschte. Die Markgräfin aber hielt ihre Schwiegertochter für recht einfältig, weil sie so gar keinen Ehrgeiz auf wissenschaftlicher oder künstlerischer Ebene an den Tag legte. Gespräche, wie Karoline Luise sie schätzte, konnte sie mit Amalie nicht führen.

Was Karoline besonders irritierte war, dass die junge, unerfahrene Prinzessin so rasch in ihrem Urteil war. Für Amalie gab es offensichtlich nur Schwarz oder Weiß, Zwischentöne kannte sie nicht. Fragen, zu deren Beantwortung Karoline stundenlang das

Für und Wider abwog, handelte Amalie innerhalb von Sekunden ab. Die junge Frau, aufgewachsen mit sieben Brüdern und Schwestern, war einzig und allein auf das Ziel hin erzogen worden, einmal einen Fürstensohn zu heiraten. Nicht die geistige Beweglichkeit ihrer Mutter, sondern die höfische Etikette hatten das junge Mädchen geprägt. Amalie bewegte sich mit schlafwandlerischer Sicherheit auf dem gesellschaftlichen Parkett und sie wertete instinktiv nach den Regeln ihres Standes. Fragen nach dem „Warum?" oder „Woher?" beschwerten ihr hübsches Köpfchen selten. So lebte – jedenfalls aus der Sicht ihrer Schwiegermutter – die Erbprinzessin hirnlos in den Tag hinein, immer auf der Suche nach Zerstreuung.

Was die ganze Sache noch schlimmer machte: Karoline hatte den Eindruck, dass Amalie versuchte, ihr und Karl Friedrich den Sohn zu entfremden. Das gab den Ausschlag: Diese dumme kleine Person versuchte die Bemühungen der Eltern zu hintertreiben, aus dem Erbprinzen einen Fürsten von Format zu machen. Das konnte die Markgräfin keineswegs hinnehmen. Karoline Luise schlug ihrer Schwiegertochter gegenüber einen scharfen Ton an und machte ihr unmissverständlich klar, dass sie zu gehorchen hatte. Ja, die sonst so selbstkritische Markgräfin nahm sich der Schwiegertochter gegenüber Bosheiten heraus, die man ansonsten gar nicht von ihr kannte.

Mancher Höfling mochte insgeheim Mitleid mit der hübschen, zierlichen Prinzessin empfinden, die gegen die übermächtigte Schwiegermutter so gar keine Chance zu haben schien. Karoline Luise war mit ihren 50 Jahren zwar eine keineswegs schöne, aber eine eindrucksvolle, eine Ehrfurcht gebietende Persönlichkeit. Johann Kaspar Lavater, der 1774 zum ersten Mal den Karlsruher Hof besucht hatte, beschrieb die badische Markgräfin so: „... prächtig und majestätisch, wie ich die russische Kaiserin mir vorstelle. Eine wohl gewachsene, männliche, etwa 50-jährige Dame, ihr hohes Haupthaar mit Brillanten besetzt, ein rotes Ordensband, ein Stern von Brillanten, ein tiefes festes Auge unter einer hohen perpendicularen Stirn, eine treffliche Sprache, gesetzgebieterisch, königlich". Es lässt sich leicht ahnen, welche Wirkung Karoline Luise haben mochte, wenn kalter Zorn sie bewegte.

Die Misshelligkeiten zwischen der badischen Markgräfin und der Erbprinzessin vergifteten die Stimmung am Karlsruher Hof; sie blieben selbst auswärtigen Besuchern nicht verborgen. Nicht wenige sympathisierten mit Amalie, die so süß und hilflos neben der imposanten Gestalt ihrer Schwiegermutter daher kam. Karl August von Sachsen-Weimar, der wenige Monate nach der Hochzeit Amalies in Karlsruhe weilte, bemerkte, dass die Ehe des Erbprinzen „passablement mal“ verlaufe. Karoline Luises Sohn scheine aber trotzdem ein Prinz zu sein, „der Vorzüge besitzt“.

Karl August war in Karlsruhe ein gern gesehener Gast. Er lernte in der badischen Residenz nicht nur seine spätere Frau, eine Nichte Karoline Luises, kennen, sondern auch Johann Wolfgang von Goethe. Trotzdem hielt Karl August nicht eben große Stücke auf die Markgräfin: Hinter ihrem Rücken bezeichnete er Karoline Luise als eine „schreckliche Schwätzerin“. Auch Goethe gehörte nicht zu den Bewunderern der Fürstin – sie war ihm zu unweiblich, viel zu selbstbewusst. Der junge Dichter bemerkte 1779 über die Zustände am Karlsruher Hof: „Hier sind die Kinder schön und allerliebst, der Markgraf gefällig und unterhaltend, die Markgräfin gefällig und gesprächig, der Erbprinz in seine Augenbrauen retranchiert, aber gutwillig, die Erbprinzessin sehr passiv am Gängelbande der Frau Schwiegermama“.

Die Kinder, die Goethe als „schön und allerliebst“ beschrieb – das waren die Enkelinnen Karl Friedrichs und Karoline Luises. Nur Mädchen hatte Amalie bis dahin zur Welt gebracht. Es hätte zwar niemand offen ausgesprochen – aber das markgräfliche Paar machte es der jungen Frau insgeheim doch zum Vorwurf, dass sie bislang keinem Thronfolger das Leben geschenkt hatte. Ein weiterer Punkt, in dem sich diese Prinzessin aus Hessen-Darmstadt als Versagerin erwies.

Im Frühjahr 1775 hatte es noch so ausgesehen, als würde Karoline selbst wider jedes Erwarten noch einmal ein Kind gebären. Der wenig respektvolle, damals gerade 18-jährige Herzog Karl August schrieb in einem Brief an seine Mutter: „Die Markgräfin geht im sechsten Monat schwanger, sie ist erst 52 Jahre alt“. Karl Friedrich befand sich gerade auf einer Reise durch die Schweiz, als er von dem bevorstehenden Kindersegen erfuhr. Er wusste, was sich gehörte: Er dankte Gott für die gute Nachricht und ordnete an, dass öffentlich für das Wohl von Mutter und Kind gebetet wurde.

Karoline Luise selbst war von dieser Frucht der Wechseljahre alles andere als begeistert. Sie hatte gehofft, längst über das Alter hinaus zu sein, in dem Frauen noch empfangen können. Unter dieser unerwünschten späten Schwangerschaft litt sie so heftig, dass sie sogar Amalie an ihrem Unwohlsein teilhaben ließ. Sie jammerte der ungeliebten Schwiegertochter die Ohren voll. Als Amalie nach Darmstadt reiste, um ihre Familie zu besuchen, schrieb ihr Karoline, dass sie von ständigen Wehen gequält werde. Der Arzt hoffe, dass das Kind schon Anfang August auf die Welt käme. Es zeigte sich aber bald, dass Karoline gar nicht schwanger war. Eines ihrer vielen Darmleiden hatte den Leib der ohnehin sehr korpulenten Markgräfin offensichtlich stark gebläht. Die Mediziner hatten heftige Bewegungen unter der Bauchdecke der Fürstin gespürt und sie fälschlich für keimendes Leben gehalten.

Es war nicht das einzige körperliche Ungemach, das Karoline in diesen Jahren heimsuchte. Ihre Gesundheit ließ sehr zu wünschen übrig, doch sie schonte sich nicht. Was ihr in jungen Jahren verwehrt geblieben war – ausgedehnte Reisen zu unternehmen und dabei neue, interessante Menschen kennen zu lernen – das wurde jetzt für sie eine Leidenschaft. Paris, Rom, die österreichischen Niederlande, Lyon, Nìmes, Montpellier und schließlich die Toskana sowie Venedig – hätte nur Karl Friedrich sie häufiger begleiten können, es wären gewiss die schönsten Jahre ihres Lebens gewesen.

Wenn ihr Gemahl unabkömmlich war, reiste Karoline meist in Gesellschaft ihres zweiten Sohnes Friedrich. Fritz war nach wie vor derjenige unter ihren drei Söhnen, der ihrem Herzen am nächsten stand. Der junge Ludwig hätte wohl kaum die Geduld aufgebracht, seine Mutter zu all den wissenschaftlich und künstlerisch bedeutsamen Stätten zu begleiten, die sie so brennend interessierten. Und der Erbprinz hätte die Markgräfin zwar geduldig begleitet – doch wären ihr seine mühsam überspielte Verständnislosigkeit und seine geistige Trägheit nur umso schmerzlicher bewusst geworden. Außerdem war der Platz des Erben beim Markgrafen. Mit Fritz hingegen konnte Karoline Gesehenes wie Gehörtes ernsthaft diskutieren; er war ein idealer Reisegefährte.

Neben ihrem Sohn musste Karoline Luise aus Gründen der Etikette mindestens eine Hofdame, einen Reisemarschall sowie ein bis zwei Lakaien mitnehmen, wenn sie wieder auf Tour ging. Das machte ihre Reisen zu einem teuren Vergnügen. Karoline war verpflichtet, die Kosten aus ihrem mittlerweile recht beschränkten privaten Vermögen zu bestreiten. Der Markgraf erhöhte zwar 1777 – ausdrücklich mit Hinweis auf ihre Bildungsreisen – die Apanage seiner Frau, doch die zusätzlichen 200 Louisdors waren ein Tropfen auf den heißen Stein. Nicht nur aus Liebe zu ihrem Gemahl, auch aus rein finanziellen Erwägungen war Karoline hoch zufrieden, wenn sie in Begleitung ihres Gatten reisen konnte. Denn fuhr

Karoline mit ihrem Mann durch die vereinigten Markgrafschaften oder suchte sie mit ihm zusammen befreundete Höfe auf, so musste Karl Friedrich für die beträchtlichen Summen aufkommen, die solche Unternehmungen im 18. Jahrhundert verschlangen. Aber selbst die hohen Kosten von Bildungsreisen konnten Karoline Luise in diesen Jahren nicht bremsen – die Markgräfin nützte in ihrer Freude an der neu gewonnenen Freiheit jede Möglichkeit, ihren Horizont zu erweitern.

Die letzte Reise nach Paris

Das Jahr 1783 hatte schlecht begonnnen. Beim täglichen Unterricht bei Professor Böckmann, der die Markgräfin über die neuesten Entdeckungen auf dem Gebiet der Mathematik und der Physik auf dem Laufenden hielt, vermochte Karoline Luise sich kaum zu konzentrieren. Dann stürzte sie auch noch eine schmale Treppe im Karlsruher Schloss hinab. Der Unfall wirkte sich verheerend auf die Gemütsverfassung der Markgräfin aus. Sie war deprimiert, fühlte sich schwach, klagte darüber, dass ihre Augen sie im Stich zu lassen drohten. Flüsternd erzählten die Hofdamen weiter, dass die Fürstin sogar von ihrem bevorstehenden Tode spräche.

Karolines Lieblingssohn Fritz war entsetzt über die ungewohnten pessimistischen Anwandlungen der Markgräfin und verbrachte so viel Zeit wie möglich bei seiner Mutter. Wenn sie auf ihr drohendes Ende zu sprechen kam, stiegen dem Prinzen die Tränen in die Augen. Den Karlsruher Ärzten lag sehr daran, die unbequeme Patientin möglichst bald los zu werden. Sie rieten ihr deshalb zu einer Luftveränderung. Was die Fürstin denn von einem kleinen Aufenthalt in Paris halte?

Der Vorschlag war geschickt gewählt. Das Wort „Paris" weckte Karolines Lebensgeister. Wenn sie nun mit Fritz, dem lieben Jungen, in die französische Hauptstadt führe? Ach, in Paris hatte sich inzwischen ja auch so vieles geändert. Karolines mütterliche Freundin Madame Geoffrin war 1777 gestorben und hatte eine Lücke hinterlassen, die niemand schließen konnte. Aber Karoline legte im Moment ohnehin recht wenig Wert auf gesellschaftliches Leben. Und schon gar nicht auf Repräsentation. Es würde genügen, wenn Üxküll sie als Reisemarschall begleitete. Und vielleicht noch seine Schwester als Hofdame. Karoline könnte sich die Oper im Palais Royal ansehen, die nach dem Brand von 1781 wieder aufgebaut worden war. Sie könnte die eine oder andere Erwerbung für ihre Mineraliensammlung tätigen... Die Markgräfin erwärmte sich mehr und mehr für den Gedanken. Ach, Paris bot ja so viel Sehenswürdigkeiten. Paris würde sie gewiss aus ihrer Melancholie befreien. Karl Friedrich hatte keine Einwände und so reiste die Markgräfin in der Nacht zum 1. April 1783 ab.

Die Fahrt war noch mühsamer als erwartet und als die kleine badische Reisegesellschaft in Paris ankam, musste Karoline Luise zu ihrem Entsetzen hören, dass ihre Zimmer im Hotel d'Angleterre schon anderweitig vergeben waren. Üxküll bemühte sich, für die Markgräfin und ihren Sohn eine standesgemäße Unterkunft zu finden, doch es dauerte ein paar Stunden, ehe sich Karoline Luise endlich dem wohlverdienten Schlaf in einigermaßen akzeptablen Räumlichkeiten hingeben konnte.

Trotz solcher Widrigkeiten war Karoline Luise froh, in Paris zu sein. Einen Tag später konnte sie glücklicherweise auch ihre Räumlichkeiten im d'Angleterre beziehen. Schon bald regte sich in ihr der alte Forscherinnen- und Entdeckerinnendrang. Karoline fuhr aus, spazierte durch den Tuilerien-Garten, besuchte sogar einen Jahrmarkt. Wohlgemut kehrte sie in das Hotel zurück. Doch auf der Treppe befiel sie wie ein Blitz aus heiterem Himmel erneut ein Unwohlsein. Die Markgräfin spürte, dass sie nicht in der Lage sein würde, die vielen, vielen Stufen aus eigener Kraft zu bewältigen. Schwer atmend forderte sie Hilfe, doch Karolines Befehle klangen in den Ohren der Diener wie sinnloses Gestammel. Immerhin – es war nicht zu übersehen, dass die Markgräfin kurz vor dem Kollaps stand. Die Domestiken keuchten unter der Last, als sie den schweren Körper die Treppen hinaufschleppten.

Karoline schien sich rasch zu erholen, brach dann aber in ihrer Garderobe völlig zusammen. Es verging fast eine Stunde, bis ärztliche Hilfe eintraf. Die Markgräfin war weiß wie der Tod, das Gesicht verzerrt, ein Teil ihres Körpers gelähmt. Die Ärzte nickten verständig mit dem Kopf, verabreichten der Patientin Abführ- und Brechmittel, ließen sie schließlich zur Ader. Die Mediziner sahen mit Genugtuung, dass sich der Zustand der Markgräfin etwas besserte. Sie sahen keine Notwendigkeit, für die Nacht besondere Vorsichtsmaßnahmen anzuordnen. Es würde genügen, wenn die Bediensteten über die Dame aus Baden wachten. Die Ärzte verabschiedeten sich bald, sagten aber immerhin zu, die Patientin am nächsten Tag noch einmal zu untersuchen. Üxküll sandte sofort einen Boten nach Karlsruhe, um den Markgrafen von der unerwarteten Erkrankung seiner Gemahlin zu unterrichten.

Der Optimismus der Ärzte schien gerechtfertigt. Als sie am nächsten Tag ihre hochwohlgeborene Patientin aufsuchten, lag Karoline zwar im Bett, aber sie begrüßte die Mediziner leutselig und begann umgehend, mit ihnen über ihr Krankheitsbild zu diskutieren. Zwar konnte sie sich noch kaum bewegen, doch war sie überaus zuversichtlich, die Lähmung bald überwunden zu haben. Den studierten Herren blieb schier der Mund offen stehen, als sie hörten, mit welcher Selbstverständlichkeit die dicke Dame mit medizinischen Fachausdrücken um sich warf. Das Verblüffendste für die Herren war: Was die Frau sagte, hatte Hand und Fuß, war keineswegs das übliche halbgebildete, mehr oder weniger abergläubische Geschwätz, das sie von ihren vornehmen Patientinnen kannten. Vollends dem Charme Karolines verfallen waren die Mediziner, als die belesene Badenerin sich selbst wortreich dazu gratulierte, dass sie sich in den sachkundigsten Händen von Paris befand.

Der folgende Tag brachte weitere Besserung. Fritz war endlich von der Seite seiner Mutter gewichen. Völlig erschöpft und von den schlimmsten Befürchtungen gepeinigt, hatte er auf Bitten Karolines, die mehr um die Gesundheit ihres Lieblingssohnes bangte als um die eigene, den Raum verlassen. Die Ärzte waren hoch zufrieden damit, dass die vornehme Patientin wieder so klar sprach, als hätte sie nie einen Schlaganfall erlitten. Ehe die Herren das Haus verließen, versicherten sie dem Prinzen noch einmal, es könne kein Zweifel daran bestehen, dass Karoline gesunden werde.

Die badische Markgräfin fiel unterdessen in einen kurzen, unruhigen Schlaf. Als sie erwachte, war ihr, als presste ihr jemand mit aller Gewalt Kopf und Brustkorb zusammen. Keuchend verlangte sie, in ihre Garderobe gebracht zu werden. Dort bäumte sich der wuchtige Körper der 59-Jährigen noch einmal auf, ehe er zusammensank. Karoline Luise von Baden, geborene Prinzessin von Hessen-Darmstadt, lebte nicht mehr. Man schrieb den 8. April 1783.

Markgraf Karl Friedrich erfuhr erst am 9. April in Karlsruhe davon, dass seine Frau in Paris ernsthaft erkrankt sei. Wenige Stunden später machte sich Karolines Gemahl mit zwei Ärzten, dem Thronfolger und dem jungen Ludwig auf, um die Fürstin nach Hause zu holen. Kurz hinter Straßburg traf die Reisegesellschaft auf einen zweiten Boten aus Paris. Er überreichte das Schreiben, das vom Tod der Markgräfin Karoline Luise kündete.

Prinz Friedrich, völlig am Boden zerstört durch den Tod seiner Mutter, hatte gehofft, dass Vater und Brüder zu ihm nach Paris kommen und sein Leid mit ihm teilen würden. Karl Friedrich aber machte, als er die Unglücksnachricht erhielt, umgehend kehrt. Ein Kurier ritt nach Karlsruhe voraus, um Erbprinzessin Amalie vom Heimgang ihrer Tante und Schwiegermutter zu berichten. Mochte sich die Frau des Thronfolgers um all die Details kümmern, die der Tod der Landesherrin mit sich brachte. Karl Friedrich verlangte nur, in Ruhe gelassen zu werden. Er wünschte keinerlei Störung, als er wieder und wieder die „letzten Briefe der besten Frau“ las. Schließlich gab er bekannt, dass er sich zunächst nach Stutensee zurückziehen werde.

Karoline Luises Leiche war unterdessen in Paris geöffnet worden. Es zeigte sich, dass sie wohl schon früher einen Schlaganfall hatte, dessen Folgen jedoch längst überwunden schienen, als der tödliche Gefäßverschluss eintrat. Nach der Untersuchung wurde der Körper der toten Markgräfin für seine letzte Reise einbalsamiert, die Eingeweide in ein besonderes Gefäß gegeben, das Herz in einer kleinen Bleikapsel verstaut. In der Nacht des 18. April erreichte der Trauerkondukt Karlsruhe. Die Trauergemächer im Schloss, in denen der Sarg ausgestellt werden sollte, waren schwarz tapeziert. Alle Kavaliere und Damen Karlsruhes hatten sich versammelt, um der Markgräfin die letzte Ehre zu erweisen.

Schon am nächsten Tag brachte der Leichenwagen die sterblichen Überreste der Markgräfin nach Pforzheim in die Familiengruft. Die Menschen standen schweigend am Weg, als unter Glockengeläut die schwarzen Wagen langsam von Karlsruhe über Durlach nach Pforzheim rollten. In der zähringischen Grablege wurde die tote Markgräfin mit ihren früh- und totgeborenen Kindern wieder vereint. Die kleinen Särge platzierte man zu Füßen der Mutter.

Karl Friedrich hatte unterdessen seinen zurückgekehrten Sohn Fritz umarmt – ohne Zeugen, denn der Prinz war derartig aufgewühlt, dass sein Anblick der Öffentlichkeit möglichst vorenthalten werden sollte. Der Markgraf selbst wollte in jenen traurigen Tagen nur wenige Vertraute um sich wissen. Er vergrub sich in der Einsamkeit des Jagdschlösschens Stutensee, um sich mit dem Gedanken vertraut zu machen, dass er künftig ohne Karoline würde leben und arbeiten müssen. Er empfing nur Johann Kaspar Lavater. Diesem protestantischen Prediger, der einst die Bezeichnung „Vielwisserin und Vielfragerin von Baden“ für die verstorbene Markgräfin geprägt hatte, konnte der Witwer sein Herz ausschütten. Denn das gefühlsbetonte, pietistische Christentum, das Lavater vertrat, kam Karl Friedrichs eigenen Neigungen sehr entgegen. Seit dem ersten Besuch Lavaters verband die beiden Männer eine große, gegenseitige Hochachtung und eine zunehmende Vertrautheit.

Als einen vom Himmel gesandten Helfer schätzte die niedergeschlagene Familie den Theologen, gelang es ihm doch langsam aber nachdrücklich, den Markgrafen seiner Schwermut zu entreißen. Karl Friedrich kam mehr und mehr zur Einsicht, dass nicht die tote Gemahlin, sondern die Lebenden, die Menschen in Baden, seiner bedurften.

Welche Freude hatte Karoline Luise empfunden, als er anno 1767 mit einem Federstrich die Folter abschafft hatte! Wie stolz hatte sie ihm in die Augen gesehen, als er 1768 das erste Lehrerseminar gründete! Vernunft, Menschlichkeit, Wissen – war nicht letztlich all ihre Arbeit von diesen hehren Zielen getragen gewesen? Die Reform der Staatsverfassung – er, Karl Friedrich, musste daran weiterarbeiten, auch und gerade weil ihm die wundervolle Gefährtin entrissen worden war. Wie oft hatte er mit Karoline Luise über die Ungeheuerlichkeit gesprochen, dass Menschen anderen Menschen zu eigen sein konnten? Das durfte fortan nicht mehr sein, zumindest nicht in jenen Landesteilen, die Karl Friedrichs alleiniger Herrschaft unterstanden. Am 23. Juli 1783, etwas mehr als drei Monate nach Karolines Tod, erging das Edikt zur Aufhebung der Leibeigenschaft: Aus freiem Entschluss sprach der badische Markgraf seinen Untertanen die uneingeschränkte Freizügigkeit zu. Vier Jahre vor Annahme der amerikanischen Verfassung gewährte der aufgeklärte Absolutist, was andernorts blutig erkämpft werden musste. Nicht nur bei den kleinen Leuten, sondern vor allem in der gebildeten Welt sowie bei anderen Fürsten und Standesherrn löste dieser mutige Schritt ein großes Echo aus. Was sich zu Karoline Luises Lebzeiten bereits abgezeichnet hatte, offenbarte sich nach ihrem Tod: Unter dem Einfluss seiner Gemahlin hatte der badische Markgraf einen aufgeklärten Sinn entwickelt, der seinem kleinen Staat eine viel beachtete Ausnahmestellung unter den deutschen Ländern einbrachte.

Baden war auf dem Weg, zum viel zitierten „Musterländle“ zu werden. Dass alle Reformen dieser Zeit letztlich Karl Friedrich als persönliches Verdienst zugeschrieben wurden – es hätte in Karoline Luise wohl eher ein Gefühl der Zufriedenheit als der Kränkung ausgelöst. Denn seit sie sich in den widerstrebenden Karl Friedrich verliebt hatte, war sie bemüht gewesen, der Größe zum Ausbruch zu verhelfen, die sie in ihm zu sehen glaubte. Sie selbst hatte als Wissenschaftlerin zu Lebzeiten internationale Anerkennung erfahren. Doch sie war eine Frau. Und als solche würde sie nicht in ihren Taten, sondern in ihren Nachfahren weiter leben. Nicht ihren Namen, sondern den ihres Gemahls würden die badischen Schulkinder dereinst in ihren Fibeln lesen. Lieber, lieber Karl Friedrich. Wie wunderbar, dass er nie bemerkt hatte, wie sehr sie ihn prägte.

Amalie

Die gegängelte Schwiegertochter

Amalie ließ sich ihren Ärger nicht anmerken. Aber die Enttäuschung nagte heftig an ihr. Wie sehr hatte sie gehofft, dass Karl Ludwig nach dem Tod seiner Mutter endlich erwachsen würde. Immer hatte Amalie geglaubt, dass es ihre Schwiegermutter, die Markgräfin Karoline Luise, gewesen war, die mit ihrer Herrschsucht jede selbstständige Regung Karl Ludwigs unterbunden hatte. Doch der badische Erbprinz, aus den Fesseln der mütterlichen Liebe befreit, wurde vom Vater jetzt noch weit fester an die Kandare genommen als zu Lebzeiten der Markgräfin. Markgraf Karl Friedrich, der anno 1783 mit seiner Gemahlin eine treue Freundin und kluge Beraterin verloren hatte, klammerte sich regelrecht an seinen ältesten Sohn und Erben. Und Karl Ludwig, von klein auf bestrebt, seinen Eltern jeden Gefallen zu erweisen, beugte sich aus alter Gewohnheit und ohne alle Rücksicht auf die Bedürfnisse von Weib und Töchtern dem Willen seines Vaters. Machte Amalie ihm deswegen Vorwürfe, schaute er sie mit großen, anklagenden Augen an und erinnerte sie an das Leid des Markgrafen. „Oh Karl, auf dir ruht jetzt mein Trost für den Rest meiner kummervollen Tage", hatte Karl Friedrich seinem Sohn während der Tage tiefster Trauer in Schloss Stutensee gesagt. Und Amalie wusste, dass ihr Gatte diesen Satz nie mehr aus seinem Gedächtnis tilgen würde.

Amalie biss die Zähne zusammen. All die Demütigungen der vergangenen Jahre, sie sollten nicht umsonst gewesen sein. Sie würde der Welt schon zeigen, dass man mit ihr, Amalie von Hessen-Darmstadt, verheirateter Erbprinzessin von Baden, zu rechnen hatte. Mochte Karl Ludwig weiter am Gängelband seines geliebten Vaters, dieses alten Tyrannen, gehen – Amalie wollte jetzt endlich die Position einnehmen, die ihr durch Geburt und Heirat zustand. Bei allem Gehorsam, den Söhne ihren Müttern und Vätern schuldeten: Dass Erbprinz Karl Ludwig jedes Mal die Erlaubnis seiner Eltern einholen musste, wenn er auch nur mit Amalie oder seinen Kindern ausfahren wollte, das war sogar im autoritären 18. Jahrhundert ungewöhnlich. Und die vielen kleinen Boshaftigkeiten und Nadelstiche, die die Schwiegereltern gegen Amalie gerichtet hatten – sie waren von der Erbprinzessin weder vergeben noch vergessen.

Besonders schlimm war es zwei Jahre vor dem Tod der Markgräfin gewesen, als Amalie unter diesen grauenhaften Augenschmerzen litt. Die Erbprinzessin war nach Straßburg gefahren, um einen Arzt aufzusuchen, der als Autorität für Augenleiden galt. Der Arzt wollte die Prinzessin sogleich operieren, was den Aufenthalt in Straßburg natürlich verlängerte. Amalie teilte dies pflichtschuldigst ihrem Gemahl mit und hoffte darauf, dass er ihr beistehen würde. Denn die Prinzessin fürchtete sich ganz schrecklich vor der Operation. Wenn nun etwas schief ging und sie für immer ihr Augenlicht verlöre! Ach, wie wohl hätte es ihr getan, die Stimme ihres Mannes in ihrer beruhigenden Trägheit zu hören; wie tröstlich wäre es gewesen, seinen warmen Händedruck zu spüren. Aber Karl Ludwig kam nicht. Zwar hatte er zaghaft seinen Eltern angedeutet, dass er gerne zu Amalie fahren würde – doch Karl Friedrich und Karoline Luise schlugen ihm seinen Wunsch rundweg ab.

Der Erbprinz war nicht feinfühlig genug, um das angespannte Verhältnis zwischen seiner leidenden Frau und seiner Mutter zu entschärfen. Ohne es zu wissen, goss er sogar noch Öl ins Feuer. Denn Karl Ludwig gehörte zu jenen selbstmitleidigen Naturen, die sich so gerne als Opfer aller Probleme der Welt betrachten, weil sie ihr Leben nicht in den Griff bekommen. In seiner Einfalt schrieb der Erbprinz an Amalie, dass die Markgräfin ganz offensichtlich froh sei, die Schwiegertochter für eine Weile los zu sein. Was ihn, Karl Ludwig, natürlich tief traurig stimme: „Denn alles, was Sie betrifft, geht mir sehr nahe“, ließ er Amalie wissen. Nur – Widerworte gegen das Fürstenpaar wagte er nicht. Statt dessen beklagte er sich bei seiner kranken Frau über seine Eltern, die ihn „schlimmer als einen Sklaven an der Kette“ behandeln würden. Amalie lächelte bitter, als die Damen ihr diese Zeilen vorlasen. Er jammerte und jammerte und jammerte, der Erbprinz. Aber er unternahm nicht einmal den zaghaftesten Versuch, seine Ketten zu zerreißen.

Von Hass verzerrt war Amalies Lächeln, als sie erfuhr, dass die Markgräfin nicht nur ihrem Sohn, sondern auch dem Leibarzt untersagt hatte, bei der Erbprinzessin in Straßburg nach dem Rechten zu sehen. Der Medicus sei in Karlsruhe unverzichtbar – schließlich leide Markgraf Karl Friedrich ganz fürchterlich unter Hämorrhoiden. Karl Ludwig fand auch zu dieser Schikane keine Widerworte.

Vorbei. Es war endlich vorbei. Nach dem Tod Karoline Luises war Amalie jetzt die erste Dame in den vereinigten badischen Markgrafschaften. Und wenn der alte Fürst das Zeitliche segnen würde, dann wäre sie regierende Markgräfin. Im Moment allerdings sah es – trotz der Hämorrhoiden – nicht so aus, als ob Karl Friedrich in absehbarer Zeit abtreten würde. Aber was scherte das Amalie. Solange der Alte nicht auf die Idee kam, sich eine neue Frau zu suchen, würde die Erbprinzessin in allen Fragen des höfischen Lebens Ton angebend sein. Endlich konnte sie zeigen, was in ihr steckte. Endlich war da niemand mehr, der ihr einzureden versuchte, dass sie nur ein geistloses Püppchen sei, das auswendig gelernte Floskeln stupide nachplapperte. Erbprinzessin Amalie würde den badischen Markgrafschaften zu neuem Glanz verhelfen. Schließlich hatte nicht viel dazu gefehlt, und sie hätte in einem Riesenreich wie Russland das Sagen gehabt. Aber soweit dachte in diesem Provinznest ja niemand...

Tatsächlich hatte sich der Amalie Friederike von Hessen-Darmstadt, einer Tochter der großen Landgräfin, 1772 die Chance einer Einheirat in die russische Zarenfamilie geboten. Katharina die Große hielt damals in den kleineren deutschen Fürstenhäusern Ausschau nach einer Frau für ihren Sohn, den Großfürsten Paul. Katharina, selbst eine geborene Prinzessin von Anhalt-Zerbst, wünschte eine Schwiegertochter aus einem europäischen Fürstenhaus, das gemäß seines Blutes allen dynastischen Erfordernissen gerecht würde und Kontakte zu den großen europäischen Höfen pflegte – das aber selbst nicht mächtig genug wäre, auf russische Gepflogenheiten und Vorhaben Einfluss zu nehmen. Das Haus Hessen-Darmstadt war in dieser Beziehung recht viel versprechend, hatte die große Landgräfin doch eben ein Töchterlein, die hübsche Friederike, an den preußischen Thronerben vermählt. Preußen und Russland verschwägert: Das eröffnete Möglichkeiten, ganz zweifellos. Was nicht nur der großen Katharina bewusst war, sondern auch ihrem Gegenspieler, Friedrich dem Großen. Und der legte der großen Landgräfin die hessisch-russische Verbindung sehr ans Herz.

Landgräfin Karoline Henriette Christiane von Hessen-Darmstadt beschloss, der Zarin drei ihrer noch unverheirateten Töchter vorzuführen. Mit Amalie, Wilhelmine und der kleinen Luise trat sie die weite Reise nach Sankt Petersburg an. Prinzessin Amalie konnte ihre Aufregung kaum verbergen. Zwar war sie überzeugt davon, dass Russland ein Reich der Wilden war, von denen man jeden Augenblick unzivilisierte Taten erwarten musste. Aber sie hatte auch von der unvorstellbaren Prachtentfaltung am Hofe Katharinas gehört und der Gedanke, dass sie einst Herrscherin in diesem endlos weiten Land mit seinen barbarischen Bewohnern werden könnte, der hatte etwas Berauschendes. Natürlich war Amalie eine viel zu vernünftige junge Dame, als dass sie sich übertriebenen Hoffnungen hingegeben hätte. Was war schließlich ihr apartes Erscheinungsbild gegen die vollkommene Schönheit ihrer um ein Jahr jüngeren Schwester Wilhelmine? Tief im Herzen war Amalie davon überzeugt, dass der Großfürst mit ihr die beste Partie machen würde, aber sie war sich der Wirkung, die die liebe „Mimi" auf die Menschen hatte, nur allzu sehr bewusst.

Amalie hatte sich nicht getäuscht. Großfürst Paul gab sich den jungen Prinzessinnen gegenüber höflich, liebenswürdig und gesprächig; man konnte sich allerdings des Eindrucks nicht erwehren, dass ihm das ganze Heiratsgeschäft zutiefst zuwider war. Luise war ihm wohl noch zu kindlich. Amalie schien sein Interesse zu wecken, doch dieses ging nicht so weit, dass er sie als Gemahlin wünschte. Großfürst Paul entschied sich zwei Tage nach der Ankunft der Darmstädterinnen für Wilhelmine.

Die arme Mimi musste zum griechisch-orthodoxen Glauben übertreten und nahm den Namen „Natalie" an. Und Amalie, die von der großen Katharina begeistert war und im Innersten ihres Herzens gehofft hatte, den Prinzen für sich zu erobern, zeigte der Welt ihr lächelndes Antlitz. Das hätte gerade noch gefehlt, dass man ihr Neidgefühle auf die glücklichere Schwester nachsagte. Nein, eine Amalie von Hessen-Darmstadt bewahrte allezeit Haltung. Und jedem, der es hören wollte, erklärte sie, dass nur kindlicher Gehorsam sie nach Russland geführt habe, dass sie gar nicht ernsthaft daran interessiert sei, sich zu vermählen. Ja, es sei sogar ihr Herzenswunsch, ein Leben lang unverheiratet zu bleiben.

Das war noch nicht einmal gelogen. Die Prinzessin war zu jener Zeit heftigen pubertären Stürmen ausgeliefert. In ihrer Gefühlswelt ging es turbulent zu; sie suchte Idole, an denen sie sich orientieren konnte. Eine heimliche Schwäche hegte Amalie seit langem für Friedrich den Großen, den sie bei mehreren Besuchen mit ihrer Mutter in Berlin und Sanssouci kennen gelernt hatte. Amalie schwärmte für den kleinen, gekrümmten Fürsten mit der sanften Stimme, den sie als wahren Helden betrachtete. Keinen Gedanken verschwendete sie an die vernachlässigte Gemahlin des Preußenkönigs, die von dem alten Weiberhasser eine Kränkung nach der anderen erfuhr. Noch als alte Frau erzählte Amalie ihren Hofdamen häufig und gerne von ihren Begegnungen mit dem „alten Fritz". Und sie vergaß nie zu erwähnen, dass es sie keine Überwindung gekostet hätte, dem Helden des Siebenjährigen Krieges die Hand zum Ehebunde zu reichen. Dass Friedrich 42 Jahre älter war als Amalie, spielte in ihren Tagträumen nicht die geringste Rolle.

Dass Amalies schwärmerische Gefühle für den Preußenkönig nie und nimmer in einer Hochzeit münden konnten, war dem intelligenten jungen Mädchen selbst nur allzu klar. Da sie am Hof lebte und scharfe Ohren hatte, hörte sie oft genug, dass auch Ehefrauen so ihre Probleme hatten. Vielleicht war es ja wirklich besser, gar nicht erst zu heiraten. Ein Lebensstil, der die blutjunge Amalie mehr und mehr faszinierte, war derjenige der Stiftsdamen. Es dürfte natürlich nicht irgendein Stift sein, es müsste schon adelige Exklusivität gewährleistet sein. Wie etwa bei dem fürstlichen Stift Quedlinburg, wo Prinzessin Amalie von Preußen, des großen Friedrichs Schwester, Äbtissin war.

Damenstifte waren ähnlich organisiert wie Klöster. Ursprünglich waren sie gegründet worden, um unverheirateten Adelsdamen die Möglichkeit zur standesgemäßen Lebensweise zu ermöglichen. Anders als Nonnen mussten die Stiftsdamen aber keine Gelübde ablegen. Ihre Zugehörigkeit zum Stift war dadurch jederzeit widerruflich. Außerdem erlaubten die Regeln ihnen meist, über persönlichen Besitz zu verfügen, in einer eigenen Wohnung zu leben und Dienstboten zu beschäftigen. Hinzu kam: Die meisten Damenstifte waren reichsunmittelbar und deshalb selbstbestimmt. Sie bildeten so etwas wie kleine exklusive „Weiberrepubliken" innerhalb des Reiches. Für die junge, eigenwillige Amalie hatte diese Lebensform, die Frauen ein großes Maß an persönlicher Freiheit und eine gewisse Macht einräumte, durchaus ihren Reiz: Sie sah sich schon als Nachfolgerin der preußischen Amalie in Quedlinburg die Schicksale des Stifts lenken.

Doch Amalie hatte die Rechnung ohne ihre Mutter gemacht. Die große Landgräfin verlor ihren Plan, die Bande zwischen den Häusern Baden-Durlach und Hessen-Darmstadt durch eine weitere Heirat zu festigen, nie aus den Augen. Die Darmstädter Karoline hielt engen Kontakt zu ihrer Freundin Karoline Luise von Baden und beiden Damen galt das Heiratsprojekt ihrer Kinder als ausgemachte Sache.

Die Landgräfin schüttelte den Kopf angesichts der Narreteien ihrer Tochter Amalie. Was sich das Kind nur dachte! Nichts gegen die Stiftsdamen. Aber für eine Prinzessin von Hessen-Darmstadt konnte deren Lebensstil doch immer nur die schlechtere Alternative sein. Nicht nur, weil Ehefrauen ein höheres Ansehen genossen als die ledigen Stiftsdamen. Nein, Amalie hatte alle Chancen, einmal eine regierende Fürstin zu werden. Die vereinigten badischen Markgrafschaften waren zwar nicht eben ein großes Einflussgebiet. Aber es konnte ja auch nicht jede ihrer Töchter eine russische Großfürstin werden. Auf ihrem Totenbett nahm Landgräfin Karoline ihrer Tochter Amalie das Versprechen ab, sich mit Karl Ludwig von Baden, dem Sohn ihrer lieben badischen Freundin zu vermählen. Ohne jedes Zögern sagte Amalie „ja“. Tränen verschleierten ihren Blick, als sie der sterbenden Mutter ihre Zusage gab. Die Landgräfin versicherte Amalie mit schwacher Stimme, dass sie in der Karlsruher Tante allezeit eine mütterliche Freundin finden werde. Liebe Güte, wie hatte sie sich geirrt!

Im Juli 1774 reichte Amalie dem badischen Erbprinzen Karl Ludwig die Hand zum Ehebund. Die 20-Jährige empfand nichts für den schmächtigen, gut aussehenden jungen Mann, der ein Jahr jünger war als sie selbst. Aber sie war eisern gewillt, ihn lieben und ehren zu lernen. Schließlich wollte sie an seiner Seite die Herrin dieses Landes werden. Und Amalie hatte genug von der Welt gesehen, um zu wissen, dass eine Herrscherin, die in Eintracht mit ihrem Gemahl lebte, ein viel einfacheres Leben hatte als eine ungeliebte Gattin. Zum Glück schien Karl Ludwig ein leicht lenkbarer Mensch zu sein, der sich mindestens ebenso bemühte, seiner Frau zu gefallen, wie Amalie dies umgekehrt tat. Nein, der gute Karl Ludwig hatte so gar nichts Furchteinflößendes – ganz im Gegensatz zu seiner Mutter.

Amalie hatte gewaltigen Respekt vor der dicken Markgräfin. Fast grollte Amalie ihrer verstorbenen Mutter ein wenig, denn die badische Tante erwies sich als rechter Drachen. Amalie hatte das Gefühl, dass Karoline Luise sie andauernd ohne jeden Anlass bevormundete und schikanierte. Die Erbprinzessin, die sich viel auf ihre gute Erziehung und ihre Welterfahrung zugute hielt, sah in ihrer Schwiegermutter eine ebenso herrschsüchtige wie verschrobene alte Dame mit ausgesprochen abseitigen Interessen. Wer hatte je von einer Fürstin gehört, die sich stundenlang mit vertrockneten Pflanzen und ekelhaftem Getier beschäftigte? Geradezu vor Scham in den Boden versinken wollte Amalie, wenn sie ansehen musste, wie die Schwiegermutter mit gelehrten Herren aus aller Welt zu wetteifern versuchte. Versuchte die Erbprinzessin auch nur die wenigen Worte zu sagen, die der Anstand gebot, fuhr ihr die Markgräfin schon über den Mund. Amalie merkte schnell, dass die Schwiegermutter sie nicht leiden konnte. Und von ganzem Herzen erwiderte sie diese Abneigung. Nur schade, dass die Alte am längeren Hebel saß. Es war wirklich erbärmlich! Der Erbprinz musste sogar um Erlaubnis fragen, wenn er in ihrer Begleitung nur für kurze Zeit das Schloss verlassen wollte. Oft genug verweigerte Markgraf Karl Friedrich seine Einwilligung. Und immer, wenn das geschah, vermutete Amalie, dass ihre Schwiegermutter die Absage betrieben hatte. Denn sie war überzeugt davon, dass der Markgraf völlig unter der Fuchtel seiner Ehrfurcht gebietenden Frau stand.

Welch ein Glück, dass die kleine Luise ihre große Schwester Amalie nach Karlsruhe begleitet hatte. Zumindest war da ein Mensch, dem Amalie ihre zornigen, ja hasserfüllten Gedanken anvertrauen konnte. Als gute Schwester teilte Luise die Abneigung Amalies gegen die Markgräfin. Schade nur, dass Luise der Erbprinzessin schon so bald wieder genommen werden sollte. Denn der junge Herzog Karl August von Sachsen-Weimar, der wenige Monate nach Amalies Vermählung in der Residenzstadt eintraf, war von Amalies Schwester überaus angetan. Die badische Erbprinzessin fand den künftigen Schwager sehr sympathisch. Denn er hatte ganz offensichtlich für die Markgräfin Karoline Luise genauso wenig übrig wie Amalie selbst.

Amalie hoffte, dass ihre Position am Karlsruher Hof sich durch die Geburt ihres ersten Kindes im Jahr 1776 verbessern würde. Sie war ganz außergewöhnlich dick geworden und glaubte daher, dass sie einen besonders kräftigen Knaben zur Welt bringen werde. Doch das Kind, das den gemarterten Körper verließ, war ein Mädchen. Noch einmal schöpfte Amalie Hoffnung, als sie den überraschten Ruf vernahm: „Da kommt ja noch eins!" Aber auch der Zwilling war weiblich. Das Volk jubelte, denn seit undenklichen Zeiten war in der Linie Baden-Durlach keine Prinzessin mehr geboren worden. Amalie konnte diese Freude anfangs nicht so recht teilen, wusste sie doch, dass sie ihrem Gatten einen Sohn, einen Erben, schuldig war. Allerdings waren die kleinen Mädchen wirklich ganz reizend. Amalie war fasziniert davon, wie unterschiedlich die beiden Säuglinge aussahen und sich entwickelten. Das ältere Baby, das wie seine Mutter Amalie genannt wurde, war ein sehr liebevolles Kind, machte aber einen etwas bäurischen Eindruck. Hingegen war die Zwillingsschwester, Karoline, feingliedrig und sensibel. Gewiss würde sie einmal eine große Schönheit werden!

Die nächste Entbindung Amalies ließ bis 1779 auf sich warten. Die Erbprinzessin war fest davon überzeugt, dass dieses Kind ein Sohn sein würde. Aber wieder brachte sie ein Mädchen zur Welt. Doch war Luise schon bei ihrer Geburt ein wunderschönes Kind. Auch Friederike, geboren 1781, und Marie, die 1782 zur Welt kam, waren außergewöhnlich hübsche Babys. Leider alles nur Mädchen!

Amalies Zorn auf die Schwiegermutter wuchs beständig. Gott wusste, dass Amalie von ganzem Herzen um Söhne gebetet hatte – aber aus welchem Grund auch immer, hatte der Himmel sie ihr bislang verwehrt. Karoline Luise machte ihrer Schwiegertochter wegen dieses Versagens zwar keine offenen Vorwürfe. Doch ihre Blicke sagten mehr als Worte. Amalie glaubte, Verachtung in den Augen der alten Markgräfin zu lesen. Was bildete sich die fette Alte eigentlich ein, nur weil sie selbst drei lebende Söhne hatte?

Genugtuung für all die kleinen Bösartigkeiten und Kränkungen erhielt Amalie auf eine recht eigenartige Weise. Der russische Großfürst Paul, der Gemahl von Amalies jung verstorbener Schwester Mimi, kam 1782 auf der Durchreise nach Paris durch Karlsruhe. Die badische Erbprinzessin war überaus gespannt auf das Wiedersehen mit dem Mann, auf dessen Zuneigung sie einst gehofft hatte. Und mit heimlicher Schadenfreude beobachtete sie, welche Anstrengungen die kleine Residenz Karlsruhe unternahm, um sich zu Ehren des künftigen Zaren heraus zu putzen. Niemand fragte Amalie – doch sie hätte ihnen allen prophezeien können, dass Paul, der in ganz anderen Dimensionen zu Hause war, den kleinstädtischen Trubel lächerlich und ermüdend finden würde.

Es kam, wie sie erwartet hatte. Großfürst Paul benahm sich wie die Axt im Walde. Der Mann, der Petersburger Maßstäbe ansetzte, lachte nur über die Bemühungen der winzigen badischen Residenz, ihm zu imponieren. Eine Wohnung in diesem kleinen Schloss annehmen? Das kam für den russischen Thronfolger nicht in Frage. Über die Hofhaltung, auf die Karoline Luise so stolz war, spottete der Großfürst hinter ihrem Rücken; die alte Markgräfin behandelte er mit einer Geringschätzung, als ob sie eine unbedeutende Bauersfrau sei; die Gelehrsamkeit der Dame schien ihn nur zu langweilen. Die einzige Person, der er am Karlsruher Hof mit einiger Achtung begegnete, war seine Schwägerin Amalie. Der Erbprinzessin schenkte Paul sein Interesse und die Höflinge schlossen aus seinem Verhalten, dass es die Ähnlichkeit Amalies mit der verstorbenen Großfürstin Natalie sei, die Paul zu seinen Komplimenten bewog.

Amalie war, obwohl ihr Pauls Aufmerksamkeiten große Genugtuung bereiteten, sehr beunruhigt. Sie befürchtete, dass Karoline Luise ihren Ärger und ihren Zorn später an ihr auslassen würde. Und bei aller Schadenfreude: Pauls Verhalten war wirklich unzumutbar. Karoline Luise mochte eine unangenehme, herrschsüchtige und schrullige Person sein – sie war doch eine regierende Fürstin. Amalie dachte daran, dass sie dereinst Karoline Luises Platz einnehmen würde. Allein die Vorstellung, sie selbst könnte einmal von einem Vertreter einer verwandten Dynastie mit derartiger Herablassung behandelt werden, trieb der standesbewussten Amalie die Schamröte ins Gesicht. Mit all dem Taktgefühl, das sie in gewissen Situationen entwickeln konnte, machte Amalie der Schwiegermutter deutlich, dass sie ihren Schwager Paul als einen ungebildeten Barbar ohne Gemüt betrachte. Karoline Luise war angenehm berührt von Amalies geschickt gewählten Worten. Zwischen den beiden Frauen kam von da an etwas mehr Wärme auf.

Doch der zögerlichen Annäherung von Schwiegertochter und Schwiegermutter war keine Zeit geblieben, Früchte zu tragen: Karoline Luise war im April 1783 in Paris einem Schlaganfall erlegen. Und jetzt plötzlich stellte Amalie fest, dass es nicht so sehr die Markgräfin gewesen war, die ihr Karl Ludwig streitig gemacht hatte. Als viel beherrschender, als viel fordernder erwiesen sich die Ansprüche des scheinbar gutmütigeren Schwiegervaters. Und Karl Ludwig, dieser Narr, glaubte doch tatsächlich, dem Markgrafen die tote Gefährtin ersetzen zu müssen. Eine Rolle, der er natürlich überhaupt nicht gewachsen war. Amalies stetes Drängen, sich gegen die Bevormundung Karl Friedrichs zu wehren, stürzte ihren Mann lediglich in neue Gewissensnöte. Der Erbprinz wusste nicht mehr ein noch aus zwischen den widerstreitenden Forderungen von Vater und Ehefrau. Entscheidungsschwach und unsicher wie er war, stand er kurz vor dem Nervenzusammenbruch. In dieser Krise erwies sich die Anwesenheit des Philosophen Lavater als wahrer Segen.

Der Pfaffe, der von sich behauptete, die Charaktereigenschaften eines Menschen aus den Gesichtszügen ablesen zu können, war ein scharfer Beobachter. Die blässliche Schönheit Amalies, oder das, was davon übrig geblieben war, interessierte Lavater wenig. Im Gegenteil, in seinen Augen war die Erbprinzessin „weder schön noch reizend“ und ihren niedlichen Silberblick hielt er für ein ganz gewöhnliches Schielen. Er schätzte Amalie aber wegen ihrer Energie und ihres starken Charakters und fand es höchst bedauerlich, dass sie mit ihrem Schwiegervater so wenig zurecht kam. Er bat Amalie um ein Gespräch, das gerne gewährt wurde. Denn Lavater war das Kunststück gelungen, sowohl ihr Vertrauen als auch das des Markgrafen Karl Friedrich und das des Erbprinzen zu gewinnen. Schmunzelnd registrierte der Philosoph, dass während seines Gesprächs mit Amalie drei oder vier kleine Prinzessinnen umherliefen, die genüsslich Kirschen verspeisten.

Das Gespräch zwischen Lavater und Amalie dauerte gut eineinhalb Stunden. Die Erbprinzessin hatte volles Vertrauen zu dem Theologen und nahm kein Blatt vor den Mund. Endlich fand ihre Bitterkeit Worte, konnte ihr Hass sich entladen. Lavater erwies sich als ein brillanter Zuhörer. Er nickte verstehend, als sie über die Härte der verstorbenen Markgräfin und die Kälte des Schwiegervaters klagte, sie sich über ihre Nöte mit dem ebenso kindischen wie sinnlichen Wesen ihres Gemahls ausließ.

Dann war Lavater an der Reihe. Was den Erbprinzen anging, konnte er Amalie nur an ihre Pflichten als Ehefrau erinnern. Aber was ihr Verhältnis zu ihrem Schwiegervater betraf, da sei einiges zu verbessern. Karl Friedrich sei keineswegs ein sturer Tyrann, sondern ein überaus pflichtbewusster Fürst. Während Trotz ihn verärgere, habe er für wohl formulierte Argumente nicht nur ein offenes Ohr – nein, es sei dem Markgrafen sogar ein inneres Bedürfnis, mit vertrauten Menschen das Für und Wider eines Gegenstandes abzuwägen. Schließlich laste auf dem Markgrafen schwere Verantwortung! Diese Verantwortung habe jahrelang seine hohe Gemahlin mit Karl Friedrich geteilt. Wenn nun Amalie das Gespräch mit Karl Friedrich suchte? Eine Schwiegertochter mit Verstand könnte die Lücke, die Karoline Luise hinterlassen hatte, zwar nicht schließen, aber doch erträglicher machen. Sie musste es nur richtig anfangen! Lavater machte Amalie klar, wie unwiderstehlich auf Männer von Karl Friedrichs Art bescheidene und scheinbar zutrauliche Bitten wirkten. Lavater forderte die Erbprinzessin geradezu dazu auf, dem Ego des alten Markgrafen dadurch zu schmeicheln, dass sie sich mit kleinen Nöten vertrauensvoll an ihn wandte. Was konnte einer Patriarchennatur mehr zusagen, als die hilflose Hoffnung, die ein Familienmitglied in sie setzte?

Amalie war überrascht von Lavaters Worten. Zwar widerstrebte es ihr von Herzen, dem alten Markgrafen schön zu tun. Trotzdem nahm sie sich Lavaters Vorschläge zu Herzen. Sie hatte schließlich nichts zu verlieren, aber viel zu gewinnen. Sie beschloss daher, es auf die sanfte Tour zu versuchen.

Vom Erfolg war sie hingerissen. Amalie stellte plötzlich fest, dass sie Macht über Karl Friedrich hatte, gerade, wenn sie sich anscheinend vollkommen seinem Willen unterwarf. Wie wohl es tat, endlich einen wichtigen Platz im Hause Baden einzunehmen und vom Hof wie von auswärtigen Gästen nicht mehr mitleidig als die gegängelte Schwiegertochter, sondern respektvoll als die erste Dame der vereinigten Markgrafschaften verehrt zu werden.

Die Erbprinzessin hält Hof

Amalie zeigte, was in ihr steckte. Der Karlsruher Hof wandelte sich unter ihrer Führung, wurde weniger intellektuell, aber – zumindest aus der Sicht der Erbprinzessin – vornehmer. Auch ihren familiären Verpflichtungen zeigte sich Amalie endlich gewachsen. Nachdem sie fünf Töchter geboren hatte, kam 1784 ihr erster Sohn zur Welt. Amalie wähnte sich auf dem Gipfel des Glückes. Doch das währte nicht lange: Der kleine Karl Friedrich, benannt nach seinem regierenden Großvater, lebte nur sechs Monate. Amalie haderte wieder einmal mit ihrem Schicksal, obwohl man natürlich mit dem Tod eines so jungen Kindes rechnen musste. Eine neue Schwangerschaft ließ sie wieder hoffen.

Tatsächlich gebar Amalie 1786 erneut einen Jungen. Dem kleinen Karl sollte nur die allerbeste Pflege zuteil werden, schwor sich die Erbprinzessin. Schließlich stand ihr eigenes Ansehen in direktem Zusammenhang mit der Existenz eines Erben. Auch der alte Markgraf war glücklich über seinen Enkel. Ihm standen Tränen in den Augen, wenn er das rundliche Baby betrachtete, das so stramm gewickelt war, dass es kaum ein Glied regen konnte. Der Knabe, der bestimmt war, einmal der Herr Badens zu sein, sollte kräftige, aufrechte Glieder bekommen. Da konnte man ihm nicht erlauben, vor sich hin zu strampeln, wie es ihm eben behagte.

Die vor Mutterstolz schier berstende Amalie beobachtete den nicht minder stolzen Großvater ihres kleinen Söhnchens unterdessen mit zunehmender Sorge. Dass Karl Friedrich dem weiblichen Geschlecht zugetan war, das hatte ihr der Hoftratsch längst zugetragen. Und dass er es schon zu Lebzeiten seiner verehrten Karoline Luise mit der Treue nicht so ernst genommen hatte, war ihr gleichfalls bekannt. Doch jetzt mehrten sich die Zeichen, dass der alte Markgraf ernsthaft über eine neue Lebensgefährtin nachdachte. Einem Menschen wie Karl Friedrich konnten zeitweilige Geliebte nicht eine Ehefrau ersetzen, der er vertraute und die ihm allezeit zur Verfügung stand. Amalie mochte darüber ihre hübsche Nase rümpfen – aber der badische Markgraf hatte wirklich bürgerliche Regungen.

Karl Friedrichs Augenmerk galt drallen Schönheiten, die nicht allzu viel Grips in ihren hübschen Köpfchen beherbergten. Amalie konnte über männliche Eigenheiten nicht genug den Kopf schütteln: Hatte sich der Alte beim Tod seiner hoch geschätzten Karoline Luise doch geradezu untröstlich gezeigt! Aber jetzt ging er jeder Frau, die der Verstorbenen in geistiger Hinsicht auch nur halbwegs das Wasser reichen konnte, schleunigst aus dem Weg. Was Amalie nach einigem Nachdenken als Segen empfand. Denn eine dumme Frau würde der Erbprinzessin keine Konkurrenz machen. Schon gar nicht, wenn sie von niedrigem Stande wäre...

Der Gedanke hatte durchaus etwas für sich. Wenn Amalie ihren Schwiegervater so weit bringen könnte, dass er eine nette, aber unbedeutende Frau wählte, dann wäre Karl Friedrich emotional und sexuell auf eine Weise versorgt, die seine religiösen und sittlichen Skrupel beschwichtigen würde. Die Frau selbst dürfte natürlich ebenso wenig eine offizielle Funktion haben wie die Kinder, die aus dieser Heirat möglicherweise erwachsen würden. Ja, es kam eigentlich nur eine „Ehe zur linken Hand“ in Frage! Denn eine solche würde die Rechte Amalies und ihrer Kinder in keiner Weise gefährden...

Der 58-jährige Markgraf Karl Friedrich heiratete im Jahr 1787 zum zweiten Male, diesmal „zur Linken“. Der Hochadel hielt es nicht für notwendig, dem alten Herrn zu diesem Schritt Glück zu wünschen. Der Markgraf hatte es auch gar nicht erwartet. Karl Friedrichs um 40 Jahre jüngere Frau Luise Karoline Geyer von Geyersberg, eine ehemalige Hofdame der Erbprinzessin Amalie, spielte schließlich unter dynastischen Gesichtspunkten keine Rolle. Sie war eine „Privatangelegenheit“ des badischen Landesherrn. Ihre an Rang und Lebensalter überlegene „Schwiegertochter“ Amalie ließ keine Sekunde lang Zweifel daran aufkommen, dass sie gedachte, am Karlsruher Hof die Zügel in der Hand zu behalten.

Ja, Amalies Position schien unangreifbar. Leutselig, aber voll Würde hielt sie Hof in Karlsruhe. Bald nach der in aller Stille begangenen Hochzeit ihres Schwiegervaters kam die Erbprinzessin erneut nieder. Das Baby war – allen Hoffnungen zum Trotz – wieder nur eine Tochter, die kleine Wilhelmine. In den vereinigten Markgrafschaften löste die Geburt einer Prinzessin kaum noch Reaktionen aus. Ja, hätte die hohe Frau einen zweiten Prinzen geboren, der eine Garantie für den Fortbestand der Zähringer bedeutet hätte, dann wäre der Jubel groß gewesen. Aber in dieser Hinsicht war die Leistungsfähigkeit Amalies doch sehr eingeschränkt, wie die Untertanen munkelten. Zwei lebende Söhne, das war im 18. Jahrhundert bis in die Bürgerstuben hinein das Mindeste, was eine Ehefrau zu leisten hatte. Denn bei zwei Söhnen war die Wahrscheinlichkeit groß, dass zumindest einer das fortpflanzungsfähige Alter erreichen und die Familie fortführen würde. Amalie jedoch gebar nun zum sechsten Mal eine Tochter. Das war wahrhaftig kein Grund zur Freude.

Wenn die Erbprinzessin selbst über diese ihre Unzulänglichkeit betrübt war, so ließ sie es sich jedenfalls nicht anmerken. Wahrscheinlich war Amalie aber mit ihren sechs Töchtern weitaus glücklicher, als sie es mit ihrem wertvollen Sohn jemals sein könnte. Denn der Junge, um dessen Geburt sie so verzweifelt gebetet hatte, blieb für sie zeitlebens ein rätselhaftes Wesen, eine ebenso unberechenbare wie unangenehme Gestalt.

In ihren Töchtern konnte Amalie lesen wie in einem offenen Buch; sie kannte ihre Fehler, hatte Verständnis für ihre Eitelkeiten, sah über ihre liebenswerten Schwächen hinweg und tadelte streng ihre Verstöße gegen die höfischen Spielregeln. Amalie erzog die Mädchen so, wie sie selbst erzogen worden war: voll Ehrfurcht für das Haus, dem sie entstammten; erfüllt von dem Wunsch, ihren Platz innerhalb der europäischen Dynastien einzunehmen; voll Opferbereitschaft, wenn es galt, das Wohl der Familie vor die eigenen Interessen zu stellen. Ja, Amalie konnte sich hervorragend in ihre Töchter hineinversetzen. Sie liebte sie, wie sie sich selbst liebte. Was sie einst aber nicht daran hindern würde, die Mädchen in traumatische Ehen zu zwängen. Ihre Kinder waren schließlich Prinzessinnen. Und für Amalies Mädchen waren die besten Partien gerade gut genug.

Die Gastfreiheit Karlsruhes war zu dieser Zeit legendär. Im großen Nachbarland Frankreich gärte es; doch Amalie wollte die revolutionären Umtriebe nicht wahrhaben. Die französischen Damen, die vor dem sich zusammenbrauenden Sturm nach Baden geflohen waren, erinnerten zwar täglich an die unglaubliche Anmaßung des Volkes. Doch Amalie hielt Vergehen gegen die Monarchie für eine Ungehörigkeit, die man am besten durch Nichtachtung strafte. Sie war eine Meisterin im Übersehen unangenehmer Tatsachen. Die drei ältesten badischen Prinzessinnen hatten auf Wunsch der Mutter abwechselnd die Französinnen vor der Tafel zu empfangen. Amalie betrachtete dies als eine willkommene Übung, welche die künftigen Fürstinnen in Sachen gutes Benehmen zu erfüllen hatten.

Sonntags hielt die Erbprinzessin „cour". An diesen Tagen gab es im Musiksaal bis abends acht Uhr Konzerte, die, wie man einräumen musste, allerdings nicht immer einem Ohrenschmaus gleichkamen. Amalie hatte wenig Sinn für Musik (auch dies unterschied sie von ihrer verstorbenen Schwiegermutter); sie zog das Spiel als Zerstreuung bei weitem vor. Nur wenn ein anerkanntes Talent zu hören war, ließ Amalie die Karten Karten sein. Auch ihre Fräulein Töchter waren leidenschaftliche Spielerinnen. Wer kein Interesse am Kartenglück hatte, wandelte an den Sonntagabenden zwischen den Tischen umher und hoffte auf ein gnädiges Wort aus höchstem Munde.

Amalie bemühte sich außerdem, so oft wie möglich Bälle zu organisieren. Nicht ohne Mühe überredete die Erbprinzessin den sparsamen Markgrafen zu den kostspieligen Tanzveranstaltungen. Wenn der alte Herr sich wieder einmal heftig sträubte, stieg die alte Bitterkeit in Amalie hoch. Doch ihren Töchtern zuliebe schluckte sie ihren Zorn herunter, bemühte sie sich, Karl Friedrich zunächst Kinderbälle, später große Ballabende abzuschmeicheln. Wo, wenn nicht auf dem rutschigen Parkett der Ballsäle, sollten die Mädchen zeigen, was in ihnen steckte? Amalie teilte durchaus mit ihrem Schwiegervater die Meinung, dass Prinzessinnen eine eher spartanische Erziehung erhalten sollten. Abhärtung konnte nie schaden! Und für verwöhnte Hätschelkinder hatte sie nicht das geringste übrig. Aber bei aller Sparsamkeit – als künftige Ehefrauen europäischer Herrscher mussten die Kinder lernen zu repräsentieren und sich in anspruchsvoller Gesellschaft zu bewegen.

Amalie war eine Fürstin vom alten Schlag. Die Etikette kam in ihren Augen direkt nach der Bibel – sie war ein unverzichtbarer Bestandteil des höfischen Lebens. Trotzdem war Amalie auch unbeschwerten, sozusagen privaten Unternehmungen mit ihren Töchtern nicht abgeneigt. Der Dichter Heinrich Vierordt hat in seine Lebenserinnerungen eine Anekdote aufgenommen, die ihm als wahr geschildert wurde und von einer der ungezwungenen Ausfahrten Amalies mit den jungen Prinzessinnen erzählt.

Als die Damen einmal im Wagen unterwegs waren, begegneten sie Feodor Iwanowitsch, einem russischen Künstler. Katharina die Große hatte den kleinen Kalmücken Feodor einst ihrem Darmstädter Besuch geschenkt und nach dem Tod der großen Landgräfin hatte Amalie den seltsamen Jungen mit nach Karlsruhe gebracht. Sie sorgte dafür, dass der Knabe mit den geschlitzten Augen eine anständige Erziehung erhielt. Dabei fiel seinem Lehrer auf, dass der „Kalmück" viel Talent fürs Malen zeigte – die Erbprinzessin hatte ihrem Schützling deshalb eine künstlerische Laufbahn ermöglicht. An jenem Tag, als er im Scheibenhardter Wald dem erbgroßherzoglichen Wagen begegnete, kam Feodor gerade aus Rastatt zurück. Dort hatte, was die Damen nicht wussten, eine Hinrichtung stattgefunden, und Feodor hatte sich den Kopf des Enthaupteten für künstlerische Zwecke erbeten. Sein blutiges Beutestück war sicher verwahrt in einem Kasten, den der zu Fuß heimwandernde Maler mit sich herumschleppte. Amalie und ihre Töchter waren gut gelaunt und zu Scherzen aufgelegt. Lachend forderten sie den staubigen Wanderer auf, den Rest des Weges mit ihnen im Wagen zu fahren. Feodor wusste, was sich gehörte – und lehnte das Angebot höflich ab. Doch der Schädel des Hingerichteten hatte ein ziemliches Gewicht. Feodor erklärte daher den edlen Damen, dass er ihnen sehr zum Danke verpflichtet sei, wenn sie seine Last im Wagen beförderten; er würde die Kiste später im Palast abholen. Gutmütig kichernd hoben die Mädchen den Kasten herein. Doch der Wagen war noch nicht weit gefahren, als Amalie und die Prinzessinnen von Neugierde geplagt wurden, womit der gute Feodor sich wohl so abgeschleppt hatte. Eines der Mädchen soll darauf den Deckel gehoben haben... Der Dichter verschweigt, was weiter geschah.

Ja, Amalie und ihre Mädchen. Die Erbprinzessin hatte allen Grund, auf ihre sechs Töchter stolz zu sein. So unterschiedlich sie waren – bis auf Prinzessin Amalie galten sie alle als Schönheiten. Außerdem waren sie charmant, intelligent und, wenn auch nicht übermäßig gebildet, so doch gut unterrichtet in den Künsten, die Fürstinnen beherrschen mussten.

Amalie, die älteste Tochter, war wohl die klügste von ihnen. Trotzdem behandelte die Mutter das Mädchen so, als ob es ein bisschen zurückgeblieben wäre. Die jüngere Amalie war zu drall, ihr Kinn war zu ausgeprägt, ihr Gesicht trotz des großzügig verteilten Puders zu rot, als dass man sie hätte hübsch nennen können. Hinzu kam, dass die merkwürdige Form ihrer Augenbrauen der jungen Frau einen geradezu düsteren Ausdruck verliehen. Die Erbprinzessin verstand einfach nicht, warum diese Tochter keinerlei Reize entwickelte, die sie fürs männliche Geschlecht hätte attraktiv machen können. Schließlich war doch Karoline, die Zwillingsschwester der jüngeren Amalie, ein ausgesprochen hübsches Mädchen. Nun ja, der Erbprinzessin blieben ja noch fünf ansehnliche Töchter, mit denen sie auf dem europäischen Heiratsmarkt Ehre einlegen konnte. Und wer weiß – vielleicht würde sich auch für das hässliche Entlein der Familie noch eine akzeptable Partie finden...

Töchter zog man auf, um sie an andere Familien zu verlieren. Hatte man Glück, fanden sich die Ehepartner in der Nachbarschaft. Doch bei fürstlichen Hochzeiten spielte die Entfernung keine Rolle. Amalie war stolz und wehmütig zugleich, als die große Katharina sie wissen ließ, dass sie eine Frau für ihren Enkel Alexander benötige und an eine Tochter der Zähringer denke. Eine junge, sehr junge Prinzessin sollte es sein für einen gleichfalls noch sehr jungen Großfürsten. Die Zarin wünschte keine gereifte Persönlichkeit als Schwiegerenkelin, sondern ein Mädchen, das sie selbst noch formen konnte. Selbstverständlich erwartete die Herrscherin aller Reußen, dass ihr die in Frage kommenden Mädchen umgehend vorgestellt würden, sodass sie die am besten geeignete Kandidatin auswählen könnte. Amalie beschloss, ihre dritte und vierte Tochter in Sankt Petersburg vorzuführen. Die älteste Tochter Amalie kam wegen ihres unvorteilhaften Äußeren ohnehin nicht in Frage und ihre Zwillingsschwester, die hübsche Karoline, war ein Jahr älter als Großfürst Alexander. Luise hingegen war erst 13 Jahre alt und auch Friederike mit ihren elf Jahren konnte in die engere Wahl gezogen werden.

Amalie war ganz scharf darauf, Katharina die Große und Russland wieder zu sehen. Einer ihrer Töchter, vermutlich der schönen Luise, würde gelingen, was ihr selbst verwehrt geblieben war: die Einheirat in die allmächtige Zarenfamilie, die in barbarischer Pracht in diesem weiten, wunderlichen Land lebte. Wie großartig wäre es, wieder an dem Hof zu weilen, gegen den sich sein Karlsruher Pendant ausnahm wie eine Puppenstube neben einem Märchenpalast. Es traf Amalie wie ein Schlag in die Magengrube, als der Markgraf seiner Schwiegertochter die weite Reise untersagte. Alle Bitten, alle Argumente, alle Schmeicheleien blieben diesmal vergebens: Karl Friedrich zeigte sich unnachsichtig. Amalie sollte in diesen schwierigen Zeiten – im Nachbarland Frankreich rollten jetzt die Köpfte – gefälligst bei ihrem Gemahl bleiben. Wenn es denn sein musste, mochten die Mädchen mit ihren Erzieherinnen und Hofdamen nach Petersburg reisen.

Es stieß Amalie bitter auf, dass Karl Friedrich, dieser kleine Fürst, der nie die Wunder Russlands gesehen hatte, sich so selbstgefällig über die großartige Partie äußerte, die eine seiner Enkelinnen machen sollte. Dabei hatte er seit Jahren den Boden für eine solche Heirat mit bereitet. Warum um alles in der Welt jetzt dieses Gemecker? Statt sich über die Ehre zu freuen, die die Zarin seinem Haus erwies, lamentierte der Markgraf darüber, dass die Braut zum orthodoxen Glauben übertreten müsse. Amalie verstand wieder einmal die Welt nicht mehr. Natürlich war der Markgraf ein überzeugter Lutheraner. Das war sie selbst auch. Aber man durfte deswegen doch nicht weltfremd sein. Was zählte schon die Konfession, wenn es um ein Riesenreich wie Russland ging? Man lebte doch in einem toleranten Zeitalter, auch wenn man es natürlich nicht übertreiben durfte. Aber schließlich waren die zwei Mädchen noch nicht einmal konfirmiert. Der alte Narr glaubte doch wohl nicht ernsthaft, dass die stolze Zarenfamilie eine evangelische Großfürstin akzeptieren würde?

Amalie begleitete ihre Töchter bis Frankfurt und übergab sie dort Zähne knirschend der Obhut russischer Gesandter. Sie war mindestens ebenso erbittert darüber, dass sie nicht mit ihren Kindern nach Petersburg reisen durfte, wie sich die Zarin Katharina ob dieser Missachtung „empfindlich" zeigte. Trotzdem kam das Geschäft zum Abschluss. Friederike, die jüngere Schwester, hatte von Anfang an keine Chancen. Obwohl sie ein niedliches, kindliches Geschöpf war mit sehr regelmäßigen und feinen Zügen, die für spätere Lebensjahre vollendete Schönheit versprachen, und obwohl ihre auffallend blauen Augen in dem blassen Gesicht blitzten, spielte sie die Rolle des Mauerblümchens. Nicht nur wegen ihres Alters, sondern auch, weil sie so überaus zart, bleich, ja beinahe kränklich wirkte – keine guten Voraussetzungen für eine künftige Fürstenmutter. Prinzessin Luise hingegen war nicht nur schön in der Pracht ihres goldenen Haares, welches das frische, rosige Gesichtchen glänzend einrahmte. Das Mädchen war auch groß für sein Alter, von vollem Wuchs, reizender Freundlichkeit und einer beinahe beängstigenden Munterkeit. Ihre körperliche Gesundheit schien die beste Gewähr dafür, dass sie einmal kräftige Erben in die Welt setzen würde.

Luise also hatte die zweifelhafte Ehre, vom Großfürsten und der Zarin auserwählt zu werden. Ihre Einheirat in die russische Herrscherfamilie verlangte viele Opfer von der blutjungen Braut: nicht nur die Trennung von der Mutter und der vertrauten Karlsruher Umgebung, das stand ja ohnehin fest. Nein, die Großfürstin und künftige Kaiserin wurde als Geschöpf völlig neu erschaffen. Weder Religion noch Namen durfte sie behalten: Als Zarin Elisabeth, als eine enttäuschte, betrogene, kinderlose, aber bis zuletzt stolze Frau, ging Luise von Baden in die Geschichte ein.

Was in diesen Jahren in Frankreich geschehen war, betrachtete Amalie als einen grauenvollen Alptraum. Sich vorzustellen, dass der König und – schlimmer noch – die Königin von Frankreich vom Pöbel auf die Straßen gezerrt und enthauptet worden waren – es war unglaublich! Ein Wahnsinn, der enden musste, denn er war verbrecherisch. Die Herrschaft des Volkes war, wie jedermann wusste, wider die göttliche Weltordnung. Im Umgang mit den unaussprechlichen Gräueln in Frankreich und der damit verbundenen Gefahr für Baden ging Amalie den Weg, der ihr als der einzig Vernünftige erschien: Sie ignorierte, was geschah und sorgte dafür, dass am Karlsruher Hof der Anschein von Normalität nie aufgegeben wurde. Noch kurz ehe im Jahr 1796 die Franzosen den Rhein überquerten, ließ Amalie ihren Geburtstag mit Gesellschaftstheater und Ballett feiern, so als gäbe es weder Revolution noch Krieg auf der Welt. Wenige Tage später flüchtete die markgräfliche Familie vor dem nahenden französischen Heer und setzte sich schließlich im preußischen Ansbach fest.

Nicht nur die Badener fanden in Ansbach Zuflucht. Auch Maximilian Joseph, ein Sohn des Pfalzgrafen Friedrich Michael von Pfalz-Zweibrücken-Birkenfeld, fand sich hier ein. Prinzessin Karoline von Baden war von den Gunstbeweisen des dicken Pfälzers alles andere als begeistert. Obwohl sie schon 20 Jahre alt war, hatte sie sich von einer jungmädchenhaften Schwärmerei für den Herzog von Enghien noch nicht erholt. Der liebenswürdige Franzose, den einige Jahre später Napoleon unter Bruch des Völkerrechts im badischen Ettenheim erschießen ließ, war ja so viel attraktiver als der gute Max. Denn der besaß nicht nur schütteres Haar, sondern auch bereits drei Kinder, die ihm seine selige Frau hinterlassen hatte. Zu allem Überfluss war Max auch noch 20 Jahre älter als Karoline, der er beharrlich den Hof machte. Die Prinzessin weigerte sich zunächst, eine Ehe mit Max auch nur in Erwägung zu ziehen, gab aber dann dem Druck ihrer Familie nach. Amalie hatte es von ihrer intelligenten Tochter auch nicht anders erwartet, als dass sie schließlich der Stimme der Vernunft folgen würde.

Einige Jahre später sollte sich diese Hochzeit als ein kluger Schachzug erweisen. Denn nach dem Tod seines älteren Bruders folgte Max 1799 auf den Kurfürsten Karl Theodor und trat die wittelsbachische Erbfolge an. Sieben Jahre später erhob ihn Napoleon zum König von Bayern. Ihre Majestät, die Königin Karoline – lohnte es sich dafür nicht, gewisse Opfer auf sich zu nehmen? Karoline schenkte ihrem Mann noch acht weitere Kinder. Sie hielt engen Kontakt zu Amalie. Die junge Frau, die anfangs schwer unter den heftigen Eifersuchtsanfällen ihres ältlichen Gemahls litt, wusste, dass sie bei ihrer Mutter stets guten Rat und Aufmunterung finden würde. Was die geografische Entfernung anging, war Karoline gegenüber ihrer russischen und ihrer schwedischen Schwester doch sehr im Vorteil...

Schweden – in dieses weit entfernte, kalte Land hatte ausgerechnet die kränkliche Friederike ziehen müssen. Kaum 16 Jahre zählte die Ärmste, als König Gustav IV. um sie freite. Wie Karoline, die im selben Jahr heiratete, hatte Friederike Angst vor der Hochzeit. Es graute ihr vor dem fremden Land und noch mehr graute es ihr vor dem Sonderling, mit dem sie den Thron teilen sollte. Aber eine badische Prinzessin schlug keine Königskrone aus. Als es schließlich ernst wurde, klammerte sich Friederike an jeden Strohhalm, um die Reise in den Norden noch ein wenig hinaus zu zögern. Sie habe sich am Zwetschgenkuchen übergessen und könne nun vor lauter Übelkeit nicht abreisen, versicherte sie unter Tränen. Amalie musste ein ernstes Wort mit ihrer Tochter sprechen. Während der Reise nach Stralsund versuchte Amalie, das Mädchen davon zu überzeugen, dass seine Partie glänzend und sein Los beneidenswert war. Nachdem dort ein Graf Taube in Stellvertretung seines Königs die badische Prinzessin geheiratet hatte, nahm Amalie Abschied von ihrem Kind, das sich für die Überfahrt einschiffte.

Amalies Schwiegervater, Markgraf Karl Friedrich, befand sich unterdessen in einer äußerst schwierigen Situation. Nach einem schmachvollen Friedensschluss mit dem revolutionären Frankreich, der fast der Kapitulation eines Besiegten glich (Baden hatte dabei alle linksrheinischen Gebiete verloren), suchte jetzt das kleine Land auf Anraten seines bedeutendsten Staatsmannes, Sigismund von Reitzenstein, sein Heil in der Neutralität. Aufmerksam verfolgte die markgräfliche Familie den Aufstieg eines Generals namens Napoleon Bonaparte, der nach seinen Aufsehen erregenden Feldzügen in Italien, Ägypten und Syrien im Herbst 1799 nach Paris zurückkehrte, am 9. November das Direktorium der Revolutionsregierung stürzte und sich zum Ersten Konsul ausrufen ließ. An Frieden in Europa war nicht zu denken, so lange Napoleon Frankreichs Interessen nicht erfüllt sah.

In langen, ausführlichen Briefen legte Amalie ihrer „russischen" Tochter dar, warum sich Baden dem französischen Druck beugen musste und sich schließlich gezwungen sah, offen mit den Feinden Russlands zu paktieren. Es ging um nicht mehr und nicht weniger als um die Existenz des Landes. Trotzdem ließ Amalie in ihren Briefen keinen Zweifel daran, dass sie sich im Grunde ihres Herzens als Verbündete Russlands fühlte. Es konnte nicht schaden, den mächtigen Schwiegersohn Alexander auf die Nöte des kleinen Baden aufmerksam zu machen. Amalie erinnerte sich mit Schrecken an die Regierungszeit von Zar Paul, der nach dem Tod der großen Katharina den Thron bestiegen hatte. Unter dem Regime dieses sturen Mannes hatten die russisch-badischen Beziehungen ihren Tiefpunkt erreicht. Zum Glück war sein Sohn Alexander ein umgänglicher Herrscher, wenn auch von einem etwas unbeständigen Charakter.

Ja, die arme Luise – oder vielmehr Zarin Elisabeth – hatte es nicht leicht. Alexander hatte nach der Hochzeit schnell das Interesse an seiner jungen Frau verloren und Zerstreuung in den Armen nur allzu williger Damen gesucht. Und Luise, das arme Kind, erwies sich nicht eben als Kämpfernatur. So war sie auch als Bündnispartnerin für Baden kein allzu großer Gewinn, denn sie vermied sorgsam jeden Anschein, sie könnte ihrem Gemahl in politischen Fragen dreinreden. Ihr Onkel, Prinz Ludwig von Baden, regte sich über diese Zurückhaltung schrecklich auf: „Die Elisabeth hat keinen Begriff von dem Gefühl, ihren Verwandten durch den Platz, den sie in der Welt einnimmt, nützlich zu sein und ihnen Vorteile zu verschaffen."

Auch Amalie hätte sich ein bisschen mehr Engagement zugunsten Badens von ihrer Tochter gewünscht. Aber vielleicht war es besser, wenn sich das Mädchen zurückhielt. Alexander war so schwer einzuschätzen. Wer wusste schon, ob nicht doch er es war, der die Ermordung des Zaren Paul eingefädelt hatte? Elisabeth hatte zwar ihrer Mutter geschrieben, dass ihr Gemahl „vollkommen vernichtet" gewesen sei wegen des gewaltsamen Todes seines Vaters – „seine empfindsame Seele wird davon immer zerrissen bleiben“ – , aber was bewies das schon? Ob Vatermord oder nicht – für Baden konnte der Herrscherwechsel in Petersburg jedenfalls nur von Vorteil sein. Obwohl er ihre Tochter nicht gerade auf Händen trug, hatte Amalie viel für ihren russischen Schwiegersohn übrig. Die Erbprinzessin zweifelte nicht daran, dass es ihr gelingen würde, dem Zaren das badische Dilemma verständlich zu machen. Wenn nur der alte Mann endlich einem Besuch in Sankt Petersburg zustimmen würde!

Karl Friedrich genehmigte nach langem Zögern, das Amalie schier zur Verzweiflung getrieben hatte, dass die erbprinzliche Familie die Zarin Elisabeth besuchen durfte. Anschließend wollten Amalie und Karl Ludwig das schwedische Königspaar aufsuchen. Eigentlich hätte der fette Erbprinz ja zur Kur nach Bad Pyrmont gehen sollen. Aber Amalie wollte jetzt absolut keinen Aufschub mehr hinnehmen. Nur noch an die große Fahrt konnte sie denken. Nicht einmal ein Herzanfall Karl Ludwigs, der den Reiseantritt sehr zum Ärger Amalies um einige Tage verzögerte, diente ihr als Warnung.

Was konnte schöner sein, als nach Russland zu fahren und unterwegs die vielen befreundeten und verwandten Fürstenhäuser zu besuchen? Amalie genoss jede Minute der langen und anstrengenden Reise im Jahr 1801. Endlich würde sie ihre Mädchen im Glanz ihrer Kronen sehen! Zwar tat es Amalie leid, dass sie diese beiden Töchter, die Kaiserin von Russland und die Königin von Schweden, nicht eben glücklich an der Seite ihrer selbstherrlichen Ehemänner wusste. Doch die badische Erbprinzessin war der Auffassung, dass ein Thron für manches eheliche Ungemach entschädigte. Mit dem jungen Zaren Alexander verstand sie sich – wie erwartet – prächtig, während Gustav von Schweden in den Augen seiner Schwiegermutter ein anstrengender Mensch war. Doch abgesehen von der Sympathie und Antipathie, die Amalie für ihre Schwiegersöhne hegte, gaben ihr die Prachtentfaltung in Petersburg und die düstere Steifheit in Stockholm ein Gefühl der Beständigkeit und Sicherheit. Daran lag ihr besonders in solch traurigen Zeiten, da sogar gekrönte Häupter vor dem Wüten des Pöbels nicht sicher sein konnten und Emporkömmlinge wie Napoleon Bonaparte ganze Länder unter ihre Knute zwangen. Weder der Zar von Russland noch der König von Schweden verschwendeten auch nur einen Gedanken an die Vorstellung, sie könnten je die Vorrechte verlieren, die sie ihrer Geburt verdankten. Freiheit, Gleichheit, Brüderlichkeit – das waren doch nur die Hirngespinste einiger Wahnsinniger, die über kurz oder lang beiseite geschafft würden. Amalie pflichtete ihren Schwiegersöhnen von ganzem Herzen bei.

Es waren vielleicht die schönsten Monate in Amalies Leben. Endlich hatte sie wieder etwas von der Welt sehen, etwas Neues erleben dürfen. Wie lang doch die schwedischen Winternächte waren! Das Jahr 1801 neigte sich seinem Ende zu, als Amalie und Karl Ludwig sich auf den Weg zurück nach Karlsruhe machten. Der Erbprinz hatte zwar Bedenken geäußert, ausgerechnet in der schlimmen Jahreszeit die höchst unkomfortable Heimreise anzutreten. Doch seine Frau hatte ihn nur ausgelacht. Bei allem Vergnügen, die sie an den Besuchen gehabt hatte – jetzt freute sich die Erbprinzessin doch auf die Rückkehr. In der badischen Residenz mochten die Dimensionen kleiner, die Hofhaltung sparsamer, die Feste bescheidener sein als in Petersburg und Stockholm. Doch in Karlsruhe war Amalie die erste Dame, musste sie nicht hinter ihren Töchtern zurückstehen. So sehr sie die Mädchen liebte und stolz war auf deren Stellung – Amalie wollte den Ton angeben. Und es wurde auch Zeit, dass sie in Karlsruhe nach dem Rechten sah. Wer wusste schon, was sich diese fürchterliche Gräfin Hochberg, die Ehefrau des alten Markgrafen, wieder hatte einfallen lassen, um ihre maßlosen Ansprüche auf fürstliche Würden durchzusetzen.

Die Reisewagen der Badener befanden sich noch in Schweden. Es geschah bei Arboga, nördlich des Mälarsees. Plötzlich scheuten die Pferde der Kutsche, in der der Erbprinz saß. Die Achse brach, der Wagen kippte um. Karl Ludwig, der sich mittlerweile einen stattlichen Leibesumfang angegessen hatte, war der Aufregung nicht gewachsen: Er erlitt einen Schlaganfall und starb am nächsten Tag, dem 16. Dezember 1801.

Amalie war fassungslos vor Schmerz. Mit Karl Ludwig starb nicht nur ihr Ehemann und der Vater ihrer Kinder – mit ihm musste Amalie alle Hoffnungen begraben, jemals an das Ziel ihres Ehrgeizes zu gelangen. Nicht sie, sondern die künftige Gattin ihres 15-jährigen Sohnes Karl würde einst regierende Markgräfin von Baden werden. Gott gebe, dass wenigstens der Junge gesund bliebe, um nach dem Tod des alten Markgrafen die Regierung anzutreten. Denn wenn einer von Karl Friedrichs jüngeren Söhnen den Thron bestiege, dann würde Amalie sogar das bisschen Einfluss verlieren, den eine Fürstenmutter besaß. Warum, oh Gott, warum hatte sie denn nur diesen einen Sohn? Und warum hatte der Allmächtige den Erbprinzen sterben lassen?

Die Schwiegermutter Europas

Von Gram gebeugt kehrte Amalie im Frühjahr 1802 nach Karlsruhe zurück. Mit versteinertem Gesicht durcheilte sie die versammelte Hofgesellschaft und flüchtete in das Innere ihrer Gemächer. Die strenge Trauerkleidung zu tragen, die die Hofordnung vorschrieb, war ihr nicht nur Pflicht, sondern auch aufrichtiges Bedürfnis. Denn Amalies Lebenstraum war zerbrochen. Es tat ihr unendlich gut, den tröstenden Worten ihrer Hofdamen zu lauschen, die ihr allmählich das Gefühl einflößten, die edle Heldin einer grausamen Tragödie zu sein. Eigenartig berührt war Amalie auch von dem Mitgefühl, das der alte Markgraf Karl Friedrich ihr entgegenbrachte. Wusste sie doch, dass der mittlerweile 74-Jährige unter dem Unfalltod seines ältesten Sohnes selbst heftig litt.

Amalie war nicht der Typ, der seine leidenschaftlichen Tränen hinter verschlossenen Türen vergoss. Sie trauerte intensiv und öffentlichkeitswirksam. Jeder Mann, jede Frau, ob von Adel oder aus dem Bürgertum, sollte ihr Leid sehen, sollte die Größe ihres Schmerzes ermessen und die – trotz aller Pein – untadelige Haltung der verwitweten Prinzessin bewundern. Dass der Markgraf im Karlsruher Erbprinzengarten eine Gedenkstätte anlegen wollte, die dem Andenken seines Sohnes gewidmet und der verwitweten Schwiegertochter ein Trost sein sollte, hörte Amalie mit Genugtuung. Ihr Kummer war tief und ernst – ihn regelrecht zu inszenieren war ihre Form der Trauerarbeit. Sie beauftragte den berühmten Baumeister und Künstler Friedrich Weinbrenner, für die Gedenkstätte ein Erbprinz-Karl-Ludwig-Denkmal zu entwerfen.

Das von dem Stuttgarter Bildhauer Philipp Jakob Scheffauer ausgeführte Denkmal, das in der Kapelle am „Gotischen Turm“ aufgestellt wurde, sprach für sich. Die Gewichtung der dargestellten Personen war höchst ungewöhnlich: An den Verstorbenen, dem zu Ehren das Monument errichtet wurde, erinnerten lediglich ein Medaillon und eine Inschrift. Amalie hingegen, die tief enttäuschte Witwe, war vollplastisch dargestellt. Und damit auch niemand in Versuchung geriet, die Figur als eine Allegorie der Trauer misszuverstehen, trug die Statue eine Armbinde, auf der Amalies Name deutlich lesbar war.

Nein, Amalie wollte nicht vergessen. Sie wollte, dass ihr Schicksal, ihr Schmerz in Stein gemeißelt auch künftigen Generationen vorgeführt werde. Eine Witwe konnte aus eigenem Recht keine Größe erringen. Was also blieb einer Frau anderes übrig als in der weiblichen Tugend des Erduldens höchste Vollendung zu erlangen? Die Karlsruher Zeitung beschrieb das Erbprinz-Karl-Ludwig-Denkmal am 23. September 1803: „Unten auf dem Sockel sitzt eine weibliche Figur... das Haupt vom Schmerz und Sehnsucht aufwärts gekehrt; die Haare loshängend auf die Schultern; die Arme kraftlos herabgesenkt auf die Knie, die Hände gefaltet... Auf dem Haupte des leidtragenden liebenswürdigen Weibes ist das Diadem angebracht, und ein großer Schleier darüber geworfen, der auf der rechten Seite in einfach schönen Falten über den Sockel bis zur Erde hinab spielt... Ein leichtes Unterkleid ist unter der Brust gegürtet und verrät den reizenden Wuchs der holden Matrone. Die schöngeformten Arme sind entblößt und nur um den linken schlingt sich ein Armband. Der Künstler dachte sich unter der Figur die Gattin des edlen Toten, wie sie einsam und nur von ihrem Schmerz begleitet sein Grab besucht."

Theodor Hartleben, der 1815 ein „statistisches Gemälde" der Haupt- und Residenzstadt verfasste, bezeichnete das Denkmal als einen „den ehelichen Tugenden geweihten Hain". Eine Interpretation, die Amalie sicherlich sehr gut gefiel! Weniger erfreut wäre sie gewesen, wenn sie erlebt hätte, dass der gotische Turm und mit ihm das Erbprinz-Karl-Ludwig-Denkmal schon im Jahr 1867 dem Bau des neuen Großherzoglichen Sammlungsgebäudes weichen mussten. Ausgerechnet! Denn dieses Gebäude, das heutige Staatliche Naturkundemuseum in Karlsruhe, nahm jene Sammlungen auf, für die Markgräfin Karoline Luise den Grundstock gelegt hatte. Letztlich interessierte sich die Nachwelt mehr für die wissenschaftlichen Arbeiten der ungeliebten Schwiegermutter als für Amalies öffentlich zur Schau getragene Trauer.

Auf Dauer genügte es Amalie nicht, als untröstliche Witwe verehrt zu werden. Gewiss, als Gemahlin des künftigen Herrschers hatte sie ausgespielt, nicht aber als Mutter des Thronerben. Der junge Karl war jedoch nicht eben leicht zu nehmen. Ihr einziger Sohn bereitete Amalie mehr und mehr Kopfzerbrechen, denn der Junge versuchte ganz offensichtlich, sich dem Einfluss seiner Mutter zu entziehen. Bisweilen hatte Amalie ein schlechtes Gewissen dem Knaben gegenüber, weil sie ihn nie verstanden hatte. Diese unbegreifliche Schüchternheit, diese merkwürdige Scheu! Eigenschaften, so völlig unangemessen für einen Jüngling, der einst den Thron erben sollte. Für Amalie war der Charakter ihres Sohnes ein einziges Rätsel.

Amalie wäre nie auf die Idee gekommen, die Ursache für Karls Unbeständigkeit in seiner Erziehung zu suchen. Der Junge war von klein auf aufs Schändlichste vernachlässigt worden. Nicht, weil er seit seinen ersten Lebensstunden der Obhut der Dienerschaft anvertraut war. Das war völlig normal. Ungewöhnlich war hingegen, dass weder Amalie noch Karl Ludwig die rechte Sorgfalt bei der Auswahl von Karls Erziehern und Lehrern hatten walten lassen. Nicht einmal der pflichtbewusste Großvater Karl Friedrich hatte sich die Zeit genommen, sich um eine standesgemäße Ausbildung seines einzigen Enkels zu kümmern. Viel zu sehr hatten den Markgrafen die politischen Querelen jener bewegten Zeit beschäftigt. Außerdem plagte ihn seine immer selbstgefälliger auftretende zweite Frau mit ihren Ansprüchen. Und nicht zuletzt hing das Herz des alten Mannes an seinen Kindern aus dieser zweiten Ehe, die umso viel erfreulicher im Umgang waren als der trotzige Enkel. So kontrollierte niemand die Fortschritte des Prinzen Karl, niemand interessierte sich dafür, was der Junge erlebte, fühlte, dachte. Niemand verschwendete mehr Gedanken an Karl als unbedingt nötig. Das heißt, niemand außer seinem Onkel Ludwig, dem dritten Sohn des alten Markgrafen. Aber selbst die merkwürdige Zuneigung, die Karl zu seinem übel beleumundeten Oheim hegte, entging zunächst der sonst so aufmerksamen Amalie.

Karls kindliches Gemüt hatte sich viele Jahre lang bemüht, zwei unbegreifliche Wahrheiten miteinander zu vereinen. Die erste Wahrheit war: Er war ein Junge und damit unendlich viel mehr wert als all seine Schwestern. Noch dazu war er der erstgeborene Sohn des Erbprinzen und damit selbst ein künftiger Herrscher von Baden. Folglich standen ihm ganz besondere Rechte zu. Er war der am meisten verehrte, der am meisten verwöhnte und beneidete Junge im Land. Die zweite Wahrheit aber war ihm nahezu unbegreiflich: Obwohl er ein so wunderbarer, so privilegierter Junge war, ließen ihn seine Eltern, sein Großvater, seine Schwestern –

einfach alle, die er bewunderte und liebte – links liegen. Karl war ein einsames, ein unverstandenes Kind. Nicht dumm, aber schwierig. Was hätte das sensible Kerlchen dafür gegeben, wenn seine Mutter mit ihm nur hin und wieder so liebevoll geplaudert, so unbeschwert gescherzt, ja sogar so herzhaft geschimpft hätte, wie sie es mit seinen Schwestern tat.

Aber wenn Amalie ihren Sohn überhaupt ansah, dann so, wie sie ein Wesen von einem anderen Stern betrachtet hätte. Seine Unsicherheit ging ihr schrecklich auf die Nerven. Wenn Amalie mit Karl sprach, war ihr Tonfall kalt und fordernd. Er war ihr ein Rätsel als er klein war, und er wurde ihr ein größeres Rätsel als er heranwuchs. Schließlich führte sie ihr Unvermögen, den eigenen Sohn zu verstehen, auf die einfache Tatsache zurück, dass er ein Mann war.

Männer hatten nun einmal Wesenszüge, die den Frauen immer fremd bleiben mussten. Dass Karl sinnlich veranlagt war, das ließ sich nicht leugnen. Es war ja auch nicht anders zu erwarten gewesen – bei seiner Herkunft. Amalie wäre die Letzte gewesen, dem pubertierenden Sohn seine harmlosen Vergnügungen zu missgönnen. So waren Männer eben, selbst die besten. Nicht einmal der alte Karl Friedrich hatte auf junges Fleisch verzichten wollen und die Familie mit diesem strohdummen Hoffräulein und ihrer armseligen Brut belastet. Nein, Amalie gab sich keiner Illusionen hin, was ihren Sohn anbetraf. Männer von seinem Stand hatten von jeher Rechte gehabt, an die ihre Frauen und Töchter nicht einmal denken durften...

Als Erbprinz Karl Ludwig so unerwartet gestorben war, zählte sein einziger Sohn Karl 15 Jahre. Plötzlich stand Karl, der neue Erbprinz, im Mittelpunkt des Interesses. Der mittlerweile 74-jährige Markgraf Karl Friedrich sah mit sorgenumwölkter Stirn auf seinen Erben. Wie sein seliger Vater war der Junge von trägem Geist. Wie einst seinem Vater fiel es Karl schwer, selbstständig Entscheidungen zu fällen. Doch während der verstorbene Karl Ludwig ein braver, allezeit fügsamer Knabe gewesen war, der sich sichtlich bemühte, seinen Eltern jeden Wunsch von den Lippen abzulesen, war Karl aufsässig. Das Wechselbad von Vernachlässigung und Verhätschelung führte dazu, dass er bockte wie ein Fohlen.

Nicht dass Karl sich offen gegen den Großvater oder die Mutter gestellt hätte. Das hätte er nicht gewagt. Seine Aufsässigkeit bestand eher in der Verweigerung. Alles, was für Karl Friedrich und Amalie wichtig war, ließ Karl ganz einfach kalt. Die Gleichgültigkeit, mit der er ihnen begegnete, verletzte und brüskierte seine Verwandten immer mehr. Karl war verschlossen wie eine Auster. Aus sich heraus ging er nur in Gesellschaft von Onkel Ludwig und seinen Kumpanen. Dort hatte er das Gefühl, akzeptiert zu werden, als Mensch und – ihm vielleicht noch wichtiger – als Mann.

Es gab nicht wenige Leute am badischen Hofe, die Amalie die Schuld am Missraten ihres einzigen Sohnes gaben. Der Ehrgeiz Amalies, der nach dem Tod ihres Mannes Titel und Rang einer Markgräfin zuerkannt worden waren, blieb ihren Zeitgenossen nicht verborgen. Karl August Varnhagen von Ense, der viele Jahre später als preußischer Gesandter nach Karlsruhe kam, fasste das Gemunkel in Worte und beschuldigte Amalie: „Diese charakterfeste, starksinnige Frau, voll Ehrgeiz und Selbstgefühl, hatte nur mit größtem Schmerz ihre eigenen Aussichten zum Thron durch den unglücklichen frühen Tod ihres Gatten vernichtet gesehen und daher ihren ganzen Eifer darauf gewendet, in der Regierung ihres Sohnes sich den Anteil zu sichern, der in der Regierung ihres Gemahls ihr nicht hätte fehlen können. Sie war demnach früh bedacht gewesen, den Sohn zu kindlichem Gehorsam zu gewöhnen, ihren Rat, ihre Leitung ihm unentbehrlich zu machen; sie hatte ihm das Leben angenehm zu machen gesucht, mancherlei Vergnügungen ihm gern nachgesehen, dafür ihn aber sorgfältig von allen Geschäften entfernt gehalten, und alle Lust und Fähigkeit zu ernsten Arbeiten in ihm erstickt. Dies Letztere war in hohem Grade gelungen."

Amalies Kampf um Stellung und Anerkennung bei Hof war nach dem Tod ihres Gemahls nicht beendet. Baden wuchs und gewann an Bedeutung. So sehr die Markgräfin das revolutionäre Frankreich, das jetzt ganz unter dem Einfluss dieses Napoleon Bonapartes stand, verabscheute: Sie war Realistin genug, um zu erkennen, dass Baden unter der Protektion Frankreichs zu den ganz großen Profiteuren der Reichsreform gehörte. Das kleine Land, das seine linksrheinischen Gebiete eingebüßt hatte, erhielt ein Vielfaches vom dem, was es verloren hatte: die kurpfälzischen Ämter Ladenburg, Bretten und Heidelberg, Reichsstädte wie Überlingen und Offenburg, das Bistum Konstanz, die rechtsrheinischen Territorien der Bistümer Speyer, Straßburg und Basel sowie obendrein noch viele früher reichsunmittelbare Abteien. Im Jahr 1803 wurde die Markgrafschaft Baden zum Kurfürstentum erhoben; Karl Friedrich war jetzt Kurfürst, Amalies Sohn Karl war Kurprinz. Der Markgräfin kamen die Tränen, wenn sie daran dachte: Würde Karl Ludwig noch leben, dann wäre sie eines schönen Tages Kurfürstin geworden...

So aber hatte sie nur Ärger mit einem zunehmend senilen Schwiegervater, der sich mehr und mehr von seinem dritten Sohn Ludwig, diesem Wüstling, beeinflussen ließ. Erbost schrieb Amalie an ihre russische Tochter, die Zarin Elisabeth: „Er (Karl Friedrich) wird alle Tage mehr zur Maschine, handelt nur noch nach den Plänen anderer. Und er ist von schlechten Menschen umgeben. Prinz Ludwig steht an der Spitze der Finanzen, der Forsten, des Militärs und so weiter. Er versteht von nichts etwas, außer von letzterem..."

Noch weitaus mehr als der verhasste Schwager war der Markgräfin die zweite Frau des Kurfürsten Karl Friedrichs ein Dorn im Auge. Luise Karoline Geyer von Geyersberg, jetzt eine Reichsgräfin von Hochberg, war in Amalies Augen nichts weiter als eine geldgierige Intrigantin. Als Amalie damals die zweite Ehe Karl Friedrichs so wohlwollend gefördert hatte, da war sie davon ausgegangen, dass Luise Karoline so leben würde, wie morganatische Ehefrauen eben üblicherweise leben: im Abseits, als geduldetes, aber weitgehend rechtloses Anhängsel der fürstlichen Familie. Amalie verübelte der Hochberg keineswegs, dass sie die eigene Rangerhöhung und die ihrer Kinder angestrebt hatte. Dass Ehefrauen zur Linken samt ihrer Sprösslinge die gesellschaftliche Leiter ein paar Stufen emporstiegen – das war allgemein anerkannte Praxis. Nur musste eine morganatische Ehefrau wissen und akzeptieren, dass sie diese Rangerhöhung ausschließlich der unermesslichen Güte ihres Gemahls zu verdanken hatte. Und, noch wichtiger: Die Frau zur Linken musste anerkennen, dass sie nie und nimmer den gleichen Rang einnehmen konnte wie ihre fürstliche Verwandtschaft. Die Hochberg aber war dreist genug, alles zu versuchen, um ihren Söhnen den Rang von erbberechtigten Prinzen zu verschaffen.

Amalie war fassungslos: Was bildete sich diese unverschämte Person ein? Die Kinder von Amalies ehemaliger Hofdame sollten mit ihrem Sohn und ihren wunderbaren Töchtern auf gleicher Ebene verkehren? Mit ihren Töchtern, die Fürstinnen in Russland, Schweden, Bayern, Braunschweig und Hessen waren? Mit ihrem Sohn, der einst badischer Kurfürst sein würde? Ja bildete sich diese Person vielleicht sogar ein, dass ihre Knaben womöglich selbst auf den Thron der Zähringer gelangen könnten? Diese Maßlosigkeit war unerträglich.

Amalie, der Geburt und Herkunft über alles gingen, beschloss, den Hochbergern bei jeder sich bietenden Gelegenheit zu zeigen, dass sie in ihren Augen nichts anderes als erbärmliche Emporkömmlinge waren. Zwar musste sie in ihrem tiefsten Innern einräumen, dass die Söhne der Reichsgräfin, Leopold, Wilhelm und Maximilian, sowie das Töchterchen, Amalie von Hochberg, ausnehmend zuvorkommende und bescheidene junge Leute waren. Erfreuliche Menschenkinder, nicht nur was die Umgangsformen, sondern auch was das Aussehen betraf. Vor allem der zweite Hochberg-Bub, der Wilhelm, schien außerdem über eine enorme Intelligenz zu verfügen. Allein – die Markgräfin wollte gar nicht erst sentimental werden. Gott hatte zwischen den Ständen Grenzen gesetzt, die es zu wahren galt. Die Katastrophe in Frankreich hatte gezeigt, dass man gar nicht wachsam genug sein konnte. Würde das monarchische System in Europa weiter unterhöhlt, würde es irgendwann einstürzen. Und dann würden womöglich Amalies Kinder unter den Trümmern begraben...

Amalie konnte ihren schwedischen Schwiegersohn, König Gustav IV., nicht besonders leiden. Sie hatte Gustav als einen äußerst arroganten Menschen kennen gelernt und wusste, dass ihre Tochter Friederike mit diesem Spross des Hauses Wasa alles andere als glücklich war. Aber einen König konnte man nicht so ohne weiteres zurechtweisen, nicht einmal dann, wenn er es verdiente. Bei einem längeren Aufenthalt des königlich-schwedischen Paares in Baden zeigte sich Gustav von seiner unangenehmsten Seite. Im Jahr 1803, bei einem Besuch in Mannheim, ließ der schwedische König einen jungen Leutnant aus seiner Loge entfernen. Der junge Offizier, gerade 13 Jahre alt, trug schwedische Uniform und war der älteste Sohn des badischen Kurfürsten aus zweiter Ehe: Graf Leopold von Hochberg.

Markgräfin Amalie runzelte ob dieser Ungeschicklichkeit die Stirn. Zwar gönnte sie es ihrer ehemaligen Hofdame, der Reichsgräfin Luise von Hochberg, von Herzen, dass diese durch den Platzverweis ihres Sohnes von ihrem hohen Ross herunter geholt wurde. Aber Amalie wusste auch, dass der Kurfürst sehr an seinen gräflichen Kindern hing. Und sie wusste, dass Karl Friedrich ohnehin von dem sich über Monate hinziehenden Aufenthalt der

Schweden nicht begeistert war. Denn königliche Besucher zu beherbergen, war ein teurer Spaß. Aber ganz abgesehen von den Kosten – Gustav benahm sich wie ein Elefant im Porzellanladen.

In seiner Selbstüberschätzung glaubte Amalies Schwiegersohn, am badischen Hof den absoluten König spielen zu können. So nahm er es sich heraus, öffentlich den Kurprinzen Karl zu rügen. Karl hatte die – auch in den Augen seiner Mutter – äußerst lästige Angewohnheit, zu spät zum Essen zu kommen. Oft war der Nachtisch schon aufgetragen, bis der Kurprinz endlich erschien. Während Kurfürst Karl Friedrich diese Frechheit seines Enkels einfach übersah, erregte sich der König von Schweden darüber sehr: Die Unpünktlichkeit Karls sei gegen die ihm, Gustav, schuldige Ehrfurcht. Die badischen Höflinge, die ansonsten für den Kurprinzen nur wenig Sympathien hegten, schlugen sich prompt allesamt auf die Seite des Gescholtenen: Es sei eine unglaubliche Anmaßung von dem Schweden, in Karlsruhe zu befehlen, wie es ihm allerhöchstens in Stockholm zustand.

Gustav tappte mit seiner Überheblichkeit von einem Fettnäpfchen ins Nächste. Tagelang unterhielt sich der Hof über den Besuch eines österreichischen Gesandten, Baron Schall. Dieser war als Gast – nach badischer Sitte – neben Königin Friederike gesetzt worden, was dem Schwedenkönig überhaupt nicht behagte. Markgräfin Amalie, die zwischen Tochter und Schwiegersohn saß, war wie vom Donner gerührt, als der König in aller Öffentlichkeit seiner Gemahlin über den Tisch hinweg lauthals befahl: „Ich verbiete Ihnen, mit dem Baron von Schall zu sprechen.“ Mitleidig beobachtete Amalie ihre Tochter, in deren schönen Augen ob dieser Demütigung Tränen glänzten. Aber Friederike gehorchte. Sie sprach kein Wort mit dem Gesandten.

Den Bogen überspannte Gustav im Jahr 1804, kurz nach dem gewaltsamen Tod des Bourbonen-Herzogs Enghien. Napoleon hatte den unglücklichen Fürsten, diesen charmanten Vertreter des alten Frankreich, gewaltsam aus dem badischen Ettenheim entfernen und in Vicennes erschießen lassen. Dieser Rechtsbruch erschütterte die alten Dynastien zutiefst. Auch der badische Kurfürst war entsetzt über den brutalen Mord. Die fassungslose Amalie trauerte aufrichtig um den Herzog, für den ihre Tochter Karoline einst ebenso romantische wie unglückliche Gefühle gehegt hatte. Doch die politische Klugheit gebot es sowohl dem Kurfürsten als auch der Markgräfin, ihren Zorn und ihre Empörung schweigend hinunterzuschlucken. Nur im engsten Familienkreis schütteten sie ihr

Herz aus. Schließlich hing Baden am Tropf Frankreichs – und Napoleon hatte eben bewiesen, wie rücksichtslos er all diejenigen zu beseitigen gedachte, die sich ihm in den Weg stellten.

König Gustav verfügte nicht die Spur über die politische Klugheit und Weitsicht, die seine Schwiegermutter und den Großvater seiner Frau auszeichneten. Er posaunte laut herum, dass der Parvenü aus Frankreich einen ungesühnten Mord begangen habe. Kurfürst Karl Friedrich mochte ihm im Geheimen zustimmen. Aber er war nicht bereit, aus grundsätzlichen Erwägungen sein Land aufs Spiel zu setzen. Zumal ihm der anmaßende Gustav immer mehr auf die Nerven ging. Er forderte seinen Schwiegerenkel höflich, aber unmissverständlich auf, Baden bald möglichst zu verlassen. Empört reiste der König ab und Königin Friederike beeilte sich, ihm zu folgen.

Trotz ihres Ärgers über den schwedischen Schwiegersohn genoss Markgräfin Amalie ihre Rolle als Schwiegermutter Europas ungemein. Die Achtung, die man ihr aufgrund ihrer verwandtschaftlichen Beziehungen an den deutschen Höfen und weit darüber hinaus entgegenbrachte, war Balsam für ihr enttäuschtes Herz. Amalie beschloss, jetzt auch für ihren Sohn die Fäden zu ziehen. Mit ihrer Lieblingstochter, Kurfürstin Karoline, kam sie überein, dass deren Stieftochter, Prinzessin Auguste von Bayern, eine geeignete Braut für Karl wäre. Um diese Heirat durchzusetzen, spannen die beiden Frauen allerlei Intrigen.

Kurfürst Karl Friedrich beobachtete das Heiratsprojekt mit gerunzelter Stirn. Amalie sollte sich nur nicht zu weit aus dem Fenster lehnen. Karl war schließlich der Erbe Badens, dessen Heirat ein politisches Geschäft von höchster Bedeutung und viel zu wichtig war, als dass es allein seiner Mutter überlassen werden konnte. Karl Friedrich war von der bayerischen Heirat nicht so recht überzeugt, zumal das Mädchen – ein liebes Ding gewiss – ja auch noch katholisch war. So gutmütig der Kurfürst war – als er davon erfuhr, dass seine Enkelin Karoline sich über seinen Kopf hinweg wegen dieses Heiratsprojektes an den Kaiser Napoleon gewandt hatte, platzte ihm der Kragen: Keine Ehrfurcht vor dem eigenen Großvater! Der Kurfürst machte Amalie heftigste Vorwürfe, bei der Erziehung ihrer Töchter versagt zu haben, was das Verhältnis zwischen Schwiegervater und Schwiegertochter wieder einmal auf Monate hinaus vergiftete.

Auch der Vater der Braut war nicht eben begeistert von der Vorstellung, Prinz Karl zum Schwiegersohn zu bekommen. Kurfürst Max Joseph wusste nur zu gut, dass es dem jungen Mann an standesgemäßer Erziehung mangelte. Andererseits hätte es ihm schon gefallen, wenn seine Tochter durch die badische Heirat Herrin der Kurpfalz würde, die sehr zum Verdruss Bayerns 1803 teilweise an Baden gefallen war. Ohne jede Euphorie stimmten Karl Friedrich und Max Joseph der Verlobung schließlich zu.

Doch das badisch-bayerische Heiratsprojekt war zum Scheitern verurteilt. Napoleon, auf dem Höhepunkt seiner Macht, hatte andere Pläne. Um seine Herrschaft zu legitimieren, suchte der Kaiser der Franzosen familiäre Kontakte zu den alten europäischen Dynastien herzustellen. Zuerst waren Napoleons Geschwister dran, dann seine Stiefkinder und schließlich wurde sogar die entferntere Verwandtschaft seiner Gemahlin mit Angehörigen des alten europäischen Hochadels verheiratet. Die Schlacht von Austerlitz, bei der die Franzosen die vereinigten Truppen der Russen und Österreicher entscheidend schlugen, ließ Amalies Pläne für ihren Sohn zunichte werden. Österreich musste zugunsten von Bayern auf Tirol, Vorarlberg, Eichstätt, Brixen und Trient verzichten; Kurfürst Max Joseph wurde von Napoleon zum König von Bayern erhoben – und musste sich dafür gefällig zeigen. Karls Braut, Prinzessin Auguste, wurde ohne viel Federlesen mit Napoleons Stiefsohn, Eugène de Beauharnais, verheiratet. Amalie bedauerte das liebe Kind zutiefst. Zwar hatte Napoleon den jungen Ehemann zum Vizekönig von Italien ernannt, aber was war so ein Titel bei dieser Herkunft schon wert?

Amalie beobachtete mit wachsendem Entsetzen die Heiratspolitik Napoleons. Der Emporkömmling würde doch nicht etwa auf die Idee kommen, auch die Zähringer mit seiner völlig unmöglichen Verwandtschaft zu verkuppeln? Niemals würde sie es akzeptieren, dass ihr eigen Fleisch und Blut an Angehörige dieses korsischen Ungeheuers verschachert würde. Doch Amalie hoffte vergebens; denn Napoleon war bereits mit der Verwirklichung einer badisch-französischen Heirat befasst. Prinz Karl, Amalies einziger Sohn, sollte Stephanie de Beauharnais, eine angeheiratete Nichte der Kaiserin Josephine, zur Frau nehmen.

Ein wildfremdes Geschöpf, eine einfache Comtesse, an der Seite des badischen Erben? Das waren in Amalies Augen nicht einmal der Breisgau und die Ortenau wert, die Stephanie als Mitgift in die Ehe bringen würde. Die Markgräfin war fest entschlossen, in dieser Frage hart zu bleiben. Es war einfach unvorstellbar, dass der Zar von Russland und der König von Schweden eine Schwägerin aus solch primitiven Verhältnissen bekommen sollten. Man durfte gar nicht darüber nachdenken, was für Kinder solch einer Verbindung entspringen mochten. Welche legitime Dynastie würde solche Söhne anerkennen und solche Töchter als Ehefrauen akzeptieren?

Im Dezember 1805 machte Napoleons Gemahlin, Kaiserin Josephine, auf der Fahrt zur Hochzeit ihres Sohnes in München einen Abstecher nach Karlsruhe. Die Residenzler gierten danach, die Kaiserin zu sehen, von deren Schönheit und Charme wahre Wundergeschichten erzählt wurden. Die Damen und Herren des Hofes gaben sich zwar gelassener als das einfache Volk, waren aber genauso neugierig. Auf Wunsch Karl Friedrichs wurde Josephine mit allen möglichen Ehren empfangen. Der ehrwürdige alte Kurfürst höchstpersönlich humpelte auf unsicheren Beinen samt seinem Enkel und seinen beiden Söhnen aus erster Ehe zur Kutsche, um die schönste Dame Frankreichs zu begrüßen. Wie hatten sich die Herren bemüht, auch Amalie zu dieser Ehrbezeugung zu bewegen! Doch die Markgräfin hatte stolz und kalt abgelehnt. Nicht weiter als bis an die Treppe würde sie der Kaiserin entgegen gehen. Bei all ihrem vornehmen Gehabe war Josephine ja doch nur die Frau eines kleinen Mannes, der dank zweifelhafter militärischer Erfolge glaubte, die Welt sei ihm zu eigen.

Mit zusammengekniffenen Augen beobachtete Amalie die niedliche, kleine Gestalt, die über dem weißen Atlaskleid einen roten, reich bestickten Samtüberrock trug. Zum Glück verschwand die Kaiserin gleich in ihre Gemächer und ließ sich an diesem Abend nicht mehr blicken: Sie sei ermüdet und bedürfe der Ruhe, ließ sie den Hof wissen. Nur ihre Damen erschienen an der Abendtafel und bestätigten die Markgräfin in all ihren Vorurteilen. Hübsch waren sie ja, diese Repräsentantinnen des neuen Frankreich, wenigstens die meisten. Aber ihr Benehmen ließ, wie nicht anders zu erwarten, doch sehr zu wünschen übrig. Während sich die Französinnen ganz offensichtlich über die Schlichtheit des badischen Hoflebens amüsierten, legte die Markgräfin eine eisige Hoheit an den Tag.

Am folgenden Tag war „Cercle“ bei der Kaiserin. Amalie sah sich genötigt, dem unwillkommenen Gast alle hoffähigen Damen vorzustellen. Verwundert und nicht ohne Ärger beobachtete sie, wie gut Josephine bei den Badenerinnen ankam: Obwohl die Kaiserin mit ihrem Gegenüber jeweils nur wenige Worte sprach, hatte jede Einzelne den Eindruck, dass Josephine gerade an ihr besonders interessiert sei. Es gab keinen Zweifel, Napoleons Frau beherrschte perfekt die Kunst der unverbindlichen Konversation. Und mit neidvoll-bewundernden Augen stellten die Frauen fest, wie schön und unnachahmlich elegant die immerhin schon 48-jährige Kaiserin in ihrem rosa Schleppkleid und ihrem Opalschmuck war...

Auch Amalie konnte sich – trotz ihrer Abneigung gegen alles, was mit dem napoleonischen Frankreich zu tun hatte – dem Charme Josephines nicht vollständig entziehen. Man mochte ja schon allerhand pikante Geschichten über die Dame gehört haben. Aber Tatsache war, dass sie sich wirklich tadellos benahm. Um die Kaiserin nicht durch unhöfliche Schweigsamkeit zu verärgern, machte die Markgräfin bei ihrem Morgenbesuch säuerliche Bemerkungen darüber, wie kleidsam doch der Spitzenschleier ihrer Majestät sei. Sogleich nahm Josephine mit einem reizenden Lächeln das teure Stück ab und legte es der Badenerin über die Schultern. Amalie sah keine Möglichkeit, das wertvolle Geschenk zurückzuweisen, so wenig erfreut sie über die Gabe auch war. Wollte Josephine mit dieser Geste etwa schon familiäre Verbundenheit demonstrieren? Amalie war fester entschlossen denn je, sich einer Verbindung Napoleons mit den Zähringern zu widersetzen, auch wenn sie wusste, dass ihre Ablehnung letztlich nichts bewirken würde. Baden konnte es sich schlicht nicht leisten, den Kaiser der Franzosen vor den Kopf zu stoßen.

Auch Kurprinz Karl erwies sich wieder einmal als Gegenspieler seiner Mutter. Seit er an der Krönung des korsischen Ungeheuers in Paris teilgenommen hatte, sprach Karl stets voll tiefer Bewunderung von den großen Leistungen Napoleons. Amalie hielt die schwärmerische Verehrung, die ihr Sohn für den Korsen zeigte, für eines Prinzen unwürdig. Doch mit Schrecken erkannte sie, dass Karl einer Ehe mit einer Frau aus dem Umfeld Napoleons nicht abgeneigt war. Der Kurprinz heuchelte zwar Napoleon gegenüber, dass er, was Hochzeitspläne anging, Rücksicht auf seine Mutter nehmen müsse – aber Amalie wusste ja, wie verstockt und unaufrichtig ihr Sohn war. In Wirklichkeit waren die Würfel längst gefallen, war die Hochzeit mit dieser obskuren kleinen Stephanie beschlossene Sache. Karl war Wachs in den Händen des Emporkömmlings und der alte Kurfürst dachte nur an sein Land. Prinz Ludwig hatte auch keine Lust, sich die Finger zu verbrennen, zumal er darauf hoffte, seine enormen Schulden los zu werden. Und die Hochberg glaubte allen Ernstes, Napoleon werde ihre Kinder für sukzessionsfähig erklären. Wie wenig Ehrgefühl sie alle doch hatten!

Aber Amalie, die krank vor Ärger im Bett lag, die würde es ihnen nicht leicht machen. Napoleon sollte nicht glauben, dass alle Angehörigen der alten Dynastien vor ihm und seiner militärischen Macht kuschten. Die Markgräfin hasste Napoleon, aber sie legte Wert auf seine Achtung. Und diese Achtung, das spürte sie, würde sie nie gewinnen, wenn sie ihm den Speichel leckte, wie so viele ihrer Standesgenossen es taten. Niemand wage es, Napoleon Widerstand zu leisten, schrieb Amalie an ihre russische Tochter. Sie selbst rechne damit, dass sie sich vom Hofe entfernen müsse, „denn wenn es mir nicht glückt, Karl von dieser unwürdigen Hochzeit abzubringen, ist nicht mehr damit zu rechnen, dass ich überhaupt noch irgendwelchen Einfluss auf ihn nehmen kann.“

Kräftemessen mit Napoleon

Napoleon war überrascht, dass ausgerechnet eine Frau, die so wenig reale Macht besaß, sich seinen Plänen so entschieden widersetzte. Andererseits war dem Kaiser der Franzosen aber auch bewusst, dass er Amalies Einfluss auf die alten Dynastien in Europa schon wegen ihrer zahlreichen verwandtschaftlichen Beziehungen nicht unterschätzen durfte. Die Markgräfin Amalie gehörte zu diesem exklusiven kleinen Kreis des alten Europas, in dem nur das Recht der Geburt zählte. Eine Welt, in die Napoleon mit aller Gewalt hineindrängte. Er durfte Amalie daher keine Chance geben, sich als Märtyrerin zu fühlen. Denn Märtyrer waren immer gefährlich. Außerdem empfand er einen gewissen widerwilligen Respekt gegenüber der Fürstin, die sich so gar nicht von seinem drohenden Zorn einschüchtern ließ. Es gehörte einiges dazu, Napoleon zu beeindrucken – Amalie war es gelungen. Er beabsichtigte, die eigenwillige Dame selbst in Augenschein zu nehmen. Der Kaiser gab vor, die Hochzeit Karls mit Stephanie nicht gegen den Willen der Markgräfin erzwingen zu wollen. Höchstpersönlich wollte er die resolute Fürstin davon überzeugen, dass diese Ehe für alle Seiten von Vorteil wäre.

Am 20. Januar 1806 trafen Napoleon und Kaiserin Josephine in der festlich geschmückten Stadt Karlsruhe ein. Während der charmanten Kaiserin alle Herzen zuflogen, gab sich ihr Gemahl zunächst kalt und ausgesprochen überheblich. Immerhin bezeigte Napoleon dem alten Kurfürsten eine gewisse Achtung – dessen Frau, die Gräfin Hochberg, übersah er allerdings mit geradezu beleidigender Konsequenz. Hingegen zeigte er ein lebhaftes Interesse an der Markgräfin Amalie. Die wiederum betrachtete den Kaiser der Franzosen mit einer Mischung aus Faszination und Abscheu: „Napoleon sieht nicht gut aus, aber er hat durchdringende Augen und ein lebhaftes Mienenspiel, er ist klein und untersetzt. Er spricht viel, aber recht gut... Er wiederholt sich manchmal, besonders wenn er von sich selbst und seinen großen Taten usw. spricht...“, schilderte Amalie später ihre Eindrücke.

Napoleon verfolgte im Umgang mit der Markgräfin eine Doppelstrategie: Einerseits suchte er, ihrer Eitelkeit zu schmeicheln, andererseits ließ er sie immer wieder spüren, dass hinter seinen launigen Worten Gefahr drohte. Amalie, die als ranghöchste Dame Badens bei Tisch neben dem Kaiser saß, staunte darüber, dass Napoleon fast ununterbrochen redete, während er sein Essen in sich hineinschlang.

Boshaft schoss der Kaiser seine Pfeile gegen Amalies Verwandtschaft: Der Zar von Russland sei ja ein ausgezeichneter Herrscher, aber schlecht beraten von seinen Höflingen, von seinen Ministern und seiner polnischen Geliebten. Die Zarin, Amalies Tochter, müsse schauen, dass sie wieder Einfluss auf ihren Gemahl gewinne – Alexander sei wohl ein Mensch, den man dirigieren könne. Andererseits (das war ein Seitenhieb auf Amalie) sollten sich Frauen ja nicht in die Politik einmischen, weil sie für selbige ohnehin kein Verständnis aufbrächten. Während Amalie noch ihren russischen Schwiegersohn und ihre Tochter gegen die Attacken Napoleons verteidigte, brachte der schon das Gespräch auf den König von Schweden. Gustav sei wohl ein guter Gatte und Vater – nur schade, dass er sich nicht auf diese Eigenschaften beschränke und durchaus Monarch spielen wolle. Das Schlimmste war, dass das Ungeheuer mit seinen Bösartigkeiten gar nicht so falsch lag!

Wäre nicht die Verlobung ihres einzigen Sohnes zwischen Amalie und dem Kaiser der Franzosen gestanden – vermutlich wäre Napoleons Besuch für Amalie ein großes Vergnügen geworden. Der Korse sprach Amalie bei jeder sich gebietenden Gelegenheit mit „Euer Hoheit“ an, während er ihren Schwiegervater, den Kurfürsten, fast durchweg nur mit dem einfachen „Sie“ anredete. Ganz allgemein behandelte der Kaiser den badischen Herrscher so, als wäre dieser ein höchst ehrenwerter, aber etwas vertrottelter Herr, den niemand so ganz ernst nehmen müsse. Wenn er das Wort an Karl Friedrich richtete, schrie Napoleon, gerade als ob der Kurfürst taub sei. Schneidend und bösartig wurde die Stimme des Kaisers, wenn er den Prinzen Ludwig auf den Zustand der Wälder und der badischen Finanzen ansprach. Mit dem Prinzen Friedrich, dem Lieblingssohn der verstorbenen Markgräfin Karoline Luise, und dessen Frau redete Napoleon überhaupt nur das Notwendigste. Und die Reichsgräfin Hochberg ignorierte er – sehr zu Amalies Freude – vollkommen.

Als die Markgräfin während des Hofballs gut drei Stunden an der Seite des Kaisers verbringen musste – er zog jetzt intensiv über ihre bayerische Verwandtschaft her – hatte sie Zeit genug, sich ihr eigenes Urteil über Napoleon zu bilden. Sie war selbst überrascht davon, dass der Korse ihr keineswegs unsympathisch war. Der kleine feiste Mann, dessen Figur so wenig imposant wirkte, hatte einen Charme, dem sich die Schwiegermutter Europas nicht entziehen konnte. Eben hatte ihr der Mann noch Bemerkungen an den Kopf geworfen, die nicht weit von einer Beleidigung entfernt waren, dann überraschte er die Markgräfin mit Komplimenten über ihren Hofstaat. Nein, unangenehm war ihr Napoleon nicht. Aber Amalie beschloss, sein Lachen nicht zu mögen; es gab seinem Gesicht, so meinte sie, einen „sardonischen Ausdruck". In Napoleons Augen wiederum war Amalie „der einzige Mann am badischen Hof".

Am nächsten Tag fand das Gespräch unter vier Augen statt, das Amalie so gefürchtet hatte. Der Kaiser erwies sich als ein gefährlicher Gegner, vor allem, weil er so hervorragend über Amalies Belange informiert war. Napoleon machte gar nicht erst ein Geheimnis daraus, dass er die Korrespondenz der Markgräfin überwachen ließ. Trotzdem gab er sich betont liebenswürdig und verständnisvoll. Amalie beschloss daher, das Spiel auf Napoleons Weise mitzuspielen: verbindlich im Ton, aber hart in der Sache.

Sie spielte die Rolle der zärtlichen Mama, die nur das Beste für ihren einzigen Sohn wollte. Das musste der Kaiser doch verstehen. Hatte er Amalie nicht eben Komplimente darüber gemacht, wie klug sie ihre Töchter verheiratet hatte? Die Bayernprinzessin Auguste, die wäre die richtige Frau für ihren Jungen gewesen, eine deutsche und – vor allem – eine ebenbürtige Prinzessin. Nun, da diese Prinzessin ja mittlerweile an Napoleons Stiefsohn vergeben war, käme vielleicht Charlotte in Frage, die jüngere Schwester der bayerischen Auguste. Der Kaiser nickte tiefsinnig mit dem Kopf, so als ob er über Amalies Worte ernsthaft nachdächte. Er heuchelte Verständnis, versicherte der Markgräfin, dass er keinesfalls irgendwelchen Zwang auf sie ausüben wolle. Sollte sie auf der bayerischen Hochzeit bestehen, würde er ihr keinesfalls Steine in den Weg legen. Wie könne er denn? Nur möge sie bitte bedenken, wie viele Vorteile Baden durch Napoleons Wohlwollen bereits genossen habe und was das Land in Zukunft erwarten dürfe. Nein, er würde sie natürlich nicht drängen, aber bis zum Abend dürfe er doch wohl erwarten, dass Kurprinz Karl seine Entscheidung gefällt habe...

Spannung lag in der Luft. Amalie war sich klar darüber, dass ihr Gespräch mit dem Kaiser am entscheidenden Punkt angekommen war. Amalies höchster Trumpf im Spiel war die Unebenbürtigkeit der von Napoleon gewünschten Braut. Wie konnte der Kaiser der Franzosen erwarten, über Baden eine Brücke zu den alten europäischen Dynastien zu schlagen, wenn das badische Fürstenhaus selbst vom Makel des neuen, durch revolutionäre Umtriebe hochgeschwemmten Blutes befleckt wurde? Andererseits – Amalie durfte den Bogen nicht überspannen. Napoleon ins Gesicht zu sagen, dass eine Verbindung mit seiner Familie für einen Zähringer eine Mesalliance wäre, das wagte sie denn doch nicht. Zum Glück war diese Stephanie, die Karl heiraten sollte, ja keine direkte Verwandte Napoleons, sondern nur eine angeheiratete Nichte der Kaiserin.

Amalie glaubte, einen Trumpf auszuspielen, als sie sagte: „Ich bin eine alte Frau und neige zu Vorurteilen. Wenn das Mädchen doch wenigstens von Ihrem Blut wäre, aus Ihrer Familie!“ Doch mit dieser Bemerkung gab sich Amalie eine fürchterliche Blöße. Denn Napoleon antwortete, ohne auch nur eine Sekunde zu zögern: „Nun gut, ich adoptiere das Kind.“ Der Markgräfin froren die Gesichtszüge ein. Ihr blieb es nur noch, gute Miene zu bösem Spiel zu machen. Denn durch die Adoption wurde Stephanie de Beauharnais Mitglied eines herrschenden Hauses, wurde sie nach Recht und Gesetz die Tochter Napoleons. Nun mochten die Bonapartes ja aus Sicht der alten Fürstenhäuser alles andere als eine vornehme Familie sein. Aber das sagte man einem Napoleon nicht ins Gesicht. Das Mädchen jetzt noch zurückzuweisen wäre ein unentschuldbarer Affront gegen den mächtigsten Mann Europas gewesen. Amalie hatte die Partie verloren.

Am 8. April 1806 heiratete Kurprinz Karl in Paris Napoleons Adoptivtochter Stephanie. Amalie verabscheute das blutjunge Ding, das so unerwünscht in ihre Familie einbrach, ohne es je gesehen zu haben: „Kaiserliche Prinzessin“ – ausgerechnet! „Stephanie Napoleon“ – entsetzlich! „Dieser Name macht mir immer Angst und beschwört mir die Erscheinung der Apokalypse herauf“, schrieb Amalie an ihre Schwester in Weimar. „Ach Gott, mein einziger Wunsch war immer, vor meinem Tode einen Enkel aus der Nachkommenschaft von Karl zu sehen! Jetzt wünsche ich das nicht mehr, zum mindesten ist es mir gleichgültig. Wenn ich nur noch einen Sohn hätte! Ich hätte wenigstens nicht alle Hoffnung auf die Zukunft verloren."

Als Stephanie nahte, reiste Amalie ab. Die fortgeschrittene Schwangerschaft ihrer hessischen Tochter Wilhelmine lieferte den Vorwand. Daran war an und für sich nichts auszusetzen, denn es gehörte zum guten Ton, dass eine Mutter ihrer Tochter bei der ersten Geburt beistand. Doch Amalie hatte es so eilig, dass selbst ihr gutmütiges Hoffräulein, Caroline von Freystedt, Amalies Abreise als das verstand, was sie war: eine Flucht. Amalie machte auch gar kein Geheimnis daraus, wie wenig Wert sie darauf legte, die Frau ihres Sohnes persönlich in Augenschein zu nehmen: Sie zögerte die Begegnung hinaus, so lange es irgend ging.

Karl, der sich mit seiner Gemahlin in Mannheim aufhielt, musste seine Mutter persönlich in Rohrbach abholen, damit die beiden Frauen sich endlich kennen lernten. Aus Napoleons Sicht war Amalie keine gute Verliererin – ihr Hochmut, so meinte er, verdiene einen Dämpfer. Der Kaiser packte die Markgräfin an ihrer empfindlichsten Stelle. Amalies Oberhofmeister war peinlich berührt, als er der alten Fürstin die Mitteilung machen musste: Prinzessin Stephanie sollte auf Wunsch seiner Majestät als Mitglied des kaiserlichen Hauses Rang vor ihrer Schwiegermutter nehmen. Ein Befehl, der Amalie nicht eben milder gegen die unerwünschte Schwiegertochter stimmte. Schadenfroh stellte sie fest, dass Stephanie zwar ein hübsches Dingelchen war, dass zwischen den jungen Eheleuten aber alles andere als Frieden, geschweige denn Liebe, herrschte.

Diese Erkenntnis war ihr aber nur ein kleiner Trost. Denn jetzt war es so weit: Amalie war nicht mehr die erste Dame Badens. Das schmerzte. Wenn die neue Erbprinzessin doch wenigstens eine Frau gewesen wäre, vor der Amalie hätte Achtung haben können! Doch die kleine Französin war ihren neuen Aufgaben so gar nicht gewachsen. Stattdessen tyrannisierte sie alle Welt mit ihren Launen. Es war eine bittere Zeit für die stolze Markgräfin. Denn auch die Hochberg schlug Amalie gegenüber einen immer unverschämteren Ton an. Und das Verhältnis Amalies zu ihrem Schwiegervater Karl Friedrich, der mittlerweile zum Großherzog von Napoleons Gnaden avanciert war, war wieder einmal denkbar gespannt. Anscheinend verübelte der Greis, der sich in seiner Senilität immer mehr an seine zweite Familie klammerte, Amalie ihre entschiedene

Haltung gegenüber den Hochbergern. Die Markgräfin empfand es schlicht als Skandal, dass Karl Friedrich seine Söhne aus zweiter Ehe per Hausgesetz als erbberechtigt erklärt hatte. Zwar nur für den Fall, dass die männliche Linie des alten Hauses Zähringen ausstürbe, aber selbst dies wollte Amalie nicht akzeptieren. Sie wetterte laut und entschieden gegen diese Bestimmung.

Die Stimmung im Schloss war eisig. Die Hochberg war verärgert darüber, dass ihren Kindern trotz der Erbfolgeregelung keine Standeserhöhung gewährt wurde. Außerdem war sie eifersüchtig auf das Wittum Amalies. Die Witwenversorgung der Markgräfin war auf Napoleons Druck hin vervierfacht worden. Wie Amalie litt nämlich auch die Hochberg unter der zwanghaften Sparsamkeit des alten Fürsten. Doch während die Hochberg leer ausging, hatte Napoleon für die Markgräfin gesorgt: Wenn Amalies kaiserliche und königliche Töchter zu Besuch kämen, müsse ihr Haus den Ansprüchen der Majestäten entsprechend ausgestattet sein, hatte der Kaiser bestimmt.

Die Markgräfin tat so, als wäre ihr Napoleons Intervention ganz gleichgültig – doch das Geld, das er ihr verschafft hatte, kam ihr sehr gelegen. Denn sie hatte mittlerweile das Residenzschloss geräumt, in dem sie ja doch nur noch die zweite Geige spielen durfte, und ihren Hauptwohnsitz nach Bruchsal verlegt. Wenn sie in Karlsruhe weilte, nahm sie in ihrem Stadthaus Quartier. Das war zwar klein und eigentlich ihrer Würde nicht angemessen. Doch Amalie war es ihrem Ehrgeiz schuldig, in unmittelbarer Nachbarschaft des Schlosses exklusive Diners zu geben und sonntags die Hoffähigen zu empfangen. Wenn Amalie sich in Karlsruhe aufhielt, war ihr Haus der Treffpunkt aller, die in ihren Augen Rang und Namen hatten. Mochten im Schloss eine kindische Erbprinzessin und eine von Ehrgeiz zerfressene morganatische Ehefrau sich lächerlich machen – Amalie verkörperte das alte Europa. Und darauf war sie sehr stolz.

Stephanie, die dumme Gans, ließ aber auch keine Gelegenheit aus, sich bei ihrer Schwiegermutter unbeliebt zu machen. Heute wollte sie dies, morgen forderte sie jenes. Amalie sah in dem Benehmen Stephanies nicht die hilflosen Selbstbehauptungsversuche eines verunsicherten Kindes, sondern einfach nur schlechtes Benehmen. Solch ein Verhalten hätte sie bei ihren eigenen Töchtern niemals toleriert! Nun ja, bei dieser Herkunft war es ja auch nicht anders zu erwarten. Geradezu der Gipfel der Unverschämtheit war ein Hofball, bei dem Prinzessin Stephanie mit ihren Damen in französischer Bauerntracht erschien, während Amalie – die über dieses Vorhaben natürlich nicht informiert worden war – in reicher Hofkleidung mit Diamantschmuck auftrat. Dass sie, die elegante Fürstin, gemäß der Hofetikette der kleinen Bäuerin den Vortritt lassen musste, darin lag nicht nur bittere Ironie – das fasste Amalie als vorsätzliche Kränkung auf. Selbst der französische Gesandte war ob dieser Ungeschicklichkeit Stephanies unangenehm berührt. Seine Versuche, die Erbprinzessin von ähnlichen Streichen für die Zukunft abzubringen, blieben allerdings ohne Erfolg.

Das Jahr 1808 sollte für Amalie aber nicht nur wegen des ständigen Ärgers mit der unerwünschten Schwiegertochter so fürchterlich werden. Im April starb in ihren Armen ihre junge Tochter Marie, die Herzogin von Braunschweig, als sie ein totes Mädchen gebar. Die Markgräfin hatte sich vom ersten Schock noch nicht erholt, als aus Russland die Botschaft kam, dass das einzige Kind der Zarin Elisabeth, ein kleines Mädchen, am „Zahnen" gestorben sei. Es waren der Aufregungen zu viel – selbst für eine robuste Natur wie Amalie. Die Markgräfin fühlte sich elend, musste das Bett hüten. „Nervenfieber" diagnostizierten die Ärzte und lieferten Amalie damit einen willkommenen Vorwand, nicht nach Erfurt zur Monarchenversammlung reisen zu müssen. Napoleon selbst hatte auf das Kommen der Markgräfin gedrungen. Aber auch Napoleon konnte Amalies Gesundheit nicht befehlen, wie sie mit grimmiger Befriedigung zu ihrer Hofdame Caroline von Freystedt sagte: „Es ist das einzig Gute an dieser Krankheit", wiederholte sie immer wieder.

Weniger erfreut war sie zu hören, dass ihre Schwiegertochter Stephanie bei der Zusammenkunft in Erfurt glänzte. Und recht säuerlich war ihre Reaktion, als sie vernahm, dass auch Zar Alexander sich vom zweifelhaften Charme der Napoleonidin einfangen ließ und der badischen Erbprinzessin auf geradezu peinliche Weise den Hof machte. Ritterlichkeit mochte ja eine Tugend sein – aber man konnte die Koketterie auch übertreiben. Arme, liebe, leidgeprüfte Luise. Wie konnte Alexander nur mit einer launenhaften Kindfrau von Stephanies Art herumtändeln, wenn eine vornehme und schöne Frau wie Amalies Tochter auf ihn wartete?

Das Schicksal schlug erneut zu. Gustav IV. Adolf von Schweden wurde entmachtet. Der eigenwillige Monarch, der so stolz auf seine königlichen Rechte gewesen war, hatte den Bogen endgültig überspannt. Uneinsichtigkeit und politische Dummheit hatten ihn den Thron gekostet. Warum konnte dieser Mann nicht einmal in seinem Leben abwarten, nicht einmal scheinbar nachgeben? Selbst der Zar, der Herr des mächtigen Russland, hatte schließlich erkannt, dass die Zeit noch nicht reif war für den großen Krieg gegen Napoleon. Hatte sich Alexander in Erfurt nicht sogar mit dem Bruderkuss vom Kaiser der Franzosen verabschiedet? Bestimmt nicht, weil er plötzlich ein begeisterter Anhänger des Korsen geworden war. Sondern, weil er eben ein vorausschauender Fürst war. Aber Gustav, dieser Wahnsinnige! Der musste sich natürlich – stur wie immer – der dritten Koalition gegen Napoleon anschließen. Er hatte mit hohem Einsatz gespielt und alles verloren! Welche Ironie des Schicksals: Amalies russischer Schwiegersohn hatte als „Freund" Napoleons dazu beigetragen, dass ihr schwedischer Schwiegersohn seinen Thron verlor. Als Russland 1808 Finnland eroberte, hatten die Schweden genug von dem Narren, der um seiner Prinzipien Willen sein Land aufs Spiel setzte.

Königin Friederike schrieb einen langen, tränenreichen Brief an ihre Mutter, in dem sie detailliert die Gefangennahme des Königs und ihre eigene traurige Situation schilderte. Welche Chance hatte Amalies Enkel, jemals den schwedischen Thron zu besteigen? Wohl hatten die Schweden mit Karl XIII. noch einmal einen Wasa-König an die Spitze des skandinavischen Landes gestellt. Aber obgleich dieser Karl bekannter Maßen senil und kinderlos war, hatten die Schweden Friederikes und Gustavs Sohn ausdrücklich von der Thronfolge ausgeschlossen. Offensichtlich hatten sie von der ganzen Sippschaft die Nase gestrichen voll. Tatsächlich sah sich der bedauernswerte König Karl XIII. zwei Jahre später gezwungen, einen Marschall Napoleons, einen gewissen Jean-Baptiste Bernadotte, als seinen „lieben Sohn" zu adoptieren. Dieser Franzose von bürgerlicher Herkunft, der nicht zögerte, sich alsbald den Feinden seines einstigen Oberbefehlshabers anzuschließen, gründete als Karl XIV. Johann die heute noch regierende Bernadotte-Dynastie in Schweden.

Natürlich behandelte in Baden jedermann den kleinen Gustav Wasa, den Sohn des Verbannten so, als ob er noch der Kronprinz von Schweden wäre. Amalie empfing ihre Tochter Friederike, den entmachteten König, seinen Sohn und die Prinzessinnen Sophie, Amalie und Cäcilie im Februar 1810 in Bruchsal. So sehr Amalie ihre Tochter bedauerte, so unangenehm berührt war sie auch vom Verhalten ihres Schwiegersohnes. Denn der benahm sich gerade so, als ob er immer noch der regierende Herr eines mächtigen Landes wäre. Die arme Friederike litt ganz schrecklich unter den

Launen ihres despotischen Gemahls. Gab sie sich auch nur ein wenig leutselig, ließ der König sie auf die unangenehmste Weise seine Missbilligung spüren.

Selbst der zehnjährige Junge, der kleine Gustav, hatte schon die Allüren eines absolutistischen Herrschers: Angeblich hatte in Stockholm, als der Kronprinz gerade drei Jahre alt geworden war, schon der ganze Hof antreten müssen, um dem Bengel die Hand zu küssen. Jetzt, im Exil, zeigten sich Sohn wie Vater unfähig, sich mit vornehmer Duldsamkeit in ihre Lage zu fügen. Wie Amalie war auch Karoline, die Königin von Bayern, die sich zur Begrüßung ihrer unglücklichen Schwester eingefunden hatte, höchst unangenehm berührt von den Allüren Gustavs. Hinzu kam: Der schwedische Ex-König kannte kein anderes Gesprächsthema als die Revolution in Stockholm: „Diese öfteren Wiederholungen langweilten die Fürstinnen schrecklich“, notierte das Hoffräulein von Freystedt. Nur die arme Königin Friederike bemühte sich stets, verständnisvoll und scheinbar interessiert den wütenden Ergüssen ihres Gemahls zu lauschen.

Zu allem Überfluss erwies sich der verbannte König auch noch als Hypochonder. Amalie, so sehr sie ihre Tochter liebte, grauste vor dem Gedanken, länger mit diesem despotischen Menschen, der eine penetrant schlechte Laune verbreitete, zusammen leben zu müssen. Erbgroßherzog Karl, der jetzt Mitregent war (der alte Großherzog Karl Friedrich war zu dieser Zeit nur noch ein Schatten seiner selbst und kaum noch eines klaren Gedankens fähig), versuchte ausnahmsweise einmal, seiner Mutter beizustehen. Er bot dem Schwager das Schloss Meersburg am Bodensee an. Amalie atmete auf. Wie sehr hoffte sie, den lästigen Menschen los zu werden. Aber Gustav zeigte sich wieder einmal stur. Ehe er bereit war, sich für oder wider das Angebot Karls zu entscheiden, ließ er sich das Schloss am Bodensee erst bis ins kleinste Detail beschreiben. Die Tapeten in Meersburg missfielen ihm. Ähnliche Wandverkleidungen, so erklärte er empört, habe es in Gripsholm, wo er gefangen saß, gegeben. Eine Unverschämtheit, ihm eine solche Bleibe auch nur anzubieten!

Amalies Geduld war am Ende. Ausgerechnet am Gründonnerstag 1810 kam es zum Eklat. Amalie sagte ihrem Schwiegersohn einmal so richtig die Meinung. Zwei Tage später machte sich der beleidigte Gustav ohne ein Wort des Abschieds und ohne seine Frau auf den Weg in die Schweiz. Damit hatte Amalie dann doch nicht gerechnet. Zusammen mit Königin Friederike fuhr sie hinter

Gustav her. In Schaffhausen holten die Damen den verärgerten König ein. Gustav, etwas besänftigt durch die Beschwichtigungsversuche der beiden Frauen, vereinbarte mit Friederike, dass sie ihm nachkommen solle, sobald er einen festen Aufenthaltsort gewählt hätte. Doch die Ehe des schwedischen Paares war nicht zu retten: Sie wurde 1812 geschieden. Friederike ließ sich mit ihren Kindern auf Dauer in Karlsruhe nieder.

Das Jahr 1811 hatte im Abstand von nur fünf Tagen zwei wichtige Ereignisse gebracht: Das erste war die Niederkunft von Karls Frau (eine grausam schmerzhafte Geburt! Noch dazu wurde eine Prinzessin geboren, deren Patin Amalie wurde). Das zweite einschneidende Ereignis war der Tod des alten Großherzogs Karl Friedrich. Karl war jetzt Großherzog. Die Markgräfin wünschte ihrem Sohn Glück und legte, der Hoftrauer wegen, wollene Kleider sowie schwarze Crèpe-Schleier an. Es war eine mehr als traurige Zeit, aber auch eine vor Spannung knisternde. Denn die große Entscheidung über das Schicksal der Völker stand bevor – das wusste niemand besser als die Schwiegermutter Europas. Zar Alexander rüstete – der Bruderkuss in Erfurt, den er mit Napoleon getauscht hatte, war ein Judaskuss gewesen.

„Liebe gute Mama, sicherlich sind Sie in Deutschland sehr schlecht darüber unterrichtet, was sich bei uns zuträgt", schrieb Zarin Elisabeth, geborene Prinzessin Luise von Baden, an Markgräfin Amalie. Die „Große Armee" Napoleons hatte im Juni 1812 den Njemen überschritten. Zu dieser Armee, die nur zu einem Drittel aus Franzosen bestand, gehörte auch ein badisches Truppenkontingent unter dem Kommando von Generalmajor Graf Wilhelm von Hochberg, einem Sohn des verstorbenen Großherzogs aus zweiter Ehe. „Vielleicht haben Sie gar schon geglaubt, wir seien ins äußerste Sibirien geflohen", mutmaßte die Zarin, „aber wir haben Sankt Petersburg noch nicht verlassen. Wir sind auf alles gefasst und denken gar nicht an Verhandlungen. Je weiter Napoleon vorrückt, umso weniger darf er sich einbilden, mit uns Frieden schließen zu können. Darüber sind wir uns alle einig, der Zar wie die ganze Nation mit allen ihren Schichten. ... Und damit hat Napoleon nicht gerechnet. Er hat sich hierin wie in vielen anderen Dingen getäuscht. Jeder weitere Schritt, den er in dieses ungeheure Russland vorwagt, bringt ihn näher an den Abgrund heran. Wir werden ja sehen, wie er den Winter hier überstehen wird."

Ja, Napoleon hatte sich verrechnet. Der russische Winter machte seiner Großen Armee den Garaus. Mit ihr erfroren, verhungerten und ertranken im eisigen Wasser der Beresina weit über 6.000 Soldaten aus Baden. In Karlsruhe ahnte davon noch niemand etwas und selbst Amalie konnte nicht so recht daran glauben, dass das Kriegsglück den Franzosenkaiser verlassen haben könnte. Während Zarin Elisabeth und ihre noch immer in Russland weilende älteste Schwester Amalie sich verzweifelt bemühten, das Los badischer Kriegsgefangener zu erleichtern – Prinzessin Amalie gab dafür ihr gesamtes väterliches Erbteil hin – feierte man in der badischen Residenz noch die Einnahme Moskaus mit einem Te Deum. Nur Markgräfin Amalie war nicht zu bewegen, in der Schlosskirche zu erscheinen. Sie wollte Gott nicht danken für die Niederlage ihres russischen Schwiegersohnes und ahnte nicht, dass Alexander bereits der Sieger war.

Die Zeit der Siege war für Napoleon vorbei. Aufmerksam, aber nicht ohne Besorgnis verfolgte Amalie das große Kräftespiel in Europa. Seltsam – je ungewisser die Position von Napoleons Adoptivtochter, der Großherzogin Stephanie, wurde, desto mehr schien Amalies unberechenbarer Sohn seine Frau zu lieben. Dass die beiden nach Jahren der gegenseitigen Missachtung wärmere Gefühle füreinander entwickelt hatten, war Amalie, die eine scharfe Beobachterin war, nicht entgangen. Seiner kleinen, 1811 geborenen Tochter Luise brachte Karl sogar richtig väterliche Gefühle entgegen – das hätte Amalie dem abweisenden Jungen von einst gar nicht zugetraut. Und dass der kleine Prinz, den Stephanie 1812 geboren hatte, schon nach zwei Wochen wieder gestorben war, hatte Karl sichtlich geschmerzt – anscheinend nicht nur, weil ihm der Erbe geraubt wurde. Wie würde Karl sich zu der Frau stellen, die zu heiraten einst ein Gebot politischer Klugheit war, die für das Land jetzt aber immer mehr zur Bürde wurde? Bei der Fürstenversammlung in Frankfurt, die der Völkerschlacht von Leipzig folgte, wurde Karl aufgefordert, sich von der Adoptivtochter Napoleons scheiden zu lassen. Doch er ließ keinen Zweifel: Von Napoleon würde er sich abwenden, von Stephanie niemals.

Eine unzufriedene Siegerin

Ja, es sah so aus, als ob die ungeliebte Schwiegertochter einigermaßen ungeschoren das große Aufräumen überstehen würde. Die arme Friederike, die entthronte und verlassene Königin von Schweden, schien wirklich die einzige zu sein, die leer ausgehen würde. Es war gar keine Rede davon, den Kronprinzen Karl Johann aus Schweden davon zu jagen und Friederikes Sohn Gustav wieder in seine Rechte einzusetzen. Dabei war dieser Karl Johann, dieser Emporkömmling mit dem bürgerlichen Namen Bernadotte, ja eigentlich nichts weiter als ein französischer Revolutionsgeneral, den Napoleon zum Marschall erhoben und mit einem Fürstentitel versehen hatte. Königin Friederike verstand nicht (und wollte auch nicht verstehen), dass Karl Johann einen wichtigen Beitrag zum Untergang seines einstigen Oberbefehlshabers geleistet hatte, dass ihm die Siegermächte zu Dank verpflichtet waren. Friederike hatte nicht mehr und nicht weniger erwartet, als dass ihr russischer Schwager diesen Parvenü in die Gosse zurückjagen würde, aus der er stammte. „All die in Frankfurt versammelten Monarchen haben Napoleon den Hof gemacht“, klagte die verbitterte Königin. „Nun benützen sie seinen Sturz, finden wieder, was sie verloren, und noch mehr. Wir allein, die stets fest blieben, erhalten nichts. Hätte ich keinen Sohn, so wäre mir das gleichgültig, aber so...“. Friederike war derartig enttäuscht, dass sie beschloss, sich bei einem möglichen Besuch Alexanders in Karlsruhe nicht blicken zu lassen. Ein Vorsatz, den sie allerdings nicht lange durchhielt.

Im November 1813 kam er wirklich: Zar Alexander. Amalie fuhr ihrem Schwiegersohn bis Rohrbach entgegen und der charmante Herrscher stieg sogleich in ihren Wagen um. Dass Alexander am nächsten Tag in offener Kalesche mit ihr durch die Straßen Karlsruhes fuhr, war für Amalie ein Genuss. Es schien, als ob die ganze Stadt unterwegs sei, den schönen siegreichen Zaren an der Seite der ehrwürdigen Markgräfin zu bestaunen. Es waren Tage, die Amalie vergessen ließen, dass sie nicht mehr die erste Dame Badens war. Sie ließ sich gerne huldigen und wusste, dass sie ein Recht auf Bewunderung hatte. Ihre politische Gesinnung war ja allseits bekannt: Nie hatte sich die Markgräfin vor dem Götzen des Tages gebeugt! Der gute, selige Karl Ludwig hätte sicher Verständnis dafür gehabt, dass seine Witwe am 16. Dezember, dem Jahrestag seines Todes, keine Zeit fand, das Abendmahl zu empfangen: Es gab zu viele Zerstreuungen, zu viele Repräsentationspflichten, als dass sich Amalie für diese heilige Handlung hätte sammeln können. Schließlich stellte ihr der Zar an diesem Tage höchstpersönlich die ersten Offiziere seiner Garde vor. Und am nächsten Tag ließ er die Garde vor Amalies Palais defilieren. Ja, es waren glorreiche Stunden. Stunden, die Amalie für viele Kränkungen und Enttäuschungen entschädigten.

Politische Geschäfte riefen Alexander zum Jahresende aus Karlsruhe fort. Aber es dauerte nicht lange, und der Besuch seiner Gemahlin, der Zarin Elisabeth, wurde angekündigt. Die Kaiserin kam in Begleitung ihrer Schwester, der jüngeren Amalie, im Februar 1814 in Bruchsal an. Die Markgräfin war entzückt über die Visite ihrer Töchter. Sie bemerkte in ihrer Begeisterung kaum, wie die Damen, die die Zarin noch als Kind gekannt hatten, tuschelten. Denn aus der anmutigen, lebhaften Prinzessin Luise mit dem goldenen Haar und dem rosigen Teint war eine gemessene Elisabeth mit rot unterlaufenem Antlitz geworden. Zwar lobten die Damen den schönen Wuchs der Herrscherin, doch konnte nichts darüber hinweg täuschen, dass die Zeit umbarmherzig ihre Spuren an einer großen Schönheit hinterlassen hatte. Hinzu kam, dass Elisabeths Roben zwar prachtvoll, aber völlig veraltet und ganz aus der Mode waren. Petersburg war einfach zu lange isoliert gewesen. Man mochte die Franzosen ja bekämpfen und verabscheuen – aber die eleganten Pariserinnen bestimmten nach wie vor, welche Kleidung eine vornehme Frau zu tragen hatte.

Großherzogin Stephanie erschien, um die Bekanntschaft der Zarin zu machen. Allein, Elisabeth begegnete ihr mit solcher Arroganz und Kälte, dass sogar Markgräfin Amalie Mitleid empfand und ihrer Schwiegertochter herzlicher entgegenkam als üblich. Nicht lange danach erschien Karoline, die Königin von Bayern, zu Besuch bei ihrer Mutter. Sie konnte mit ihrer Schwester nicht recht warm werden – Elisabeth sei geziert und habe mit der frohsinnigen

Luise von einst nichts mehr gemein, befand die Königin. Offensichtlich habe ihr russisches Schwesterlein zu viel Geschichte gelesen und – indem sie fremde Charaktere studierte – die eigene Persönlichkeit verleugnet.

Von keinem anderen Menschen hätte Amalie eine derart freimütige Kritik an der Zarin hingenommen. Doch Karoline war von allen Töchtern der Markgräfin diejenige, die ihr selbst am ähnlichsten war. Die beiden Frauen verstanden sich ohne viel Worte und Amalie sagte oft, dass, sollte sie je von einer ihrer Töchter abhängig sein, sie sich am liebsten der Königin von Bayern anvertrauen würde. Überhaupt, stellte das Fräulein von Freystedt, Amalies treu ergebene Hofdame, zu ihrer Überraschung fest, schien die Markgräfin längst nicht so glücklich, wie man es erwarten konnte: Sie hatte in diesen Wochen zwar endlich wieder einmal ihre fünf Mädchen um sich (bis auf die arme Marie von Braunschweig, die schon 1808 das Zeitliche gesegnet hatte), aber sie schien im Kreise ihrer Töchter nicht recht zufrieden. Die Freystedt führte dies darauf zurück, dass die Mutter noch zu sehr die Unterwürfigkeit der Kinderjahre von ihren Töchtern erwartete. Doch die Kinder von einst waren Fürstinnen geworden, die ihren eigenen Kopf besaßen. Amalie hatte manchmal das Gefühl, dass ihre Töchter sich gegen sie verbündet hätten, und reagierte sogar auf Nichtigkeiten unerwartet gereizt.

Vielleicht führte ihr unterschwelliger Ärger dazu, dass Amalie ihrer Schwiegertochter Stephanie jetzt etwas freundlicher entgegenkam. Während die Zarin über ihre Schwägerin auf geradezu beleidigende Weise hinwegsah, konnte Amalie der Großherzogin eine gewisse Achtung nicht versagen. Denn die Haltung, mit der Stephanie die Einnahme von Paris durch die Verbündeten, die Verbannung ihres Adoptivvaters und den unerwarteten Tod ihrer Tante, der Kaiserin Josephine, hinnahm, machte ihr alle Ehre. Stephanie hatte wohl endlich erkannt, was sie ihrem Gemahl und seinem Land schuldig war. Trotz ihrer neuen Achtung vor der Schwiegertochter war Amalie allerdings nach wie vor nicht bereit, Stephanie als ihresgleichen zu akzeptieren. Zum Hofball anlässlich ihres Geburtstages lud Amalie die Großherzogin nicht ein. Was wiederum Großherzog Karl verärgerte. Weil seine Gemahlin nicht geladen war, blieb auch Amalies Sohn demonstrativ dem Ball fern.

Männer! Amalie schüttelte wieder einmal den Kopf. Im eigenen Lande spielte ihr Sohn Karl den seiner Gemahlin treu ergebenen Ehemann. In Wien aber, bei dem großen Fürstenkongress, da kehrte er den Lebemann hervor, als ob er nie eine Gattin gehabt hätte. Und es schien ihn überhaupt nicht zu stören, dass alle Welt sich über seinen Lebenswandel mokierte! Verstand der dumme Junge denn nicht, dass sein Land auf dem Spiel stand? Anstatt jede Minute für den Erhalt Badens zu kämpfen, machte sich der badische Großherzog vor aller Welt lächerlich!

Aber ach – nicht nur Karl benahm sich unmöglich. Auch Alexander verhielt sich durchaus nicht so, wie man es von einem Fürsten seines Ranges erwarten konnte. Durfte man den Gerüchten Glauben schenken, so tanzte er in Wien wie ein Jüngling und machte allem, was weiblich, jung und hübsch war, den Hof. Arme Elisabeth, die ihrem hohen Gemahl nachgereist war! In Bruchsal, im Hause seiner Schwiegermutter, hatte der Zar immerhin den Schein gewahrt. Mehr konnte man ja wohl nicht erwarten! Aber in Wien zeigte der Herrscher aller Reußen der ganzen Welt, wie gleichgültig ihm seine schöne Frau war. In einem Flugblatt machte man sich über die in Wien versammelten Herren Europas lustig: „Der Kaiser von Russland liebt für alle. Der König von Preußen denkt für alle. Der König von Dänemark spricht für alle. Der König von Württemberg frisst für alle. Und der Kaiser Franz von Österreich zahlt für alle.“

Die Nachricht im März 1815, dass Napoleon von Elba geflohen sei und auf Paris marschiere, war für Amalie in gewaltiger Schock. Konnte es sein, dass das korsische Ungeheuer Europa noch einmal unter seine Knute zwingen würde? Nein, es war unmöglich. Alle standen gegen ihn, diesen schrecklichen, diesen klein gewachsenen, großen Mann. Die Monarchen mochten in Wien gefeiert und geprasst haben – aber die Rückkehr Napoleons würde in ihnen alle Kraftreserven wecken. Baden wimmelte bereits wieder von Truppen. Zar Alexander und Kaiser Franz von Österreich wählten Heidelberg als Hauptquartier. Die Markgräfin Amalie lud die beiden Kaiser ein, bei ihr in Rohrbach zu speisen. Es wurde eine Tischgesellschaft von nur acht Personen, die Amalie zu Ehren der beiden – seit dem Russlandfeldzug – mächtigsten Männer ihrer Zeit gab.

Der Zar hatte größten Respekt vor seiner zierlichen Schwiegermutter. Er tat alles, um der lieben „maman“ zu gefallen. Als seine Schwägerin, die Prinzessin Amalie, ihm andeutete, wie schwer es der Markgräfin falle, den langen Besuch der Zarin zu finanzieren, sandte er der alten Dame umgehend einen Wechsel über 20.000 Dukaten zu. Die Markgräfin war tief gerührt über diese „Entschädigung“, die ihr ihre älteste Tochter verschafft hatte.

Elisabeths Baden-Aufenthalt hätte ihre Mutter zwar auch ohne diese Zuwendung nicht ruiniert, doch hätte sich Amalie zweifellos Einschränkungen auferlegen müssen.

Bei all seinen Ausschweifungen war Alexander eben doch ein guter Sohn. Und Prinzessin Amalie erwies sich, wenn sie auch hässlich und unverheiratet war, doch als gute Tochter. Wie reizend war doch unlängst die Einladung der Prinzessin zum Wochenbesuch bei ihrer kleinen Hündin „Bella" gewesen! „Bella" hatte gerade fünf Welpen geboren. Die tierische Wöchnerin war, in einem Kaschmirschal eingehüllt, in ihrem Korbe gelegen und um sie herum saßen fröhlich plaudernd die Fürstinnen. Schade war einzig, dass Prinzessin Amalie so herrschsüchtig war! Sie schien die Schwestern zu dominieren. Die Markgräfin jedenfalls betrachtete mit zunehmendem Misstrauen, wie ihre älteste Tochter die Fürstinnen für sich vereinnahmte. Überhaupt: Die Mädchen saßen viel zu viel beisammen und vernachlässigten ihre Mutter auf ganz schandbare Art und Weise. Nie, so vertraute Amalie ihrer Hofdame von Freystedt an, nie fühle sie sich einsamer als dann, wenn sie von all ihren Töchtern umgeben sei.

Eigentlich hätte man erwarten dürfen, dass Elisabeth bei ihrer Mutter Trost suchen würde. Aber die Zarin zog es vor, einsam zu leiden. Sie wusste ja, wie viel ihre Mutter von Alexander hielt. Vermutlich hätte die Markgräfin eher der Tochter die Schuld an ihrer traurigen Ehe zugewiesen als dem geliebten Schwiegersohn. Napoleon war in der Schlacht von Waterloo am 18. Juni 1815 besiegt und nach St. Helena verbannt worden, doch Alexander konnte sich von Paris nicht losreißen. Es kursierten Gerüchte, wonach sich der Zar von seiner badischen Gemahlin trennen wollte. Elisabeth trug den Kopf hoch und tat, als würde sie das Geschwätz nicht hören.

Die Ängste der Zarin machten sich in bösartigen Bemerkungen gegen Großherzogin Stephanie Luft. Immer wieder hatte die Zarin ihren Bruder gedrängt, sich von der Französin scheiden zu lassen. Doch Karl hatte Elisabeth schroff zurückgewiesen – und was schlimmer war: Zar Alexander hatte für Karls Weigerung, Stephanie fortzuschicken, sogar noch Verständnis bekundet. Elisabeth neidete es Stephanie, dass die Großherzogin in ihrer schwierigen Situation von ihrem Gemahl gestützt wurde. Karl mochte zwar eine fragwürdige Hilfe sein, aber immerhin! Geradezu frustriert war die Zarin, als der Großherzog sie um seiner Frau willen offen brüskierte. Elisabeth hatte ihren Bruder wissen lassen, dass sie gerne an der Revue der badischen Truppen teilnehmen wollte, die aus dem Felde heimgekehrt waren. Doch Karl verweigerte der Zarin die Einladung. Er wünschte, dass die Truppen seiner Gemahlin, nicht seiner Schwester ihre Ehrerbietung bezeugten.

Amalie atmete auf: Offensichtlich wünschte Alexander entgegen allen Gerüchten doch keine Scheidung von Elisabeth. Man konnte sich eben auf den Zaren verlassen. Er gab seiner Frau Weisung, ihn in Berlin zu treffen. Elisabeth, überzeugt davon, ihre Heimatstadt Karlsruhe in diesem Leben nicht mehr wiederzusehen, nahm rührselig Abschied von den Stätten ihrer Kindheit. Dies schlug sich auf ihre Gesundheit nieder, und ihre Abfahrt verzögerte sich. Mancher Höfling behauptete hinter vorgehaltener Hand, dass sie das Treffen mit ihrem flatterhaften Gemahl in Berlin absichtlich versäumte. Der Zar aber fragte nicht lange danach, warum Elisabeth auf sich warten ließ: Er reiste ohne seine Frau ab.

Amalie machte sich Sorgen. Nicht nur um ihre russische Tochter, die den Zaren einfach nicht richtig zu nehmen wusste. Nein, Amalies Sorgen lagen näher. Ihr Sohn Karl bescherte ihr manche schlaflose Nacht. Die Gleichgültigkeit, die der Großherzog seiner Mutter gegenüber zeigte, schien unüberwindbar. Dass der Junge ernsthaft krank war, konnte Amalie nun auch nicht mehr leugnen. Allein, sie war sich nicht sicher, ob Karls Zustand bedrohlich oder nur eine Auswirkung seiner unsoliden Lebensweise war. Stephanie hatte am 1. Mai 1816 wieder einen Sohn zur Welt gebracht. Mochte Gott geben, dass dieser Junge überlebte. Ob Karl noch in der Lage war, ein weiteres Kind zu zeugen? Die Markgräfin zweifelte daran. Amalie konnte ihre Schwiegertochter gewiss nicht leiden, aber was würde aus den Zähringern werden, wenn Karl ohne Erbe starb? Die Kinder der verhassten Hochberg als Erben? Nein, Amalie weigerte sich, diese Möglichkeit überhaupt nur in Betracht zu ziehen.

Die Hoffnung, dass mit Karls Sohn ein direkter Nachkomme aus dem altbadischen Stamm auf den Thron gelangen würde, starb mit dem kleinen Prinzen. Wenige Tage nach seinem ersten Geburtstag war der kleine Prinz Alexander, so benannt nach seinem mächtigen russischen Onkel, tot. Stephanie war zwar wieder schwanger – aber wer wusste schon, ob das Kind ein Junge sein würde? Es war schlecht bestellt um Baden.

Karl war mittlerweile so geschwächt, dass seine Mutter kaum noch Hoffnungen auf eine Gesundung hegte. Amalies Schwager, Markgraf Friedrich von Baden, war zwar verheiratet, aber kinderlos geblieben und nur wenige Tage nach dem kleinen Erbprinzen seinen zahlreichen Krankheiten erlegen. Wenn Karl jetzt sterben würde, ohne einen Sohn zu hinterlassen, dann würde sein Onkel Ludwig, der dritte Sohn Karl Friedrichs, Großherzog werden. Und dieser Ludwig war mit einer Schauspielerin liiert! Ausgerechnet!

Zum ersten Male seit langen Jahren heckten Großherzog Karl und seine Mutter gemeinsam einen Plan aus. Wenn es nun gelänge, Ludwig mit seiner Nichte Amalie zu verheiraten? Die unvermählte Tochter der Markgräfin und Schwester des sterbenden Großherzogs wäre die ideale Kandidatin, um die alte Zähringer Linie fortzusetzen. Gewiss, Prinzessin Amalie war bereits 42 Jahre alt und hässlich. Aber in ihrem Alter hatte manche Fürstin noch Kinder geboren und wer fragte schon nach körperlichem Liebreiz, wenn es um den Stammbaum ging. Der einzige, der von dem Heiratsprojekt überhaupt nichts hielt, war Prinz Ludwig. Der unzuverlässige dritte Sohn des pflichtbewussten Karl Friedrich weigerte sich standhaft, von seiner Schauspielerin zu lassen. So verflüchtigte sich auch die letzte Hoffnung von Amalies ältester Tochter, doch noch unter die Haube zu kommen.

Das war aber nicht das Schlimmste. Das Großherzogtum Baden war in seiner Existenz bedroht. Nach dem Tod des letzten Zähringers, daran zweifelte kein politisch denkender Mensch, würden Bayern und Österreich umgehend die nur unter Napoleons Druck abgetretene Kurpfalz und den Breisgau zurückfordern. In dieser Situation konnte sich Baden keine Erbstreitigkeiten leisten. Großherzog Karl hatte seine unebenbürtigen Onkel, die Grafen von Hochberg, bereits im Juni 1815 in den Rang von badischen Prinzen erhoben. Jetzt drangen die Staatsmänner Sigismund von Reitzenstein, Staatsrat Nebenius und der Freiherr von Tettenborn in den beinahe schon willenlosen Herrscher, die Nachfolgefrage ein für allemal zu regeln. Noch vor der Geburt seines fünften Kindes bestimmte Karl die Söhne der Reichsgräfin Hochberg aus morganatischer Ehe mit Großherzog Karl Friedrich als legitime Erben für den Fall, dass das Haus Zähringen im Mannesstamm ausstürbe. „Die Maßregel erschwerte Österreich und Bayern die Teilungsgelüste und zog ihnen die Hoffnung auf ein nahes Erlöschen der männlichen Linie im Haus Baden unter den Füßen weg", notierte der preußische Gesandte am Karlsruher Hof, Karl August Varnhagen von Ense.

Markgräfin Amalie war außer sich, als sie von dem Hausgesetz erfuhr. Zwar wusste nach Ludwigs Weigerung, ihre älteste Tochter zu heiraten, auch sie keinen Weg mehr, Baden vor der Zerstückelung zu bewahren – aber dass ausgerechnet ihr ehemaliges Hoffräulein, die unausstehliche, dummdreiste Gräfin Hochberg Stammmutter einer neuen badischen Linie werden könnte, das empörte die alte Legitimistin aufs Tiefste. Natürlich hatte Karl nicht den Mut gehabt, ihr seinen Entschluss selbst mitzuteilen – er schickte einen Minister mit der Nachricht zur Markgräfin. Die Ereignisse zeigten, dass Karl gut daran getan hatte vorzubeugen: Das Kind, das Großherzogin Stephanie am 11. Oktober 1817 gebar, war ein Mädchen, Prinzessin Marie.

Amalie hatte alle Hoffnung aufgegeben, dass ihr Sohn Karl genesen und Söhne in die Welt setzen werde. Die Zukunft – war das dieser hübsche, zurückhaltende Prinz Leopold, dieser schüchterne Sohn der Hochberg? Was war das badische Hausgesetz wert? Amalie war viel zu sehr Fürstin vom alten Schlage, als dass sie sich irgendwelchen Illusionen hingegeben hätte. Solange dem Gesetz die allgemeine Anerkennung fehlte, waren die Hochberger nur auf dem Papier die Erben Badens.

Doch zu Amalies Verblüffung griff jetzt die Kaiserin von Russland ein. Die Zarin, die bisher auch den geringsten Anschein, sie könnte ihren Gemahl politisch beeinflussen, peinlichst vermieden hatte, stellte sich in dieser Notsituation kompromisslos auf die Seite ihres Herkunftslandes. Dass Elisabeth ebenso wie ihre Mutter in den Hochbergern Emporkömmlinge der schlimmsten Art sah, spielte jetzt keine Rolle mehr. Amalie staunte über die ungewohnte Entschiedenheit ihrer russischen Tochter. Die Markgräfin selbst brachte es immer noch nicht übers Herz, über Herkunft und Blut hinwegzusehen. Ohne Elisabeths unerwartetes Eingreifen zur Rettung Badens hätte Amalie sich in den letzten Jahren ihres Lebens wohl verhalten wie ihre schwedische Tochter, die Ex-Königin Friederike: Die ertrug voll Bitterkeit die Gegenwart, indem sie einer glorreichen Vergangenheit nachtrauerte. Es war schon merkwürdig: Ausgerechnet die träge Elisabeth machte jetzt Politik!

Baden profitierte davon, dass sich das Verhältnis der Zarin zu Alexander endlich wieder gebessert hatte. Der badische Außenminister Freiherr von Berstett, der den Zaren unter Tränen angefleht hatte, Baden zu retten, hätte vermutlich keinen Erfolg gehabt, wenn Elisabeth nicht gleichfalls für ihren todkranken Bruder gebeten hätte. „Badens Schutzengel“ nannte Markgraf Wilhelm, der zweitgeborene Hochberg-Spross, später seine russische „Halb-Nichte“, die unterdessen bei ihrer Mutter in Bruchsal eingetroffen war. Am 20. August 1818 wurde beim Fürstenkongress in Aachen der Vertrag über die Unteilbarkeit des badischen Territoriums unterzeichnet. Bestandteil dieses Vertrags war auch die Nachfolgeberechtigung der Hochberg-Linie. Als Zar Alexander im November 1818 im Karlsruher Palais seiner Schwiegermutter Amalie übernachtete (er schlief angeblich im Badekabinett, weil sonst kein Platz mehr frei war), umjubelten ihn die Residenzler als den Retter Badens. Eine Inschrift an einem Wirtshaus in Mühlburg brachte es auf den Punkt: „Hoch lebe Kaiser Alexander. Er ist unser bester Verwandter."

Der Schluss-Stein der Familie

Im August 1818 besuchte Markgräfin Amalie ihren Sohn Karl, der in Griesbach zur Kur weilte. Obwohl sie seit Monaten ahnte und befürchtete, dass es mit ihm zu Ende ging, erschrak sie bei seinem Anblick: Blass war der Großherzog, aufgedunsen und gleichzeitig abgezehrt. Die Füße schienen den erst 32 Jahre alten Fürsten kaum tragen zu können. Karl zeigte sich gegenüber seiner Mutter ungewohnt freundlich und wohlwollend – kurz, sein Verhalten war geeignet, ihre schlimmsten Befürchtungen zu bestätigen.

Auch Karoline, die Königin von Bayern kam, um ihren Bruder zu besuchen. Sie fühlte sich allerdings recht unwohl in ihrer Haut, denn ihr Gemahl beabsichtigte, nach dem immer wahrscheinlicher werdenden Tod des badischen Großherzogs die Pfalz zurückzufordern. Prinzessin Amalie, die Älteste der Geschwister, kümmerte sich hingegen rührend um den Sterbenden und begleitete ihn schließlich auf Schloss Favorite. Die unverheiratete Prinzessin teilte sich die Pflege des Todkranken mit Großherzogin Stephanie. Königin Friederike haderte wieder einmal mit dem Schicksal, das ihr jetzt auch noch den einzigen Bruder rauben wollte.

Die Ärzte beschworen den Großherzog, das feuchte Schloss Favorite zu verlassen. Doch der Kranke weigerte sich hartnäckig, nach Karlsruhe zurückzukehren. So schaffte man Karl im Oktober 1818 nach Rastatt. Dorthin kam auch Zarin Elisabeth, die sich wegen des Aachener Kongresses noch immer in Deutschland aufhielt. Sie entsetzte sich über den traurigen Anblick, den ihr Bruder bot, und blieb einige Zeit mit ihrer Mutter in Baden-Baden, um den Kranken regelmäßig aufsuchen zu können. Als sie schließlich nach Karlsruhe zurückkehrten, erhielten die beiden Fürstinnen täglich ein Bulletin über das Befinden von Großherzog Karl.

Zar Alexander kam im November nach Rastatt. Er wollte sich selbst davon überzeugen, ob der Zustand des Großherzogs so dramatisch war, wie man ihn ihm geschildert hatte. Karl empfing den Zaren im Lehnsessel, obgleich seine Kräfte ihm das Sitzen kaum mehr erlaubten. Mit schwacher Stimme legte er dem Zaren das Großherzogtum Baden ans Herz. Alexander, der zu Rührseligkeit neigte, brach bei dieser Begegnung mit seinem jungen Schwager beinahe in Tränen aus. Um das Elend nicht länger ansehen zu müssen, fuhr er umgehend nach Karlsruhe zurück. Immerhin fühlte er sich an das Versprechen gebunden, das er dem Sterbenden gegeben hatte: Der Zar würde das Seine tun, damit Baden nach dem Erlöschen der alten Zähringer nicht zerstückelt werden würde.

Es wurde Zeit für Elisabeth, nach Russland zurückzukehren. Doch ehe die Zarin endgültig ihre badische Heimat verlassen sollte, wünschte sie, den kranken Bruder ein letztes Mal zu sehen. Sie fuhr in Begleitung ihrer Mutter nach Rastatt. Karl war besinnungslos, als die Damen eintrafen. Am Morgen des 8. Dezembers 1818 starb er – an der „Wassersucht", wie die Ärzte offiziell feststellten.

Amalies Gesicht war versteinert. Mit Karl war nicht nur ihr einziger Sohn gestorben; es war wieder ein Teil der Macht und des Einflusses weggebröckelt, die sie als Angehörige des badischen Herrscherhauses hatte. Aber die Markgräfin hatte in langen, bitteren Jahren gelernt, Haltung zu bewahren. So auch jetzt, als der neue Herrscher, Großherzog Ludwig, ans Sterbebett seines Neffen eilte. Die verwitwete Großherzogin Stefanie verkroch sich mit rotgeheulten Augen in ihrem Kummer; ihr mangelte es eben an der Fähigkeit, im Schmerz die Etikette zu wahren. Jedenfalls sah sie sich nicht imstande, Ludwig zu empfangen.

Auch Amalies Töchter – die Markgräfin sah es mit Missbilligung – benahmen sich nicht so, wie man es von Damen ihres Ranges erwartete. Sie kehrten dem neuen Großherzog regelrecht den Rücken zu – gerade so, als ob er sich die Nachfolge zu Unrecht erstritten hätte. Amalie konnte nur hoffen, dass Ludwig dieses Verhalten mit der Trauer um den verblichenen Bruder entschuldigte. Weiß Gott, Amalie hatte für den neuen Landesherrn nicht das Geringste übrig. Im Geheimen gab sie ihm noch immer die Schuld an der Entfremdung zischen ihr und ihrem verstorbenen Sohn. Aber Ludwig war nach Recht und Gesetz Großherzog von Baden. Zarin Elisabeth konnte es sich vielleicht leisten, arrogant über den neuen badischen Herrscher hinweg zu sehen. Ganz anders aber stand es um Prinzessin Amalie und um die unglückliche Königin von Schweden. Diese beiden Töchter der Markgräfin – ledig die eine, geschieden die andere – hatten schließlich hier im Lande ihre Bleibe gefunden, waren von der Gnade des Herrschers abhängig. Unklug, zumindest aber sehr unüberlegt war ihr Benehmen.

Markgräfin Amalie beschloss, im Umgang mit ihrem Schwager Ludwig eine Doppelstrategie zu verfolgen: Würdevoll wollte sie sich geben, wie es der Mutter eines verstorbenen Großherzogs anstand. Aber sie wollte auch an das Mitgefühl des neuen Herrschers appellieren. So empfing sie Ludwig mit der Haltung einer gramgebeugten Mutter, die Linderung ihres Schmerzes bei einem lieben Verwandten sucht. Ihre Rechnung ging wieder einmal auf: Ludwig kam der Witwe seines ältesten Bruders mit allem Feingefühl entgegen, zu dem er fähig war.

Es begannen trübe Wochen für Amalie und ihre Töchter. Karls Leiche war nach Karlsruhe überführt und drei Tage lang im Schloss ausgestellt worden. In der Nacht zum 12. Dezember schließlich wurde sie in die Familiengruft nach Pforzheim gebracht. Die weiblichen Angehörigen verbrachten die Tage der tiefsten Trauer in Rastatt, dann zog die verwitwete Großherzogin samt ihren Töchtern und Prinzessin Amalie nach Scheibenhardt, während Markgräfin Amalie mit der Zarin in die Residenzstadt Karlsruhe zurückkehrte. Das tägliche Glockenläuten zu Ehren des verstorbenen Fürsten – in der ersten Woche nach seinem Tod erschallten die Glocken drei Mal pro Tag für eine Stunde, während der nächsten drei Wochen jeweils mittags von elf bis zwölf Uhr – zehrte ebenso an den Nerven der Damen wie die erzwungene Langeweile während der Staatstrauer. Vier Wochen nach Karls Tod durfte kein öffentliches Schauspiel aufgeführt werden, Musik- und Tanzveranstaltungen blieben sogar drei Monate lang untersagt.

Amalie fand zu ihrem gewohnten Pragmatismus zurück. Was sie nicht ändern konnte, musste sie für sich nutzen. Wie sie einst den Tod ihres Gemahls zelebriert hatte, so kultivierte sie jetzt die Trauer um ihren Sohn. Während Elisabeth am Geburtstag ihres Gemahls, Zar Alexander, die Trauergewänder ablegte und der ganze Karlsruher Hof weiß gekleidet erschien, weigerte sich allein die Markgräfin, die Aussetzung der Trauer hinzunehmen. Sie dachte gar nicht daran, ihr Zimmer zu verlassen. Die Öffentlichkeit sollte wissen, wie nahe ihr der Tod ihres über alles geliebten Sohnes ging. Gewiss, die russische Gefolgschaft Elisabeths zerriss sich das Maul darüber, dass die alte Dame ihren mächtigen Schwiegersohn nicht genügend würdige. Und das, obwohl der Zar so viel für dieses unbedeutende Ländchen getan hatte! Amalie überhörte grimmig alle Andeutungen und Flüstereien. Sie wusste, was sie ihrer Rolle als unglückliche badische Fürstenmutter schuldig war. Und sie war sich sicher, dass Alexander sie verstanden hätte...

Der Abschied von Zarin Elisabeth näherte sich unaufhaltsam. Amalie konnte sich über diese Tochter nur wundern. Viel zu lange hatte sie geglaubt, dass die hübsche Luise mehr willenloses Mädchen als taktisch denkende Frau war. In diesen Tagen wurde sie eines Besseren belehrt. Die Zarin, die stolz darauf war, dass der Erhalt Badens zum großem Teil auf ihr Konto ging, wünschte, dass jetzt die Zukunft des Landes in ihrem Sinne geregelt werde. Es schien ja kein Weg mehr daran vorbei zu führen, dass die neue, die Hochberger Linie das Erbe der Zähringer antreten würde (Großherzog Ludwig war schließlich immer noch unverheiratet und sein Interesse galt ganz eindeutig weiblichen Personen, über deren Herkunft man besser nicht sprach). Jedenfalls hielt es Elisabeth für geboten, die Interessen der alten und der neuen badischen Linie miteinander zu verschmelzen. Von ihrer Mutter hatte sie gelernt, was Heiratspolitik war – und genau die beschloss sie, jetzt zu betreiben.

Markgraf Leopold, der älteste Sohn der Reichsgräfin Hochberg und des längst verstorbenen Großherzogs Karl Friedrich, würde in der europäischen Hocharistokratie immer unter dem Makel seiner Geburt zu leiden haben. Das würde Baden im Falle von Leopolds Regierungsübernahme in eine Außenseiterrolle drängen. Daher galt es, diesen Makel, wenn man ihn schon nicht ausradieren konnte, zu übertünchen. Wenn nun Leopold mit einer Frau verheiratet wäre, deren Herkunft über jeden Zweifel erhaben wäre? In deren Adern das Blut der ältesten europäischen Familien flösse? Die das Kunststück schaffen würde, die neue, unebenbürtige männliche Linie der Zähringer mit der nicht erbberechtigten, aber unter dynastischen Gesichtspunkten unanfechtbaren weiblichen Linie des alten Badens zu verknüpfen? Markgraf Leopold sollte Prinzessin Sophie von Schweden heiraten, die Tochter des entthronten Wasa-Königs und seiner Frau Friederike, einer geborenen Prinzessin von Baden. Leopold war nur elf Jahre älter als seine Stiefgroßnichte, vom Alter her passten die beiden also prächtig.

Zarin Elisabeth ließ keinen Zweifel daran, dass sie ihren Wunsch als Befehl verstanden wissen wollte. Mochte ihre Mutter, die Markgräfin, auch jammern und klagen, dass die Hochberger nichts als fragwürdige Emporkömmlinge wären, dass die arme kleine Sophie ein besseres Schicksal verdient hätte – letzten Endes konnte es Amalie nur gelegen sein, wenn eine ihrer Enkelinnen den Thron bestieg, den ein ungerechtes Schicksal ihr selbst verwehrt hatte. Der Hochberg-Spross war natürlich klug genug, den Wünschen der Zarin nachzukommen. Sobald der Anstand es erlaubte, hielt Leopold förmlich um die Hand der schwedisch-badischen Prinzessin an. Sein jüngerer Bruder Wilhelm reiste nach Petersburg, um formell die Einwilligung von Zar Alexander, Sophies Vormund, einzuholen. Eine Zustimmung, die nur allzu gerne gewährt und von wertvollen Brautgeschenken begleitet wurde. Im Sommer 1819 heiratete Sophie von Schweden den designierten badischen Thronfolger Leopold.

Amalie verfolgte die Hochzeitsfeierlichkeiten, für die sie eigens aus Bruchsal angereist war, mit würdiger Miene und wehem Herzen. Dass es so weit hatte kommen müssen! Zwar schien die bildhübsche Braut über diese Konvenienzehe nicht allzu unglücklich zu sein. Aber bei all den unbestrittenen Vorteilen, die diese Verbindung brachte: Sie widerstrebte der Markgräfin zutiefst. In den folgenden Jahren würde oft der Unterton der Verbitterung aus ihren Urteilen über Sophies Gemahl durchklingen. Und mancher Beobachter hielt es nicht für ausgeschlossen, dass hinter den badischen Hofkreisen, die in den 20er Jahren Sophies Bruder Gustav Wasa als legitimen Erben Ludwigs propagierten, die alte Markgräfin Amalie stand.

Amalie reiste viel in den nächsten Jahren und empfing im Sommer gerne Besuche in ihrem Bruchsaler Witwensitz. Sehr zu ihrer Genugtuung bemühte sich Großherzog Ludwig seiner Schwägerin gegenüber weiterhin um höchste Zuvorkommenheit: Sie sei die „Zierde“ seines Hofes und der „Schluss-Stein der Familie“, sagte Ludwig – und Amalie hörte es nur allzu gerne. Bei großen Gelegenheiten – etwa der Mittagstafel an den Neujahrstagen oder bei Konzerten und Bällen während der Fasnachtszeit – zeigte sich die alte Markgräfin bald wieder am Karlsruher Hof. Ihr Elan war ungebrochen, obgleich sie sich bereits dem 70. Lebensjahr näherte. Doch im Jahr 1823 traf sie der nächste schwere Schlag: Die „jüngere“ Amalie, der Markgräfin älteste Tochter, erkrankte schwer. Zwar machte die hässliche Prinzessin, die ihr Leben lang Rücksicht auf die Gefühle ihrer Verwandtschaft genommen hatte, wenig

Aufhebens um ihr Leid. Trotz ihrer Schmerzen besuchte sie in Bruchsal regelmäßig die Salons ihrer Mutter, um Whist, ein damals beliebtes Kartenspiel, zu spielen. Doch ihr Zustand verschlechterte sich zusehends. Nicht einmal das „Anzapfen", eine Prozedur, die die Ärzte bei „Wassersüchtigen" für Erfolg versprechend hielten, konnte die Krankheit lindern. Die Markgräfin kniete am Bett der Prinzessin, als sie starb.

Wie grausam war es, so alt zu werden und die Seinen, einen nach dem anderen, beweinen zu müssen. 1825 starb König Maximilian, Amalies bayerischer Schwiegersohn, der Gemahl ihrer Lieblingstochter Karoline. Viel härter traf es Amalie allerdings, als sie einen tränenreichen Brief ihrer russischen Tochter Elisabeth erhielt: „Unser Engel ist in den Himmel eingegangen und ich, ... ich hoffe, bald mit ihm vereint zu sein". Alexander I. Pawlowitsch war Ende 1825 gestorben und die Markgräfin Amalie trauerte tief und aufrichtig um diesen Schwiegersohn, der ihr ganzer Stolz gewesen war. Nicht nur, weil er Herr eines unermesslich großen Reiches gewesen war und Baden vor der Zerstückelung bewahrt hatte. Amalie hatte Alexander auch wegen seines Charmes geliebt, wegen seines unbekümmerten Leichtsinns, seiner naiven Großzügigkeit und natürlich wegen der Verehrung, die er seiner energischen Schwiegermutter entgegen gebracht hatte. Gott sei gepriesen dafür, dass Elisabeth ihrem Mann in seinen letzten Lebensjahren wieder näher gekommen war.

Die Zaren-Witwe Elisabeth Alexiewna, geborene Prinzessin Luise von Baden, folgte ihrem Gemahl bereits im Mai 1826 in den Tod. Im gleichen Jahr verlor Amalie auch noch ihre Tochter Friederike, die entthronte Königin von Schweden. Von den sechs Töchtern der Markgräfin waren jetzt nur noch die verwitwete Karoline von Bayern und Wilhelmine von Hessen am Leben. „Die Markgräfin, diese als Mutter so oft glücklich gepriesene Fürstin, war nun einem entlaubten Stamme zu vergleichen, der seine herrschaftlich blühenden Äste verloren hatte und nur noch von jungen Sprösslingen umgeben war, die sich wie ein Efeu an ihn schmiegten", beschrieb Amalies Hofdame Caroline von Freystedt blumig die Situation. Die jungen Sprösslinge, die die Hofdame erwähnte, waren Amalies Enkelinnen und Enkel. Für sie brachte die alte Markgräfin weit mehr Geduld und Verständnis auf, als sie dies je gegenüber ihren eigenen Kindern gezeigt hatte.

Auch ihren Urenkeln aus der Ehe von Sophie und Leopold von Baden kam Amalie liebevoll entgegen – die Kinder merkten nicht, wie wenig die Urgroßmutter ihren Vater schätzte. Leopolds Sohn Friedrich, der spätere Großherzog, schrieb viele Jahre später in seinen Jugenderinnerungen: „Sehr innig war damals der Verkehr mit unserer Urgroßmutter, der Markgräfin Amalie. Wir durften sie häufig besuchen und verweilten bei ihr stets, wenn unsere Eltern von zu Hause abwesend oder anderwärts in Anspruch genommen waren.... Das liebevolle Wesen unserer Urgroßmutter wusste uns dergestalt zu fesseln, dass die Stunden, welche wir bei ihr zubringen durften, für uns immer eine rechte Freude waren. Die schönsten Zeiten für uns kamen stets mit dem Frühling, wenn die Markgräfin das kleine Haus im Erbprinzengarten – hinter dem späteren Sammlungsgebäude (heute Staatliches Naturkundemuseum) – bezog und wir uns dort frei bewegen konnten. Sie wohnte dort manchmal während mehrerer Wochen, jeweils bevor sie nach Rohrbach oder Bruchsal übersiedelte. Auch nach Bruchsal wurden wir oft zum Besuch der Fürstin mitgenommen..."

Nicht alle ihre Zeitgenossen fanden den Umgang mit Amalie so unkompliziert wie ihr Urenkel. Seit die Markgräfin im Jahr 1827 begonnen hatte, über „Erscheinungen vor den Augen" zu klagen, hatte ihre Sehkraft stetig nachgelassen. Amalie ließ einen Arzt nach dem anderen kommen, aber keiner kannte eine Arznei gegen die beginnende Erblindung. Die Markgräfin hatte schreckliche Angst, dass sie ihr Augenlicht völlig verlieren würde. Die Geselligkeiten, die sie so liebte, wurden ihr zur Qual. Bei ihren Sonntagszirkeln erkannte sie bald die Geladenen nicht mehr, jede einzelne Person musste sie nach ihrem Namen fragen. Dabei erging sie sich in Klagen über ihr hartes Schicksal. Vor Fremden nahm sich Amalie noch einigermaßen zusammen, doch im Kreise ihrer Hofdamen gab sie sich der nackten Verzweiflung hin. Die hilflosen Hofdamen stammelten Worte des Trostes; aber Amalies Jammern wollte nicht verstummen.

Großherzog Ludwig bemühte sich nach Kräften, der alten Dame öffentlich seine Ehrfurcht zu bezeugen. Schließlich wusste er, dass Markgräfin Amalie bei der Bevölkerung in hohem Ansehen stand. Als er zum ersten Mal im neu erbauten Karlsruher Ständehaus sprach, war Amalie dabei. Doch immer seltener folgte sie den Einladungen Ludwigs, immer weniger sah sie sich in der Lage, irgendwelchen Repräsentationspflichten nachzukommen. Wenn sie nicht gerade in Bruchsal weilte, wo ihr jede Stufe und jede Kante vertraut war, nahm sie das Abendmahl gewöhnlich in ihren privaten Räumen zu sich. Da sie jetzt fast völlig blind war, scheute sie davor zurück, sich öffentlich zu zeigen. Der Gedanke, dass man sie, die stolze Amalie, unsicher stolpern sehen könnte, war ihr eine Qual. Dann lieber gar nicht mehr in Gesellschaft gehen. Andererseits verstärkte die ungewohnte Zurückgezogenheit ihre Depressionen.

Anfang September 1828 schien es mit Amalie zu Ende zu gehen. Erstickungsanfälle schüttelten ihren Körper. Großherzog Ludwig sandte einen Arzt, der den Auftrag hatte, nicht von der alten Dame zu weichen und täglich über ihr Befinden nach Karlsruhe zu berichten. Entgegen aller Befürchtungen erholte sich die Markgräfin wieder. Tatsächlich riss sie sich jetzt etwas mehr zusammen und zeigte wieder Interesse an ihrer Umgebung. Obwohl die Fürstin sich nicht aus ihrem Krankenzimmer rühren konnte, sollte ihr Schloss Treffpunkt der guten Gesellschaft bleiben: Neben Amalies Enkelinnen und einigen Hausgenossen kamen Offiziere der Garnison und ehrenwerte Einwohner Bruchsals in ihren Salon. Amalie lag in ihrem Bett und ließ sich jede Kleinigkeit, die sich bei diesen Gelegenheiten zutrug, genauestens berichten. Sie schien diese Informationen als Zerstreuung zu genießen. Nickend lauschte sie ihren Damen, bis ihr die blinden Augen zufielen.

Gegen Ende des Monats war Amalie wieder so weit hergestellt, dass sie ausfahren konnte. Zwei Männer mussten sie die wenigen Schritte bis zum Wagen führen. Ein Augenarzt namens Walter wollte – sofern es der Gesundheitszustand der Markgräfin erlaubte – eine Staroperation riskieren. Diese Nachricht wirkte auf Amalie ungeheuer motivierend – ihre alte Energie kam plötzlich wieder zum Vorschein. Jetzt wollte sie unter allen Umständen gesund werden. Anfang Oktober war es dann so weit. Die treue Freystedt führte ihre Fürstin zu dem Stuhl, wo Walters wohltätige Hand ihr das Augenlicht wieder geben sollte.

Klaglos überstand Amalie die schmerzhafte Prozedur, reichte dem Medicus anschließend die Hand und rief zur großen Freude und Überraschung der Ärzte und Kammerfrauen: „Ich kann sehen!“ Walter war zufrieden mit seinem Werk, verordnete der Markgräfin aber mehrere Wochen Ruhe in einem völlig abgedunkelten Raum. Doch in das wilde Glücksgefühl Amalies mischten sich bald Zweifel, die schnell einem Gefühl schwärzester Hoffnungslosigkeit wichen: Die Operation war missglückt; Amalie würde ihre Sehkraft nicht wiedererlangen.

Es dauerte Monate, bis Amalie sich erholt hatte. An ihrem 75. Geburtstag, dem 20. Juni 1829, besuchte die Markgräfin erstmals wieder eine Theatervorführung in Karlsruhe. Dass das Publikum sie mit lebhaftem Händeklatschen begrüßte, war ihr eine große Freude. Allmählich fand sie sich mit dem Gedanken ab, dass sie nie wieder würde sehen können. Amalie lud sich Gesellschaft zum Essen, obgleich sie selbst nicht mehr bei Tisch erschien. Die Geladenen kamen vor der Tafel zu ihr, sie sprach eine Weile mit ihnen und entließ sie dann mit ihrem Hofstaat zum Mahle. Nach Tisch durften die fremden Gesandten und die hoffähigen Bruchsaler dann bei ihr Kaffee trinken. Abends spielte die Markgräfin, die keine Karte mehr von der anderen unterscheiden konnte, mit Unterstützungen ihrer Damen Roulette. Lebhaften Kontakt hielt sie jetzt auch zu ihrer verwitweten Schwiegertochter Stephanie. War nicht auch Stephanie vom Schicksal betrogen worden? Und hatte nicht auch Stephanie sich mit allerlei Krankheiten herumzuschlagen? Oh ja, Stephanie konnte nachempfinden, wie sehr Amalie litt.

So sehr Amalie in ihren letzten Lebensjahren Stephanie schätzen lernte, so wenig konnte sie darüber hinwegsehen, dass mit Leopold von Baden, dem Gemahl der lieben Sophie, ein Unwürdiger auf dem Thron saß. Großherzog Ludwig war am 30. März 1830 gestorben und der Hochberger hatte die Nachfolge angetreten. Nicht nur, dass der neue Großherzog aus einer Ehe stammte, die in Amalies Augen wenig mehr als ein Konkubinat gewesen war – es erbitterte die alte Dame vor allem, dass dieser Leopold und seine Minister keinerlei Einmischung ihrerseits in die badische Politik duldeten. Auch als Amalie Vorsorge für ihre zahlreiche Dienerschaft für die Zeit nach ihrem Tod treffen wollte, stieß sie auf taube Ohren. Dabei wollte sie ihren treuen Helfern doch nur das Einkommen erhalten! Sie hatten sich eine kleine Rente wahrlich verdient! Aber die Minister hielten die alte Fürstin entweder hin oder bemühten Ausflüchte. Und Großherzog Leopold, dieser widerliche Mensch, schlug ihr das geforderte schriftliche Versprechen rundweg ab.

Was bildete sich dieser Mann eigentlich ein? Wer war Leopold denn? Nicht mehr als ein Schwächling, der die Lenkung des Staates den Landständen und den Ministern überließ: Unsinn war das, alles Unsinn. Verderblicher Unsinn. Alle sprachen von der neuen Zeit und versuchten damit, die Schwäche der Fürsten zu bemänteln. Aber die Fürsten durften nicht schwach werden, denn an ihren Personen hing das Land. Amalies Schwiegervater Karl Friedrich – Gott hab‘ ihn selig – das war noch ein Mann vom alten Blut gewesen. Nicht, dass Amalie immer mit seinen Handlungen einverstanden gewesen wäre – aber Karl Friedrich war noch ein richtiger Herrscher, ein vorbildlicher Landesvater gewesen. Wie merkwürdig, dass dieser aufrechte Mann lauter schwächliche oder missratene Söhne in die Welt gesetzt hatte! Selbst die Kinder aus erster Ehe mit der wahrhaft majestätischen Karoline Luise von Hessen-Darmstadt waren – wenn man es genau betrachtete – doch alles Versager gewesen. Selbst Amalies lieber Karl Ludwig... Nun ja, Amalie hätte ihrem Gemahl schon den Weg gewiesen. Wenn das Schicksal nicht so grausam gewesen wäre. Wenn Amalie Großherzogin von Baden geworden wäre. Wenn, wenn, wenn...

Ach, es war alles anders gekommen. Und die, die sie geliebt hatte, waren tot. Die kleine Luise, die sich Zarin Elisabeth nennen durfte. Zar Alexander, der charmante Herzensbrecher. Die arme, liebe Friederike, die verlassene Königin von Schweden. Die zärtliche, hässliche Amalie. Die viel zu jung verschiedene Marie... Nur ihre bayerische Tochter, die Königin-Witwe Karoline, war ihr geblieben. Liebe, liebe Karoline, wie ähnlich sie ihrer Mutter doch war. Und die kleine Wilhelmine von Hessen. Aber hier in Baden, hier war Amalie die Letzte.

Nein, nicht die Letzte, Sophie war ja noch da. Großherzogin Sophie! Die Gemahlin dieses Leopold! Und Sophie machte diesem Emporkömmling, dieser Schande der Zähringer, auch noch verliebte Augen. Ja, sie schien den Mann allen Ernstes zu lieben. Verliebt wie ein einfaches Bürgermädchen und war doch Spross des alten Hauses Wasa. Wahnsinnig waren sie, die Wasa, wahnsinnig. Aus diesem Grund hatten sie ja ihren Thron verloren. Aber trotzdem waren sie tausend Mal mehr wert als die ganze Hochberger Sippschaft. Wenn auch... ja, was waren sie denn, die Kinder von Sophie und Leopold? Sprösslinge eines dynastischen Unfalls? Sicher, das waren sie. Und doch waren sie durch ihre Enkelin von Amalies Blut. Reizend, wie der kleine Erbprinz Ludwig lächeln konnte... und wie der kleine Friedrich vertrauensvoll sein Köpfchen an die Schulter der Urgroßmutter lehnte... Zukunft. Kinder waren Zukunft. Gab es denn eine Zukunft? Konnte und durfte es eine Zukunft geben? Amalies blinde Augen sahen über die Damen hinweg, als ob sie in weiter Ferne ein Licht erblickten. Und die Höflinge flüsterten sich zu, dass die Augenblicke völliger Geistesabwesenheit bei ihrer Fürstin immer häufiger wurden.

Als Markgräfin Amalie von Baden, geborene Prinzessin von Hessen-Darmstadt, ihr 78. Lebensjahr vollendete, wollte die Reihe derjenigen, die ihr Glück wünschten, kaum enden. Amalie versäumte nicht, es jedem der Gratulanten zu sagen: Sie hoffe bestimmt, es werde ihr letzter Geburtstag sein. Die Gratulanten lächelten dann peinlich berührt und die wenigsten wagten eine Antwort.

Amalies Wunsch ging in Erfüllung. Einen Monat nach dem großen Fest klagte sie über heftige Schmerzen im Leibe; sie stöhnte und jammerte zum Gotterbarmen. Das Übel ließ nicht nach und am 21. Juli 1832 besuchten Großherzogin Sophie und Großherzog Leopold die schwer kranke Markgräfin. Diese Visite schien die alte Dame zu beflügeln, doch abends war Amalie so erschöpft, dass sie sich früh zu Bett begab. Trotz dieser merkwürdigen Müdigkeit war sie unruhig. So unruhig, dass sie erst Stunden später Ruhe fand. Markgräfin Amalie erwachte nicht mehr.

Luise Karoline von Hochberg

Frau Sorglos

Luise hatte keine Ahnung, was auf sie zukam. Dass die Erbprinzessin sie zu sprechen wünschte, war so ungewöhnlich nicht. Schließlich gehörte Luise Karoline Geyer von Geyersberg, seit sie aus der Töchterschule bei Colmar zurückgekehrt war, zum Hofstaat Amalies. Doch diesmal war etwas anders als sonst, das bemerkte das junge Hoffräulein gleich, als Amalie sie aufforderte, sich zu setzen. Zunächst plauderte die Erbprinzessin freilich nur von allgemeinen Dingen. Dann aber brachte sie das Gespräch auf ihren Schwiegervater, den Markgrafen Karl Friedrich. Der Markgraf sei einsam, seit die innig geliebte Gemahlin ihm entrissen worden sei. Und für einen Fürsten seiner Art sei dieser Zustand nur schwer zu ertragen. Amalie lächelte freundlich, als sie weitersprach. Eine Mätresse käme für einen sittenstrengen Mann wie Karl Friedrich natürlich niemals in Frage. Und doch bedürfe er dringend des Trostes einer guten Frau. Einer jungen, frischen, lebhaften, liebevollen Frau, die ihm über den großen Verlust hinweghelfe.

Luise lauschte, warf hin und wieder passende Worte ein. Noch immer ahnte sie nicht, worauf Amalie hinauswollte. Deshalb traf die Frage der Erbprinzessin sie wie ein Schlag vor den Kopf: Ob sie, Luise Karoline Geyer von Geyersberg, es sich vorstellen könnte, die Frau zu sein, die Karl Friedrichs Lebensabend verschönern würde?

Luise war fassungslos, stammelte einige Worte, sah sich nicht in der Lage, eine Antwort zu geben. Amalie zeigte sich verständnisvoll und gütig. Sie schickte das aufgelöste Mädchen fort. Luise möge sich alles reiflich überlegen und am kommenden Morgen mitteilen, zu welchem Entschluss sie gekommen sei.

Die Erbprinzessin begab sich an diesem denkwürdigen Abend im Jahre 1787 zu ihrem Schwiegervater, um ihm zu berichten, dass die von ihm erwählte Braut zwar von der ihr zugedachten Ehre überwältigt, aber in mädchenhafter Verwirrung zu keiner Antwort fähig gewesen sei. Luise wälzte sich unterdessen auf ihrem Bett herum. Markgraf Karl Friedrich wollte sie heiraten. Sie, die Tochter einer verarmten Familie, die außer ihrem Namen nichts zu bieten hatte: kein Geld, keine Beziehungen, keine einflussreiche Verwandtschaft.

Natürlich hatte Luise immer davon geträumt, eine gute Partie zu machen. Die verliebten Blicke, die sie einem jungen Offizier geschenkt hatte – sei's drum. Er war so arm wie sie, an eine Heirat war nicht zu denken. Aber schön war er gewesen, sehr schön. Und jung. Dagegen Karl Friedrich: 59 Jahre hatte er auf dem Buckel – Luise war 19. Aber Karl Friedrich war ein Fürst. Der mächtigste Mann der vereinigten badischen Markgrafschaften. Die Markgrafschaften mochten ja im Vergleich zu anderen Ländern lächerlich klein sein – für das mittellose junge Hoffräulein aber waren sie das Maß aller Dinge. Luise Geyer im Zentrum des Hofes, im Zentrum der Macht? Als Gemahlin des Markgrafen verehrt, umschwärmt, bedient? Angetan mit prächtigen Gewändern und wertvollem Schmuck? Markgräfin Luise?

Nein, Markgräfin würde sie nicht werden. Karl Friedrich konnte überhaupt nicht daran denken, sie zur Fürstin zu erheben. Auch wenn Baden nur ein kleines Land war – ein regierender Fürst würde keine Frau aus dem Kleinadel neben sich auf dem Throne dulden. Nur im Bett wollte er sie haben – mit Gottes Segen obendrein. Ihr blieb allenfalls die Position der morganatischen Gattin.

Andererseits – war es nicht üblich, dass die Fürsten ihre unebenbürtigen Gemahlinnen im Stande erhöhten? Und vornehm ausstatten müsste er sie auch. Gewiss, der alte Karl Friedrich war als Geizhals verschrien. Aber sie wollte ihn schon um den Finger wickeln. Hübsch genug war sie schließlich. Und jung. Der Markgraf hätte ihr Großvater sein können. Mein Gott, so einen alten Mann heiraten! Wollte sie das wirklich? Aber hatte sie überhaupt eine Wahl?

Was würde geschehen, wenn sie Karl Friedrichs Werbung ausschlüge? Konnte sie dann bei Hofe bleiben? Und wo sollte sie hingehen? Verwandtschaft, die sie aufnehmen könnte, hatte Luise nicht. Denn die Familie Geyer stammte nicht aus Baden, sondern kam ursprünglich aus der Gegend von Krems in Niederösterreich, die sie aus religiösen Gründen verlassen hatte. Luises einziger Bruder war Sekondeleutnant im badischen Kontingent und gerade so wie seine Schwester vom Wohlwollen Karl Friedrichs abhängig. Luise Karoline Geyer von Geyersberg war ein Sprössling jener kleinen Familien am Hofe, die von der Gunst des Landesherrn lebten und deren wirtschaftliche Existenz vom Militär- und vom Hofdienst bestimmt war.

Dass die junge Hofdame, die Karl Friedrich zu heiraten beabsichtigte, einen so ähnlichen Namen trug wie die erste Gemahlin des Markgrafen, war kein Zufall. Markgräfin Karoline Luise und Karl Friedrich waren die Paten des am 26. Mai 1768 in Karlsruhe geborenen Mädchens. Luises Vater, Oberstleutnant in Durlach, war bald nach ihrer Geburt gestorben und hatte seine Witwe mit ihren Kindern dem gütigen Wohlwollen Karl Friedrichs überlassen. Der Markgraf war seinen Verpflichtungen stets nachgekommen – aber selbstverständlich nur in bescheidenem Umfang. Er hatte der Witwe eine Pension ausgesetzt, mit der die Dame allerdings nie auskam. Erbprinzessin Amalie hatte dann dafür gesorgt, dass die kleine Geyer-Tochter eine standesgemäße Erziehung erhielt.

Kleine Wissenschaftlerinnen wurden in der Töchterschule bei Colmar, die Luise besuchen durfte, nicht herangezogen. Und Luise tat nicht das Geringste, um sich selbst Kenntnisse anzueignen, die über das Notwendigste hinausgingen. Ihre Bildung reichte eben aus, um den Anforderungen höfischen Lebens zu genügen – mehr wollte sie nicht und mehr konnte sie nicht. Der Unterricht langweilte sie grenzenlos. Niemand nahm Luise ihr Desinteresse übel. Gelehrte Frauenzimmer kamen allmählich aus der Mode; naive Mädchen waren weitaus begehrter. Unentschuldbar war zu jener Zeit allerdings, dass die junge Frau kaum in der Lage war, einen halbwegs fehlerfreien Brief in französischer Sprache zu schreiben. Nun, es konnte ja nicht jede Hofdame eine Meisterin der Feder sein. Über sonstige besondere Fähigkeiten verfügte Luise aber leider auch nicht, sofern man nicht ein fröhliches Wesen, das sich auch gegen starre höfische Formen behauptete, dazu zählen wollte. Nein, Fräulein Geyer von Geyersberg hatte außerhalb des badischen Hofes keine Zukunft. Und würde sie den Antrag Karl Friedrichs ablehnen – sie könnte sich am Karlsruher Hof nicht mehr sehen lassen. Luise, das war die bittere Wahrheit, hatte keine Wahl.

Aus Karl Friedrichs Blickwinkel hatte die von ihm auserkorene Braut eine ganze Menge Vorzüge: Sie war hübsch und jung und würde – ganz anders als seine unvergessliche Karoline Luise – leicht zu lenken sein. Verwandtschaft, die politischen Einfluss nehmen oder Ansprüche stellen konnte, besaß das junge Mädchen auch nicht. Und teuer würde die Hochzeit auch nicht werden – gar kein Vergleich zu den Kosten, die entstünden, wenn der Markgraf sich eine Prinzessin nach Karlsruhe holte.

Karl Friedrich hatte recht genaue Vorstellungen davon, wie die „Statthalterin", die für seine „verstorbene Freundin" in die Bresche springen sollte, zu sein hatte: Er wollte „die Neue" freimütig, offen und munter; bescheiden natürlich auch, zurückhaltend ohne Prüderie, religiös ohne Kopfhängerei. Eine zweite Karoline Luise wünschte der Markgraf auf seine alten Tage nicht mehr neben sich. Von seiner zweiten Frau erwartete er mehr gesunden Menschenverstand als Witz. Wenn sie nur in der Lage wäre, ihrem Gemahl vorzulesen und vielleicht noch selbst Gefallen an der Lektüre fände – das wäre von Vorteil. Aber sie sollte bitte nicht den geringsten Schein von Gelehrsamkeit zeigen. Und auf gar keinen Fall herrschsüchtig sein. Die Menschen sollte sie lieben und bemitleiden, ohne aber in Empfindelei zu verfallen. Mehr als Pracht und Putz sollte sie Reinlichkeit und Ordnung lieben. Kurz, Karl Friedrichs Ideal von seiner zweiten Gemahlin kam den Vorstellungen bürgerlicher Männer aus dem 19. Jahrhundert schon sehr nahe.

Luise schien den meisten dieser Wünsche zu entsprechen und ihre üppige Gestalt kam Karl Friedrichs Vorstellungen von weiblicher Schönheit entgegen – also sollte sie seine Frau werden. Dass er Luise mit seiner Werbung die Pistole auf die Brust setzte, war ihm vermutlich gar nicht bewusst. Es hätte den Markgrafen andernfalls aber auch kaum ein schlechtes Gewissen bereitet. Gott hatte Männer und Frauen erschaffen, damit sie ihre Pflicht täten, nicht, damit sie ihren Gefühlen nachgäben. Nur wer seine Pflicht erfüllt hatte, konnte sich den Luxus leisten, seinen Neigungen nachzugeben. So hatten es gute Herrscher zu allen Zeiten gehalten. Karl Friedrich durfte sich der Überzeugung hingeben, für das Fortbestehen des Hauses Baden gesorgt zu haben. Drei lebende Söhne hatte ihm seine erste Frau hinterlassen. Und mit Amalie besaß der Markgraf eine sehr fruchtbare Schwiegertochter, auch wenn die Erbprinzessin bislang überwiegend Mädchen geboren hatte. Immerhin hatte im vergangenen Jahr der kleine Karl das Licht der Welt erblickt. Und es würden sicherlich noch mehr kleine Zähringer geboren werden. Karl Friedrichs zweiter Sohn Friedrich und Ludwig, der Jüngste, würden schließlich auch noch heiraten und Kinder zeugen. Seinen Nachwuchs aus zweiter Ehe wollte der Markgraf gut versorgen – aber Luises Kinder würden für Badens Zukunft keine Rolle spielen. Andernfalls wäre es ja auch unverantwortlich, sich ein Weib „zur Linken" zu nehmen...

Dass auch seine zweite Ehe durch Nachwuchs gesegnet sein würde, dessen war sich der alternde Markgraf sehr sicher. Schließlich war sein sexuelles Verlangen der Hauptgrund für die zweite Eheschließung: „Ich hasse nichts mehr als Heuchelei", vertraute Karl Friedrich dem Papier an, „auch vor den Menschen will ich nicht für das gelten, was ich nicht bin. Ich spüre Triebe nach dem weiblichen Geschlecht, und denen möchte ich auf eine erlaubte, mir, meinem Hause und dem Lande unschädliche Art Genüge tun. Eine Fürstin kann ich nicht ins Haus bringen. Mätressen sind mir, dem Haus und dem Lande schädlich. Mir eine Person zur linken Hand trauen zu lassen, ist der einzige Weg, den ich vor mir sehe."

Die „Person" begab sich am nächsten Morgen zur Erbprinzessin, um die Angelegenheit zu besprechen. Luise war kaum ein paar Minuten bei Amalie, als der Markgraf höchstpersönlich erschien und sich erklärte. Amalie zog sich diskret zurück und Karl Friedrich verbrachte einige Zeit alleine mit dem jungen Mädchen. Anschließend stellte er seiner Schwiegertochter mit den gnädigsten Ausdrücken Luise als seine künftige Gemahlin vor.

Am 24. November 1787 heiratete Karl Friedrich zur linken Hand Luise Karoline Geyer von Geyersberg. Das Paar wurde im kleinsten Kreise in einem Zimmer des Karlsruher Schlosses getraut. Die Frau des Markgrafen sollte sich fortan Freiin von Hochberg nennen. Auf diese Weise wollte Karl Friedrich andeuten, dass Luise seine rechtmäßige, aber nicht ranggleiche Gemahlin war. Für die Kinder, die dieser Ehe entsprießen würden, war festgesetzt, dass sie den gleichen Titel und das gleiche Wappen führen durften wie ihre Mutter – ein bei morganatischen Ehen übliches Verfahren.

Eher ungewöhnlich hingegen war die Bestimmung über die Sukzessionsfähigkeit der Söhne aus dieser morganatischen Ehe. Für den Fall, dass das badische Fürstenhaus im Mannesstamm aussterbe, sollten weitere Erklärungen vorbehalten bleiben. Eine Reminiszenz an die Historie des Geschlechts? Es hatte zumindest zwei berühmte Fälle in der badischen Geschichte gegeben, da die Söhne morganatischer Ehefrauen das Erbe des Herrscherhauses antraten. So geschehen nach dem Tode von Markgraf Ernst, der von 1482 bis 1552 lebte: Der Herr aus dem alten Hause der Zähringer war der Stifter der Baden-Durlacher Linie. Er war in zweiter Ehe unebenbürtig verheiratet gewesen mit Ursula von Rosenfeld aus einem niederen schwäbischen Adelsgeschlecht. Nachdem die Söhne aus der standesgemäßen Ehe mit einer brandenburg-ansbachischen Prinzessin früh gestorben waren, hatte der unebenbürtige Sohn der zweiten Frau das Erbe angetreten: Als Markgraf Karl II. ging er in die badische Geschichte ein.

Auch Markgraf Wilhelm (1600–1677) aus dem katholischen Haus Baden-Baden war der Spross einer morganatischen Verbindung: Sein Vater, Eduard Fortunat, hatte in den Niederlanden Marie van Eycken geheiratet – eine unstandesgemäße Ehe! Die evangelische Verwandtschaft in Durlach sprach den Kindern dieser Verbindung prompt die Legitimität ab (die Vettern aus Baden-Durlach enthielten dem Sohn Maries jahrelang sein Erbe vor. Erst der Dreißigjährige Krieg verhalf Wilhelm 1622 zu seiner Markgrafschaft, die nach seinem Herrschaftsantritt sogleich wieder katholisch wurde). Markgraf Wilhelm war der Großvater des berühmten Türkenlouis.

Es war immerhin denkbar, dass diese prominenten Beispiele später einmal dazu dienen könnten, die Erbfolge von Söhnen aus morganatischen Verbindungen zu legitimieren. Doch solche Überlegungen waren, als Karl Friedrich die junge Luise Karoline heiratete, allenfalls theoretisch: Dass der Erbfall eintreten könnte – das hielt damals kaum jemand für denkbar.

Karl Friedrich war hoch zufrieden mit seiner Wahl. Seine Ehe mit der jungen Luise ließ sich vortrefflich an. Minister Wilhelm von Edelsheim war geradezu gerührt von der Veränderung, die er an Karl Friedrich registrierte, und bemerkte: „Er genießt sein Glück in vollen Zügen, was ihn um mindestens zehn Jahre verjüngt hat." Frau von Hochberg sei jung, hübsch, liebenswürdig, sanft und zuvorkommend. Von der ganzen Familie werde sie geliebt – was nicht verwunderlich war, solange Luise sich demütig mit ihrer Rolle als morganatischer Gemahlin abfand. Ehefrauen zur linken Hand wurden von den Familien ihrer Gatten meist mit liebenswürdiger Herablassung akzeptiert, sofern sie sich benahmen, wie man es von ihnen erwartete: Sie mussten hinter ihrer hochwohlgeborenen Verwandtschaft demutsvoll zurückstehen; sie durften keinen Zweifel daran lassen, dass sie an den Standesgrenzen niemals rütteln würden, und sie durften keinerlei politischen

Einfluss ausüben. Wenn die morganatischen Ehefrauen die „Privatangelegenheit“ der Fürsten blieben, waren sie für die Familie ungefährlich – und dann konnten sie auch ein paar Streicheleinheiten abbekommen.

Luise scheint in den ersten Jahren ihrer Ehe diesem Idealbild sehr nahe gekommen zu sein. Sie genoss daher auch die Sympathien ihrer hohen Verwandtschaft. Noch empfand sie echte Ehrfurcht vor ihrem Gemahl und seiner Familie, noch war sie eine unsichere junge Frau, die das Wohlwollen der stolzen Zähringer auf keinen Fall riskieren wollte. Fröhlich und unbesorgt gab sie sich, obwohl ihr manchmal schmerzlich bewusst wurde, wie kurz sie der Markgraf in finanziellen Dingen hielt. Lediglich ein bescheidenes Taschengeld bekam sie. Mit einer Apanage von 2.500 Gulden im Jahr konnte man zwar auskommen (Luises Mutter hatte ein „Gnadengeld“ von 200 Gulden im Jahr vom Markgrafen bezogen) – aber wie eine große Dame leben konnte man damit entschieden nicht. Auch Luises Wittum – 4.000 Gulden im Jahr – war enttäuschend niedrig festgelegt. Der Glanz, der Reichtum, die Macht, wovon die junge Frau geträumt hatte, die blieben ein Privileg des Markgrafen, der Erbprinzessin und der Prinzen. Auf Luise fiel allenfalls ein schwacher Abglanz der fürstlichen Sonne. Doch sie zeigte weiter ihr munteres Wesen, umschmeichelte den alternden Gemahl und versuchte, mit allerhand Tricks ihr hübsches schwarzgelocktes Köpfchen durchzusetzen. „Madame Sanssouci, Frau Sorglos“ nannte Karl Friedrich seine zweite Frau zärtlich.

Der Ehrgeiz erwacht

Wie erwartet sah Luise schon bald Mutterfreuden entgegen. Am 29. August 1790 gebar sie ihren ersten Sohn, Karl Leopold Friedrich. Der 61-jährige Vater nannte seinen jüngsten Spross zunächst einfach nur „Karl". Weil aber auch des Markgrafen ältester Sohn, Erbprinz Karl Ludwig, mit diesem Namen angesprochen wurde, und sein und Amalies Söhnchen gleichfalls Karl getauft worden war, entstand aus der Häufung des Vornamens in der markgräflichen Familie ein unglaubliches Chaos. Luise war die ständigen Verwechslungen bald leid und bat ihren Gemahl, seinen Letztgeborenen nach dessen Paten, dem regierenden Fürsten Leopold von Anhalt-Dessau, Leopold zu nennen. Das kleine Kerlchen, obgleich es offiziell ja nicht als Mitglied der markgräflichen Familie galt, wurde bereits als Zweijähriger in einem Regiment, das Karl Friedrich in holländischen Diensten hatte, als Kapitän eingeschrieben; so wie es damals bei Fürstenkindern üblich war.

Knapp zwei Jahre nach Leopold hielt Luise ein weiteres Wochenbett. Wieder durchlitt sie ihre schweren Stunden in einem nächst der Schlosskirche liegenden Gemach des Karlsruher Schlosses. Die Räumlichkeiten ihrer Vorgängerin, der Markgräfin Karoline Luise, hat die zweite Frau Karl Friedrichs nie bewohnen dürfen. Von einem allgemeinen Interesse, wie es den (so oft glücklosen) Geburten der Markgräfin gegolten hatte, konnte bei Luises Niederkünften nicht die Rede sein. Neben Arzt und Hebamme leistete ihr lediglich die Frau des Kammerpräsidenten von Gayling Beistand. Am 8. April 1792 schenkte Frau von Hochberg ihrem zweiten Sohn Wilhelm Ludwig August das Leben. Er sollte später unter dem Namen Wilhelm von Hochberg eine militärische Karriere machen.

Der kleine Junge hatte sich kriegerische Zeiten für sein Erscheinen auf der Erde ausgesucht. Das revolutionäre Frankreich zwang eben König Louis XVI. zur Kriegserklärung an Österreich und Ende September marschierte Custine auf Speyer. Karl Friedrich brachte seine Familie zunächst nach Rastatt, dann nach Ulm in Sicherheit.

1794 gebar Luise wieder einen Jungen, doch das Kind, Alexander, starb schon wenige Tage später. Ein Jahr darauf folgte ein Mädchen, das, der Erbprinzessin zu Ehren, Amalie genannt wurde. Und 1796 schenkte Luise in Ansbach einem kleinen Maximilian das Leben.

Karl Friedrich alterte zusehends in diesen Jahren der Aufregung, des Krieges und der Flucht. Aber auch Luise veränderte sich. Das fröhliche, sorglose Mädchen reifte zu einer selbstbewussten jungen Frau heran, die bald keine Lust mehr hatte, die zweite Geige zu spielen. In dem Maße, in dem Karl Friedrich klappriger und zögerlicher wurde, zeigte sie sich bestimmender. Warum um alles in der Welt sollte sie, sollten ihre Kinder zurückstehen? Teilte Luise Karoline nicht ebenso das Bett des Fürsten, wie es die verstorbene Markgräfin getan hatte? Litt sie nicht – ebenso wie die hohe Dame gelitten hatte – unter den Beschwerden der Schwangerschaft und der Geburt? Waren es ihre Kinder weniger wert, den Thron zu erben als die Söhne Karoline Luises? Hatte die verstorbene Markgräfin sich je so intensiv um ihren immer bedächtiger und schwächlicher werdenden Mann gekümmert, wie es jetzt Luise tat?

O nein, Luise haderte längst nicht mehr mit dem Schicksal, weil es sie an den alternden Fürsten gekettet hatte. Genau genommen kam diese Ehe einem einfachen, schlichten Zug ihres Wesens entgegen. Sie war versorgt, wurde geliebt und gebraucht; sie hatte ihre Kinder, auf die sie stolz sein konnte. Das Gefühl, zusammen zu gehören, war in der zweiten Familie Karl Friedrichs ungeheuer ausgeprägt. Luise, welche Schwächen auch immer sie haben mochte, gab ihren Kindern die Gewissheit, geliebt zu werden. Sie genoss es von Herzen, ihren staunenden Söhnen und der kleinen Amalie zu erzählen, wie der große Ochse für das Volk gebraten worden war – damals, als Kaiser Leopold II. in Frankfurt zum Kaiser des Heiligen Römischen Reiches Deutscher Nation gekrönt wurde. Aus den Schriften von Luises Sohn Wilhelm wird immer wieder deutlich, dass auch die Kinder eine für die Verhältnisse an Fürstenhöfen ungewöhnlich starke gefühlsmäßige Bindung zur

Mutter hatten. Dieses intensive Zusammengehörigkeitsgefühl wurde durch die vielen kleinen und großen Kränkungen, die Luise und ihre Kinder von der angeheirateten Verwandtschaft und arroganten europäischen Würdenträgern hinnehmen mussten, noch verstärkt. Auch Karl Friedrich war – gemessen an den adeligen Sitten seiner Zeit – ein geradezu unglaublich gütiger Vater und zudem ein treuer und aufmerksamer Ehemann. Schönen Frauen schenkte er jetzt keinen zweiten Blick mehr – er war ja mit seiner Luise bestens versorgt. Es hätte ein richtiges Familienidyll sein können – wenn Karl Friedrich nur finanziell besser für Weib und Kinder gesorgt hätte.

Luise Karoline hatte Angst vor der Zukunft. Was wäre, wenn Karl Friedrich morgen stürbe? Der Hof würde sich höhnisch lachend von Luise abwenden. Weder ihre Position noch die Stellung ihrer Kinder war gesichert, die materielle Versorgung Luises für die Zeit nach des Markgrafen Tod völlig unbefriedigend. Ein harter Zug machte sich allmählich um den schön geschwungenen Mund Luises bemerkbar. Sie drang in Karl Friedrich, Nägel mit Köpfen zu machen. Wenn er nur nicht so zögerlich gewesen wäre! Er war ein Greis, kaum willens und in der Lage, für diejenigen, die ihm am nächsten standen, vorzusorgen! Mit Erstaunen stellte Luise fest, dass der Markgraf sich zwar in belanglosen Fragen bedingungslos auf ihr Urteil verließ, in den für sie wichtigen Angelegenheiten aber sein Heil im Herausschieben und Verzögern suchte. Ganz offensichtlich wollte er seine hochadelige Verwandtschaft nicht zu sehr verärgern. Gleichzeitig mochte er es sich aber auch nicht mit seiner jungen Frau verderben, deren Unzufriedenheit ihm allerdings zunehmend lästig wurde. Ein französischer Agent beschrieb das Verhältnis zwischen den Eheleuten im Sommer 1794: „Sie ist jung und voll Geist und Feuer, und er eine alte chinesische Pagode“.

Leider – in den entscheidenden Fragen zeigte Karl Friedrich eine Beharrlichkeit, die an Altersstarrsinn grenzte. Immerhin hatte Luise ihren Gemahl 1796 so weit, dass er eine „Disposition“ zugunsten seiner Söhne aus zweiter Ehe erließ. Darin hieß es, dass seine und Luises Söhne „zwar noch zur Zeit nicht in den Fürstenstand des badischen Hauses, wohl aber den Grafenstand, unter dem Namen Grafen von Hochberg und mit dem badisch-hochbergschen Wappen, als von ihm, dem Vater, angeboren, haben und führen sollen...“. Und weiter hieß es, dass „die Herren Söhne zweiter Ehe und ihre männlichen Nachkommen, nach dem gänzlichen Abgang der männlichen Nachkommen aus erster Ehe, zur Succession in seinem gesamtfürstlichen Land, nach dem in seinem fürstlichen Hause hergebrachten Rechte der Erstgeburt, gelangen und alsdann das fürstliche Prädikat und den vollständigen Titel und Wappen seines Fürstenhauses“ gebrauchen sollten.

Diese Disposition hörte sich viel versprechend an, blieb allerdings höchst fragwürdig. Denn Karl Friedrich sorgte weder dafür, dass seine Söhne aus erster Ehe sie anerkannten, noch holte er sich dafür den Segen des Reiches. Er wollte lediglich seine junge Frau besänftigen. Denn ihr Nörgeln beeinträchtigte sein Wohlbefinden. Wo er es doch so liebte, wenn sie neckisch ihre Scherze mit ihm trieb! Dass seine Zugeständnisse weit reichende Konsequenzen haben könnten, hielt der Markgraf zum damaligen Zeitpunkt vermutlich für sehr unwahrscheinlich. Karl Friedrich war nach wie vor sehr zufrieden mit seiner zweiten Ehefrau und wollte ihre „kleinen“ Wünsche gerne erfüllen. So betrieb er in Wien auch Luise Karolines Erhebung zur „Reichsgräfin“. Der Kaiser kam Karl Friedrichs Wunsch am 12. Mai 1796 nach. Allerdings verzögerte sich die Ausfertigung des entsprechenden Diploms bis anno 1799. Um Luises materielle Ängste zu beschwichtigen, schenkte der Markgraf ihr Gut Bauschlott bei Pforzheim.

Dieses Geschenk jedoch brachte seiner Gemahlin allenfalls Linderung, keineswegs aber eine Befreiung von ihren Sorgen. Denn Luise hatte Schulden – in bedenklichem Ausmaß sogar. Für die Bescheidenheit ihres Gatten brachte sie keinerlei Verständnis auf und zu einer sparsamen Haushaltführung zeigte sie wenig Geschick. Ihre – in Hoffnung auf Zuwendungen Karl Friedrichs – eingegangenen Verbindlichkeiten erreichten allmählich ein kaum mehr zu übersehendes Ausmaß. Nur der Markgraf, von der Einfalt des Alters umfangen, schien keine Vorstellung davon zu haben, welche Summen eine einigermaßen angemessene Lebensführung seiner Ehefrau verschlang.

Die Reichsgräfin Hochberg war keine gebildete, aber eine schlaue Frau. Im engsten Familienkreis hatte sie das Sagen, doch darüber hinaus war ihr Einfluss gering. Karl Friedrich hatte sich nicht die Mühe gemacht, seine zweite Frau mit den Geheimnissen der Regierung vertraut zu machen. Hofintrigen durchschaute Luise Karoline schnell – aber auf dem politischen Parkett kam sie prompt ins Rutschen. Naiv wie Luise von Hochberg immer noch war, glaubte sie, höfische Tricks würden auch in der großen Politik verfangen – sie verstand nicht, dass hier nach anderen Regeln gespielt wurde.

Frankreich, diesen Eindruck hatte die Reichsgräfin gewonnen, Frankreich bestimmte das Schicksal Europas. Und das große Frankreich hatte ganz offensichtlich ein heftiges Interesse am kleinen Baden. Musste den Franzosen nicht daran gelegen sein, sich in Baden Freunde zu schaffen? Luise hoffte, Minister Talleyrand oder gar Napoleon selbst, der damals Erster Konsul war, auf ihre Seite ziehen zu können. Warum sollten die Franzosen ihr nicht die Abtei Schuttern oder Gengenbach als Wittum zusprechen? Luise schmeichelte dem Minister, sie schmeichelte dem Ersten Konsul. Sie versuchte, ihre Angelegenheiten sowohl als menschliche wie politische Verpflichtungen darzustellen.

Doch weder Talleyrand noch Napoleon zeigten sich an dem Schicksal einer morganatischen Ehefrau sonderlich interessiert und gingen ungerührt über die Eingaben der Gräfin hinweg. Auch in späteren Jahren sollte sich Luises Hoffnung, dass Napoleon – der schließlich selbst nur ein Emporkömmling war – ihr Sympathie entgegenbringen würde, nicht erfüllen. Napoleon war viel zu sehr bestrebt, seine eigene Dynastie zu festigen und den Makel seiner geringen Herkunft durch verwandtschaftliche Beziehungen mit den höchsten europäischen Familien zu überdecken, als dass er einer Reichsgräfin Hochberg Beachtung schenken würde. Luise spielte in Napoleons Plänen keine Rolle. Und sie hatte weder die geistigen noch die körperlichen Reize, die den Kaiser der Franzosen in seinen Bann geschlagen hätten. Hätte Napoleon sich in irgendeiner Form für die kleinadelige Ehefrau seines Verbündeten Karl Friedrich stark gemacht – ganz Europa wäre wieder einmal an die bescheidenen Verhältnisse erinnert worden, in denen der mächtigste Mann des Kontinents groß geworden war. Doch dafür bestand ja keinerlei Anlass. Luises Schicksal war Napoleon vollkommen gleichgültig.

Luise Karoline fühlte sich sehr einsam am badischen Hof. Sicher, ihre Kinder liebten sie. Aber sie waren auch noch zu jung, um zu begreifen, in welcher Position ihre Mutter darbte. Karl Friedrich selbst war bei aller Zuneigung und aller Vertrautheit der Abkömmling eines Fürstenhauses, der Luises zweitrangige Stellung im Leben als gottgegeben und unveränderlich ansah. Und Amalie.... O ja, Amalie. Die Erbprinzessin konnte sich ja gar nichts besseres wünschen als eine „Stief-Schwiegermutter“, die nichts zu sagen hatte. Amalie ließ keinen Zweifel daran aufkommen, dass sie die erste Dame Badens zu bleiben gedachte. Der europäische Hochadel betrachtete Luise Karoline sowieso als einen Menschen von geringer Bedeutung. Und der badische Adel – voll des Neides natürlich – versäumte keine Gelegenheit, darauf hinzuweisen, dass die Frau des Markgrafen sich unberechtigterweise und völlig unangemessen überheblich aufführte.

Zum Glück konnte Luise Karoline wenigstens auf Ludwig vertrauen, auf Karl Friedrichs jüngsten Sohn aus erster Ehe. Dieser Ludwig (der spätere Großherzog) war ein Mann so richtig nach Luises Herzen. Er liebte es wie sie, die Annehmlichkeiten des Lebens zu genießen; auch er hatte Schulden, über deren Höhe allerdings nur gemunkelt wurde. Kam von den Gerüchten über Ludwig dem Markgrafen etwas zu Ohren, war Luise durchaus bereit, ein gutes Wort für den Stiefsohn einzulegen. Ludwig vergalt es ihr, indem er seine junge Stiefmutter in Schutz nahm, sofern der Hofklatsch, der Luises Schulden peinlich genau kolportierte, bis zu Karl Friedrich vordrang.

Die Reichsgräfin Luise Karoline und Prinz Ludwig waren stets bestrebt, ihre finanziellen Nöte vor dem Markgrafen zu bagatellisieren. Beide wollten dem Leben abringen, was es an Annehmlichkeiten zu bieten hatte. Und beide waren bei den Sittenwächtern am badischen Hof wegen ihrer leichtfertigen Äußerungen längst in Verruf geraten. Da sie altersmäßig prächtig zusammenpassten – Luise war fünf Jahre jünger als ihr Stiefsohn – war es kaum verwunderlich, dass die beiden eine nie versiegende Quelle des Tratsches bildeten: Sie seien, so wollten die Gerüchte es wissen, sich mehr zugetan als erlaubt. Ja, Karl Friedrich sei mit Luises jüngstem Söhnlein Maximilian sicherlich sehr eng verwandt: Nur, so deuteten die Klatschmäuler an, sei der Markgraf eben nicht der Vater, sondern der Großvater des Buben. Immerhin ist bemerkenswert, dass Luise zwar in gewissen Kreisen des Ehebruchs mit Ludwig bezichtigt wurde, jedoch nie irgendein anderer Liebhaber im Gespräch war. Was angesichts des großen Altersunterschieds zwischen ihr und Karl Friedrich keineswegs selbstverständlich ist. Geht man davon aus, dass Luise nur wenig Freunde, aber zahlreiche Neider am badischen Hof besaß, spricht der vergleichsweise kleine Kreis potenzieller Liebhaber durchaus für die Moral der Reichsgräfin.

Luise hoffte noch immer, irgendwie ihre Schulden loszuwerden. Der Leibarzt Dr. Johann Friedrich Schrickel konnte ihr womöglich einen Ausweg aus dem Dilemma weisen. Der Medicus, der sich vollkommen in alchemistische Experimente verrannt hatte, glaubte, das Rezept gefunden zu haben, wie Silber in Gold zu verwandeln sei. Funktionieren sollte dies, indem er Silber mit Vitriolöl beträufelte und sodann der Sonne aussetzte. Je intensiver die Sonnenwärme, umso sicherer schien ihm der Erfolg. Deshalb schlug Schrickel Indien, Spanien und Portugal als geeignete Länder für eine Wandlung im großen Stil vor. Der Arzt träumte davon, sein Geheimnis der Ostindischen Kompanie für eine halbe Million Gulden zu überlassen. Doch die Herren erwiesen sich als geschäftstüchtig und als überaus misstrauisch. Ohne handfeste Beweise bissen sie nicht an. Leichteres Spiel hatte der Goldmacher mit Markgraf Karl Friedrich. Es gelang Schrickel, dem alternden Fürsten sein „Geheimnis" für 60.000 Gulden zu verkaufen. Mehr als dies: Karl Friedrich vertraute dem Alchemisten – offensichtlich auf Betreiben Luises – für 10.000 Gulden Silberbarren an: „Leider", so erinnerte sich später Luises Sohn Wilhelm, „gelang aber der angestellte Versuch nicht; Schrickel schob die Schuld auf das schlechte Vitriolöl und bewog meine Mutter, in Rothenfels einen Vitriolofen zu bauen, der viel Geld kostete und kein Resultat lieferte, wie so vieles, was dort unternommen wurde. Der Stein des Weisen löste sich in Rauch auf, und die von meinem Vater vorgeschossenen 10.000 Gulden gingen durchs Kamin." Was Luise aber keine Warnung war: Sie muss auch später noch immense Summen in die Goldmacherei des Leibarztes investiert haben.

Der Schock kam für den alten Markgrafen völlig unerwartet: Erbprinz Karl Ludwig war am 15. Dezember 1801 bei Arboga in Schweden tödlich verunglückt. Karl Friedrich war zutiefst erschüttert. In sein Klagen stimmte seine Gemahlin mit ein. Während Luise Karoline sich über die überhebliche Art der Erbprinzessin Amalie, der Frau des Verstorbenen, oft genug entrüstet hatte, war Karl Ludwig ihr gegenüber immer als leutseliger und gutmütiger Mann aufgetreten. Besondere Sympathien hatte er bei Luise gefunden, weil er ihren Kindern immer wieder kleine Geschenke machte. Auch ihr selbst hatte er Gutes getan: Dass Karl Friedrich seiner Frau das Gut Bauschlott gegeben hatte, führte Luise Karoline auf die Anregung des Erbprinzen zurück.

Aber jetzt war Karl Ludwig tot und der alte Markgraf war seines Erben beraubt. Blieb nur der jugendliche Sohn des Verstorbenen, Karl, um das stolze Haus Zähringen fortzupflanzen. Luise Karolines angeblicher Liebhaber, Prinz Ludwig, machte ja keine Anstalten, sich zu binden. Der zweite Sohn des alten Markgrafen,

Prinz Friedrich, war zwar seit zehn Jahren mit Christiane Luise, der Tochter des Herzogs von Nassau-Usingen, verheiratet. Und die war inzwischen auch dick genug geworden – aber nur, weil sie verfressen war. Kinder hatte die Prinzessin keine in die Welt gesetzt. Alle Hoffnungen des alten Markgrafen ruhten jetzt auf Enkel Karl. Und immer wieder streifte der Blick Karl Friedrichs auch die Söhne aus seiner zweiten Ehe, die Kinder seiner Luise Karoline.

In Stockholm fand ein feierliches Leichenbegängnis statt und anschließend wurde das Herz des verstorbenen Erbprinzen nach Karlsruhe überführt. Da Karl Friedrich sich zu angegriffen fühlte, den Überbringer zu empfangen, vertrat Prinz Ludwig den Vater.

Luise fühlte sich plötzlich als wichtige Persönlichkeit, ja, fast als erste Dame am Hofe. Amalie, die verwitwete Schwiegertochter Karl Friedrichs, hielt sich noch in Stockholm auf und konnte Luise daher den Rang nicht streitig machen. Während ihrer Abwesenheit veranstaltete Luise mehrere Kinderbälle, bei denen die Hochberg-Buben mit Prinzessin Mimi, der jüngsten Tochter Amalies, tanzen durften. Wie elegant sich die Buben im Ballsaale ausnahmen! Der Hofarzt Dr. Schrickel sprach dem Markgrafen gegenüber das aus, was Luise nur vorsichtig anzudeuten wagte: Der Markgraf habe einen schlimmen Verlust erlitten; doch – und Schrickel deutete auf die Hochberg-Söhne – diese Jünglinge würden schon für die Erhaltung des badischen Hauses sorgen. Nun zeige es sich, wie gut der Markgraf daran getan habe, sich zum zweiten Mal zu verheiraten.

Der 73-jährige Markgraf Karl Friedrich nahm sich fest vor, dahin zu wirken, dass das hausgesetzlich bereits anerkannte Nachfolgerecht seiner Söhne aus zweiter Ehe durch Kaiser und Reich förmlich verbürgt werde. Er setzte eine letztwillige Verfügung auf, in der er diesen Willen bekundete. Doch dabei blieb es dann auch. Luise setzte ihrem immer hinfälliger werdenden Mann heftig zu. Er müsse sich jetzt endlich nachhaltiger für ihre Rechte und die ihrer Kinder einsetzen. Doch der Markgraf fürchtete, sich den Zorn seiner Schwiegertochter Amalie und deren hochwohlgeborener Verwandtschaft zuzuziehen. So sprach Karl Friedrich zunächst lediglich mit Reitzenstein und seinem Sohn Ludwig über seine Pläne.

Der alte Mann hoffte wohl, Napoleon werde für ihn die Kastanien aus dem Feuer holen und die Reichsgarantie für die Hochberg-Kinder erzwingen. Doch Napoleon war damals viel zu sehr auf Einigkeit mit Zar Alexander bedacht, als dass er in dieser Frage vorgeprescht wäre. Und Alexander war der Schwiegersohn

Amalies, die jetzt, nachdem Karl Friedrich 1803 die Kurwürde angenommen hatte, den Titel „Markgräfin" trug. Amalie aber wollte von einer möglichen Thronfolge der Hochberg-Söhne nichts wissen. Schon der Gedanke, dass ihr ehemaliges Hoffräulein zur Kurfürstin erhoben werden könnte, trieb der Markgräfin die Zornesröte ins Gesicht. Dass Karl Friedrich den Hochbergern auf Veranlassung seines Sohnes Ludwig vier Güter in der ehemaligen Rheinpfalz schenkte (und vier Jahre später noch die Herrschaft Zwingenberg hinzufügte) empörte Amalie zutiefst: Der Kurfürst handelte, so schrieb sie an ihre Tochter, die Zarin Elisabeth, nur noch auf fremden Antrieb. Es gehe alles zum Teufel: „Selbst der Kredit sinkt täglich, und Frau von Hochberg und ihren Kindern gibt man Güter, die bis zu 10.000 Gulden abwerfen."

Karl Friedrich litt unter dem Unfrieden innerhalb seiner Familie mindestens ebenso sehr, wie ihm die Abhängigkeit vom napoleonischen Frankreich zu schaffen machte. Baden mochte als Land von diesem unheilvollen Protektor ja noch so sehr profitieren – die Selbstachtung des Kurfürsten hatte beträchtlichen Schaden genommen. Hinzu kam das körperliche Ungemach, das sich immer stärker bemerkbar machte. Den Hofbeamten in der Favorite entging es nicht, dass Karl Friedrichs Mund plötzlich verzogen war, dass die Worte ihm immer häufiger zu fehlen schienen. Niemand sprach es aus, aber jeder ahnte, dass der Kurfürst einen Schlaganfall erlitten hatte. Luise Karoline verstärkte ihre Bemühungen, ihre eigene Position und die ihrer Kinder zu sichern. Tag und Nacht lag sie ihm in den Ohren. Wer konnte sagen, wie lange der alte Mann noch leben würde?

Die Intrigantin

Luise Karoline war übelster Laune, als sie erfuhr, dass Karl Friedrich seine Einwilligung zur Verlobung seines Enkels Karl gegeben hatte. Der fromme Kurfürst hatte lange gezaudert, denn die von Amalie auserwählte Schwiegertochter, die bayerische Prinzessin Auguste Amalie, war katholisch. Luise hatte ihren Gemahl in seiner ablehnenden Handlung bestärkt. Nicht dass sie sich an der katholischen Konfession der Braut gestört hätte. Aber die Bayernprinzessin wäre eine weitere Fürstin am badischen Hofe, der die Reichsgräfin den Vortritt lassen müsste. Und außerdem wurde Prinzessin Auguste dafür gerühmt, sehr schön zu sein. Luise, einst selbst eine gefeierte Schönheit, konnte sich nicht damit abfinden, dass sie nach den Maßstäben ihrer Zeit jetzt eine Frau mittleren Alters war, die vom Leben nicht mehr viel zu erwarten hatte.

Sie schminkte sich stark. Doch die Linien, die vom Verlust der Jugend kündeten, ließen sich nicht so einfach übertünchen. Luise mochte noch so viel Puder und noch so viel Rouge auftragen – bei ihrem Anblick kam kein Mann mehr ins Schwärmen. Luise hätte sich gerne in der Rolle der zarten und verehrten Fürstin gesehen, der die Herren zu Füßen lagen. Aber der Spiegel und die Reaktionen ihrer Umwelt zeigten ihr täglich: Sie war lediglich die unebenbürtige Frau eines Fürsten, der jeden Tag hinfälliger wurde; eine Frau, deren edles Profil zu hart geworden war, um noch hübsch zu sein. Luise fürchtete sich vor der Konkurrenz einer jungen Schönheit aus hohem Hause. Sie wünschte der Bayernprinzessin die Pest an den Hals.

Und dann sollte alles doch ganz anders kommen. Natürlich war Napoleon, mittlerweile Kaiser der Franzosen, der Drahtzieher. Der Korse wünschte keine Verbindung des badischen Kurprinzen Karl mit einer Bayerin – er wünschte, dass Karl eine seiner Verwandten, ein völlig unbekanntes Mädchen namens Stephanie de Beauharnais, ehelichte. Niemand konnte Luise gleichgültiger sein als diese Stephanie. Indes – Napoleon deutete an, dass er die Hochbergschen Wünsche wirksam unterstützen werde, sofern man seinen Forderungen entgegenkäme. Und jeden Strohhalm, den ihr der Kaiser in dieser Beziehung reichte, war Luise bereit, zu ergreifen. Vermutlich hätte Karl Friedrich aus purem Selbsterhaltungstrieb ohnehin der Entlobung seines Enkels von der Bayerin und der Verlobung Karls mit der unbekannten Französin zugestimmt – dass seine Frau ihm aber zuriet, diesem Arrangement seinen Segen zu geben, erleichterte ihm seinen Entschluss sehr.

Allerdings sollte Luises Engagement nicht die von ihr erhofften Früchte tragen: Nachdem Napoleon sein Ziel erst einmal erreicht hatte, war er nicht mehr daran interessiert, der Hochberg zu ihren Rechten zu verhelfen. Napoleon wollte, dass Kurprinz Karl und seine Adoptivtochter Stephanie eine badische Dynastie gründeten, die dem französischen Kaiserreich nahe stand. Die Interessen der Frau von Hochberg und ihrer Söhne waren in seinen Augen allenfalls zweitrangig. Die Schulden der Gräfin boten ihm einen prachtvollen Vorwand, untätig zu bleiben: Madame Hochberg, so ließ er wissen, solle erst einmal ihre Finanzen in Ordnung bringen, ehe er etwas für sie tun könne. Dasselbe gelte für den alten Kurfürsten und den badischen Staatshaushalt. Karl Friedrich werde von allen Seiten getäuscht und bestohlen. Er, Napoleon, könne erst an eine Erfüllung von Karl Friedrichs Wünschen denken, wenn Beweise für die vollständige Sanierung der badischen Finanzen vorlägen.

Luise Karoline fühlte sich – zurecht – hintergangen. Die Schuld daran gab sie Stephanie. Kein Wort mehr, als der Etikette nach erforderlich war, richtete sie an die junge Kurprinzessin. Die Abneigung beruhte auf Gegenseitigkeit. Die beiden Frauen, die aus so ähnlichen gesellschaftlichen Verhältnissen stammten, und die beide um ihr Ansehen am badischen Hof hart zu kämpfen hatten, waren sich von Herzen zuwider. Luise war erbost darüber, dass Stephanie – von Geburt auch nur ein Grafentöchterlein – in der Rangfolge weit über ihr stehen sollte. Die niedliche kleine Französin hingegen sah in der Gräfin Hochberg eine hässliche mittelalterliche Dame von schlechter Haltung, die mehr einem „Grenadier" ähnele als einer „hochplatzierten Dame der Gesellschaft". Stephanies ganzes Mitgefühl galt dem Kurfürsten: Luise Karoline, so meinte die Kaiserliche Hoheit, behandelte den alten Mann mit harter Hand und es schien ihr, als habe er Angst vor seiner Frau.

Die Schulden wuchsen Luise über den Kopf. Als ehemaliges Hoffräulein empfand sie glänzende Feste und eine steife Etikette als selbstverständlichen Bestandteil der monarchischen Prachtentfaltung. Dass sie, die Gemahlin eines regierenden Fürsten, sparsam sein sollte, erschien ihr geradezu widersinnig. Sie konnte und wollte nicht begreifen, dass ihre private und ihre öffentliche Stellung nicht miteinander vereinbar waren. Dass Karl Friedrich ein „bürgerlich" anmutendes Familienleben pflegte und schätzte, verleitete sie immer wieder zu der Annahme, dass sie dem badischen Kurfürsten auch in repräsentativen Fragen gleichgestellt sein müsse. Bei vielen Gelegenheiten – etwa dem Fürstenkongress in Mainz 1804, als die südwestdeutschen Landesherrn Napoleon huldigten – wurde sie allerdings brutal mit der Realität konfrontiert: Luise Karoline kehrte vorzeitig zu ihren Kindern auf die Favorite zurück, weil die Rangfrage in den hochwohlgeborenen Kreisen viel Anlass für Peinlichkeiten gegeben hatte.

Die Präzedenz, der Vortritt bei offiziellen Veranstaltungen, war im frühen 19. Jahrhundert nicht nur äußerliche Choreographie: Im Zeremoniell symbolisierte sich die soziale Position der einzelnen Person – und die Position Luises war mehr als fragwürdig. Auch Luises Kinder gewöhnten sich daran, dass sie bei Treffen des europäischen Hochadels kurzfristig ausgeschlossen wurden: Weil keiner genau wusste, wie man die Grafen von Hochberg einzuordnen hatte, lud man sie einfach aus.

Luise sah sich als Opfer. Nicht so sehr als Opfer Karl Friedrichs, der in seiner Hilflosigkeit ja schon fast rührend war. Den Staatsmännern, den Beamten, ihrer hochadeligen Verwandtschaft kreidete sie es an, dass sie immer und ewig zurückstehen musste. Sie gab Geld aus – na und? War es nicht ihr gutes Recht? Hatte sie nichts geleistet für diesen Ehemann, für diese Familie, für diesen Hof, für dieses Land? Prachtentfaltung gehörte nun einmal zur Selbstdarstellung der Fürsten – und Karl Friedrichs persönliche Bescheidenheit fand keinesfalls den Beifall seiner zweiten Ehefrau. Darüber hinaus hoffte Luise immer noch, durch ihre Investitionen – etwa in Schrickels Goldmacherkünste – eine Geldquelle für die Zukunft aufzutun. Doch Luise war keine Kauffrau, ihre Spekulationen gingen sämtlich fehl. Die Schulden der Hochberg waren horrend. Reitzenstein berichtete, dass – obwohl der Kurfürst einige der Verbindlichkeiten seiner Frau übernommen hatte – sich

1803 eine Last von fast 226.000 Gulden angesammelt hatte. Dabei war Luise Karoline da noch nicht einmal richtig in Fahrt gewesen: Bis Ende 1804 kamen 666.000 Gulden Schulden hinzu – eine ungeheure Summe nach damaligen Vorstellungen.

Reitzenstein hatte keinerlei Verlangen danach, dem kränkelnden Kurfürsten die napoleonischen Briefe vorzulegen, in denen der Kaiser hart mit den badischen Finanzen im Allgemeinen und den Geldnöten der Frau von Hochberg im Besonderen ins Gericht ging. Er enthielt dem alten Fürsten die Briefe Napoleons vor und erstattete statt dessen Luise Karoline Bericht. Doch Luise, weit davon entfernt, Besserung zu geloben, marschierte sofort zu ihrem Gemahl und berichtete ihm von den Vorhaltungen des Franzosenkaisers. Karl Friedrich, der sich allezeit bemüht hatte, ein sparsamer Landesvater zu sein, war außer sich. Er regte sich so sehr auf, dass er zunächst nicht einmal mehr bei Hof erscheinen wollte. Nur – irgendwelche Konsequenzen zog er nicht.

Luise war mit dieser passiven Haltung ihres Gemahls überhaupt nicht einverstanden. Da mit Karl Friedrichs Unterstützung nicht zu rechnen war, wollte sie selbst sich bemühen, Napoleons Missmut zu beschwichtigen. Was die ehemalige Hofdame als dafür am besten geeignetes Mittel ansah, war – Schmeichelei.

Um Napoleon freundlich zu stimmen, pries Luise Karoline den Kaiser zunächst einmal in höchsten Tönen als einen Mann, dessen Macht und Charakter den Ruf der Helden aller Jahrhunderte übertreffe. Sich selbst stellte sie als übel verleumdete Frau dar, die von ihren Feinden vor dem Franzosenkaiser fälschlich denunziert worden sei: Als blutjunges Ding von 17 Jahren habe sie, Luise Karoline, ihre ganze Zukunft für das Glück Karl Friedrichs geopfert. Nicht aus schnöder Berechnung. Oh nein. Vielmehr hätten der edle Charakter und die hohen Aufgaben des Fürsten sie dazu bestimmt, ihm seinen Lebensabend zu verschönern. Ein weiterer Grund, die Werbung des Markgrafen anzunehmen, sei ihr Wunsch gewesen, den Armen des Landes beizustehen. Vielleicht habe sie ja übertriebene Wohltätigkeit gepflegt? Aber Undank sei der Welt Lohn. Jedenfalls habe sie, Luise Karoline von Hochberg, erst jetzt den Abgrund erkannt, in den sie zahlreiche Undankbare stürzen wollten, die ihren Edelmut und ihren Rang missbrauchten. Wenn Napoleon ihr nur behilflich sein könnte – ganz gewiss werde sie sich in Zukunft in finanziellen Fragen an seine Vorgaben halten. Luise scheute sich nicht, den Kaiser daran zu erinnern, dass er für die Markgräfin Amalie eine Rente von 120.000 Gulden durchgesetzt habe. Sie, die Gemahlin des Kurfürsten hingegen, müsse sich mit einem Zehntel dieses Betrages zufrieden geben. Luise Karoline hielt ihren Bettelbrief für eine diplomatische Meisterleistung.

Napoleon hatte für die Ansichten und Absichten der Madame Hochberg nur ein höhnisches Grinsen übrig. Nicht nur, dass die dumme Gans log, dass sich die Balken bogen – es war ja auch so einfach, ihre Worte zu widerlegen. Von wegen als 17-Jährige habe sie den Markgrafen erhört – 19 Jahre war sie gewesen. Einfältig, das war die richtige Bezeichnung für Luise Karoline. Welch naive Vorstellungen sie von Napoleons Gerechtigkeitssinn hegte! Wer war sie denn schon, diese Luise von Hochberg? Napoleon hielt sie nicht einmal für so bedeutsam, dass er ihr die Schuld an der badischen Finanzmisere zugeschoben hätte. Nein, er hatte den Markgrafen Ludwig im Verdacht, der Verantwortliche zu sein.

Natürlich, die Gräfin war eine dumme Pute. Aber ganz offensichtlich stand der alte Kurfürst unter ihren Pantoffeln. Und deswegen könnte die Hochberg den Franzosen vielleicht doch nützlich sein! Sie könnte beispielsweise den französischen Gesandten über Interna des badischen Hofes informieren. Und sie könnte auch den stündlich seniler werdenden Karl Friedrich im Sinne Frankreichs beeinflussen. Die Erbprinzessin Stephanie war einfach noch zu jung und viel zu unbedarft, um den französischen Interessen in Baden Geltung zu verschaffen. Und Napoleons Gefolgsleute hatten viel Erfahrung darin, sich die finanziellen Nöte von Ehefrauen zu Nutze zu machen. Auf lange Sicht war es nicht auszuschließen, dass man sich der Gräfin Hochberg bedienen würde. Aber zunächst wollte Napoleon abwarten. Keine Versprechungen, keine Zusagen für Luise Karoline: Die Dame sollte erst einmal weiter im eigenen Safte schmoren, das würde sie für eine mögliche „Zusammenarbeit“ nur empfänglicher machen. Sofern eine solche denn erforderlich werden würde...

Im Jahr 1806 bildete sich der Rheinbund. 16 deutsche Fürsten trennten sich vom Reich und traten zu einer Konföderation unter französischem Protektorat zusammen. Mit dabei Baden, das seine dritte territoriale Vergrößerung erfuhr. Am 13. August wurde aus dem badischen Kurfürsten der Großherzog Karl Friedrich. Luise Karolines Bitterkeit wuchs: Ihr Gemahl war jetzt eine „königliche Hoheit“ und sie immer noch eine Gräfin. Dass Karl Friedrich als Großherzog von Napoleons Gnaden in seiner Entscheidungsfreiheit weitaus stärker eingeschränkt war als zu Zeiten des Reiches, das erkannte Luise nicht. Die ehemalige Hofdame ließ sich von äußerer Pracht, von Titeln blenden. Der frisch gebackene Großherzog hatte keine ruhige Minute. Seine Gemahlin lag ihm ständig in den Ohren: Er solle gefälligst für ihre Erhöhung sorgen. Und er solle seinen Söhnen aus zweiter Ehe den ihnen gebührenden Rang verschaffen.

Luises Gezeter war erfolgreich. Im September 1806 erließ Karl Friedrich in Baden-Baden die Sukzessionsakte: Nachdem er durch die Auflösung des Reiches in den Genuss der vollen Souveränität gelangt war, legte der Großherzog fest, dass die Hochberg-Söhne für den Fall, dass die alte Linie ausstürbe, das vollständige Nachfolge- und Erbrecht erhalten sollten. Karl Friedrichs Enkel Karl und seine ebenbürtigen Söhne Friedrich und Ludwig erklärten sich mit dieser Regelung einverstanden. Jetzt war Napoleon am Zug. Der Kaiser sollte der Sukzessionsakte zur völkerrechtlichen Verbindlichkeit verhelfen. Aber Napoleon schwieg.

Der Kaiser der Franzosen machte keinen Hehl daraus, dass er mit den Badenern unzufrieden war. Kein Wunder: Der französische Geschäftsträger Massias schilderte die Zustände am badischen Hof in den schwärzesten Farben: Die Gräfin Hochberg und der Markgraf Ludwig versuchten angeblich, die Herrschaft an sich zu reißen. Der Großherzog, bei dem sich das Alter zunehmend mit Charakterschwäche verbinde, sei nur noch ein Abglanz seiner selbst: „Ich habe Beweise dafür, dass er zuweilen gar nicht von den Befehlen in Kenntnis gesetzt wird, die in seinem Namen erlassen werden. Er wird auf ein absolut vegetatives Leben beschränkt." Sobald Karl Friedrich versuche, sich durchzusetzen, werde der Augenarzt und Theosoph Jung-Stilling zugezogen. Der Geheime Hofrat lese dem Großherzog dann aus der Bibel vor und entziehe ihn mit seinen Visionen der Wirklichkeit.

Napoleon las die Berichte mit zunehmender Besorgnis. In Baden schien es drunter und drüber zu gehen. Seine Adoptivtochter Stephanie wollte sich mit ihrem Gemahl, dem Erbprinzen Karl, partout nicht vertragen und beklagte sich ständig über die schlechte Behandlung durch seine Verwandtschaft. Vor allem die Gräfin Hochberg und der Markgraf Ludwig würden ihr feindlich gegenüber treten. Anfang 1808 riss dem cholerischen Kaiser der Geduldsfaden. Luise – als Gemahlin des Großherzogs – war kaum anzuschwärzen, daher wurde Markgraf Ludwig das Opfer: „Was ich von den Intrigen dieses Prinzen höre, ist kaum begreiflich", schrieb Napoleon an den völlig überrumpelten Karl Friedrich: „Sein schlechter Charakter war mir bekannt, aber ich dachte, dass er intelligent genug sein würde, um mir ein Eingreifen in die inneren Angelegenheiten Ihres Hofes zu ersparen. Wenn Eure Hoheit nicht in der Lage ist, den schlechten Praktiken des Markgrafen Ludwig ein Ende zu setzen und Ihren Enkel zu einem ehrenhaften und anständigen Benehmen anzuhalten, so erbitte ich mir meine Tochter zurück." Die Wirkung des kaiserlichen Briefes war durchschlagend: Karl Friedrich verbannte seinen jüngsten Sohn aus erster Ehe nach Salem.

Luise Karoline war deshalb nicht traurig. So gut ihr Verhältnis zu diesem „Stiefsohn" einst auch gewesen sein mochte – mittlerweile misstraute sie fast jedem Mitglied des badischen Hofes und erst recht der großherzoglichen Familie. Luise war zu der Ansicht gelangt, dass es keinen Sinn hatte, weiter in Karl Friedrich zu dringen. Ihr Status und der ihrer Kinder würde sich niemals ändern – wenn nicht sie, die Gräfin Hochberg, selbst dafür Sorge trug. Dass der missgünstige Massias abgelöst wurde, kam ihr sehr gelegen. Neuer französischer Gesandter am Karlsruher Hof wurde der Kammerherr Auguste de Talleyrand. Luise empfing ihn mit überschwänglicher Freundlichkeit. Sie suchte verzweifelt Kontakt zu einflussreichen Persönlichkeiten, die geeignet schienen, ihre Interessen bei Napoleon durchzusetzen. Die Gräfin war bereit, solchen Männern zu schmeicheln und ihnen soweit irgend möglich entgegenzukommen. Wenn Talleyrand über diesen oder jenen Mann sagte, dass er für einen bestimmten Posten geeignet sei, dann sorgte Luise bei ihrem Gemahl dafür, dass der entsprechende Kandidat den Posten auch bekam. Finanzminister Dalberg gehörte zu den Nutznießern ihrer Einflussnahme. Doch Luises Protektion erwies sich in diesem Fall als Missgriff. Denn kaum war Talleyrand in die Schweiz versetzt worden, erwies sich Dalberg als Politiker, mit dem nicht zu spaßen war. Er fragte nicht danach, wem er sein Amt zu verdanken hatte. Luise tobte vor Wut: Forderte doch dieses Nichts, diese Ratte im Range eines Ministers, ausgerechnet von ihr, seiner Wohltäterin, dass sie ihm den genauen Umfang ihrer Schulden darlegte.

Von Karl Friedrich, der immer wunderlicher und zaghafter wurde, erwartete Luise keine Unterstützung mehr. Statt dessen ging sie zu Karl, dem Erbgroßherzog. Nicht dass sie für Karl besondere Sympathien gehegt hätte – schließlich war er der Sohn der Markgräfin Amalie. Aber bei all seinen Fehlern hatte der Prinz ein gutes Herz. Und der Erbe des Großherzogtums war Schmeicheleien zugänglich. Luise hatte es bald herausgefunden: Wenn an sein Mitgefühl und seinen Gerechtigkeitssinn appelliert wurde, sagte der Erbgroßherzog selten „nein“. Was den Finanzminister anbetraf, fand Luise in Karl einen Bundesgenossen. Karl riet ihr, Dalbergs Begehren energisch zurückzuweisen. Wenn er erst einmal Großherzog wäre, würde er ihre Schulden schon übernehmen. Allerdings dürften ihre Verbindlichkeiten die Höchstgrenze von einer Million Gulden keinesfalls überschreiten.

Da sie sich des Rückhalts des künftigen Herrschers sicher war, machte Luise dem Finanzminister eine fürchterliche Szene. Dass Dalberg trotzdem nicht klein beigab, verzieh ihm die Gräfin nie. Sie wollte jetzt die Fäden ziehen, endlich zu ihrem Recht kommen. Wenn Karl Friedrich zu senil, zu schwach, zu alt war, um für die Seinen zu sorgen, dann würde sie es tun.

Luise hatte noch nie über ausgeprägtes politisches Gespür verfügt. Jetzt aber ließ sie sich auf ein Abenteuer ein, welches das arglose Hoffräulein von Freystedt als „seltsames Ereignis“, Luises eigener Sohn Wilhelm jedoch als „Staatsstreich“ bezeichnete. Luise Karoline wollte nichts weniger als die Verfassung ändern. Neben einem obskuren Hofrat von Sternhayn, der damals Kur- und Polizeidirektor von Baden-Baden war, gewann sie einige französische Abenteurer für ihre Pläne. In der Verfassung, die diese Herren ausarbeiteten, sollte das Nachfolgerecht der Hochberger festgelegt werden. Und – das war Luise mindestens ebenso wichtig – durch die neue Verfassung sollten alle Schulden, die im Namen des Großherzogs gemacht wurden, als Landesschuld anerkannt werden. Jetzt musste Luise Karoline nur noch ihren Gemahl dazu bewegen, das Machwerk zu unterzeichnen. Sie plagte den senilen Mann, bis ihm fast die Tränen kamen. Schließlich willigte er ein zu unterschreiben, was immer sie von ihm verlangte. Außer unter den Verfassungsentwurf setzte er seine Unterschrift auch unter die Entlassungsurkunden mehrerer Minister – darunter Dalberg. Luise Karoline lechzte nach Rache.

Doch die führenden Köpfe in Baden hatten die Gräfin Hochberg scharf beobachtet. Da von Karl Friedrich kein Widerstand gegen seine Gemahlin zu erwarten war, wandten sich die Minister von Gemmingen und von Dalberg an den Erbgroßherzog. Karl war über die Ungeheuerlichkeit, die man ihm aufdeckte, erschüttert. Er bewies unerwartete Tatkraft. Der Erbgroßherzog eilte zu seinem Großvater nach Baden-Baden, wo er die „Väter der Verfassung“ bei Karl Friedrich antraf. Auf die Frage seines Enkels, wer denn die Herren seien, kam der greise Fürst ins Stottern: Er wusste es nicht. Karl sorgte dafür, dass Sternhayn und seine badischen Helfershelfer arretiert wurden. Bei den französischen Intriganten war er vorsichtiger – wusste er doch nicht, ob sie nicht vielleicht im Auftrag Napoleons gehandelt hatten.

So verlief der von Luise initiierte Staatsstreich im Sande. Sie selbst blieb ungeschoren, doch jede ihre Handlungen wurde fortan genauestens überwacht. Es war offensichtlich geworden, dass Karl Friedrich nicht mehr in der Lage war, die Verantwortung für sein Land zu tragen. Es gelang dem alten Mann noch, seinen Kindern aus zweiter Ehe für den Fall seines Todes die Apanage zu erhöhen und für seine Gemahlin ein Wittum von 30.000 Gulden durchzusetzen. Doch mit den Regierungsgeschäften war Karl Friedrich hoffnungslos überfordert. Dalberg erreichte, dass der Erbgroßherzog Karl das Mitzeichnungsrecht erhielt.

Luise spuckte Gift und Galle. Wenn Karl, den Luise als unheilbar faul betrachtete, faktisch Mitregent war, hieß dies, dass in Wahrheit sein Onkel Ludwig und die Minister regierten. Sie, die Gemahlin des rechtmäßigen Herrschers jedoch, stand im Abseits. Ja, sogar der französische Gesandte hatte die Unverschämtheit darauf hinzuweisen, dass er im Hofzeremoniell vor den Hochberg-Söhnen rangieren müsse. Luise sah jetzt keine Möglichkeit mehr, ihre Wünsche mit legalen oder auch illegalen Mitteln durchzuboxen. Sie nahm sich daher vor, Ludwig und seinen Ministern möglichst viele Steine in den Weg zu legen.

Es war die Rache einer enttäuschten, einer verbitterten Frau: Bei jeder sich bietenden Gelegenheit schwärzte Luise ihren einst so geschätzten Stiefsohn Ludwig und die badischen Minister bei Napoleon an. Dem Franzosenkaiser ging die intrigante Dame bald mächtig auf die Nerven. Als Napoleon, der als Triumphator aus dem zweiten Feldzug gegen Österreich zurückgekehrt war, sich kurzzeitig in Rastatt aufhielt, wollte er der Gräfin Hochberg und ihren Söhnen eine Lektion erteilen. Er ließ sie stundenlang im Vorzimmer warten. Ein deutlicheres Zeichen der Missachtung konnte es kaum geben. Trotzdem ließ Luise in ihrem Bemühen, die badischen Würdenträger vor Napoleon zu diskreditieren, nicht nach.

Verraten, verachtet, verkauft

Am 10. Juli 1811, wenige Monate nachdem das Großherzogtum infolge des Wiener Friedens seine größte und endgültige Ausdehnung erfahren hatte, starb Karl Friedrich nach tagelanger Bewusstlosigkeit. Seine Witwe, die dieses Ereignis seit Jahren erwartet hatte und durch zahlreiche Enttäuschungen hart geworden war, empfand nur wenig Schmerz beim Heimgang dieses bedeutenden Mannes. Sie sah in ihm nicht den großen Menschenfreund, nicht den frommen, aufgeklärten Absolutisten, nicht den Mann, der die Leibeigenschaft aufgehoben und die Schulpflicht eingeführt hatte. Für Luise Karoline war Karl Friedrich in den letzten Jahren seines Lebens nur mehr eine Last gewesen. Die Zuneigung und Bewunderung, die sie zu Beginn ihrer Ehe für ihn empfunden hatte, war ganz allmählich geschwunden. Zuletzt sah sie ihn als schwachköpfigen, zeitweise besinnungslosen Greis, der nicht in der Lage war, ihre berechtigten Interessen durchzusetzen. Und was konnte sie jetzt noch vom Leben erwarten? Jetzt, da Karl Großherzog und seine kleine französische Schlampe Großherzogin geworden war? Luise Karoline biss die Zähne zusammen und spielte die große Dame. Leicht sollten sie es nicht mit ihr haben. So einfach ließ sie sich nicht beiseite schieben.

Karl erlaubte der Witwe während der Trauerfeierlichkeiten in Karlsruhe zu bleiben – was keineswegs selbstverständlich war. Denn offiziell gehörten ja weder die Gräfin Hochberg noch ihre Kinder zur großherzoglichen Familie. Doch der neue Großherzog war ein ebenso gutmütiger wie träger Mensch. Er wusste genau, dass Luise keifen und zetern würde – und davor hatte er mehr Angst als vor den Vorwürfen seiner Mutter, der Markgräfin Amalie. Nach den Trauerfeierlichkeiten wurde Karl die Anwesenheit der Hochberg allerdings zunehmend peinlich. War es dieser Person denn nicht bewusst, dass sie keinen offiziellen Platz mehr in der Hofgesellschaft hatte? War ihr nicht klar, dass sich sogar ebenbürtige Fürstengemahlinnen nach dem Tod ihrer Männer auf ihre Witwensitze zurückzogen, um Platz zu machen für ihre Nachfolgerinnen?

Karl schlug einen sehr verbindlichen Ton an, als er Luise Karoline bat, sich nach Bauschlott zu begeben. Luise – instinktlos wie man es von ihr gewöhnt war – fühlte sich ob dieses verbindlichen Tones in der Lage, Bedingungen zu stellen. Und wieder einmal hatte sie mit ihrer Frechheit Erfolg bei Karl. Erst nachdem der junge Großherzog zumindest einige ihrer Gläubiger abgewehrt hatte, machte sie sich mit ihren zwei jüngeren Kindern auf den Weg. Ihre beiden älteren Söhne Leopold und Wilhelm folgten ihr bald: Auch sie mussten Karlsruhe verlassen, weil ihre Stellung ungeklärt war. Als ein Töchterlein des neuen Großherzogs getauft werden sollte, war die Anwesenheit der Hochberg-Söhne auf protokollarische Schwierigkeiten gestoßen. Einerseits durften sie als zumindest denkbare Erben Badens gelten – andererseits stieß man Würdenträger von anderen Höfen vor den Kopf, wenn man diese doch sehr fragwürdige Verwandtschaft bevorzugt behandelte. Luise biss die Zähne zusammen. Sie war nicht gewillt, auf Dauer in Bauschlott zu bleiben. Mitte Dezember kam sie zurück in die Residenzstadt und bezog das kleine Palais, das während der vergangenen Jahre für sie erbaut worden war.

Luise Karoline glaubte erneut, triumphieren zu können. Fürst Ludwig von Öttingen-Wallerstein begehrte ihre Tochter zur Frau. Die süße, gerade einmal 17 Jahre alte Amalie von Hochberg sollte das erste von Luises Kindern sein, das in den Fürstenstand aufstieg. Großherzog Karl war seiner blutjungen „Tante" sehr gewogen. Die Gräfin Hochberg rechnete sich daher gute Chancen aus, dass er Amalie von Hochberg zur badischen Prinzessin erheben könnte. Luise Karoline tat, was sie in solchen Fällen stets getan hatte: Sie begab sich zum Großherzog, forderte, schmeichelte, bettelte und drohte. Karl fand das penetrante Getue fürchterlich ermüdend. Um die Hochberg los zu werden, deutete er an, dass er durchaus gewillt sei, Amalie zur Prinzessin zu erheben. Allerdings müsse er diesbezüglich erst mit Napoleon Kontakt aufnehmen. Luise hielt die Schlacht bereits für gewonnen.

Luise Karolines Drängen hatte einen guten Grund: Der Verlobte ihrer Tochter Amalie, Fürst Ludwig, wünschte eine ebenbürtige Gattin. Und eine solche war die junge Amalie als einfache Gräfin natürlich nicht. Alle Hoffnungen ruhten auf dem Großherzog. Dass Karl dem Brautpaar persönlich seine Glückwünsche aussprach, deutete Luise als gutes Zeichen. Sie hatte allerdings nicht bedacht, dass der neue Großherzog Probleme am liebsten dadurch meisterte, dass er ihnen aus dem Weg ging. Als ihn Luise Karoline traktierte, hätte er fast alles versprochen, um nur seine Ruhe zu haben. Eine ganz andere Sache war es, den Kaiser wegen einer Tochter der Hochberg zu belästigen. Karl hielt sein Versprechen nicht. Als er Napoleon in Würzburg traf, blieb der Status der Amalie von Hochberg unerwähnt. Und weil sich in der Angelegenheit nichts tat, löste Fürst Ludwig schließlich die Verlobung. Wie immer die Gefühle der verlassenen Braut gewesen sein mochten – sie bewahrte Haltung. Erst im Jahre 1818 reichte sie – zu diesem Zeitpunkt dann allerdings doch als badische Prinzessin – Fürst Karl Egon II. von Fürstenberg die Hand zum ehelichen Bunde. Die Ehe des Paares sollte mit sieben Kindern gesegnet werden.

Luise Karoline mochte die Verwandtschaft ihres verstorbenen Gemahls nicht. Nach dem Tod Karl Friedrichs versuchte sie jedoch verzweifelt, den Kontakt zu eben dieser Verwandtschaft aufrecht zu erhalten. Ein Bemühen, das sich nicht ganz einfach gestaltete. Schließlich hatten Luise und Karl Friedrich früher abgesondert vom Rest der Familie in ungewöhnlich enger Verbundenheit gelebt. Dabei war das Verhältnis der zweiten Gemahlin zu den hochwohlgeborenen Angehörigen des Großherzogs zunehmend kühler geworden, je mehr Luise den alten Mann zu beherrschen schien. Jetzt nützte Luise von Hochberg jede sich bietende Chance, um sich in Erinnerung zu bringen. Als Zarin Elisabeth nach Napoleons Niederlage 1814 in Bruchsal weilte, suchte Luise sie auf, um ihr persönlich zu gratulieren. Als Zar Alexander auf dem Weg von Paris nach Wien in Bruchsal Rast machte, eilte Luise in der Hoffnung herbei, ein paar Worte mit dem mächtigsten Mann Europas wechseln zu können. Sie drang so lange in ihre alte Rivalin, die Markgräfin Amalie, bis die mit ihren Töchtern, ihren Enkeln und König Max von Bayern Luises Besitz in Rothenfels aufsuchte. Doch alle Bemühungen Luises, sich den Vertretern der alten Dynastien als angenehm-harmlose Verwandte darzustellen, konnten über eines nicht hinwegtäuschen: Die Hochberg versank in Bedeutungslosigkeit.

Aus Sicht von Großherzog Karl und seinen Ministern war Luise keine Drahtzieherin und keine Macht im Hintergrund mehr. Die Witwe des ersten badischen Großherzogs war eigentlich nur noch eines: ein Ärgernis. Luises Schulden hatten mittlerweile katastrophale Ausmaße angenommen. Ihre Berater legten ihr dringend nahe, ihre Güter Bauschlott, Karlshausen, Catharinenthal, Rothenfels und Frauenfels an ihre älteren Söhne abzutreten. Leopold und Wilhelm verpflichteten sich im Gegenzug, ihrer Mutter eine Jahresrente von 10.000 Gulden auszuzahlen. Damit aber konnte die Gräfin kaum ihre notwendigsten Ausgaben decken, denn ihr Wittum war hoch belastet. Die Witwe des Großherzogs wurde schließlich finanziell unter Vormundschaft gestellt.

Obwohl ihr die Geldgeschäfte über den Kopf gewachsen waren, versetzte diese Entwicklung Luise einen Schock. Und sie weckte ihren Trotz. Sie sollte sich bescheiden, sollte um jeden Gulden betteln gehen? Das hätten sie wohl gerne, ihre Herren Söhne und der Großherzog und die Minister und überhaupt all diese Menschen, die nichts lieber taten, als einer hilflosen Witwe einen Fußtritt zu verpassen. Sie würde ihnen schon zeigen, dass man so nicht mit einer Hochberg umspringen konnte! Luise machte weiter Schulden – jetzt erst recht. Die Situation eskalierte. In der Großherzoglich badischen Staatszeitung wurde bekannt gegeben, dass Schulden der Gräfin Hochberg, die ohne Genehmigung des Geheimen Referendärs Dühmig, ihres Kurators, gemacht wurden, nicht beglichen würden.

Die vielen Niederlagen, die Luise von Hochberg einstecken musste, weckten in ihr eine Art Verfolgungswahn. Sie fühlte sich von allen Seiten verraten, verachtet und verkauft. Wirklich tragisch war, dass Luises paranoide Hassgefühle sich bald auch gegen ihre Söhne richteten. Vergessen war die liebevolle Vertrautheit früherer Jahre, als die Gräfin Hochberg, Großherzog Karl Friedrich und ihre gemeinsamen Kinder auf fast bürgerliche Weise miteinander gelebt hatten. Der Hass begann Luises Sichtweise zu verdunkeln: Diese Kinder, für die sie so viel auf sich genommen hatte, ließen sie im Stich. Ließen ihre Mutter darben mit lächerlichen 10.000 Gulden im Jahr, während sie selbst Reichtümer anhäuften.

Es mochte auch schlichter Neid hinter diesem Hass stecken, mit dem Luise ihren Kindern fortan begegnete. Denn es begann alles darauf hinzudeuten, dass die Hochberg-Söhne in der badischen Geschichte doch noch eine wichtige Rolle spielen würden. Am 20. November 1818 war es so weit: Auf dem Fürstenkongress in Aachen wurde der Vertrag über die Unteilbarkeit des badischen Territoriums und die Nachfolgeberechtigung der Hochberg-Linie unterzeichnet. Die Söhne Luises waren fortan Markgrafen von Baden. Aber ihre Mutter selbst blieb, was sie schon seit vielen Jahren war: eine Gräfin.

Als im Dezember 1818 Großherzog Karl starb, waren die Hochberger dem Thron schon wieder ein Stück näher. Zwischen ihnen und der Macht stand nur noch Großherzog Ludwig. Ob der Fürst noch heiraten und legitime Erben in die Welt setzen würde? Möglich war es zwar, aber wenig wahrscheinlich.

Luise allerdings war es jetzt gleichgültig, ob das Ziel, für das sie jahrelang gekämpft, intrigiert und Demütigungen eingesteckt hatte, ob dieses Ziel erreicht würde. Sie war über 50 Jahre alt, ihr Herz machte ihr zu schaffen, sie fühlte sich alt und krank. Welch hämische Freude hätte ihr früher die Heirat ihres ältesten Sohnes Leopold mit Prinzessin Sophie von Schweden im Jahre 1819 bereitet! Dass die Enkelin der hochmütigen Markgräfin Amalie, die Tochter des arroganten Schwedenkönigs, jetzt den verachteten Hochberger Leopold zum Mann nahm... Für Luise Karolines abgestumpftes Gemüt war diese Hochzeit kaum noch von Bedeutung. Sie triumphierte nicht über die Verbindung ihres Sohnes mit einer Nachfahrin der „echten" Zähringer. Und sie empfand keine Freude an dem schönen Paar, das sich ganz offensichtlich prächtig verstand, obwohl politisches Kalkül – wie so oft – diese Fürstenehe gestiftet hatte. Der Gräfin mangelte es an selbstloser Großzügigkeit, sie konnte keine Freude über die Erhöhung ihrer Kinder empfinden, weil ihr selbst der Aufstieg versagt geblieben war. Ihre giftigen Reden, ihre boshaften Bemerkungen, die sich auch gegen ihre Söhne richteten, sollten indes noch böse Folgen haben und den künftigen Großherzögen von Baden eine schwere Last aufbürden.

Gräfin Luise Karoline, die Stammmutter der badischen Großherzöge der Hochberger Linie, starb mit Hass im Herzen am 23. Juni 1820 in ihrem Karlsruher Palais. Der badische Hof legte acht Wochen Trauer an, obwohl kaum eine Frau, kaum ein Mann zu finden gewesen wäre, der ihr Hinscheiden wirklich bedauert hätte. Großherzog Ludwig sorgte dafür, dass der Tod seiner „Stiefmutter" auch den auswärtigen Höfen offiziell mitgeteilt wurde – was viel Kopfschütteln hervorrief, denn es handelte sich bei der Toten ja nur um eine Gemahlin zur Linken – um die Privatangelegenheit eines hochgeschätzten, aber längst verstorbenen Fürsten. Ebenso überraschend war, dass die Verstorbene in der Fürstengruft der Zähringer in Pforzheim beigesetzt wurde. Eine Ehre, die Ludwig weniger der morganatischen Ehefrau seines Vaters, als vielmehr der Mutter der künftigen Großherzöge von Baden zuteil werden ließ.

Luise von Hochberg war zugleich eine schillernde Persönlichkeit und eine bedauernswerte Frau. Dass sie nicht bereit war, ihre untergeordnete Stellung als Gemahlin zur linken Hand zu akzeptieren, hat sie jedwede Sympathie ihrer Zeitgenossen gekostet. Dass ihre ehrgeizigen Pläne für ihre Söhne tatsächlich Wirklichkeit wurden – wenn auch nicht als Ergebnis ihrer Bemühungen, sondern nur als Resultat der politischen Umstände – das wurde ihr an den europäischen Fürstenhöfen nie verziehen. Vor allem Bayern, das seine Ansprüche auf die Pfalz nicht aufgeben wollte, mochte sich mit der vom russischen Zaren durchgefochtenen Thronfolge der Hochberger nicht abfinden. Es wurden Gerüchte in die Welt gesetzt, nach denen die Gräfin Hochberg auf dem Totenbett gestanden habe, dass ihre Kinder aus „verbrecherischen Verbindungen" stammten. Der regierende Großherzog Ludwig wurde als Vater ihrer Kinder genannt.

Großherzog Leopold, Luises ältester Sohn, der 1830 den Thron bestieg, trug schwer an dem schlechten Leumund seiner Mutter. Man traute diesem Weib, das die gottgegebenen Standesgrenzen nicht hatte akzeptieren wollen, einfach alles zu. Auch, dass sie den wahren badischen Thronerben – das Söhnchen von Großherzog Karl und seiner Gemahlin Stephanie – entführt und verborgen habe, um ihren eigenen Kindern zur Macht zu verhelfen. Schon bald nachdem in Nürnberg der geheimnisumwobene Kaspar Hauser aufgetaucht war, debattierte Europa erregt darüber, ob er der wahre Prinz von Baden gewesen sei. Keine Frage, dass der Hochberg in diesem Drama eine tragende Rolle zugesprochen wurde: Sie sollte den echten Prinzen mit dem verstorbenen Kind einer armen Familie vertauscht haben, um ihren persönlichen Ehrgeiz zu befriedigen und ihren Nachkommen auf den Thron zu verhelfen.

Die Kaspar-Hauser-Legende, die bis in die jüngste Vergangenheit hinein die Gemüter entzweite, zeigt, wie starr die Standesgrenzen im 19. Jahrhundert gezogen waren und wie sehr noch Menschen des 20. Jahrhunderts an dynastischen Vorstellungen festhielten, die man für längst überholt hält. Weil Luise dem Kleinadel angehörte, sprach man ihr das Recht ab, auf der sozialen Leiter emporzusteigen. Weil sie dies nicht in weiblicher Demut hinnehmen wollte, konnte man ihr ungescholten jedwede Bösartigkeit unterstellen. Luise hätte die Billigung ihrer Zeitgenossen gefunden, hätte sie sich wie viele Dutzende andere morganatische

Ehefrauen damit beschieden, ein Betthäschen ihres Gemahls zu sein, das sich aus den Staatsaffären völlig heraushielt. Sie aber träumte davon, ihrem Ehemann gleichgestellt sein, und arbeitete darauf hin, dass ihr Traum Wirklichkeit werde. Allerdings war Luises Versuch, die Standesgrenzen zu überwinden, kein Ergebnis politischer Überlegungen und erst recht keine auf menschliche Gleichheit abzielende Agitation. „Madame Sanssouci" hätte gegen den Standesdünkel ihrer Zeit überhaupt nichts einzuwenden gehabt – hätte er sich nur nicht gegen sie selbst gewandt. Ihre Tragik liegt darin, dass sie an einem System scheiterte, an dessen Spitze sie sich von Herzen gern gesehen hätte.

Stephanie

Braut wider Willen

Die Kutsche schaukelte. Stephanie gab sich wohligen Tagträumen hin. 16-Jährige träumen gern, vor allem von gut aussehenden Männern. Obwohl – Stephanie gestand es sich unumwunden ein – der Kaiser eigentlich kein besonders gut aussehender Mann war. Klein gewachsen war Napoleon, von fahler Gesichtsfarbe und von schrecklich aufbrausendem Temperament. Doch sein Profil war scharf geschnitten und seine Augen zogen sein Gegenüber unweigerlich in ihren Bann. Und welchem jungen Mädchen würde ein Mann nicht imponieren, der dem Papst in der Kathedrale Notre Dame die Krone aus der Hand nahm, um sie sich selbst auf das Haupt zu setzen? Nie würde Stephanie die prunkvolle Krönungszeremonie am 2. Dezember 1804 zu Paris vergessen, zu der sie mit allen Verwandten des hohen Paares eingeladen war. In ganz Frankreich, ach was, in ganz Europa gab es sicher keinen, der sich mit Napoleon messen konnte.

Warum er sie wohl in die Tuilerien bestellt hatte? Mein Gott, wie hatten die Mädchen im Institut die Augen aufgesperrt, als die sechsspännige Kutsche vorfuhr, als sie den Kutscher und die Lakaien in kaiserlicher Uniform erblickten. Eine Hofdame der Kaiserin Josephine hatte Stephanie abgeholt. Und Madame Campan schien nicht anzunehmen, dass ihre Schülerin ins Institut nach Germain zurückkehren würde. Ernst aber gütig hatte die Lehrerin Stephanie angesehen, als sie das Mädchen zum Abschied umarmte.

Stephanie freute sich auf das Wiedersehen mit Tante Josephine beinahe ebenso wie auf das Wiedersehen mit Napoleon. Die Kaiserin gehörte zu jenen charmanten Frauen, die nicht nur Männer, sondern auch ihre Geschlechtsgenossinnen bezaubern.

Tante Josephine hatte, wie Stephanie wusste, ein aufregendes Leben geführt. 1763 war sie als Marie-Josèphe-Rose Tascher de la Pagerie in Französisch-Westindien geboren worden. Als 16-Jährige hatte man die bildhübsche Kreolin mit dem Marquis Alexandre de Beauharnais, einem Cousin von Stephanies Vater, verheiratet. Zwei Kinder gebar Josephine ihrem ersten Gatten in einer Ehe ohne Liebe. Sie konnte Alexandre ebenso wenig leiden wie er sie. De Beauharnais war ein weitsichtiger Mann. Er engagierte sich in der französischen Revolution gegen seinen König. Aber ein Marquistitel wog in den Tagen des Terrors schwerer als revolutionäre Sympathien. Alexandre verlor seinen Kopf und Josephine landete im Gefängnis.

Immerhin blieb Josephine de Beauharnais am Leben. Und es sollte ihr, aus den Fesseln einer verhassten Ehe befreit, gelingen, zu einer maßgebenden Persönlichkeit in der neuen Gesellschaft des Directoires aufzusteigen. Josephine wurde die Geliebte des Direktoriumsmitglieds Barras und ganz Paris lästerte über das Verhältnis der Schönen mit dem dickleibigen Staatsoberhaupt. Der Tratsch indes schien den jungen General Napoleon Bonaparte nicht zu stören. Der war nach Paris gekommen, um die Regierung auf seine genialen militärischen Pläne aufmerksam zu machen. Ein Weg an die Ohren der Macht führte über Josephine. Napoleon verehrte die sechs Jahre ältere, bezaubernd schöne und weltgewandte Frau leidenschaftlich. Und das nicht nur, weil sie ihm so nützlich war. Sehr zum Ärger der Familie Bonaparte heiratete er sie im März 1796. Vier Jahre später bezog Josephine als Gemahlin des Ersten Konsuls den Tuilerienpalast; nach weiteren vier Jahren setzte ihr der Gatte in Notre Dame die Krone der Kaiserin auf die kurzen Löckchen, die sie zur Mode gemacht hatte.

Stephanie hatte keine Probleme damit, für Tante Josephine Zuneigung zu empfinden und zugleich deren Gatten schwärmerisch anzuhimmeln. Napoleon war Stephanies Idol, ihr Held, ihr Gönner. Kennen gelernt hatte sie ihn zu der Zeit, als er noch Erster Konsul war. Für das Mädchen aus der Provinz verkörperte der Korse die große Welt. Dass sie für ihn nur ein Puzzleteilchen im großen politischen Spiel war, ahnte das naive Kind nicht. Als sich die Kutsche den Tuilerien näherte, hatte Napoleon längst über Stephanies Schicksal entschieden: Das Mädchen aus dem französischen Kleinadel sollte den Spross einer vornehmen alten Fürstenfamilie heiraten.

Stephanie Louise Adrienne de Beauharnais war am 28. August 1789 in Versailles geboren worden. Es war die Zeit, als die Französische Revolution ihrem Höhepunkt entgegenstrebte. Stephanies Vater, Claude de Beauharnais, war Offizier der königlichen Leibgarde. Der Graf hatte viel mehr Interesse daran, seine Haut in Sicherheit zu bringen, als sich um seinen Sprössling, der ohnehin nur ein Mädchen war, zu kümmern. Stephanies Mutter, Claudine Adrienne Gabrielle de Lezay-Marnésia, floh mit ihrem Baby an die Riviera. Die junge Frau litt an Tuberkulose, sie fühlte ihre Kräfte schwinden und vertraute ihr Töchterlein einer irischen Pensionatsfreundin an. Als das Mädchen drei Jahre alt war, starb die Mutter. Die Patin, Lady Bath, setzte dem Kind eine Rente aus. Anstatt es aber nach England in Sicherheit zu bringen, übergab sie das Mädchen zwei ehemaligen Nonnen aus dem aufgelassenen Bernardinerinnen-Kloster Panthémont in Obhut. Stephanie wuchs unter der Sonne Südfrankreichs auf. Ihre Erziehung war mehr schlecht als recht. Die Nonnen waren mit der Aufgabe, für ein lebhaftes Kind zu sorgen, hoffnungslos überfordert. Immerhin engagierten sie mit dem Geld der Lady Bath eine bodenständige Kinderfrau. Die Kinderfrau war zum Glück ein mütterlicher Typ und Stephanie schwor noch Jahre später, dass sie alles Gute in ihrem Herzen dieser einfachen Frau zu verdanken habe.

Napoleon erfuhr von der Existenz der entfernten Verwandten seiner Frau erst, als Stephanies Vater aus der Emigration zurückkehrte. Bonaparte gab Weisung, dass das Mädchen sofort nach Paris zu bringen sei. Stephanie zeigte sich bockig. Was sollte sie in der Hauptstadt? Bislang war ihr Schicksal jedermann vollkommen egal gewesen. Und vor allem ihr Herr Papa hatte eine Gleichgültigkeit an den Tag gelegt, die kaum zu überbieten war. Doch Stephanies Weigerung, nach Paris zu kommen, half ihr nichts. Mit Hass im Herzen betrat die 13-Jährige die muffige Wohnung ihres Vaters. Sie wollte diesen Mann, der bislang keinen Funken Interesse an ihrer armseligen Existenz gezeigt hatte, gar nicht kennen lernen. Aber niemand fragte danach, wie dem jungen Mädchen zu Mute war.

Anfang 1803 wurde Stephanie erstmals in die Tuilerien gebeten. Tante Josephine empfing das Kind ausgesprochen liebenswürdig; von der Pracht des Palastes, in dem einst Ludwig XVI. und Marie Antoinette Hof gehalten hatten, war Stephanie geblendet.

Ein Wermutstropfen im Freudenbecher war allerdings, dass Tante Josephine ihrer Nichte umgehend die langen Locken abschneiden ließ. Die Konsulin hatte zwar nichts gegen süße Kindlichkeit – aber Napoleon hatte Stephanie nicht kommen lassen, um sich an ihrer Unschuld zu erfreuen. Für Josephine, die als Kind selbst ohne Liebe verheiratet worden war, war es keine Frage, dass auch Stephanie klug vermählt werden sollte. Schon um ihren Marktwert zu steigern, musste das Mädchen sich modisch elegant in der Gesellschaft zeigen.

Bei einem Abendempfang von Louis Bonaparte lernte Stephanie schließlich Napoleon kennen. Sie staunte, dass dieser schlicht gekleidete, kleine Mann, der aus einer Reihe von goldbetressten Uniformen auf sie zu kam, der Erste Konsul sein sollte. Liebe Güte – der war ja kaum größer als sie selbst! Unbefangen beantwortete Stephanie die Fragen des mächtigen Herrn. Vergessen war ihr Zorn darüber, dass Napoleon sie hatte nach Paris bringen lassen. Stephanie empfand von Anfang an große Zuneigung für „Onkel" Napoleon.

Die naiv-ländliche Fröhlichkeit seiner angeheirateten Nichte amüsierte Napoleon – auf Dauer dulden konnte er sie freilich nicht. Schließlich wünschte er einen Hof zu führen, der sich mit der Pracht des hingerichteten Königpaares und den Hofhaltungen der alten europäischen Dynastien durchaus vergleichen ließ. Stephanies kindliche Äußerungen und ihr bäuerlicher Tonfall, überhaupt ihr provinzielles Benehmen wurden von der neuen französischen Hofgesellschaft spöttisch kommentiert. Napoleon hielt streng auf die Etikette. Dass eine Verwandte seiner Frau sich daneben benahm, konnte der Emporkömmling nicht dulden. Es machte seine Person lächerlich.

Stephanie brauchte dringend eine standesgemäße Ausbildung. So wurde sie schon im März 1803 in das Institut von Jeanne-Louise Henriette Campan geschickt. In diesem Pensionat erhielten damals etwa 100 junge Mädchen, Töchter aus alten Adelsgeschlechtern und Sprösslinge der neuen französischen Aristokratie, den letzten Schliff. Zwar war die Revolution über Frankreich hinweggefegt, aber an den Vorstellungen darüber, wie vornehme junge Damen sich benehmen sollten, hatte sich wenig geändert. Im Institut lebten die Formen des „ancien régime" weiter, schließlich war Madame Campan einst Kammerfrau der unglücklichen Königin Marie Antoinette gewesen. Die Zöglinge wurden auf ihre künftige Rolle in der eleganten Gesellschaft vorbereitet; Geschichte,

Religion, ein bisschen Mathematik, Geographie und Französisch standen auf dem Lehrplan. Wichtiger erachtet wurden allerdings Gesang, Zeichnen, Malen sowie zierliche Handarbeiten. Und natürlich Konversation und gutes Benehmen. Schließlich sollten die künftigen Ehemänner der Mädchen sich ihrer Gattinnen nicht schämen müssen. Hortense de Beauharnais, Josephines Tochter aus erster Ehe, die spätere Königin von Holland, war Madame Campans Lieblingsschülerin gewesen.

Es fiel dem Wildfang Stephanie zunächst nicht leicht, sich den strengen Institutsvorschriften zu beugen, doch sollte sie bald eine gute Schülerin werden. In einem Brief an Hortense de Beauharnais charakterisierte Madame Campan die junge Stephanie: „Sie ist eine reiche, vielseitige Persönlichkeit, eine wunderliche Mischung von Leichtigkeit zum Lernen, Eigenliebe, Eifer, Trägheit, Liebenswürdigkeit, Gerechtigkeitssinn, Behändigkeit, Ehrgeiz und Frömmigkeit."

Die Weichen für die Zukunft der „wunderlichen Mischung" hatte Napoleon Bonaparte, mittlerweile gekrönter Kaiser der Franzosen, gestellt. Dem kleinen Ländchen Baden kam wegen seiner grenznahen Lage in der Bündnispolitik Napoleons besondere Bedeutung zu. Außerdem war der Kaiser von eigenen Gnaden bemüht, durch eheliche Bande seiner Familie zu legitimen Dynastien die eigene Krone fester zu begründen. So hatte Napoleon die junge Stephanie dem Erben des badischen Thrones zur Gemahlin bestimmt.

Prinz Karl war der Enkel von Kurfürst Karl Friedrich, der einzige Sohn von Markgräfin Amalie und dem Erbprinzen Karl Ludwig, der unerwartet im Jahr 1801 gestorben war. Napoleon gedachte, zwei Fliegen mit einer Klappe zu schlagen. Denn Karl war verlobt mit der bayerischen Prinzessin Auguste. Diese sollte er nun freigeben – sie würde ihre Hand dem Stiefsohn Napoleons, Eugen de Beauharnais, reichen. Karl hingegen sollte Stephanie zur Frau erhalten, wofür Baden sich den österreichischen Breisgau einverleiben dürfte. Alles in allem ein gutes Geschäft.

An Kurprinz Karl sollte es nicht liegen. Er war bereit, das „Opfer" zu bringen und auf die Bayernprinzessin, mit der er sich gut verstand, zu verzichten. Allerdings wünschte er, dass Napoleon den Heiratsplan bei seiner Mutter durchsetzte. Denn der Markgräfin lag sehr viel an der bayerischen Heirat, während die Ehe mit einer Comtesse Beauharnais die reinste Mesalliance wäre. Eine obskure kleine französische Gräfin! Pardon! Das war doch keine

Partie für einen Zähringer. Die Frage der Ebenbürtigkeit und damit der Legitimität der Nachkommen stand im Raum. Auch Kurfürst Karl Friedrich war über das Vorhaben Napoleons entsetzt. Aber selbst die adelsstolze Amalie musste die Waffen strecken, als Napoleon ihr im Januar 1806 in Karlsruhe versprach, Stephanie zu adoptieren und sie damit zu einer kaiserlichen Prinzessin zu befördern. Markgraf Wilhelm, ein Sohn aus Karl Friedrichs zweiter Ehe, bemerkte in seinen „Denkwürdigkeiten“: „Gegen den Willen des mächtigen, durch den siegreich beendigten Krieg zur höchsten Stufe des Glücks gelangten Kaisers half indessen kein Widerstand: Der Heiratsvertrag wurde abgeschlossen.“

Badens Schicksal war fest mit dem Aufstieg Napoleons verknüpft. Aus dem Kleinstaat mit zerstückeltem Herrschaftsgebiet wurde im Zuge der napoleonischen Umstrukturierung Deutschlands ein ansehnlicher Mittelstaat, der von der Schweizer Grenze bis über die untere Tauber reichte und anno 1811 seine weiteste Ausdehnung erfuhr. Dass Karl Friedrich 1803 Kurfürst und schließlich Großherzog wurde, war eine Folge napoleonischer Politik. Für Frankreich waren abhängige Mittelstaaten wie Baden als Puffer zu Preußen und Österreich unverzichtbar. Für viel versprechend hielt Napoleon außerdem die familiären Verbindungen der Zähringer nach Russland, Schweden und Bayern.

Stephanie wurde gar nicht erst gefragt. Napoleon teilte ihr lediglich mit, dass sie Karl heiraten und er sie zuvor adoptieren werde. Die Vorstellung, kaiserliche Prinzessin und Adoptivtochter des Imperators zu werden, sagte Stephanie durchaus zu. Den Gedanken an die Heirat mit dem unbekannten badischen Prinzen hingegen verdrängte sie erst einmal. Als der badische Sondergesandte Baron Reitzenstein die Werbung für den jungen Prinzen vorbrachte, kam es zu einer peinlichen Szene: Stephanie war unfähig, auch nur einen Ton von sich zu geben.

Später behauptete Stephanie, dass der Baron sie nicht ausstehen könne, weil sie in seiner Anwesenheit zu schüchtern gewesen sei. Tatsächlich aber war Reitzenstein der Mann gewesen, der auf badischer Seite der dynastischen Verbindung der Zähringer mit Frankreich die Wege geebnet hatte. Denn Sigismund Karl Johann von Reitzenstein, den der berühmte Historiker Franz Schnabel als „Begründer des badischen Staates“ bezeichnete, hatte frühzeitig erkannt, dass der winzige Anrainerstaat des dahinschwindenden Deutschen Reiches dem Untergang geweiht wäre, wenn er sich Frankreich hindernd in den Weg stellte. Diesem herausragenden

Politiker verdankte Baden letztlich seine Erhebung zum Großherzogtum.

Auch bei den Verhandlungen über den Ehevertrag Stephanies stellte Reitzenstein seine kluge und weitblickende Beharrlichkeit unter Beweis. So unterrichtete er den badischen Kurfürsten darüber, dass im Entwurf zum Heiratsvertrag Stephanie lediglich als „Son Altesse Serenissime Madame la Princesse de Beauharnais" aufgeführt sei. Ein kleiner, aber ein entscheidender Makel! Reitzenstein nahm diese Bezeichnung nicht hin: Es sei mit der Ehre des Hauses Baden nicht vereinbar, dass Prinz Karl eine Prinzessin heirate, die lediglich die Tochter eines Senators Beauharnais sei. Darauf wurde der Ausdruck „Altesse Impériale, Madame la Princesse Stéphanie Napoléon de France fille adoptive de S.M. L'Empeureur & Roy" gewählt. In der Adoptionsurkunde vom 2. März 1806 hieß es ausdrücklich, dass der Kaiser die Tochter des Senators Claude de Beauharnais adoptiere, dass sie zusätzlich den Namen „Napoleon" erhalte, das Recht habe, das kaiserliche Wappen zu tragen, und alle Ehren genösse, die den „Kindern Frankreichs" zukämen.

Reitzenstein drängte darauf, dass Kurprinz Karl baldmöglichst nach Paris komme. Am 21. Januar 1806 war die Verlobung verkündet worden, am 12. Februar wurde der Ehevertrag unterzeichnet. Doch der Bräutigam traf erst am 2. März in Paris ein. „Nur nichts überstürzen", war schon damals das Lebensmotto des 20-Jährigen.

Am Morgen nach Karls Ankunft standen sich die Brautleute in den Räumlichkeiten der Kaiserin zum ersten Mal gegenüber. Karl sah eine zierliche, nach neuester Mode gekleidete brünette Kindfrau, das hübsche, schmale Gesichtchen geschickt geschminkt, die blauen Augen weit aufgerissen. Der schlanke Hals Stephanies war etwas nach vorn gereckt, der Rücken ein klein wenig rund – die ganze Haltung der künftigen Kurprinzessin wirkte etwas eingeschüchtert. Von der Lebhaftigkeit und dem liebenswürdigen Entgegenkommen, das die Adoptivtochter Napoleons sonst zeigte, war keine Spur zu entdecken.

Stephanie ihrerseits erblickte einen untersetzten jungen Mann mit altmodischer Frisur. Der Junge sah gar nicht einmal schlecht aus; er hatte allerdings wenig ausgeprägte Züge. Seine Bewegungen waren schwerfällig, sein ganzes Benehmen reichlich verkrampft. Der badische Kurprinz hob zu einer langen, auswendig gelernten Rede an, verhaspelte sich, sprach weiter. Ein peinliches

Schauspiel. Was Stephanie nicht ahnte: Karl war geradezu pathologisch schüchtern. Er pflegte nur wenig Umgang mit Menschen seines Standes. Letzteres lag daran, so vermuteten Zeitgenossen, dass er sich seiner unzureichenden Bildung bewusst war. Stephanie, die ihren Verlobten mit ihrem Idol, dem Kaiser Napoleon, verglich, war entsetzt. Napoleon so selbstbewusst und herausfordernd, Karl so unsicher und linkisch. Napoleon so entschieden, geistig gewandt und von schnellem Entschluss, Karl so introvertiert und langsam. Eine Hofdame der Kaiserin Josephine, Madame de Remusat, beschrieb den badischen Erbprinzen in ihren Memoiren: „Er war jung, aber sehr dick, ein gewöhnliches Gesicht ohne Ausdruck. Er sprach wenig, er schien sich zu genieren und schlief ungefähr überall ein."

Stephanie brachte bei dieser ersten Begegnung kaum ein paar Worte heraus. Nicht viel anders sollte es bei den täglichen Besuchen werden, die der Kurprinz seiner Braut von nun an abstatten musste, damit die jungen Leute sich besser kennen lernten. Beide wussten nicht, was sie einander zu sagen hätten, und sie schauten heimlich auf die Uhr, ob die Stunde denn nicht endlich vorbei wäre. Dabei hatte sich Karl schon längst in seine hübsche Verlobte verliebt. Doch seine Schüchternheit und seine Furcht, zurückgewiesen zu werden, verhinderten, dass er diesem schnippischen kleinen Ding etwas über sich selbst preisgab. Obwohl er sechs Schwestern hatte, hatte der Prinz keine Vorstellung davon, was eine junge Dame von Stand interessieren könnte. Also schwieg er lieber.

Stephanie machte es ihrem Bräutigam nicht leicht. Sie hatte bei Madame Campan zwar gelernt, charmant zu plaudern – aber diesem Fremden gegenüber, mit dem sie ihr Leben teilen sollte, zeigte sie sich störrisch. Schließlich war Karl nur der Erbprinz eines unbedeutenden deutschen Ländchens – Stephanie aber war eine „kaiserliche Hoheit", die Adoptivtochter des mächtigsten Mannes von Europa. Sie war jetzt eine wichtige Persönlichkeit, ranghöher selbst als die Schwestern Napoleons. Karl hatte es gefälligst als Ehre zu betrachten, dass sie ihn heiraten würde. Er sollte sich um sie bemühen, sollte sie umwerben, ihr seine Anbetung beweisen. Aber da saß er, lächelte linkisch und benahm sich, als wäre er taubstumm. Stephanie rümpfte das hübsche Näschen.

Am Hofe blieb das Aussehen und das Benehmen des badischen Erbprinzen selbstverständlich nicht unkommentiert. Eine Quelle der Erheiterung bot Karls Frisur. Der Kurprinz trug bei seiner Ankunft in Paris noch nach dem Vorbild Friedrichs des Großen ein gepudertes Haupt mit Zopf und Nackenschleife. Ihm selbst fiel seine für Pariser Verhältnisse denkbar altmodische Haartracht nicht auf. Doch der badische Gesandte machte Karl darauf aufmerksam, dass der Zopf in Frankreich als Zeichen des „alten Regimes" galt und verpönt war. Karl bemühte sich daraufhin, Entgegenkommen zu demonstrieren, und ließ sich das Haar à la Titus schneiden. Jetzt amüsierte sich der Hof erst recht auf seine Kosten. Stephanie, mit 16 Jahren reichlich unreif, war noch lange nicht Persönlichkeit genug, unabhängig vom Geschwätz der Höflinge zu urteilen.

Es galt als vornehm, erst spät am Tage zu heiraten. Am 7. April 1806 fand abends um acht Uhr die Ziviltrauung von Stephanie Napoleon und Karl von Baden statt. Die Unterschrift der Prinzessin auf der Heiratsurkunde ist kaum zu entziffern – sie gleicht mehr einem Tintenklecks als einem Namenszug. Die erste Hochzeit in der Bonaparte-Familie seit der Krönung Napoleons wurde mit gewaltigem Prunk gefeiert. Kirchlich getraut wurde das hohe Paar am 8. April ebenfalls um acht Uhr abends vom Erzbischof von Paris. Der evangelische Kurprinz wurde nach katholischem Ritus verheiratet. Die junge Frau war in ein Kleid aus weißem Tüll gehüllt, das von oben bis unten mit Diamantähren und Sträußen aus Orangenblüten besetzt war. Unterhalb des Busens war eine Schleppe aus Silbergaze befestigt. Stephanie war eine bildschöne Braut. Jahre später schrieb sie: „Es war das schönste Kleid, das man sich vorstellen kann; es erinnerte mich an Märchen aus meiner Kindheit, und wenn ich mit meinem Los zufriedener gewesen wäre, hätte ich mich mit Wohlgefallen betrachtet. Doch ich war so traurig und unglücklich, wie man mit 16 Jahren sein kann."

Die Prinzessin hat Launen

Der französische Hof hatte schon wieder einen Grund für hämisches Gelächter: Der Bräutigam, so hieß es, habe die Hochzeitsnacht in einem Lehnstuhl vor den Gemächern der frisch gebackenen badischen Kurprinzessin verbringen müssen. Während Karl sich in Enthaltsamkeit übte, soll Stephanie hinter verschlossenen Zimmertüren vertrauliche Gespräche mit einer Pensionatsfreundin geführt haben. Stephanie entschuldigte sich später mit ihrer Jugend für dieses skandalöse Verhalten: „Ich war zu jung, um zu verstehen, welche Pflichten eine Frau gegenüber ihrem Manne hat, zu jung, um in den Bindungen der Ehe einen Ausgleich zu finden für das, was ich aufgab. Der Kurprinz war zu jung, um ein einfaches und reines Mädchen zu schätzen, das ein wenig launisch war, aber wohl bald eine gute, vielleicht liebenswerte Frau geworden wäre."

Die Festlichkeiten anlässlich der badisch-französischen Hochzeit zogen sich über mehrere Wochen hin und führten den Hof nach Malmaison, St. Cloud und schließlich nach Compiègne. Stephanie war wild entschlossen, die Feierlichkeiten zu genießen. Karl störte dabei nur. Dass die Kurprinzessin ihren jungen Gemahl geflissentlich übersah, sorgte für einiges Getuschel. Zumal sie auf Teufel komm raus mit ihrem Adoptivvater flirtete. Der amüsierte sich prächtig über das kokette Spiel Stephanies. Weniger belustigt war Kaiserin Josephine. Ihr Ärger wurde ihr vielfach als Eifersucht ausgelegt – in Wirklichkeit sah die kluge Frau aber handfeste Schwierigkeiten auf ihre leichtsinnige Nichte zukommen. Weil Stephanie mahnende Worte einfach in den Wind schlug, sah sich Josephine zu drastischeren Maßnahmen genötigt. Sie verbot ihrer Nichte, an einem Jagdausflug teilzunehmen, den sie selbst wegen Unpässlichkeit nicht mitmachen konnte.

Die Folge dieses Verbotes war ein napoleonischer Wutanfall. Aber Josephine ließ sich von den Zornesausbrüchen ihres Gemahls schon lange nicht mehr beeindrucken. In ruhigen Worten setzte sie dem Kaiser auseinander, dass Stephanie sich mit ihrem kindischen Verhalten in eine unmögliche Situation hinein manövriere. Es konnte doch wahrhaftig nicht in Napoleons Sinn sein, dass der künftige Herrscher von Baden derart lächerlich gemacht werde. Napoleons Ärger verrauchte. Was Josephine sagte, hatte Hand und Fuß. Stephanie sollte den Bogen besser nicht überspannen. Napoleon bestellte die Kurprinzessin ein und redete ihr ins Gewissen. Karl war angenehm überrascht darüber, dass ihm fortan der Eintritt in Stephanies Schlafgemach nicht mehr verwehrt wurde. Nur leider schienen seine Gunstbeweise der Gemahlin wenig Freude zu bereiten.

Der Gedanke, Frankreich verlassen zu müssen, widerstrebte Stephanie zutiefst. Mit einem Mann, den sie nicht liebte, ja, den sie nicht einmal achtete, sollte sie in ein Land reisen, das sie nicht kannte, dessen Sprache sie nicht mächtig war. Dass alle Männer und Frauen von Rang zu dieser Zeit Französisch beherrschten – manchmal besser als ihre Muttersprache – war nur ein geringer Trost. Stephanie ließ einen Teil ihrer Kleider und ihrer Aussteuer in Frankreich zurück, so als wolle sie demonstrieren, dass sie hierher und nicht in das unbekannte deutsche Land gehöre.

Für ein Mädchen aus einem Fürstenhaus war ihr Schicksal in keiner Weise ungewöhnlich. Die Töchter Amalies von Baden waren wie Stephanie aus politischen Gründen verheiratet worden. Und der Wechsel von Karlsruhe nach Russland oder Schweden war womöglich noch einschneidender als der von Paris in die badische Residenzstadt. Aber Amalies Töchter waren durch ihre Geburt prädestiniert für eine dynastische Eheschließung und ihre ganze Erziehung war darauf abgestimmt gewesen, dass sie einstmals Herrscherinnen in einem fremden Land würden. Stephanie jedoch, die angeheiratete Nichte der Ehefrau Napoleons, war sozusagen zufällig in die europäische Geschichte hineingeraten. Auch ihre Ausbildung bei der vornehmen Madame Campan war darauf ausgerichtet gewesen, dass Stephanie einmal einen Franzosen von hohem Range ehelichen würde – aber doch keinen ausländischen Fürsten. Jahre später noch zeigte sich Stephanie überzeugt: „Ich wäre glücklicher, hätte mich der Kaiser mit einem seiner Marschälle verheiratet."

Am 1. Juli brach das junge Paar in Paris auf, am 4. Juli passierte es die Straßburger Rheinbrücke. Stramm stehende Regimenter, schmetternde Militärkapellen, junge Mädchen mit Blumensträußchen und gewichtig grüßende Behördenvertreter säumten den Weg Stephanies und Karls. Abends gegen zehn Uhr fuhr ihre Karosse in die festlich beleuchtete Residenzstadt Karlsruhe ein. Ein malerisches Bild bot sich, das Stephanie im ersten Augenblick über die Wahrheit hinweg getäuscht haben mag: Dieses Karlsruhe war mit Paris ja überhaupt nicht zu vergleichen. Ein Provinzstädtchen mit 10.000 Einwohnern!

Sie lächelte ihr hübsches Lächeln. Ihren neuen Untertanen gefiel die anmutige Prinzessin. Wilhelm von Hochberg war entzückt vor allem von ihrer Liebenswürdigkeit. Kirchenrat Johann Peter Hebel, der Stephanie bei einem Empfang der Behördenspitzen sah, lobte ihr gewinnendes Wesen: „Im einfachen weißen Gewand, mit einigen Blumen im Geflecht der Haare, die man spitzbübischerweise für Rot ausgegeben hatte, da sie doch bräunlich sind, stand sie mehr mit jugendlicher und jungfräulicher Anmut als mit fürstlicher Würde ungezwungen, unverlegen da, nahm die Bewillkommnungskomplimente freundlich an und sprach, aus den Mienen zu schließen, viel Artiges, das ich nicht verstand. Sie hat mittelmäßige Größe, gegen das Kleine hinneigend, ein gesundes Aussehen, ein bedeutendes Auge und wurde von den meisten als schön gehalten.“ Auch der badische Außenminister, Ludwig von Edelsheim, lobte die Grazie der Erbprinzessin in einem Schreiben an den Gesandten seines Landes in Paris: „Sie hat uns beim Tanze entzückt; ihre ganze Haltung ist charmant, ich möchte beinahe sagen, bestrickend.“

Während ihre künftigen Untertanen Stephanie bewundernden Applaus zollten, schlug der Prinzessin in der Familie des Kurfürsten klirrende Kälte entgegen. Gütig zeigte sich zunächst nur der alte Karl Friedrich selbst, obwohl er an der Stelle der Schwiegerenkelin lieber eine andere gesehen hätte. Er hatte sich dem massiven Druck Napoleons beugen müssen; aber es widerstrebte seinem ausgeprägten Sinn für Gerechtigkeit, der jungen Französin in ihrer ohnehin schwierigen Situation weitere Steine in den Weg zu legen. Der Kurfürst beabsichtigte, die Tatsachen zu akzeptieren und das Beste daraus zu machen. Caroline von Freystedt beschreibt in ihren Erinnerungen wie er reagierte, als die Kunde von der Verlobung Karls nach Karlsruhe gebracht worden war: „Noch sehe ich den alten ehrwürdigen Kurfürsten bei der Tafel aufstehen, laut rufend, indem er sein Glas ergriff: ‚je bois à la santé de la Princesse Stéphanie Napoléon (ich trinke auf die Gesundheit der Prinzessin Stephanie Napoleon)'. Es war, als ob die alte Zeit die neue begrüßte."

Als Stephanie den Kurfürsten, der bald darauf zum Großherzog avancierte, persönlich kennen lernte, genas er gerade von einer schweren Krankheit. Die Freundlichkeit Karl Friedrichs berührte die junge Frau angenehm, doch in ihre Zuneigung mischte sich eine gehörige Portion Mitleid mit dem fast 80-Jährigen. Später schilderte sie ihre Eindrücke: „Er war ein würdiger Greis, aber war zu dieser Zeit nicht mehr der hervorragende Mann, der sich mit Gelehrten umgab und sein kleines Land wie ein Weiser regierte, in ganz Deutschland gerühmt wegen seiner Kenntnisse, seiner Gaben und Gesetzgebung und seines tugendhaften Lebenswandels. Seine Krankheit, sagte man, habe seine geistigen Fähigkeiten angegriffen, und die Schwäche, die zurückgeblieben war, erlaubte ihm nicht, sein Zimmer zu verlassen. Kaum konnte er sich in seinem Sessel aufsetzen."

Anders als Karl Friedrich machte sich dessen zweite Frau, die Gräfin Hochberg, wenig Mühe, ihre Abneigung gegen Stephanie zu verbergen. Sie, deren Lebensziel es war, ihre Söhne als legitime Erben des Hauses Baden durchzusetzen, konnte nur Widerwillen empfinden gegen die Prinzessin, von der sich das ganze Land den Thronerben erhoffte. Die Antipathie war gegenseitig: Auch Stephanie verabscheute Luise Karoline von Hochberg. Zu den Söhnen und dem Töchterlein der Hochberg hingegen, die ebenso anmutige wie geistreiche Menschenkinder waren, entwickelte sich bald ein freundschaftliches Verhältnis.

Markgräfin Amalie, Stephanies Schwiegermutter wider Willen, hatte ihre eigene Art, ihr Missfallen an der französischen Heirat zu dokumentieren: Sie glänzte bei Stephanies Empfang in Karlsruhe durch Abwesenheit. Caroline von Freystedt, die ergebene Hofdame Amalies, beschönigte nichts: „Die Markgräfin wollte beim Einzug des jungen Ehepaares nicht zugegen sein und hatte sich deswegen nach Darmstadt begeben."

Stephanie wäre das Beleidigende dieser Handlungsweise vielleicht gar nicht aufgefallen. Doch die neue Familie der Erbprinzessin wurde von den „französischen Freunden" mit Argusaugen überwacht. Napoleon legte größten Wert darauf, dass seine „Tochter" mit allen ihr gebührenden Ehren behandelt wurde. So sah sich Amalie genötigt, ihr Verhalten bei Napoleon zu rechtfertigen. Die

Niederkunft ihrer Tochter Wilhelmine, der Erbprinzessin von Hessen-Darmstadt, sowie ein eigenes Unwohlsein hätten sie in Darmstadt zurückgehalten, beschönigte Amalie später den geplanten Affront.

Stephanie lernte ihre Schwiegermutter erst in Mannheim kennen, wohin sich das junge Paar am 19. Juli 1806 begab. Die erste Begegnung stand unter keinem guten Stern: Kurz zuvor hatte Amalies Oberhofmeister, Karl Christian von Berckheim, mitgeteilt, dass auf Befehl Napoleons seine Adoptivtochter als kaiserliche Prinzessin den Rang vor ihrer Schwiegermutter einnehmen sollte. Das war ein harter Schlag für die stolze Amalie. Sie verzog keine Miene, als sie der Kurprinzessin entgegen trat.

Stephanie empfing die Schwiegermutter auf der Treppe. Amalie sah eine zierliche, rosa gewandete Person, der das schmale Kleid, das nach der Mode der Zeit nicht in der Taille, sondern unter dem Busen geschnürt war, vortrefflich stand. Ein Spitzenschleier mit Rosen war auf dem anmutigen Köpfchen festgesteckt. Missmutig registrierte Amalie, welcher Jubel über die Anwesenheit der Kurprinzessin in der badischen Pfalz herrschte. Als die Markgräfin ihrer Tochter Elisabeth über die neue Verwandte nach Petersburg schrieb, gab sie sich den Anschein einer objektiven Beobachterin. Doch kleine Boshaftigkeiten zeigen, wie sehr ihr die „kaiserliche Hoheit" gegen den Strich ging: „Sie sieht hübsch aus, hat aschfarbige, durchaus nicht blonde Haare, eine ziemlich große, aber wohlgeformte Nase; ihr Mund ist nicht klein, aber sie hat schöne Zähne. Der Kopf würde mehr zu einer größeren Figur passen, denn sie ist klein und hält sich schlecht; ihr Rücken ist etwas rund. Der Gesamteindruck ist angenehm, aber ich würde sie trotz ihrer kleinen Gestalt eher auf 20 als auf 16 Jahre schätzen. Sie empfing mich verlegen, doch mit dem Wunsche, mir zu gefallen. Sie scheint sehr lebhaft zu sein, aber nicht sehr sanftmütig. Karl behandelt sie gut, ist aber überhaupt nicht verliebt."

Ein kleines Stückchen Frankreich hatte Stephanie nach Baden importiert: ihren weiblichen Hofstaat. Während die Herren von Baden zugeteilt worden waren, hatte Napoleon höchstpersönlich die Oberhofmeisterin, Gräfin Agathe von Walsh, ausgesucht. Sie war nicht eben nach Stephanies Geschmack. Dafür hatte sie als Hofdamen ehemalige Pensionatsfreundinnen aus dem Institut der Madame Campan ausgewählt.

Das sollte sich als nicht sonderlich geschickt erweisen. Denn zum einen fühlten sich die badischen Adelsfamilien um das Vorrecht gebracht, Hofdamen für die Erbgroßherzogin zu stellen. Das Amt der Hofdame war einer der wenigen Karrierewege, die mittellosen Adelsfräulein damals offen standen. Zum anderen wurde Stephanie durch die jungen Französinnen immer wieder in ihren Vorurteilen gegen den badischen Hof und ihren Gemahl bestärkt. Das überhebliche Getue ihrer Hofdamen, die alles, was nicht französischen Gepflogenheiten entsprach, als hinterwäldlerisch abtaten, schadete Stephanie sehr. Überhaupt, diese französischen Sitten! Stephanie bestand darauf, mehrmals im Jahr zu baden. Ja, sie besaß sogar einen eigenen Badezuber! Das musste man sich einmal vorstellen. Die vornehmen badischen Damen schüttelten entrüstet die edlen Köpfe. Schließlich wusste doch jeder, dass so viel Wasser äußerst schädlich für die Haut und der Gesundheit ganz allgemein abträglich war. Na, sie würde schon sehen, was sie davon hatte!

Die Kurprinzessin ihrerseits war nach wie vor davon überzeugt, dem badischen Hof mit ihrer Heirat eine große Ehre angetan zu haben. Dass die neue Verwandtschaft ihr so kühl begegnete, verwirrte und empörte sie zugleich. Wie merkwürdig, dass Napoleon nicht diese gemeinen Badener zur Raison rief, sondern seine Adoptivtochter brieflich ermahnte: „Liebe deinen Gatten; er verdient deine Zuneigung. Mache dich beim Kurfürsten beliebt, das ist deine erste Pflicht, denn er ist dein Vater und ein verehrungswürdiger Fürst. Behandle deine Untertanen gut, denn nur zum Glück der Untertanen sind die Herrscher da. Passe dich dem Lande an und finde alles gut, denn nichts ist anmaßender, als immer nur von Paris und den großen Genüssen zu sprechen, die man nicht haben kann. Verfalle nicht in diesen Fehler vieler Franzosen. Man wird dich nur in dem Maße lieben, als du dem Land, in dem du weilst, deine Liebe und Achtung schenkst."

Stephanie nutzte in den ersten Jahren ihrer Ehe jede Gelegenheit für Ausflüge und Reisen, um den langweiligen Höflingen zu entgehen und ihre künftigen Untertanen besser kennen zu lernen. Neben Visiten in Favorite und auf Eberstein unternahm sie Fahrten ins badische Oberland, an den Bodensee und in die pfälzischen Landesteile. Beim einfachen Volk kam sie gut an: Einer so jungen, hübschen und eleganten Prinzessin mussten die Herzen ja zufliegen.

Aber das badische Volk und der badische Hof – das war zweierlei. Am Hof hätte es ihrer Ansicht nach durchaus französischer zugehen können. Caroline von Freystedt, die von Amalies Abneigung gegen Stephanie nicht unberührt blieb, notierte: „Der jungen Fürstin hatte man gesagt, sie sei Kaisertochter und erzeige ihrem Gemahl viel Ehre, indem sie ihn heiratete. Sie glaubte dies ohne Mühe und benahm sich in diesem Sinn. Dazu kam, wie es Höflingsart ist, dass alles sich vor dieser aufgehenden Sonne beugte, deren Betragen in jener Zeit (sie war kaum 17 Jahre alt und nur kurze Zeit, nachdem sie aus der Pension getreten war, am Hofe unter Aufsicht der Kaiserin Josephine gewesen) ihrer hohen Stellung noch nicht entsprechend war... Die Tagesordnung wurde auf französische Art eingeteilt, ohne Rücksicht auf die so lang vorher bestandenen Gewohnheiten. Die Markgräfin, ja selbst der alte Kurfürst, welcher indessen den Titel Großherzog angenommen hatte, mussten sich nach den Stunden, welche der jungen Fürstin genehm waren, richten. Eines Tages war der ganze Hof zur Tafel versammelt, da sah man Prinzessin Stephanie ausfahren gegen Ettlingen zu, wo sie ausstieg und nach Gefallen spazieren ging, bis es ihr beliebte, die wartende Familie durch ihre Rückkehr zum Mittagessen gelangen zu lassen."

Dass Stephanie Launen hatte und erwartete, dass jedermann diese Launen befriedigte, entging auch Wilhelm von Hochberg nicht, der Stephanie im Übrigen sehr bewunderte: „Mein Bruder Leopold und ich gaben uns alle Mühe, französisch tanzen zu lernen, da man großen Wert darauf legte, eine Francaise tanzen zu können. Oft wurden wir geholt, um einem Ball anzuwohnen, wenn es der Prinzessin einfiel zu tanzen. So erinnere ich mich, dass wir vom Harthof, wo wir auf der Jagd waren, und von Baden schnell aufbrechen mussten, um beim Balle zu erscheinen. Die große Lebhaftigkeit der Prinzessin missfiel der alten Markgräfin, und so gab es denn manche Reibungen."

Der Nervenzusammenbruch

Anfang August bezogen Karl und Stephanie Schloss Favorite bei Rastatt. Hier verbrachte die junge Frau fröhliche Tage. Sie genoss Ausflüge in den Schwarzwald und ins Murgtal, während sich das Heilige Römische Reich Deutscher Nation auflöste und das zum Rheinbund gehörende Baden ein Großherzogtum wurde. Karl schrieb an seinen mächtigen „Schwiegervater" Napoleon, dass seine Gemahlin in der Hoffnung sei. Die Geburt des Erben würde dem kaiserlichen Ehestifter beweisen, dass der Erbprinz und die Prinzessin ihren ehelichen Pflichten nachgekommen seien. Das Leben hätte wunderbar sein können, wenn das junge Paar nur endlich ein bisschen Zusammengehörigkeitsgefühl entwickelt hätte. Aber Karl und Stephanie lebten nebeneinander her, ohne mehr Worte als nötig miteinander zu wechseln. Die Flitterwochen und die schnippische Kühle seiner Frau langweilten Karl unsäglich. Er schob Regierungsgeschäfte vor und floh zurück in die Residenzstadt. Die junge Ehefrau erlitt eine Fehlgeburt, was Karl jedoch nicht weiter bekümmerte. Stephanies Bitterkeit wuchs.

Als Residenz des Thronfolgerpaares war Mannheim bestimmt worden. Hier ließ sich der junge Hofstaat jetzt nieder. Mit der rechtsrheinischen Kurpfalz war die Quadratestadt anno 1803 im Zuge der napoleonischen Neuordnung an Baden gefallen. Die Einwohnerschaft Mannheims, überwiegend katholischen Glaubens wie die Prinzessin, begrüßte Stephanie begeistert. Und die junge Frau fühlte sich hier weitaus wohler als in Karlsruhe, wo die Reserviertheit des Hofes immer mehr an ihren Nerven zerrte. Karl blieb nicht lange in der Quadratestadt. Im Oktober 1806 brach er auf, um an Napoleons Feldzug gegen Preußen teilzunehmen. Stephanie weilte unterdessen bei Tante Josephine in Mainz – und freute sich unbändig, wieder vertraute, französische Gesichter zu sehen.

Nach ihrer Rückkehr aus Mainz wollte Stephanie endgültig in Mannheim bleiben. Auch Karl kam im Januar 1807 zurück. Er hatte eine schwere Krankheit glücklich überstanden und die Stadt Mannheim gab ihm auf der Mühlau ein Fest. Doch dieses, so bemerkte die Freystedt, fiel nicht gerade glücklich aus, „da die Markgräfin und ihr Sohn durch Prinzessin Stephanie dabei sehr in den Hintergrund gedrängt wurden. Nur sie war Gegenstand aller Aufmerksamkeiten und Huldigungen. Dieses Benehmen ließ Bitterkeit bei Mutter und Sohn gegen Mannheim zurück."

Napoleon hatte wieder einmal Ehestifter gespielt: Sein jüngster Bruder Jerome heiratete am 23. August 1807 in Paris Katharina, die Tochter des Königs von Württemberg. Auch das badische Erbgroßherzogenpaar zählte zu den Hochzeitsgästen. Stephanie fühlte sich zu Hause, jung, ungezwungen, in vertrauter Umgebung. Badische Etikette, Rücksicht auf die Stellung ihres Gemahls – Stephanie war all dessen überdrüssig. Sie wollte sich amüsieren, flirten, leben – früh genug würde sie wieder der misstrauischen Kritik des alten badischen Adels und der arroganten Ablehnung ihrer Schwiegermutter ausgesetzt sein. Mit ihrem jugendlichen Leichtsinn verursachte die badische Erbgroßherzogin diesmal einen regelrechten Skandal. Katharina, die Braut, soll in Ohnmacht gefallen sein, als sie sah, wie ungeniert Stephanie mit dem Bräutigam, Jerome, kokettierte. Auch der Kaiserin Josephine war das ungebührliche Benehmen ihrer Nichte nicht entgangen: Sie schickte eine Hofdame, um die Prinzessin zurechtzuweisen.

Vielleicht hatte bei Stephanies skandalösem Verhalten auch ein bisschen der Wunsch mitgespielt, ihren gleichgültigen Gatten aus der Reserve zu locken und seine Eifersucht zu schüren. Wenn es so war, hatte sie ein völlig untaugliches Mittel gewählt. Nach der Rückkehr aus Paris nahm Karl unverzüglich sein flottes „Junggesellenleben" in Karlsruhe wieder auf. Er soll tolle Orgien gefeiert haben. Sein Onkel Ludwig, der jüngste Sohn Karl Friedrichs aus erster Ehe, stiftete angeblich den Neffen zu Abnormitäten an, um Einfluss auf den künftigen Großherzog zu gewinnen. Über kurz oder lang mussten die Gerüchte Stephanie zu Ohren kommen. Es wurde ihr auch hinterbracht, dass Karl sich bei seinen Ausschweifungen im Kreise junger Männer auf das Niederträchtigste über seine Gemahlin äußerte. Damit hatte sie nicht gerechnet. Obwohl sie sich stets unbekümmert gegeben hatte, war ihr die Situation doch über den Kopf gewachsen. Im Dezember erlitt Stephanie einen Nervenzusammenbruch, sie fieberte, hatte Halluzinationen.

Karl blieb ungerührt. Er ignorierte die Krankheit seiner Frau vollständig, ließ sich nicht einmal zu einem Anstandsbesuch herab. Stephanie wiederum zeigte sich, als sie wieder genesen war, nur noch stolzer als zuvor. Die Atmosphäre war außerordentlich angespannt. Selbst Caroline von Freystedt, die Hofdame Amalies, fühlte sich unwohl in dieser Situation und schrieb in ihren Erinnerungen: „Dieser Winter war in Karlsruhe und der badischen Fürstenfamilie äußerst unangenehm durch die Uneinigkeiten des Erbgroßherzogs und seiner Gemahlin. Geist des Widerspruchs war wohl ein Hauptzug und Fehler in dem Charakter dieses jungen Fürsten, der übrigens so schöne und große Eigenschaften besaß. Nicht so bald hatte er gegen den Willen seiner Mutter diese Verbindung geschlossen, als sie ihm unerträglich erschien und er seine Gemahlin gänzlich vernachlässigte, die in ihrem jugendlichen Leichtsinn sich durch allerlei erlaubte Zerstreuungen darüber zu trösten schien. Allein Napoleon hatte dieses Band geknüpft und wollte nun, es solle vor der Welt kein Ärgernis geben."

In der Tat: Napoleon schäumte vor Wut. Ein Brief an seinen Schwiegersohn ließ an Deutlichkeit nichts zu wünschen übrig: „Hätte ich deinen Charakter gekannt, wie ich ihn jetzt kenne, hätte ich mich gehütet, dir ein mir teures Wesen zur Frau zu geben." Auch der arme alte Großherzog Karl Friedrich bekam den kaiserlichen Unwillen zu spüren: „Ich bereue jeden Tag die von mir veranlasste Heirat. Ihr Enkel ist das Unglück einer Prinzessin, deren er nicht würdig ist. Die allgemeine Ansicht ist, dass die schlechten Ratschläge des Prinzen Ludwig die Ursache aller Vorkommnisse ist." Napoleon befahl, Ludwig aus Karlsruhe zu entfernen und prompt wurde Karl Friedrichs Sohn auf sein Gut Salem verbannt. Am Morgen vor seiner Abreise gab es eine große Hofschlittenfahrt. Ludwig musste dabei, seinem Rang gemäß, als Führer der Erbgroßherzogin Stephanie fungieren. Dass er seiner Pflicht nicht gerade freudig nachkam, vermerkten die Beobachter mit boshaftem Vergnügen.

Karl Friedrich hielt seinen Enkel dazu an, sich gegenüber seiner Frau zuvorkommender zu verhalten. Karl, dem Napoleon einen tüchtigen Schreck eingejagt hatte, achtete jetzt mehr darauf, die äußere Form zu wahren. Zu einer Aussprache oder gar Aussöhnung zwischen den Eheleuten kam es indes nicht. Allerdings war es Stephanie eine Genugtuung, dass ihr Schwieger-Großvater Karl

Friedrich ihre Pläne für den neuen Mannheimer Schlossgarten guthieß. Sie fühlte sich geborgen durch Napoleons schützende Hand. Wenn der Großherzog seiner „sehr lieben Enkelin" im Herbst 1808 versprach, ihren Lebensweg mit Rosen zu übersäen – war das dann die opportune Heuchelei des Vasallenfürsten? Oder wollte er ihr wirklich etwas Gutes tun? Wie sollte Stephanie überhaupt noch erkennen, welche Verhaltensweisen eine Reverenz an ihren kaiserlichen Herrn Papa waren und was ihr selbst galt?

Erbgroßherzogin Stephanie wollte zu einem Kuraufenthalt in Bad Ems an den Bodensee reisen. Da kam das Gerücht auf, sie wolle in die Schweiz fliehen. Unerträglich sei ihr das Verhalten ihres Gemahls geworden. Bis zu Napoleon drang das Gerede. Der maß den Gerüchten offensichtlich einige Bedeutung bei, denn er schrieb an Stephanie: „Meine Tochter, man sagt, dass Sie in die Schweiz gehen wollen. Wenn das wahr wäre, müssten Sie verrückt sein. Bleiben Sie bei Ihrem Gatten, und geben Sie niemals Gelegenheit, dass man über sie redet. Eine Frau darf niemals ihren Mann verlassen. Seien Sie vernünftig und benehmen Sie sich gut." Stephanie versprach es.

Die Huldigung, die Karl so schmerzlich vermissen ließ, wurde Stephanie von anderer Seite zuteil. Beim Fürstentag in Erfurt lernte sie Zar Alexander kennen. Der machte ihr, wie die Freystedt schrieb, „angelegentlich den Hof nach seiner ritterlich-sentimentalen Weise." Und Königin Hortense, die Tochter Josephines, vermerkte: „Die badische Prinzessin hatte in Erfurt den größten Erfolg. Die Huldigungen des Kaisers von Russland galten ihr." Der Zar ließ sich bei seinen Höflichkeiten gegenüber Stephanie weder vom Urteil ihrer gemeinsamen Schwiegermutter Amalie noch von den Abneigungen seiner Gattin Elisabeth gegenüber ihrer Schwägerin leiten. Auch Stephanie war beeindruckt von Alexander, seiner prächtigen Gestalt, seiner Grazie, seiner Liebenswürdigkeit – und nicht zuletzt von der Aura der uneingeschränkten Macht, die den Zaren umgab.

Macht. Stephanie hatte zeitlebens eine Schwäche für mächtige Männer. Aber jetzt sollte sie auch die Schattenseiten der Macht kennen lernen. Napoleon ließ seine Adoptivtochter wissen, dass er sich – zu seinem tiefsten Bedauern – von ihrer Tante Josephine trennen müsse. Für Stephanie war die Scheidung des Kaiserpaares im Dezember 1809 ein Schock. Denn zum einen wurde damit ihr Verbindungsglied zu Napoleon durchtrennt. Niemals hätte der Kaiser sie adoptiert, wenn sie nicht eine Verwandte seiner Ex-Frau gewesen wäre. Und zum anderen musste Stephanie erkennen, wie unsicher die Position einer Ehefrau war – zumal einer Ehefrau, die kein Mitglied einer alten Dynastie war und die ihrem Gatten keine Kinder geboren hatte. Die junge Fürstin stellte plötzlich fest, dass Ehen nicht nur aus politischen Gründen geschlossen, sondern auch wieder getrennt wurden. Und wer wäre Stephanie, würde sie je die Gunst ihres kaiserlichen Adoptivvaters verlieren? Wer wäre Stephanie, würde sich Erbgroßherzog Karl entschließen, sich seiner ungeliebten Frau zu entledigen? Stephanie, die ständig zwischen Karlsruhe und Paris unterwegs war, hatte trotz der bewegten Zeiten viel Gelegenheit nachzudenken.

Napoleon heiratete im April 1810 die Erzherzogin Marie Luise von Österreich. Stephanie und Karl waren dazu geladen, der zweiten Hochzeit des Kaisers beiwohnen. Minister Reitzenstein beschwor seinen jungen Fürsten, in Gegenwart des Kaisers freundlich zu Stephanie zu sein. Der schlaue Politiker wusste nur zu gut, welchen Wert Napoleon auf die Loyalität Badens legte, und er befürchtete, dass der Kaiser in die badischen Staatsangelegenheiten eingreifen würde, wenn die Zwistigkeiten zwischen Stephanie und Karl nicht endlich ein Ende fänden. Er appellierte an die Vernunft der beiden Streithähne: „Sie erkennen wohl die Unmöglichkeit, dass nun alsbald wirkliche Zärtlichkeit Ihrer beiden Empfinden beherrsche, aber in Ermangelung eines Besseren und bis zur Annäherung Ihrer Charaktere müssen Sie sich gegenseitig ertragen, in ehelicher Gemeinschaft leben und sich vor den Augen der Öffentlichkeit, besonders des Kaisers, Beweise von Zuneigung geben..."

Karl versuchte es tatsächlich. Und zu seiner Verblüffung fielen seine Versuche auf fruchtbaren Boden. Der Kaiser fand während des Aufenthalts des badischen Paares keinen Anlass für einen napoleonischen Wutanfall. Als Stephanie zwei Monate nach ihrem Gemahl in ihre neue Heimat zurückgekehrt war, bemerkte der Hof mit Erstaunen, dass das hohe Paar sich gegenseitig mit ungewohnten Aufmerksamkeiten beehrte. Stephanie und Karl verbrachten den Sommer in seltener Eintracht in Baden-Baden. Und im Frühjahr 1811 verbreitete sich die lang erwartete gute Nachricht, dass die Prinzessin endlich wieder „in der Hoffnung" sei.

Der Thronerbe stirbt

Die Schmerzen schlugen über Stephanie zusammen. Ihr Wimmern ging in schrille Schreie über. Amalie sah mitleidig auf den von Wehen geschüttelten Leib ihrer Schwiegertochter hinunter. Sie hatte sich nur schwer entschließen können, zu dieser Niederkunft zu kommen. Aber eine Weigerung hätte Karl ihr nie verziehen. Das zarte Fädchen, das Mutter und Sohn noch verband, wäre unwiderruflich zerrissen worden, wäre sie seiner Bitte, Stephanie in ihrer schweren Stunde beizustehen, nicht nachgekommen. Auch das Volk, bei dem die Großherzogin erstaunlich beliebt war, hätte kein Einsehen gehabt. Und in der Ferne erhob sich übermächtig der Schatten des Korsen. Der französische Gesandte jedenfalls schien eisern entschlossen, das Schloss nicht zu verlassen, ehe der Erbe geboren war. So war Amalie denn mit sehr gemischten Gefühlen in Begleitung ihres Oberhofmeisters von Berckheim und der Hofdame Caroline von Freystedt nach Schwetzingen gekommen.

So viele Stunden dauerte dieses Leiden jetzt schon. Amalie wusste, dass die zarte Frau die Schmerzen nicht mehr lange durchstehen könnte. Die Markgräfin wandte sich an ihren Sohn und sah, dass auch ihm der Schweiß auf der Stirn stand. Wie sonderbar, dass Karl doch noch sein Herz für diese fremde Frau entdeckt hatte. Amalie konnte sich nicht entsinnen, ihren Sohn jemals so bewegt gesehen zu haben.

Um zehn Uhr morgens erblickte das so sehnlich erwartete Wesen das Licht der Welt. Amalie empfing es mit gemischten Gefühlen, denn es war – ein Mädchen. Karl reagierte wieder einmal völlig unerwartet: Er strahlte vor Glück. Als Amalie und ihr Sohn sich unmittelbar nach der Entbindung zum Dankgebet in die Schwetzinger Schlosskapelle begaben, war der Erbgroßherzog bei prächtiger Laune. „Die Veranlassung dazu lässt sich nicht erklären", wunderte sich Caroline von Freystedt ob der peinlichen Tatsache, dass das Neugeborene nur ein Mädchen war. Immerhin, so bemerkte sie, war die winzige Prinzessin doch „ein Pfand", welches die Erfüllung des Wunsches nach einem Thronfolger für die Zukunft hoffen ließ. Fünf Jahre nach der Hochzeit das erste Kind – jetzt hatte die Erbgroßherzogin wenigstens bewiesen, dass sie nicht unfruchtbar war.

50 Kanonenschüsse wurden in Karlsruhe gelöst, um dem Volk die Geburt der Prinzessin kund zu tun. Der Einzige, der von den Geschehnissen unberührt blieb, war der alte Großherzog Karl Friedrich. Sein verwirrter Geist begriff nicht, dass die Geburt seiner Urenkelin gefeiert wurde. Über den bemitleidenswerten Zustand des alten Mannes schrieb die Freystedt: „Er hatte meistens ganz die Besinnung verloren, die ihm nur auf Augenblicke wiederkam. Es war ein schmerzlicher Anblick, diesen mehr als 80-jährigen Greis mit den silberweißen Haaren, die noch spärlich seinen Scheitel deckten, im Theater sitzen zu sehen, wohin er auf einem Lehnstuhl gerollt wurde. Fünf Tage nach dem Ereignisse in Schwetzingen ging der alte ehrwürdige Fürst in ein besseres Leben ein, nach einer mehr als 65-jährigen Regierung, die in so manchen Wechselfällen als musterhaft gepriesen wird. Sein 25-jähriger Enkel war sein Nachfolger in der Regierung."

Stephanie war noch sehr schwach. Die Geburt hatte sie fast das Leben gekostet. Ihre Hofdamen hegten Bedenken. Ob man der jungen Großherzogin jetzt Mitteilung machen dürfte vom Tode Karl Friedrichs am 10. Juni 1811? Würde es ihre Genesung nicht gefährden, wenn man sie in Aufregung versetze? Schließlich wurde Stephanie doch informiert. Und die neue Großherzogin reagierte durchaus angemessen. Sie bedauerte den Tod des freundlichen alten Mannes, der sie nie hatte spüren lassen, dass sie in seinem Hause ein Eindringling war. Aber sie trug die traurige Nachricht mit Fassung – Karl Friedrichs Heimgang war schließlich kein unerwartetes Ereignis gewesen. Weit weniger Taktgefühl als Stephanie zeigten die französischen Hofdamen der neuen Großherzogin: Ihre offene Freude darüber, dass Stephanie endlich regierende Fürstin war, sorgte bei Hofe für beträchtlichen Unmut.

Zehn Tage nach der Geburt der kleinen Prinzessin nahm Amalie Abschied von ihrer noch immer sehr schwachen Schwiegertochter und reiste in die Residenzstadt. Dort war Karl Friedrich für zwei Wochen in seinem Paradebett im Karlsruher Schloss „ausgestellt“ worden. Die Empfangszimmer des Residenzschlosses waren schwarz verhängt und die große „Trauercour“, bei der alle hoffähigen Frauen und Männer aufwarteten, bot ein düsteres Bild.

Stephanie erholte sich nur langsam von der Geburt ihrer ersten Tochter. Immerhin fühlte sich die Großherzogin Anfang August kräftig genug, um ihrem Gemahl nach Karlsruhe zu folgen. Lieber wäre es ihr gewesen, Karl hätte sich für Mannheim als Wohnsitz entschieden – doch was dies anbetraf, ließ der neue Großherzog nicht mit sich reden. Karlsruhe war Residenz und sollte Residenz bleiben. Stephanie wollte es gerade jetzt nicht auf eine Kraftprobe ankommen lassen. Sie übersiedelte nach Karlsruhe, zunächst allerdings ohne Mannheim aufzugeben. Doch sowohl Karl als auch Napoleon bemühten sich, die Großherzogin von der Unmöglichkeit einer getrennten Hofhaltung zu überzeugen. Schließlich gab sie nach.

Stephanies Tochter, die Prinzessin Luise Amalie Stephanie, wurde am 15. August 1811 in Karlsruhe getauft. Zu diesem Zwecke wurde die Hoftrauer für den verstorbenen Großherzog Karl Friedrich für zwei Tage ausgesetzt. Die Freystedt berichtete über die Feierlichkeiten: „Nach dem Hervorgang der Großherzogin fand die Taufe der neugeborenen Prinzessin statt, bei welcher Kaiser Napoleon und die Markgräfin Paten waren. Der Großherzog vertrat die Stelle des Kaisers und bewies bei dieser Gelegenheit, sowie überhaupt im Anfang seiner Regierung, seine Vorliebe für Entfaltung festlichen Gepränges zur Erhöhung seiner fürstlichen Würde. Die Taufe ward mit größtem Prunk und Zeremoniell gefeiert. Eine Abteilung der Gardes du corps begleitete zu Pferd den sechsspännigen Wagen, der die Markgräfin ins Schloss führte, wo der ganze Hof in Gala ihrer harrte. Am Ende der Galerie war der Altar aufgerichtet; durch das lange Gemach ging langsamen Schrittes der Großherzog, von seinem Hofstaat gefolgt, immer ein wenig vor seiner Mutter voraus, um Napoleons Würde dadurch zu bezeichnen. Die Markgräfin folgte mit dem ihr eigenen Anstand und Gott weiß mit welchen Gefühlen. Ihre Schleppe ward von ihrem Oberhofmeister getragen, ihre beiden Damen schritten hinterdrein. Die Oberhofmeisterin der Großherzogin, Gräfin Walsh, trug die neugeborene Prinzessin. Mitten im größten Zeremoniell fand sie die Last zu schwer und setzte sich auf einen Lehnstuhl, ausrufend: ‚Mon Dieu, je n’en puis plus!’ (‚Mein Gott, ich kann nicht mehr’), welches eine sonderbare Wirkung hervorbrachte und zu vielem Tadel Anlass gab. Die Prinzessin erhielt bei der Taufe den

Namen Luise nach Wunsch des Kaisers". Napoleon hatte verlangt, dass sein Patenkind nach seiner zweiten Gattin, der österreichischen Prinzessin Marie Luise, benannt wurde.

Zum 22. Geburtstag Stephanies unternahm das großherzogliche Paar einen Ausflug nach Schloss Favorite und spazierte dabei zu Fuß von Lichtental nach Baden-Baden. Doch die körperliche Anstrengung bekam dem Großherzog nicht sonderlich gut. Er wurde krank und fühlte sich monatelang unwohl. Stephanie war gleichfalls noch von den Strapazen der Geburt Luises angeschlagen. Im Herbst verreiste sie ohne ihren Gemahl ins Oberland und kurte anschließend in Badenweiler.

Im Frühjahr 1812 ließen sich die Anzeichen nicht mehr leugnen: Stephanie war wieder in der Hoffnung. Abgesehen davon, dass die Schwangerschaft ihr viel Pein verursachte, sah die Großherzogin ihrer zweiten Geburt mit sehr gemischten Gefühlen entgegen: Zum einen hoffte sie sehr, diesmal dem ersehnten Thronfolger das Leben zu schenken. Zum anderen jedoch fürchtete sie sich unsäglich vor den zu erwartenden Schmerzen. Die Begeisterung Karls und sein Geschenk, der Pavillon in Baden-Baden, lenkten Stephanie nur kurze Zeit von ihren Ängsten ab.

Es wurde noch weitaus schlimmer als befürchtet. Das Kind war überfällig, als endlich die Wehen einsetzten. Auch diesmal war die Schwiegermutter den Bitten ihres Sohnes gefolgt und stand Stephanie bei. Es gab Augenblicke, da war Amalie überzeugt davon, dass die Großherzogin das Leben des Kindes mit ihrem eigenen bezahlen müsse. Am 29. September 1812 erblickte Stephanies erster Sohn das Licht der Welt – der Arzt hatte ihn schließlich mit der Zange aus dem Leib der Mutter herausgezogen. Einige Tage später schrieb Amalie kurz angebunden an ihre Tochter, die Kaiserin von Russland: „Die Frau von Karl ist am 29. mit einem sehr großen Knaben im Verhältnis zur Größe der Mutter niedergekommen. So hat er auch viel Mühe und Schmerzen verursacht, um auf die Welt zu kommen. Das Ereignis verursacht hier viel Freude."

200 Kanonenschüsse hatten der Residenz und dem Land die Geburt des Erben verkündet. Die Staatszeitung berichtete über die „glückliche Entbindung unserer allgeliebten Großherzogin von einem gesunden Prinzen." Die Residenzler teilten die Freude ihres Fürsten bei Volksbelustigungen und Tanzmusik. Mit einem Feuerwerk auf dem Marktplatz wurde der kleine Erbgroßherzog begrüßt.

Abbildung 1: Markgräfin Karoline Luise, Pastell Pergament 62,5 x 48,5 cm, Jean-Etienne Liotard, um 1745 in Frankfurt entstanden

Abbildung 2: Prinzessin Karoline Luise von Hessen-Darmstadt, spätere Markgräfin von Baden, im Alter von 11 Jahren, Johann Jakob Fiedler 1734, Öl auf Leinwand, 81,5 x 66 cm

Abbildung 3: Markgräfin Karoline Luise von Baden, Öl auf Leinwand, Philipp Heinrich Kisling (1713-67), 85,8 x 71 cm

Abbildung 4: Die Fächerstadt Karlsruhe, Christian Thran 1739. Stadtarchiv Karlsruhe 8/PBS oXVI 15

Abbildung 5: Markgräfin Amalie von Baden, Johann Ludwig Kisling zuzuschreiben, 1803/04, Öl auf Leinwand, 72,7 x 58 cm

Abbildung 6: Amalie von Baden, Jugendbildnis, Öl auf Leinwand, oval, 72 x 57 cm

Abbildung 7: Erbprinzessin Amalie von Baden, datiert 1792, Öl auf Leinwand, 58 x 43 cm

Abbildung 8: Markgräfin Amalie von Baden, Häusler nach Franz Seraph Stirnbrand, Karlsruhe 1820, Lithografie, 26,2 x 20,5 cm

Abbildung 9: Karoline von Baden, Tochter von Markgräfin Amalie, spätere Königin von Bayern, Pastell, 71,5 x 55 cm, Philipp Jakob Becker, 1797

Abbildung 10: Zarin Elisabeth von Russland, geborene Prinzessin Luise von Baden, Tochter von Markgräfin Amalie, Öl auf Leinwand, 64,5 x 52 cm

Abbildung 11: Luise Karoline von Hochberg, geborene Freiin Geyer von Geyersberg, zweite Gemahlin von Großherzog Karl Friedrich, Pastell auf Karton (Jakob?) Orth, Anfang 19. Jh.
44,8 x 36 cm

Abbildung 12: Luise Karoline von Hochberg, Reliefmedaillon, Philipp Jacob Scheffauer, um 1804, Marmor, 37,2 x 30 cm

Abbildung 13: Prinzessin Amalie von Baden, Tochter von Luise Karoline von Hochberg, Fürstin von Fürstenberg, Öl auf Leinwand, Marie Ellenrieder pinx 1819, 120,5 x 82 cm

Während das Volk feierte, lag Stephanie todesmatt in ihrem Bett. Der schmale Körper wurde vom Fieber geschüttelt. Erst einige Tage später konnte Leibarzt Dr. Kramer verkünden, dass die Gefahr jetzt gebannt sei. Die kranke Großherzogin bekam ihren Sohn nicht zu Gesicht. Da meldete die Amme plötzlich, dass auch das Baby Fieber habe. Kurze Zeit später bekam der Säugling Krämpfe. Eine Nacht lang kämpften die Leibärzte um das bisschen Leben. Schließlich teilten Geheimrat Schrickel und Dr. Kramer dem Großherzog mit, dass sie wenig Hoffnung auf ein Gesunden des Thronfolgers hätten. Karl gab Befehl, den Oberhofprediger rufen zu lassen, damit sein Sohn getauft werde. Er selbst eilte an das Bettchen des Babys. Mittlerweile aber hatte sich der Zustand des Kindes so verschlimmert, dass die Hebamme im Beisein des Großherzogs, der beiden Ärzte, des Oberkammerherrn Marquis von Montperny und des Hofmarschalls von Gayling, die Nottaufe durchführte. Kurz darauf, an jenem 16. Oktober 1812, starb der namenlose Thronfolger Badens.

Karl fühlte sich nicht imstande, seiner kranken Frau vom Tod ihres Sohnes zu berichten. Diese schwere Pflicht bürdete er seiner Mutter, der Markgräfin Amalie, auf. Die ahnungslose Stephanie litt unsagbar unter dem Verlust des Kindes, das sie nie gesehen, nie berührt hatte. Der Schmerz um den kleinen Jungen einte Karl und seine Gemahlin. Noch nie war das Ehepaar sich so nahe gestanden wie in den Wochen nach dem Tod seines Sohnes.

Caroline von Freystedt führte den Tod des kleinen Prinzen auf die Zangengeburt zurück: „Er war außerordentlich groß und stark und schien bei der Geburt gelitten zu haben, weil er durch Instrumente zur Welt befördert werden musste", notierte sie. Der offizielle Sektionsbefund gab „Gichtern mit Steckfluss" als Todesursache an. „Gichtern" waren Krämpfe, als „Steckfluss" wurden Gehirnblutungen bezeichnet. Das waren zu dieser Zeit für Säuglinge keineswegs ungewöhnliche Todesursachen. Dennoch kamen Gerüchte auf, dass das Baby zu retten gewesen wäre. In der Staatszeitung verwahrte sich Leibarzt Dr. Kramer mit Billigung des Großherzogs gegen den Vorwurf, dass der Prinz infolge falscher ärztlicher Behandlung gestorben sei.

Der namenlose Erbe der badischen Krone sollte noch bis in die Gegenwart hinein die Fantasie der Menschen beflügeln. Bis heute bezweifeln viele, dass der kleine Leichnam, der in der Pforzheimer Familiengruft beigesetzt wurde, wirklich der Sohn von Karl und Stephanie war. Sie spekulieren, dass die Reichsgräfin von Hochberg ein Vertauschen des Knaben initiierte. Der Prinz sei als Säugling aus dem Karlsruher Schloss geraubt und an seiner Stelle sei ein sterbenskrankes Kind in die Wiege des Erbgroßherzogs gelegt worden, um den Hochberg-Söhnen die Thronfolge zu sichern. Der wahre Erbe der badischen Krone hingegen sei viele Jahre in einem kleinen Kellerraum eingesperrt gewesen und habe den Menschen als der berühmte Kaspar Hauser Rätsel aufgegeben.

Stephanie bezeichnete die Kaspar-Hauser-Legende viele Jahre später gegenüber Napoleon III. als „unsinnige Fabel“. Dass die Großherzogin ihren Sohn nie gesehen hat, war längst nicht so ungewöhnlich, wie es heute erscheinen mag. In fürstlichen Familien wurde eine sehr traditionelle Form der Kinderpflege betrieben. Und diese besagte, dass Säuglinge voll und ganz in die Obhut einer vertrauenswürdigen Amme gehörten. Eine hochwohlgeborene Mutter „besichtigte“ zwar regelmäßig ihren Nachwuchs – um seine Erziehung begann sie sich allerdings erst zu kümmern, wenn das Kind verständiger wurde. Und selbst dann bleiben die „niedrigen Arbeiten“ stets ein Aufgabenbereich der Dienerschaft – die leiblichen Eltern hatten lediglich die „Oberaufsicht“ über die Erziehung ihrer Kinder. Da Stephanie nach der Geburt ihres Sohnes schwer krank war, wollte man alle Gemütsbewegungen von ihr fern halten. Kaum jemand wäre damals auf den – heute ganz natürlich anmutenden – Gedanken gekommen, dass der Anblick eines Neugeborenen der Gesundheit seiner Mutter förderlich sein könnte.

Die schwere Geburt, der Tod des Kindes, die körperliche Mattigkeit – für Stephanie waren es schlimme Wochen. Doch sie war kein Mensch, der sich in Trauer vergraben konnte. Stephanies Art, dem Schicksal zu trotzen, war es, sich in das Leben zu stürzen. Tanzend und plaudernd überwand sie die schlimmsten Krisen. Von ihrer Umgebung wurde das oft als Leichtfertigkeit ausgelegt. So bemerkte die Freystedt entrüstet über die Ereignisse nach dem Tod des kleinen Jungen: „Die Trauer über diesen Verlust war tief und schmerzlich, doch hinderte sie nicht, dass am Namenstag der Großherzogin, am 26. Dezember, ein großer Maskenball im Schloss gehalten wurde, der ebenso zahlreich besucht wie glänzend war.“

Während der Hof noch tanzte, wurde eine neue, eine entsetzliche Unglücksbotschaft überbracht: Die große Armee Napoleons war in den russischen Steppen erfroren und verhungert. Moskau war nach der Besetzung durch den französischen Kaiser in Flammen aufgegangen. Die gewaltige Armee war gezwungen, sich zurückzuziehen, und dieser Rückzug artete im früh einsetzenden Winter zur Katastrophe aus. Das badische Kontingent unter Markgraf Wilhelm von Hochberg hatte sich besonderen Ruhm erworben, als es den Übergang von Napoleons Großer Armee über die eistreibende Beresina deckte. Doch die Kosten des Ruhmes waren hoch: Die badischen Soldaten quälten sich kämpfend durch das Schneetreiben, viele brachen tot zusammen – schwer verwundet oder aufgrund von Erschöpfung. Bittere Ironie klingt durch, wenn die Freystedt den Ball zu Ehren der Großherzogin schildert: „Den nämlichen Tag war die Nachricht von der großen Niederlage der französischen Armee an der Beresina eingetroffen. Sie wurde geheim gehalten, wohl aus Politik, um den panischen Schrecken nicht zu vermehren. Einige der Frauen, deren Männer geblieben waren, machten noch den Maskenball mit, ohne ihr Unglück zu ahnen. Es war ein seltsames Gemisch von Traurigkeit, die man durch Geräusch zu übertönen suchte. Der Großherzog fing zu jener Zeit an, seine Gemahlin zu lieben und suchte alles zu tun, was ihr Freude bereiten konnte."

Die Napoleonidin in Nöten

Stephanie hatte sich für Politik bislang nur insofern interessiert, als es ihre Person anging. Doch die schwer wiegende Niederlage ihres Adoptivvaters in Russland versetzte ihr einen Schock. Dass der Stern des Korsen im Sinken war – nein, das konnte, das wollte sie sich nicht vorstellen. Als Napoleon sich im April 1813 für eine Woche in Mainz aufhielt, suchte ihn das badische Großherzogenpaar auf. Stephanie hatte eine Überraschung für den Kaiser: Sie war erneut schwanger. Als sie Napoleon im Juli 1813 wiederum in Mainz traf – der Kaiser war auf dem Weg zu seinen in Sachsen und Schlesien aufmarschierenden Truppen – konnte man ihren Zustand nicht mehr übersehen. Es war Stephanies letztes Zusammentreffen mit dem Mann, der über ihr Leben ebenso verfügt hatte wie über das Schicksal ganzer Völker.

Mit Entsetzen sah Stephanie, wie wenig Gewicht die alten Dynastien den ehelichen Verbindungen mit Emporkömmlingen beimaßen. Im August 1813 erklärte Napoleons Schwiegervater Frankreich den Krieg. Österreich trat der Allianz von Russland, England und Preußen bei. Bei der Völkerschlacht von Leipzig kämpften auch die Bayern unbeeindruckt von Familienbanden auf Seiten der Gegner Napoleons. Für Baden wurde die politische Situation immer gefährlicher. Das badische Kontingent unter Wilhelm von Hochberg wurde von preußischen Truppen gefangen genommen.

Stephanie hatte keine Vorstellung davon, wie sehr sich die Situation zugespitzt hatte. Da sie wieder „in den Wochen“ war, hielten die Damen jede beunruhigende Nachricht sorgsam von ihr fern. Zwei Tage nach der Völkerschlacht von Leipzig wurden in Karlsruhe wieder Kanonen abgefeuert. Doch die Residenzler hatten keinen Grund zu feiern. Nach dem 50. Schuss verstummte das

Donnern. Wieder hatte die Großherzogin „nur“ einem Mädchen, Prinzessin Josephine, das Leben geschenkt.

Es war eine völlig veränderte Welt, in die Stephanie nach ihrer Genesung zurückkehrte. Napoleon konnte ihr jetzt keine Stütze mehr sein. Der Kaiser der Franzosen war geschlagen, er versuchte verzweifelt, die letzten Verbündeten unter seinen Adlern zu sammeln. Karl zauderte. Sich Napoleon anzuschließen, wie dieser forderte, wäre Wahnsinn gewesen. Dem Schwiegervater den Krieg zu erklären, wagte der Großherzog aber auch nicht. Am liebsten wollte Karl neutral bleiben. Seit frühester Jugend hatte er stets versucht, sich um schwer wiegende Entscheidungen herumzudrücken. Karl August Varnhagen von Ense, der preußische Gesandte, erzählte über die mangelnde Willenskraft des badischen Fürsten: „Er fühlte die größte Scheu, fremde Menschen zu sehen, aber nicht minder peinlich waren ihm seine Anverwandten. Konnte er ihrem Besuch, ihrem Gespräch einmal nicht ausweichen, so konnte er noch lange nachher den Verdruss nicht verwinden. Stundenlang stand er am Schlossfenster unthätig auf der Lauer, und beobachtete gegenüber das Haus seines Oheims, des Markgrafen Ludwig, ob etwa die Thüre sich öffnete, und wer heraus käme oder hinein ginge. Die Minister konnten dann mit ihren dringendsten Geschäften nicht vorkommen. Abweisen, Warten, Wartenlassen, Aufschieben, das war ihm stets das Erste und Liebste.“

Doch jetzt war nicht die Zeit des Zauderns. Baron von Reitzenstein, derselbe, der einst die Verbindung von Karl und Stephanie gefördert hatte, betrieb jetzt – wiederum aus politischem Kalkül – den Bruch mit Napoleon. Der Großherzog gab seinem Drängen schließlich nach. Und Stephanie erkannte, dass auch sie sich entscheiden musste: Karl oder Napoleon. Baden oder Frankreich. Der Gemahl, der bei all seinen Fehlern ein gutmütiger Mensch war, oder das Idol ihrer frühen Jugend. Stephanie war jetzt Gattin, Mutter, Fürstin. Sie entschied sich für Karl. Ob er seinerseits zu ihr halten würde, wenn in Europa das große Aufräumen beginnen würde – das konnte nur die Zukunft zeigen.

Am 20. November 1813 signierte Baron von Reitzenstein den Vertrag, mit dem sich Baden der Koalition gegen Napoleon anschloss. Karl wurde von seinen neuen Verbündeten aufgefordert, sich von Stephanie zu trennen, um seinen Gesinnungswandel öffentlich zu demonstrieren. Doch wieder einmal überraschte der Großherzog seine Umgebung. Keine Spur seines sonstigen Zauderns: Er lehnte dieses Ansinnen unmissverständlich ab. Die

Freystedt kommentierte sein Verhalten: „Er war zu hochgesinnt und dachte zu groß, als dass er darein hätte willigen können, auch wenn nicht, wie es seit einiger Zeit der Fall war, eine Neigung zu ihr erwacht wäre, die sich durch dieses Ansinnen nur zu vermehren schien."

Der Chronist Friedrich von Weech gehörte zu den Bewunderern der Großherzogin. Er notierte: „So hatten sich alle Verhältnisse verändert. Glücklicherweise nicht die Gesinnungen des Großherzogs gegen seine Gemahlin. Mit Entrüstung hatte er die ihm in Frankfurt gemachte Zumutung, seinen Anschluss an die Alliierten durch eine Trennung von seiner französischen Gemahlin zu bekräftigen, zurückgewiesen. Ein Bund, der lediglich unter dem Drucke der politischen Notwendigkeit von seiner Seite widerwillig geschlossen worden war, war durch die ausgezeichneten Eigenschaften der Großherzogin Stephanie zu einer beglückenden Gemeinsamkeit des Denkens und Fühlens geworden, die hoch über den Plänen kalt berechnender Ratgeber stand. Auch die Residenzbewohner, denen die anmutige Erscheinung der fürstlichen Frau sehr lieb geworden war, wussten sehr wohl die nun wieder erwachten nationalen Gefühle von den Empfindungen zu trennen, die sie der Großherzogin persönlich entgegenbrachten. Und diese ihrerseits fand sich mit dem bewundernswürdigen Takt, den nur wahre Herzensbildung verleiht, in die neue Lage der Dinge."

Das Wissen darum, wie gefährdet ihre Stellung war, gab Stephanie eine neue Würde. Sie bemühte sich mit allen Kräften, ihre Pflichten zu erfüllen, und gründete im Januar 1814 einen Frauenverein zur Linderung der durch die Freiheitskriege hervorgerufenen Not. Auch versuchte sie, mit der Familie ihres Gemahls Frieden zu schließen – doch unter den neuen politischen Vorzeichen wurden ihre Bemühungen hohnlächelnd zurückgewiesen. Allerdings konnte Markgräfin Amalie der ungeliebten Schwiegertochter ihre Achtung nicht versagen: Für eine Frau in einer solch schwierigen Situation benahm sich Stephanie wirklich sehr vernünftig.

Nachdem die Zarin Elisabeth im Februar 1814 bei ihrer Mutter in Bruchsal eingetroffen war, kam Stephanie, um die russische Schwägerin kennen zu lernen. Die Freystedt stellte fest: „Sie ward mehr als kalt empfangen, welches wohl zum Teil im damaligen Geist der Zeit lag, wo Hass gegen die französische Nation zur Mode geworden war. Immerhin hätte die Kaiserin gegen ihre Schwägerin, wenngleich kalt, doch höflich sein können. Die Großherzogin zitterte bei dieser ersten Zusammenkunft und nur das

Wesen der Markgräfin, die ihr freundlich begegnete, hielt sie bei dieser peinlichen Begegnung aufrecht.“

Großherzog Karl begab sich zu den badischen Truppen nach Frankreich. Wie auch immer der Krieg ausgehen würde – einer der beiden Männer, die Stephanie liebte, würde auf der Strecke bleiben. Und immer mehr verdichtete sich ihre Befürchtung zur Gewissheit, dass Napoleon der Verlierer sein würde. Als die Alliierten am 31. März in Paris einmarschierten und mit Ludwig XVIII. die Bourbonen nach Frankreich zurückkehrten, war Stephanie deprimiert und unglücklich – aber nicht wirklich überrascht.

Weitaus größer war der Schock, als am 29. Mai 1814 in Malmaison unerwartet Tante Josephine starb. Josephine hatte nach der Scheidung von Napoleon Rang und Titel einer Kaiserin der Franzosen behalten dürfen. In ihrem geliebten Schloss Malmaison führte sie ein reges gesellschaftliches Leben. Der alte wie der neue Adel fand sich in ihrem Haus ein. Welches Ansehen diese Frau besaß, zeigte sich nach Napoleons Niederlage. Die Sieger versäumten es nicht, Kaiserin Josephine in Malmaison ihre Aufwartung zu machen. Auch Zar Alexander gehörte zu den Bewunderern der 51-Jährigen. Doch eben diese Bewunderung sollte Josephine zum Verhängnis werden. Bei einem Spaziergang mit dem russischen Kaiser zog sie sich eine schwere Erkältung zu, die sich rasch verschlimmerte. Die erste Kaiserin der Franzosen überlebte den Sturz ihres geschiedenen Mannes nur um wenige Wochen. Als sie zu Grabe getragen wurde, stand die russische Garde Spalier. Den Trauerzug führen die Söhne ihrer Tochter Hortense, der Großherzog Karl von Baden sowie General von Sacken in Stellvertretung des Zaren an.

Stephanies Situation war denkbar schwierig. Tante Josephine, ihre letzte Verwandte, die über politischen Einfluss verfügt hatte, war tot. Napoleon entmachtet. Die Familie ihres Gemahls stand ihr ablehnend gegenüber. Die Zarin begegnete ihr mit einer Kälte, die einem Affront gleichkam. Stephanie war keine Trumpfkarte mehr – sie war für das badische Fürstenhaus, das den Besitzstand des Landes wahren wollte, zum Ballast geworden. Nur Karl stand zwischen ihr und dem Schicksal einer verstoßenen Ehefrau, der heimatlosen Tochter eines geschlagenen Usurpators. Die Großherzogin wusste, dass sie das politische Erdbeben nur überstehen konnte, indem sie sich bedingungslos auf die Seite ihres Gatten stellte. Wenige Tage nach dem Tod ihrer Tante gab sie auf der Favorite anlässlich von Karls Geburtstag ein großes Mittagsmahl zu Ehren ihres abwesenden Gemahls. Die Freystedt notierte: „Die Großherzogin war liebenswürdig und die Kaiserin (die Zarin) zum erstenmal freundlicher als gewöhnlich gegen sie. Mit Unrecht tadelte man die Großherzogin, dass sie dieses Fest kurz nach dem Tode der Kaiserin Josephine angeordnet hatte, es geschah doch ihrem Gemahl, ihrer einzigen Stütze, zu Ehren. Der Tod Josephines schmerzte sie tief, wie es nicht anders möglich war, denn diese hatte Mutterstelle an ihr vertreten, allein, nie äußerte sie sich über alle Unglücksfälle, die ihr in jener Zeit begegneten."

Karls Zuneigung für seine Frau wuchs weiter. Der preußische Gesandte, der ansonsten nur Verachtung für den Großherzog übrig hatte, vermerkte: „Weit entfernt, seine Gattin weniger zu ehren, weil sie den mächtigen Beschützer verloren hatte, schloss er sich nur umso inniger an sie an, und nie war Stephanie entschiedener die Großherzogin, als sie es nicht mehr durch Napoleon war." Für einen Menschen mit einem so wenig ausgeprägten Selbstbewusstsein wie Karl muss die Erfahrung berauschend gewesen sein: Seine bildhübsche, einstmals so schnippische und eigenwillige Frau hing vollkommen von seinem Wohlwollen ab. Die Widerspenstige war gezähmt – in aller Öffentlichkeit demonstrierte sie, dass sie ihn liebte und verehrte. Wie hätte Karl eine Frau, die seinem schwachen Ego so schmeichelte, fortjagen können? Die Alliierten, die Politiker, die Beamten, die Schwestern, die Mutter – sie alle forderten und forderten und forderten. Nur Stephanie stellte keine Forderungen an Karl, sie sah einfach nur vertrauensvoll zu ihm auf. Dafür liebte er sie.

Trotzdem gab Karl gewisse Vergnügungen offensichtlich nicht auf. Sophie von Hahn, die als Kind im Karlsruher Schloss lebte, berichtet, dass der Großherzog nach wie vor in abgesonderten Gemächern mit den Generalen von Tettenborn, von Geusau, Graf Bohlen, Admiral Knickel und Major Hennehofer ein „verdächtiges Junggesellenleben" führte. Das Gerede kam Stephanie natürlich zu Ohren, aber sie ignorierte es eisern. Sophie von Hahn bewunderte das Verhalten der Großherzogin: „Die edle Fassung, mit der sie dieses Leid trug, ihr Betragen – so einnehmend, so rein, so keusch, dass auch die bittersten Feinde niemals etwas daran zu tadeln gefunden hatten – sind Lichtseiten im Leben einer Fürstin, die ihr fünfundzwanzigstes Lebensjahr noch nicht erreicht hatte und ohne Rat und ohne Stütze inmitten unweiser Freunde und unversöhnlicher Feinde in der Familie ihres Gemahls dastand."

Auch während des Wiener Kongresses, zu dem er Ende September abgereist war, gab Karl sich fleischlichen Vergnügungen mit käuflichen Damen hin. Als einer der weniger bedeutenden Fürsten wurde er ohnehin nicht zu den Verhandlungen hinzugezogen. Dass er seine freie Zeit mit Kurtisanen verbrachte – das hatte in seinen Augen nicht das Geringste mit seiner Ehefrau zu tun. Doch dann wurde Karl plötzlich krank. Schwer krank. Er war überzeugt davon, dass man ihn vergiftet habe. Was ihm zunächst kaum jemand abnahm, denn der Großherzog hatte schon verschiedentlich paranoide Anwandlungen gehabt. Als sich jedoch kurze Zeit darauf Karls Kammerdiener erschoss, erhielt das Gerücht, der badische Großherzog solle ermordet werden, neue Nahrung.

Für Stephanie war wieder eine Zeit des Hin- und Hergerissenseins angebrochen. Napoleon war am 1. März 1815 von der Insel Elba zurückgekehrt. War es denkbar, dass der Kaiser siegen würde, dass alles wieder werden würde, wie es war? Ach, es wäre so schön gewesen... Aber so naiv war Stephanie denn doch nicht mehr, dass sie ernsthaft an diese Möglichkeit geglaubt hätte. Wie sollte Napoleon mit seinem ausgebluteten Heer gegen die Armeen von ganz Europa bestehen? Stephanie konnte ihrem Mann nicht guten Gewissens raten, sich wieder auf die Seite Napoleons zu schlagen. Sie war die Landesmutter. Nur das Wohl Badens durfte für sie eine Rolle spielen.

Zarin Elisabeth, die ihre Schwägerin verabscheute, warf Stephanie vor, Komödie zu spielen. Die geschmähte Großherzogin bemühte sich, ihre würdevolle Ruhe zu wahren. Sie hege längst die „Gesinnungen einer deutschen Fürstin“, sagte sie salbungsvoll. Die Zarin lachte höhnisch und warf Stephanie ihr früheres überhebliches Verhalten vor. Die Großherzogin konnte schlecht leugnen, dass es Missstimmungen gegeben hatte, sie entschuldigte diese aber mit ihrer Jugend. Doch Elisabeth war unerbittlich und wurde beleidigend. Stephanie brach schließlich vor der Zarin in Tränen aus, aber die war völlig unbeeindruckt und rauschte als Siegerin davon.

Karl, dem im Grunde genommen der Streit zwischen Gattin und Schwester herzlich egal war, stellte sich natürlich sofort auf die Seite seiner Gemahlin. Elisabeth hätte gerne das Schloss Baden bezogen, aber nach ihrem Streit mit Stephanie schlug ihr der Großherzog diesen Wunsch rundweg ab. Stephanie solle in dem Schloss wohnen, begründete er seine Ablehnung. Wenn die Großherzogin das Schloss nicht mehr benötige, werde man weiter sehen. Womit Karl wieder einmal Öl ins Feuer goss. Die Zarin und ihre Mutter warteten zähneknirschend, bis Stephanie geruhte, Schloss Baden zu räumen.

Empfänge, Festbeleuchtungen und Paraden zu Ehren des russischen und des österreichischen Kaisers – die Abdankung Napoleons nach der Schlacht bei Waterloo wurde in den badischen Städten gebührend gefeiert. Stephanie, die von nun an keine „Kaiserliche Hoheit" mehr war, sondern wie ihr Gemahl lediglich eine „Königliche Hoheit", zeigte eine bewunderungswürdige Haltung. Mit wundem Herzen und lächelndem Gesicht spielte sie der Welt die Rolle der charmanten badischen Großherzogin vor.

Glückliche Jahre

Prinzessin Luise war drei Jahre alt, Josephine ein hilfloser Säugling, der mit seinem Geschrei die Amme auf Trab hielt. Stephanie fand, es sei an der Zeit, eine kompetente Erzieherin für ihre Töchter zu finden. Eine Art badische Madame Campan schwebte ihr vor. Die Großherzogin fand Amalie von Graimberg, eine kurländische Adelige, die mit einem französischen Emigranten verheiratet war.

Die Graimberg hatte 1810 in Karlsruhe eine Erziehungsanstalt für die Töchter höherer Stände gegründet, die sich alsbald des bestens Rufes erfreute. Allein schon die Tatsache, dass auch Schwiegermutter Amalie einige Mädchen des Instituts zu den Kinderbällen heranzog, die sie für ihre schwedischen Enkel gab, diente Stephanie als Empfehlung. Frau von Graimberg sollte mit der Erziehung der großherzoglichen Prinzessinnen betraut werden. Eine Hofdame Stephanies sollte den Kontakt herstellen. Aber die Graimbergs zeigten kein Interesse daran, ins Schloss überzusiedeln. Sie zogen es vor, in ihrem Institut nach Gutdünken schalten und walten zu können, statt sich der höfischen Etikette zu beugen. Gerade weil Madame Graimberg sich als ein nach Unabhängigkeit strebender Geist erwies, hielt die Großherzogin sie für die richtige Erzieherin ihrer Töchter. Zwei Jahre lang drängte Stephanie darauf, dass die Lehrerin ihren Entschluss überdenken möge. Vergebens. Dann erschien der Großherzog höchstpersönlich in jenem Eckhaus gegenüber dem Militärhospital in Karlsruhe, wo sich das Graimberg'sche Institut befand. Karl forderte Frau von Graimberg mit großem Nachdruck auf, dem Wunsche seiner Gemahlin nachzugeben. Die Dame möge berücksichtigen, dass die Großherzogin in Bälde ihr viertes Wochenbett erwarte, und keinerlei Aufregung ertragen konnte.

Die Bedingungen, die der Großherzog bot, waren außergewöhnlich günstig. Das Gehalt war hoch; Amalie von Graimberg, ihr Gemahl und ihre Tochter Sophie erhielten eine eigene Wohnung im Schloss; Herr von Graimberg wurde obendrein mit dem Titel eines Legationsrats bedacht. Das Institut sollte im Sinne seiner Gründer weitergeführt werden und als Eigentum der Großherzogin weiterbestehen. Trotzdem hätten die Graimbergs vermutlich nicht nachgegeben, hätte sich der Großherzog nicht persönlich eingeschaltet.

Von der Graimberg-Tochter Sophie, der späteren Sophie von Hahn, sind sehr lebendige Beschreibungen des höfischen Lebens unter Großherzogin Stephanie erhalten. Das noch nicht zwölfjährige Mädchen war fasziniert von der prachtvollen Einrichtung des Karlsruher Schlosses. Dass die hochschwangere Großherzogin mit ihren „engelschönen Töchtern" die Graimbergs persönlich begrüßte, blieb Sophie ein Leben lang in Erinnerung: „Sie (die Großherzogin) war in der ganzen Frische der Jugendblüte, sechsundzwanzig Jahre alt, eine reizende Erscheinung, schön, aber noch mehr graziös und lieblich; sie und die Kleinen – die Blüte der Eleganz – bezaubernd. Auch mich hatte die anmutige junge Fürstin mit der ihr ganz eigentümlichen gewinnenden Modulation der Stimme ‚Ah Sophie' begrüßt, mit einer Güte, die sie mir gegenüber niemals verleugnen sollte. Ein Läufer erschien nach einer Weile in seidenen Strümpfen und Hosen, auf dem Kopf den mit Blumen und Straußenfedern verzierten Helm, die Teestunde meldend. ‚Ich muss zu meinen Baronen', sagte die Großherzogin, sich lächelnd verneigend, und entschwand mit ihrer Hofdame."

Zurück blieb eine überraschte Sophie, die mit staunenden Augen Alltag im Fürstenhaus erlebte. Den kleinen Prinzessinnen wurde bald ihr übliches Abendmahl, Consommé, Straßburger Huhn und Pommes Madame, serviert. Dann war für die fünf- und zweijährigen Mädchen Schlafenszeit. Sophie, die an schlichtes Haushalten gewöhnt war, staunte über „die Menge der Dinge, die beim Auskleiden der Prinzessinnen von den zwei wichtig tuenden Garderobemädchen hergerichtet wurden, das Waschwasser, mit Petersilie bereitet, und die in Safranwasser goldgelb gefärbten Halstücher, deren man sich auf den Rat der Großmama, der ‚Frau Markgräfin', bediente, die als Mutter von vier wunderbar schönen Töchtern in Dingen der Körperpflege und Schönheit – aber nur in diesen – eine gewichtige Stimme hatte. Die Nachthemden, in die man bequem der Länge nach zwei Kinder von diesem Alter hätte hüllen können, alles das setzte das einfach erzogene Kind in Erstaunen, ganz besonders aber die Bettstellen: mit hohen Geländern, schweren grünseidenen Vorhängen und mit Türen, welche geschlossen wurden, sobald das Aufhören der hartnäckigen Rufe der jüngeren Prinzessin nach ihrer Wärterin und des mörderischen Geschreis der Älteren davon zeugte, dass beide aus Erschöpfung endlich eingeschlafen waren."

Die Schilderungen Sophies von Hahn geben einen Eindruck davon, mit wie wenig Rücksicht auf kindliche Bedürfnisse der Tagesablauf am großherzoglichen Hofe gestaltet war. Das war an Fürstenhöfen des 18. und 19. Jahrhunderts keineswegs außergewöhnlich. Während sich im gehobenen Bürgertum um diese Zeit die Vorstellungen von Kindererziehung radikal wandelten, wurden Kinder des Hochadels nach wie vor kaum als Individuen gesehen. Die Erziehung von Fürstensöhnen und -töchtern verlief ganz im alten Stil. Frau von Graimberg war darüber sehr befremdet und befragte Stephanies Hofdamen nach den ominösen Gepflogenheiten beim Schlafengehen der fürstlichen Kinder. Die Damen, längst an das abendliche Gebrüll der Kinder gewöhnt, führten das Gekreisch vornehmlich auf die „ungünstigen Charaktereigenschaften" der älteren Prinzessin zurück. Sie bedauerten, dass der Großherzog den Launen der Mädchen durch seine Nachgiebigkeit auch noch Vorschub leiste. Madame Graimberg schluckte. Unter den Voraussetzungen, die dieser Hof zu bieten schien, war ihrer Ansicht nach eine anständige Mädchenerziehung kaum möglich.

Am 2. Mai 1816 wurden die Residenzler um vier Uhr früh von Kanonendonner aus dem Bett gerissen. Die Geschütze verkündeten, dass in der Nacht ein Erbe geboren war. Stephanie hatte ein paar Tage Fieber, erholte sich aber rasch. Das Baby erhielt den Namen Alexander Maximilian Karl nach seinen Taufpaten: dem russischen Zaren, dem König von Bayern und dem Erbgroßherzog von Hessen.

Es dürfte das glücklichste Jahr in Stephanies Leben gewesen sein, obwohl Karl häufig kränkelte und die Ärzte ihm eine Kur in Griesbach empfahlen. Stephanie war sich jetzt ihres Mannes sicher. Er mochte sie bisweilen betrügen – aber er hielt zu ihr, er liebte und er schützte sie. Jetzt hatte sie einem Prinzen das Leben geschenkt und ihre niedlichen Töchter wurden mit jedem Tag hübscher. Selbst die Schwiegermutter und die Schwägerinnen hielten sich mit ihren Boshaftigkeiten jetzt merklich zurück. Mochte es am Hofe auch manchmal bedauerlich steif zugehen, Stephanie genoss ihre Position sehr.

„Der Großherzog und die Großherzogin speisten, außer an Galatagen, immer allein", notierte Sophie von Hahn über die Gepflogenheiten am Karlsruher Hof: „Die beiden Prinzessinnen, meine Eltern, Amalie Jung und ich bildeten den zweiten, von zwei Lakaien bedienten Tisch, den dritten die Marschallstafel, an der der Oberhofmarschall Freiherr von Gayling präsidierte... Die Hofchargen, sowie alle Kammerherren hatten täglich Zugang zur Hoftafel und nutzten dieses Recht auch meistenteils aus. Damals waren diese Stellen den ärmsten Mitgliedern altadeliger Familien vorbehalten und wenn ich nach der Zusammensetzung des männlichen Hofes urteile, so traf die Geistesarmut in ungewöhnlichem Maße mit der anderen Armut zusammen. Eine leider berüchtigte Ausnahme machte der Zeremonienmeister Freiherr von Ende, der Witz wie ein Affe und noch mehr Bosheit hatte... Der Oberkammerherr, Baron von Wöllwarth, der bravste Mann von der Welt, war wiederum durch seine Zerstreutheit merkwürdig. An seinem Hochzeitstage vergaß er, dass er getraut war, verbrachte den übrigen Tag ganz wie gewöhnlich, so dass man ihn am Abend daran erinnern musste, dass er sein Quartier gewechselt und dass seine ausgezeichnete Frau, eine geborene von Gayling, bereits auf ihn wartete."

Ihren repräsentativen Verpflichtungen konnte und wollte sich die Großherzogin nicht entziehen. Das Familienleben drohte daneben eine eher untergeordnete Rolle zu spielen. Doch Stephanie legte Wert darauf, ihre Kinder täglich zu sehen. Was niemand erwartet hätte: Auch Großherzog Karl nahm sich nachmittags häufig Zeit, ein, zwei Stündchen mit seinen Kindern zu verbringen. Dabei ging es bisweilen ausgelassen zu. Ein Riesenspaß war es, wenn Karl seine Frau dazu überreden konnte, sich mit den Mädchen in einen Kinderwagen zu setzen. Als Kutschgaul zog er seine Familie dann in den Gemächern umher. Selbst Sophie von Hahn, die wenig Sympathie für den Großherzog empfand, war bei diesem Anblick gerührt und dachte bei sich: „Wie anders war er in diesem engsten Kreise, wo seine scheue Blödigkeit seine natürlichen Gaben nicht beeinträchtigte..."

Während Stephanies persönliche Belange sich aufs angenehmste entwickelten, standen ihrem Volk harte Zeiten bevor. Die mittellosen Bevölkerungsschichten Badens sahen einer Katastrophe entgegen. Lang anhaltende Regenfälle, Stürme und Rheinhochwasser hatten die Ernte weitgehend vernichtet. Die Lebensmittelpreise stiegen ins Unermessliche; eine Hungersnot drohte. Die Ärmsten der Armen ernährten sich von Baumrinde und zogen in die Residenzstadt, in der Hoffnung, hier Arbeit zu finden. Nicht nur von der Regierung erwarteten die Menschen, dass es ihr gelänge, die bitterste Not zu lindern. Auch von ihrer Großherzogin erwarteten sie Beistand – gehörte die Caritas doch von je her zu den vornehmsten Pflichten des Adels. Stephanie enttäuschte sie nicht. Hatte sie bereits 1813 einen Frauenverein zur Unterstützung vaterländischer Krieger ins Leben gerufen, so gründete sie 1814 einen allgemeinen Wohltätigkeitsverein.

Es war ein Wohltätigkeitsverein alter Prägung. Sein Anliegen war es nicht, Hilfe zur Selbsthilfe zu leisten oder die Lebensverhältnisse der ärmeren Bevölkerung dauerhaft zu verbessern. Es wurden vielmehr Almosen gegeben. Und mit den Almosen verbunden wurde – wie seit Jahrhunderten üblich – eine recht rigide Form von Sozialkontrolle. „Bei der Beschränktheit der Mittel des Vereins", so schrieb der Chronist von Weech, „konnte man sich nur auf Unterstützung der wirklich Kranken und der ganz arbeitsunfähigen Armen, welche durch sittliches Betragen dieser Unterstützung würdig sind, einlassen." Ihr „sittliches Betragen" mussten die Bedürftigen durch Zeugnisse von Geistlichen, Ortsbehörden und Ärzten nachweisen.

Die Damen aus dem Adel und dem wohlhabenden Bürgertum, die Stephanies Verein beitraten, litten nicht allzu schwer unter den Opfern, die sie zu erbringen hatten. Sie verpflichteten sich lediglich zu einem „freiwilligen, ihnen nicht lästigen jährlichen Beitrag an Geld, Naturalien oder weiblichen Arbeiten". Die Wohltätigkeit wurde zum gesellschaftlichen Ereignis: Man traf sich mit Gleichgestellten, hatte Gelegenheit zu plaudern und tat dabei noch dazu etwas Gutes. Selbst im Salon von Stephanies Töchtern wurde ein „Arbeitsatelier" aufgeschlagen, in dem die Großherzogin mit anderen Damen zur Anfertigung prächtiger Handarbeiten zusammenkam. Stephanie selbst schwang allerdings lieber den Pinsel statt zu sticken, denn sie hegte von Jugend an eine Vorliebe für die Malerei. Abends versammelte sich das halbe Schloss, um für einen Wohltätigkeitsbazar kleine elegante Pappschachteln zum Nachteil des Käufers mit so wenig Dragées als möglich zu füllen; die feine Kartonmalerei der Damen gab den Schächtelchen den (ideellen) Wert.

Tage der Verzweiflung

Jetzt, da Stephanie sich endlich in ihrer Rolle als badische Großherzogin wohlfühlte, kam der nächste Schlag: Ihr kleiner Junge, der Erbgroßherzog Alexander Maximilian Karl, erkrankte schwer. Stephanie und Karl waren sehr besorgt. Zurecht, wie sich schnell herausstellte, denn die unbekannte Krankheit nahm eine dramatische Entwicklung. Karl war dem Wahnsinn nahe. Angeblich suchte er seinen leidenden Sohn stündlich auf. Trotz aller Bemühungen der Ärzte starb eine Woche nach Vollendung seines ersten Lebensjahres, am 8. Mai 1817, auch dieser Erbe des Hauses Baden.

„Aber auch da noch unterließ der Vater in seiner Verzweiflung die Besuche bei der entseelten Hülle seines Sohnes nicht. Er ließ sie auskleiden und in ein in kölnisch Wasser getauchtes Batisttuch schlagen“, erzählt Sophie von Hahn: „Von Stunde zu Stunde kam er und untersuchte den Leichnam. Kurz nach dem Tode des Knaben kamen die Zähne, die der lebende Organismus nicht hatte zum Durchbruch bringen können, schwarz zum Vorschein.“ Wieder gab es Gerüchte, wonach der kleine Prinz vergiftet worden war. Karl, dessen Verfolgungswahn immer schlimmer wurde, sah sich und sein Haus dem Verderben geweiht: Ob durch die Hand eines Giftmörders oder durch die zürnende Hand Gottes, das war ihm wohl selbst nicht ganz klar. Der einzige Mensch, der ihm geduldig zuhörte, war Stephanie. Die Dienerschaft sah ihn fortan oft auf einem Schemel zu Füßen der Großherzogin sitzen, sein Gesicht in ihrem Schoß bergend, laut schluchzend, laut klagend.

Die Verzweiflung, der Karl sich so hemmungslos hingab, hatte die denkbar schlechtesten Auswirkungen auf seine körperliche Verfassung: Mit der Gesundheit des Großherzogs ging es von nun an rapide bergab. Während Karl in Griesbach Heilung suchte, begab sich Stephanie, deren Leib sich schon wieder zu wölben be-

Abbildung 14: Stephanie Napoleon als Erbgroßherzogin von Baden, Büste von Johann Heinrich Dannecker, 1809/1810, Gips, 62,5 cm hoch

Abbildung 15: Stephanie Napoleon als Erbgroßherzogin von Baden, Öl auf Leinwand, 53 x 44 cm, 19. Jh.

Abbildung 16: Prunkvase mit Bildnis der Prinzessin Luise von Baden, Tochter der Großherzogin Stephanie, spätere Luise Wasa, um 1814

Abbildung 17: Großherzogin Sophie, nach einem Gemälde von Franz Winterhalter

Abbildung 18: *Großherzogin Sophie und Großherzog Leopold mit den Kindern (von links) Friedrich, Erbgroßherzog Ludwig, Alexandrine und Wilhelm, sowie (zu Füßen der Großherzogin) Karl und Marie, Lithografie 53 x 44 cm, 19. Jh.*

Abbildung 19: *Prinzessin Luise von Preußen, spätere Großherzogin von Baden, Fotografie, Bildgröße 5 x 9 cm*

Abbildung 20: Großherzogin Luise und Großherzog Friedrich I.

Abbildung 21: Königin Victoria von Schweden, geborene Prinzessin von Baden, Tochter der Großherzogin Luise

Abbildung 22: Großherzogin Luise und Großherzog Friedrich I., Ferd.Keller, 1906, Tempera-Gemälde auf Karton, 66 x 42 cm

Abbildung 23: *Festzug der badischen Landesbevölkerung in den Landestrachten ausgeführt am 22. September 1881 zur Feier der silbernen Hochzeit von Großherzogin Luise und Großherzog Friedrich sowie der Vermählung von Prinzessin Victoria von Baden und Kronprinz Gustav von Schweden, vor der Fassade des Karlsruher Schlosses 1881, hier Auszug aus "Zug der grünen Hochzeit", Heinrich Issel 1892, Öl auf Leinwand, 130 x 350 cm*

Abbildung 24: *Großherzogin Hilda von Baden. Hüftbild, Fotografie um 1910*

Abbildung 25: Großherzogin Hilda von Baden. Sitzende Figur. Aufnahme im Arbeitszimmer in Badenweiler anlässlich des 70. Geburtstages 1934. Fotografie, Postkartengröße

gann, mit ihrem Hofstaat nach Oberkirch. Die Bevölkerung dort bot alles Mögliche auf, um ihr Liebe und Anerkennung zu zeigen: Freudenfeuer brannten auf den Bergen, ihr Name in kolossaler Flammenschrift erglühte auf den Höhen.

Die Großherzogin nahm diese Huldigungen entgegen, ohne eigentlich daran Freude oder Genugtuung zu empfinden. Mit blasierten Bemerkungen wie „Das riecht nach Mensch!" soll sie sich ihren Damen gegenüber über die Anhänglichkeit des Volkes geäußert haben. Nicht nur Karl, auch Stephanie befand sich in einer tiefen Krise: „Sie war des Amusements bedürftig, und doch nicht amüsierbar, was ihre Umgebung oft zur Verzweiflung brachte", stellte Sophie von Hahn fest. Die Großherzogin, die sonst nichts mehr liebte als prunkvolle Geselligkeit und geistreiches Geplauder, suchte nach diesem erneuten Schicksalsschlag die Einsamkeit: Ungeachtet ihrer Schwangerschaft unternahm Stephanie „Entdeckungsreisen" in den Bergen des Schwarzwaldes. Einzig und allein die Erzieherin von Graimberg durfte sie begleiten. Erst im September kehrte die Großherzogin in die Residenzstadt zurück.

Karl, dessen Gesundheitszustand immer prekärer wurde, erließ unterdessen das Hausgesetz über die Erbfolge der Hochberger, der Söhne aus zweiter Ehe seines Großvaters Karl Friedrich. „Dies", so bemerkte das Hoffräulein Freystedt, „wollte er noch vor der Niederkunft seiner Gemahlin zustande bringen, damit, wenn sie keinen Sohn zur Welt brächte, man nicht sagen sollte, die Notwendigkeit habe ihn bewogen."

Am 11. Oktober 1817 zeigte sich, dass Karl klug daran getan hatte, Vorsorge zu treffen. Stephanie gebar ein Mädchen, die kleine Marie, die spätere Herzogin von Hamilton. „Armes kleines Wesen!", bedauerte Sophie von Hahn das Neugeborene: „Wie wenig willkommen kam es mit seinen rötlichen Löckchen." Und die Freystedt erinnerte sich später: „Die Bestürzung über die fehlgeschlagene Hoffnung, einen Prinzen und Erben dieses altfürstlichen Hauses erscheinen zu sehen, war groß und allgemein. Mehrere Stunden nach der Entbindung der Großherzogin war das Ereignis noch nicht bekannt, man getraute sich nicht, davon zu sprechen. Die Gesundheit des Großherzogs war damals schon so schwankend, dass man die Hoffnung aufgab, einen Sohn in der Regierung folgen zu sehen."

Karl zeigte sich nach der Geburt seiner Tochter wieder einmal von seiner liebenswertesten Seite: Anstatt seiner Frau, die erneut „nur" ein Mädchen geboren hatte, zu zürnen, bezeigte er Mutter und Kind in besonderem Maße seine Zuneigung. Die Freystedt stellte sogar voll Verblüffung fest: „Seinem Herzen schien die neugeborene Tochter, ein blühendes, liebliches Kind, näher zu stehen als ihre beiden älteren Schwestern. Er hatte die Kleine so viel als möglich um sich und erzeigte ihr zärtliche Liebe."

Im April 1818 heiratete Amalie von Hochberg, die sich durch des Großherzogs Gnade jetzt als Prinzessin von Baden bezeichnen durfte, den Fürsten Karl Eugen von Fürstenberg. Stephanie gab sich besonders viel Mühe, die Tochter ihres längst verstorbenen Schwiegergroßvaters auszuzeichnen. Der Großherzog selbst war zu krank, um an der Trauung teilzunehmen; doch wurde die Braut aus seinem Zimmer zum Altar geführt. Karls Gesichtsfarbe war jetzt aschgrau, sein Gang schwankend. Selbst unsensiblen Naturen konnte es nicht mehr verborgen bleiben: Der Großherzog hatte nicht mehr lange zu leben.

Das Großherzogenpaar begab sich nach Baden-Baden, von dort nach Rippoldsau, nach Griesbach und schließlich nach Schloss Favorite. Stephanie war ihrem schwer kranken Mann in jenen letzten Monaten seines Lebens eine Gefährtin und Pflegerin, wie es niemand – am wenigsten wohl sie selbst – erwartet hätte. Was Stephanie fast nicht mehr für möglich gehalten hatte, trat ein: Sie schloss mit den Angehörigen ihres Mannes Frieden. Vor allem Prinzessin Amalie von Baden, Karls älteste, unverheiratete Schwester, wurde eine gute Kameradin ihrer Schwägerin und teilte sich mit Stephanie die Pflege des Kranken.

Die Markgräfin Amalie, ja selbst die Kaiserin von Russland und die Königinnen von Schweden und von Bayern waren jetzt bereit, milder über Stephanie zu urteilen. Doch weder die Mutter, die Schwestern noch die Gemahlin konnten dem Schicksal Einhalt gebieten. Die Ereignisse überschlugen sich. Am 22. August unterzeichnete Großherzog Karl die badische Verfassung. Am 20. November wurde beim Fürstenkongress in Aachen auf Druck des Zaren der Vertrag über die Unteilbarkeit des badischen Territoriums und die Nachfolgeberechtigung des Hauses Hochberg unterzeichnet. Am 8. Dezember 1818 starb Karl von Baden, dieser so schwache und gleichzeitig in persönlichen Fragen so starke Fürst, an der „Wassersucht".

„Alles lief verstört durcheinander", berichtete Christa von Scharnhorst, eine Hofdame der schwedischen Exkönigin: „Die großherzogliche Witwe gewährte einen schauerlichen Anblick.... Sie war noch vom Tage vorher gekleidet mit einer Rosenhaube und ganz verwirrtem Haar. In Pantoffeln und mit stierem Blick schlich sie die lange Zimmerreihe hinab, an deren Ende die Leiche ihres hohen Gemahls lag, den sie zärtlich geliebt hatte und ihm während seiner Krankheit die Beweise davon in aufmerksamer Pflege gegeben hatte." Während Stephanie noch Mühe hatte zu begreifen, was geschehen war, leistete das Militär bereits dem neuen Herrscher den Treueeid: Karls Onkel Ludwig, das letzte Glied des alten Zähringer Geschlechts, war Großherzog von Baden.

Eine Witwe von höchstem Ansehen

Stephanie war 29 Jahre alt, als Karl starb. Die junge Witwe zog sich mit ihren drei Töchtern ins Jagdschloss Scheibenhardt bei Karlsruhe zurück. Mit ihr ging – als einzige Angehörige des verstorbenen Großherzogs – Prinzessin Amalie, Karls älteste Schwester. Diese Amalie, der einzige heiratspolitische „Blindgänger" unter den Töchtern der Schwiegermutter Europas, war zweifellos hässlich, was der auf Äußerlichkeiten sehr bedachten Stephanie stets missfallen hatte. Aber Amalie war ein mitfühlender und intelligenter Mensch. Schon während der letzten Lebensmonate Karls waren sich die beiden Frauen, die den Sterbenden aufopfernd pflegten, nahegekommen. Und jetzt verstand es Amalie wie niemand sonst, einfühlsam mit den Depressionen und Verzweiflungsausbrüchen der Witwe umzugehen, ohne sie in ihrem Weltschmerz zu bestärken. „Man lobt manchmal den Mut, mit dem Unglückliche ihre Schmerzen tragen", schrieb Stephanie in ihr Tagebuch: „Ach, sie tragen sie nicht, sie schleppen sie überall mit sich herum."

Trotz der neu erwachten Zuneigung zu ihrer Schwägerin fühlte Stephanie sich einsam und ungeliebt. Nur ihr Gottvertrauen und ihr Glaube hielten sie in diesen ersten Tagen der Trauer aufrecht. Was sollte sie tun? Wohin gehen? Frankreich gehörte den Bourbonen, den Legitimisten; eine Napoleonidin war dort alles andere als erwünscht. In Baden wiederum regierte jetzt Großherzog Ludwig. Stephanie hatten den dritten Sohn Karl Friedrichs stets als ihren Feind betrachtet. Und musste er ihr gegenüber nicht rachsüchtige Gedanken hegen? Schließlich hatte Napoleon einst dafür gesorgt, dass Ludwig nach Salem verbannt wurde! Oh Gott, was sollte sie tun?

Zweifellos, gewissen Leuten wäre es das liebste gewesen, wenn Stephanie das Land verlassen hätte. Wenn sie sich auf neutralem Boden niedergelassen hätte, etwa in der Schweiz. Aber nein! Nein! Nein! Stephanie würde bleiben. Sie glaubte, es ihren drei Töchtern schuldig zu sein, die ihr gebührende Stellung zu behaupten. Und auch aus Stolz würde sie bleiben. Sie würde standhaft sein, Geduld zeigen und ihre taktvolle Würde bei allen Anfechtungen beibehalten. Sie hatte ihre Heimat und ihre Jugend opfern müssen, um badische Großherzogin zu werden. Jetzt sollte ihr das Erreichte niemand streitig machen.

Großherzog Ludwig suchte Stephanie in Scheibenhardt auf. Entgegen ihren Befürchtungen gab sich der Onkel ihres verstorbenen Mannes ihr gegenüber äußerst korrekt. Als Witwensitz schlug er ihr Freiburg vor – schließlich war die Breisgaumetropole dank Stephanie an Baden gefallen. Stephanie aber bevorzugte Mannheim, die Quadratestadt, die einst die junge Braut so voll Begeisterung empfangen hatte. Als Sommerresidenz wurde der Witwe das Neue Schloss in Baden-Baden zugesprochen.

Am 20. September 1819 fand die Übersiedelung ihres Hofstaates nach Mannheim statt. Stephanie sollte im westlichen Flügel des Mannheimer Schlosses wohnen, während der Ostflügel dem regierenden Großherzog für gelegentliche Aufenthalte zur Verfügung stand.

Das Mannheimer Schloss in all seiner barocken Pracht widersprach völlig dem eleganten Geschmack des Empire, aber auch des beginnenden Biedermeiers mit seinen bürgerlich gemütlichen Vorstellungen. Vor allem im Winter – und gerade diese Jahreszeit sollte Stephanie ja in der Quadratestadt verbringen – waren die prunkvollen Riesenräume unmenschlich. Sophie von Hahn berichtete über das Mannheimer Schloss: „Selbst die Jugendfrische meiner fünfzehn Jahre widerstand nicht der Öde, der Totenstille in den breiten Gängen, deren Steinplatten allein von den Tritten der Schildwachen vor dem Gemach der Prinzessinnen widerhallten. Das Schloss von Karlsruhe hatte durch seine geheimnisvollen Treppen und Gänge meine kindische Neugier gereizt, das Badener mich mit poetischem Grauen erfüllt – das Schloss von Mannheim eröffnete mir die ganze Trostlosigkeit der zwei Worte: öde und leer. Denn die großen Zimmer links von der Treppe, die uns bestimmt waren, entsprachen ganz diesem Begriffe, der auch auf die Aussicht aus den hohen Fenstern anwendbar war; denn, durch einen kahlen Platz von uns getrennt, lag gegenüber der verbrannte Teil des Schlosses, die moderne Ruine des Schlosstheaters.“

Der kleine Hof der Großherzogen-Witwe benutzte überwiegend kleinere, leichter zu heizende Räume – später wurden sogar eigens für den Winter einige Zimmer mit Zwischengeschoss hergerichtet. Das Schloss mochte noch so ungemütlich sein – Stephanie fühlte sich hier viel wohler als in Karlsruhe. Schien es ihr nur so oder waren die Menschen hier wirklich aufgeschlossener und warmherziger als in der Residenzstadt? Tausende jauchzten der Witwe zu, als ihr Wagen in den Schlosshof einfuhr.

Das Trauerjahr! Es war hart für Stephanie, all die Regeln einzuhalten, die einer Witwe, einer von höchstem Adel zumal, auferlegt waren. Sie war aufrichtig traurig über Karls frühen Tod, bedauerte auch ein bisschen, jetzt nicht mehr das Ansehen und die Bedeutung einer regierenden Fürstin zu genießen. Aber ein Jahr lang jede Sekunde zu demonstrieren, dass ihr Herz bei dem Gemahl in der finsteren Gruft liege – das mochten Sitte, Anstand und Etikette von der Großherzogin zwar verlangen, war aber einfach unmenschlich.

Stephanie bemühte sich redlich. Schließlich war sie noch immer „die“ badische Großherzogin. Großherzog Ludwig war ja nach wie vor unverheiratet – und, bei Gott, es sah nicht danach aus, als ob er jemals heiraten würde. Wie man so hörte, tändelte er derzeit mit einer blutjungen Figurantin vom Karlsruher Hoftheater, einer gewissen Katharina Werner, herum. So lange der Großherzog keine standesgemäße Gemahlin ins Karlsruher Schloss brachte – so lange würde Stephanie die erste Dame Badens bleiben. Und als solche von den Klatschmäulern scharf beobachtet werden, ob sie nicht einen Fauxpas, einen Makel im Benehmen der Großherzogin entdecken und durchhecheln könnten. Gott sei Dank konnte niemand etwas Unschickliches an diesen belebenden Tischgesprächen finden, bei denen Stephanie ihren wieder erwachenden Geist Funken sprühen ließ. Und Gott sei dank ging das Trauerjahr endlich seinem Ende entgegen.

Während Stephanie allmählich das Gefühl hatte, dass sie von den Toten wieder erwachen würde, nahm bei der Erzieherin ihrer Kinder, der selbstgerechten Frau von Graimberg, das Gefühl der Verbitterung überhand. Der Gemahl der Graimberg lag im Sterben und die Erzieherin verübelte es der auflebenden Großherzogin schwer, dass sie ihren Kummer nicht teilte. Die junge Sophie von Graimberg, die sich trotz ihrer Sympathien für die Großherzogin ganz auf die Seite ihrer Mutter stellte, berichtete später: „Sehr traurig wurde es für das bis vor kurzem so schöne Verhältnis zwischen der Großherzogin und meiner Mutter, dass der Durst nach erneuter Besitzergreifung des weltlichen Lebens bei jener und das stetige, nicht mehr zu verkennende Näherrücken des herbsten Trennungsschmerzes für diese, sich, sozusagen, kreuzten. Schon vor Ablauf der Trauerzeit schien das ganze Gemüt der jungen Witwe auf die in ihren schönen, neu hergerichteten Prachtgemächern zu eröffnenden Festlichkeiten gerichtet. Lag es nur hieran, oder war es Trägheit des Herzens, kurzum: Sie zeigte sich nur wenig bei uns. Kaum aber war die Trauer abgelegt, in der zweiten Hälfte des Jahres 1820, bereitete sich das Schloss schon zum ersten großen Balle vor." Die Graimberg fühlte sich zutiefst gekränkt, weil die Großherzogin auf ihr persönliches Leid nicht rücksichtsvoller einging. Ihren Abschied nahm Frau von Graimberg allerdings trotz ihrer Verbitterung erst sieben Jahre später, nach der Konfirmation von Stephanies ältester Tochter.

Das Verhältnis Stephanies zur Familie ihres verstorbenen Mannes war mittlerweile recht eng geworden. Amalie und ihre Töchter hatten sich in das Unabänderliche gefügt und Stephanie ihrerseits bemühte sich, auf die Empfindlichkeiten der Fürstinnen Rücksicht zu nehmen. Die Besuche bei der Markgräfin Amalie in Bruchsal dehnten sich jetzt manchmal bis zu einer Woche aus. Wenn Stephanie in späteren Jahren längere Reisen unternahm, ließ sie ihre Töchter gerne in der Obhut der Großmutter. Die beiden Frauen hatten ihren Frieden miteinander geschlossen. Von Liebe zwischen den beiden konnte zwar nach wie vor nicht die Rede sein – doch in den schweren Monaten vor Karls Tod hatten sie Achtung voreinander gewonnen.

Das Leben Stephanies nahm bald wieder seinen geregelten Gang. Dass sie nicht mehr regierende Großherzogin war, empfand Stephanie bald als sehr befreiend. Natürlich konnte sie nicht einfach die Regeln höfischen Lebens über den Haufen werfen. Aber sie konnte sich allmählich in Mannheim kleine Freiheiten herausnehmen, die in Karlsruhe nicht möglich gewesen wären. Fern der Residenz galt die Ungezwungenheit von Stephanies Hofhaltung nicht als schockierend, sondern als charmant.

Stephanie war wieder in ihrem Element: Sie konnte repräsentieren und Feste feiern. Und, was ihr fast noch wichtiger war, sie konnte interessante Menschen um sich sammeln, neue Ideen kennen lernen. Von je her hatte sie Gefallen an geistreicher Unterhaltung gefunden. Je älter sie wurde, umso mehr zeigte sie, was in ihr steckte. Sie legte sich eine umfangreiche Bibliothek an, denn sie las gerne und viel. Ihre besondere Neigung galt der Geschichte. Sie mochte nur ein interessierter Laie und keine Wissenschaftlerin sein – aber ihr Wissen und ihre Begeisterung waren so groß, dass Gelehrte wie der Heidelberger Strafrechtler Karl Mittermaier und der Historiker Christoph Friedrich Schlosser sie als Gesprächspartnerin hoch schätzten. Am Graimberg'schen Institut, das mit der Großherzogen-Witwe nach Mannheim umgezogen war, gab Stephanie ihren jungen Schützlingen sogar selbst Unterricht – vorzugsweise im Fach Geschichte.

Natürlich zeichnete und sang Stephanie auch – das gehörte schließlich zum Ausbildungsplan vornehmer Damen. Und sie tat es gerne und, wie berichtet wird, zeigte sie dabei eine Begabung, die weit über den Durchschnitt hinausging. Außerdem rühmte man ihren sprühenden Geist, ihren selten versagenden Humor und ihren liebenswürdigen Spott. Stephanies Bekanntenkreis wuchs beständig. Eine enge Freundschaft sollte sie schließlich sogar mit dem Fürsten Metternich und dessen dritter Gattin Melanie Zichy verbinden. Auch die Herzogin von Dino, eine geborene Prinzessin von Kurland, die lange Jahre das Leben Talleyrands geteilt hatte, machte immer wieder in Mannheim Station. Stephanie wurde allmählich ein Bindeglied zwischen Welten, die sich ansonsten ablehnend oder gar feindselig gegenüberstanden.

In gesellschaftlicher Hinsicht war der Aufenthalt der Großherzogin in Mannheim für die Stadt von großem Wert. Sophie von Hahn erinnerte sich später: „In unerwarteter Weise versammelte dort gerade dieser Winter, von 1821 auf 1822, Zugvögel. Denn Mannheim lag zentral, der Winter war mild, hatte sein treffliches Theater, war äußerst wohlfeil und zog die hoffähigen Familien durch den Hof einer der liebenswürdigsten Fürstinnen an, die es sich angelegen sein ließ, auf das Gastlichste die Honneurs zu machen. Kur-, Est- und Livländer, Polen und besonders Engländer drängten sich in den großen Staatsgemächern an den Kurtagen, an denen die Engländer „her royal highness" besonders durch die Haarbeutel zu ehren glaubten, die bei den „levers" im Buckingham Palace Erfordernis sind." Stephanie amüsierte sich prächtig über ihre englischen Gäste. Vielleicht dachte sie bei ihrem Anblick ein bisschen an Karl, der damals, als sie ihn zum ersten Mal sah, ja auch noch einen Zopf trug...

Sie amüsierte sich so gerne, die Großherzogin Stephanie. Doch wenn sie an die zwei Männer dachte, die ihr Leben bestimmt hatten, überkam sie immer wieder Melancholie. Karl, der badische Großherzog und Stephanies Gemahl: tot. Napoleon, Kaiser der Franzosen und Idol aus Stephanies jungen Jahren: verbannt auf diesen einsamen Felsen im Meer, der Sankt Helena hieß. Dort starb er am 5. Mai 1821. Auch mit der Familie ihres Adoptivvaters hielt Stephanie engen Kontakt. Sobald es die Situation erlaubte, traf sie sich mit Hortense und Eugène de Beauharnais, den Kindern ihrer längst verstorbenen Tante Josephine.

Arme Hortense. Napoleon hatte sie – genau wie Stephanie – gegen ihren Willen verheiratet. Und zwar mit seinem Bruder Louis. Die Ehe war von Anfang an eine Katastrophe gewesen. Hortense hatte sich an der Hoffnung aufrecht gehalten, dass ihre Kinder Napoleon beerben würden. Doch dann hatte Napoleon wider Erwarten mit seiner zweiten Frau Marie Luise von Österreich noch einen legitimen Sohn gezeugt. Hortenses Leben war sinnlos geworden. Was nützte es ihr schon, Königin von Holland zu sein? Der Sturz des Korsen hatte sie dann heimatlos gemacht. Auf Betreiben der Bourbonen durfte die zeitweilige Königin von Holland sich trotz der Fürsprache ihrer badischen Verwandtschaft zunächst weder in Konstanz noch in der Schweiz niederlassen. Wie viel Mühe hatte es gekostet, bis Hortense das Schloss Arenenberg im Kanton Thurgau, unweit von Konstanz gelegen, als Sommersitz erwerben durfte. Stephanie besuchte dort regelmäßig ihre Cousine, die jetzt den Titel einer Herzogin von St. Leu trug.

Und Eugène de Beauharnais, Hortenses Bruder! Napoleon hatte seinen Stiefsohn mit der Verlobten Karls von Baden, der Prinzessin Auguste von Bayern, verkuppelt. Im Gegensatz zu Stephanies Heirat war allerdings Eugènes Ehe von Anfang an glücklich gewesen. Napoleon hatte den jungen Mann zum Vizekönig von Italien ernannt. Nach dem Zusammenbruch des Kaiserreiches hatte Eugène sein beträchtliches Vermögen in Sicherheit gebracht und die Sympathie des russischen Kaisers gewonnen. Er war 1817 zum Herzog von Leuchtenberg und Eichstätt erhoben worden. Der gute Eugène hatte sieben Kinder – seine älteste Tochter Josephine heiratete in die neue schwedische Bernadotte-Dynastie ein, die das Königshaus Wasa abgelöst hatte.

Stephanie traf ihren Cousin Eugène verschiedentlich in Eichstätt. Sie war etwas enttäuscht von ihm, denn Eugène war längst nicht mehr der fröhliche junge Mann, den die Großherzogin aus ihrer Jungmädchenzeit schätzte. Ein Schlaganfall hatte ihn vorsichtig und auf geradezu ermüdende Art und Weise bedächtig gemacht. Ein zweiter Schlaganfall kostete ihn – erst in den Vierzigern stehend – das Leben.

Europa war noch nicht fertig mit den Napoleoniden. Stephanie beobachtete die Entwicklung in Frankreich mit viel Anteilnahme und zunehmendem Interesse. Ihr Adoptivvater, der kleingewachsene große Napoleon, war trotz seiner Niederlagen in den Steppen Russlands und in Waterloo als französischer Held im Bewusstsein seines Volkes und seines Heeres lebendig geblieben. Den legitimen französischen Königen, den Bourbonen, gelang es nicht, die Zuneigung der Bevölkerung zu gewinnen. Auch der Bürgerkönig Louis Philippe wurde nicht zu einer Integrationsfigur, obwohl er geschickt die sich um Bonaparte rankenden Legenden nutzte und den Napoleonkult mit der Rückführung der sterblichen Reste des Kaisers aus St. Helena einem neuen Höhepunkt entgegentrieb. Nach zwei missglückten Putschversuchen war Louis Napoleon Bonaparte, ein Sohn Hortenses, zunächst nach London geflohen. Doch nach der Februarrevolution von 1848 kehrte er nach Frankreich zurück, wo er zum Präsidenten gewählt wurde. Als der zündende Funke der Revolution auf Südwestdeutschland übergriff, bot Louis Napoleon seiner Tante Stephanie Hilfe an. Doch die alte Großherzogin beschloss, in Mannheim zu bleiben. Als sich allerdings im Mai 1849 die Unruhen ausweiteten, begab sich Stephanie aus Sicherheitsgründen nach Mainz zu den Preußen.

Im Dezember 1852 ließ sich der „Prince Président" Louis Napoleon durch Volksentscheid zum neuen Kaiser der Franzosen proklamieren. Napoleon III. hatte die Bühne der Weltpolitik betreten.

Stephanie, die als Großherzogen-Witwe in Baden höchstes Ansehen genoss, geriet durch die Entwicklung in Frankreich nochmals ins Zentrum des europäischen Interesses. Der dritte Napoleon, der erst 1853 die bildschöne Spanierin Eugénie de Guzman heiratete, hätte die badische Großherzogen-Witwe Stephanie im Jahr 1849 am liebsten nach Paris geholt: Da Louis Napoleon noch unverheiratet war, sollte seine Verwandte in den Tuilerien repräsentieren. Doch dagegen hatten sowohl der badische wie der preußische Hof entschiedenen Einspruch erhoben. Und Stephanie hatte bei aller Sympathie für den Enkel Josephines keine Lust, ihre badische Apanage zu riskieren.

Immerhin erlaubte man Stephanie im Jahr 1855 als Verwandte Napoleons III. ihren alten Titel „Kaiserliche Hoheit" wieder zu tragen. Fast verübelte Stephanie es ihren Badenern etwas, dass sie darum erst hatte bitten müssen. Aber die Karlsruher waren eben vorsichtige Leute. Sie hatten zunächst einmal in Berlin, in Stuttgart und in Wien nachgefragt, ob dieser Titel ihrer Großherzogen-Witwe dort anerkannt werden würde.

Ihre kaiserliche Hoheit, die Großherzogin Stephanie von Baden, war zufrieden mit dem Platz, den sie jetzt innerhalb der europäischen Monarchien einnahm. Als würdige Dame, die auf die 70 zuging, hatte sie zwar nichts von ihrem Esprit verloren, aber von der Aufmüpfigkeit ihrer Jugendzeit war nichts geblieben. Die Revolution der deutschen Demokraten in Baden 1848/49 hatte Stephanie große Angst eingejagt. Die Sorge, dass das Volk sich erneut erheben könnte, blieb bis zu ihrem Lebensende ein steter Begleiter. Dabei sehnte sie sich nach nichts mehr als nach Sicherheit, nach Ruhe und Frieden.

Frieden. Sie wollte tun, was sie konnte, um ihn den Menschen in Europa zu erhalten. Ihr großer Napoleon, das militärische Jahrhundertgenie, hatte einen grundlegenden Fehler begangen: Er hatte geglaubt, mit Waffengewalt könne man den zerrissenen Kontinent einigen. Welch ein verhängnisvoller, blutiger Irrtum! Nur mit friedlichen Mitteln würde man die Zukunft meistern. Und ihre, Stephanies Aufgabe war es, am großen Friedenswerk mitzuwirken. Ein Bündnis zwischen Frankreich, England und Preußen – wenn man das zustande bringen könnte! Großherzogin Stephanie wurde nicht müde, für diese Idee zu werben. Unbeeindruckt von den Muskelspielen der europäischen Mächte warb sie bei Napoleon III., bei Königin Victoria und bei König Friedrich Wilhelm IV. für die große Sache des Friedens.

Die sterbende Großherzogin

Nizza. Nizza würde Stephanie helfen, wieder zu Kräften zu kommen. Sie fühlte sich so matt. So schrecklich matt. Seit ihre liebste Enkeltochter, die schöne Stephanie von Hohenzollern-Sigmaringen, am 17. Juli 1859 gestorben war, ging es ihr sehr, sehr schlecht. Nizza würde sie aufmuntern. Stephanie von Baden liebte Nizza – und Nizza liebte Stephanie. Ihre Kaiserliche Hoheit, die Großherzogin von Baden, mochte inzwischen eine kränkliche alte Dame sein: Aber sie war bekannt dafür, einen quicklebendigen Geist zu besitzen und – vor allem – sich bei wohltätigen Zwecken immer sehr großzügig zu zeigen. Das waren Eigenschaften, die sowohl die gute Gesellschaft als auch die einfache Bevölkerung von Nizza sehr schätzten.

In Nizza würde sie also überwintern. Am 22. Oktober 1859 brach Stephanie von Baden-Baden aus auf. Aber ihre Hoffnungen auf Besserung trogen. Im Gegenteil, es ging ihr immer elender. Stephanie war immer eine zarte Frau gewesen und ihr ganzes Leben lang hatten sie vielerlei Leiden geplagt. Doch diese unerklärliche Schwäche beunruhigte sie nun sehr. Obwohl – lohnte es sich denn, sich an das Leben zu klammern?

In jenen letzten Tagen des Januar 1860, als Erstickungsanfälle den immer noch schmalen Leib der großen alten Dame erschütterten, schloss sie ihren Frieden mit sich selbst. Jawohl, sie hatte ein reiches Leben gehabt. Kein leichtes Leben, gewiss. Aber welche Frau ihres Standes hatte schon ein leichtes Leben? Welche Frau ihrer Zeit hatte überhaupt ein Recht darauf, selbst die Weichen ihres Lebens zu stellen? Weil andere für sie die Weichen gestellt hatten, war Stephanie Großherzogin geworden. Und sie hatte, nach gewissen Anlaufschwierigkeiten, ihre Sache gut gemacht. Sie war den Verpflichtungen einer Fürstin nachgekommen und das Volk hatte sie verehrt, wenn nicht sogar geliebt. Armer, lieber, dummer Karl! Wie lange Stephanies Gemahl schon tot war! Großherzog Ludwig hatte das Erbe seines Neffen angetreten. Dieser schreckliche Ludwig, der doch tatsächlich diese Schauspielerin geheiratet hatte! Natürlich war die morganatische Gattin nie am Hofe aufgetaucht. Aber Ludwig hatte sie immerhin zur Gräfin Langenstein ernannt. Vielleicht wäre es ja amüsant gewesen, die Person einmal kennen zu lernen. Aber so etwas gehörte sich natürlich nicht für eine verwitwete Großherzogin. Schade eigentlich. Sicherlich wäre das Leben viel lustiger gewesen, wenn es nicht so schrecklich viele Dinge gegeben hätte, die man der Etikette wegen keinesfalls tun durfte!

Ja, und dann war Leopold auf den Thron gefolgt. Leopold, der Sohn der widerwärtigen Hochbergerin! Was ein Glück, dass die Gräfin Hochberg den Triumpf ihres Erstgeborenen nicht mehr erlebt hatte – sie wäre wahrscheinlich vor Stolz geplatzt. Und die kleine Sophie war Großherzogin an der Seite Leopolds geworden. Sophie, diese Enkelin der alten Markgräfin Amalie, die Tochter dieses unsäglich arroganten abgedankten Schwedenkönigs! So ein liebes Kind war diese Sophie. Aber leider so schrecklich langweilig. Obwohl manche Leute ja sagten, die Großherzogin Sophie habe es faustdick hinter den Ohren. Na ja, geredet wurde immer viel. Und was man auch über Sophie sagen mochte: Immerhin hatte sie diesen Schlingel von Friedrich in die Welt gesetzt, der 1852 für seinen geisteskranken älteren Bruder an die Regierung gekommen war. Stephanie hatte viel für den jungen Großherzog Friedrich übrig. Der Junge, der sie oft in Heidelberg besucht hatte, war ein nettes Kerlchen. Sehr, sehr pflichtbewusst natürlich. Ein bisschen draufgängerischer könnte er nach ihrem Geschmack auch sein. Aber Friedrich, da war sich Stephanie ganz sicher – der hatte das Zeug zu einem richtigen Herrscher. Der war ein anderes Kaliber als ihr lieber guter Karl, Gott hab' ihn selig.

Was vom Leben blieb, das waren ja doch nur die Kinder. Aber warum war Gott manchmal so grausam, dass er den Müttern ihre Kinder raubte? Nein, Stephanie dachte nicht an die kleinen Buben, die ihr im zartesten Alter entrissen worden waren. Dass Säuglinge starben, das war nichts Ungewöhnliches; damit lebten die Mütter schon seit ewigen Zeiten. Aber warum musste man bezaubernde

Mädchen heranwachsen, leiden und sterben sehen? Sterben in der Blüte ihrer Jahre!

Stephanie dachte an ihre Erstgeborene, an ihre Luise. War es richtig gewesen, der Ehe des Mädchens mit Gustav Wasa zuzustimmen? Stephanie hatte den entthronten Schwedenkönig Gustav IV. nicht gemocht. Hätte sie nicht wissen müssen, dass sein Sohn kein geeigneter Gemahl für ihre Tochter sein würde? Hätte sie nicht besser daran getan, die Werbung Wilhelms von Hochberg anzunehmen? Gewiss, er war nicht mehr der Jüngste gewesen, der liebe Wilhelm, aber ein so zuverlässiger Mann. So hatte die arme Luise dem unzuverlässigen, größenwahnsinnigen Gustav die Hand gereicht – und war schon wenige Jahre später wieder von ihm geschieden worden. Nichts hatte es genützt, dass Stephanie mehrere Reisen nach Wien und Böhmen zu den Gütern des Paares unternommen hatte, um zu retten, was nicht zu retten war. Arme, arme Luise! Erst 43 Jahre alt war sie gewesen, als sie 1854 wie ihr Vater an der „Brustwassersucht" starb. Immerhin hatte sie ein Töchterlein hinterlassen, die kleine Carola. Ewig schade, dass der sture Gustav Wasa eine Verbindung von Stephanies Enkelin mit dem Prinzregenten Louis Napoleon, untersagte. Carola wäre an der Stelle der schönen Eugenie Kaiserin der Franzosen geworden! Sozusagen stellvertretend für ihre Großmutter hätte sie deren Traum von einer Ehe mit einem Napoleon wahr machen können. Nun, Carola hatte dann dem Kronprinzen Albert von Sachsen ihre Hand gereicht.

Ja, und Josephine, Stephanies zweite Tochter. Josephine hatte von all ihren Töchtern vielleicht das beste Los gezogen. Wer hätte das gedacht! Schließlich war Josephinchen ein Sorgenkind gewesen. Schon in jungen Jahren hatte sie unter einem Ohrenleiden gelitten, das praktisch zur Taubheit führte. Aber die Prinzessin war eine starke Persönlichkeit. Als Stephanie von einer großen Italienreise zurückgekommen war, hatte sie sich mit ihren Töchtern in Arenenberg bei Hortense de Beauharnais mit der Fürstin Antoinette von Hohenzollern-Sigmaringen und deren Sohn Karl Anton getroffen. Ein Jahr später war der junge Mann mit Josephine vor den Traualtar getreten.

Bei dem Gedanken an dieses Paar wurde es Stephanie warm ums Herz: Josephine und Karl Anton führten offensichtlich eine gute, eine harmonische Ehe, aus der sechs wohlgeratene Kinder hervorgingen. Die stolze Großmutter hielt engen Kontakt zu ihrer Tochter und den Enkelkindern. Liebling der verwitweten Großherzogin war die süße Prinzessin Stephanie von Hohenzollern-Sigmaringen, die im April 1858 König Don Pedro von Portugal geheiratet hatte. Welch Unglück, dass dieses wundervolle Mädchen nach kaum einjähriger Ehe an der Diphtherie sterben musste!

Gott hatte der Großherzogin Stephanie bildhübsche Töchter geschenkt. Auch die Dritte, die ein Jahr vor Karls Tod auf die Welt gekommen war, hatte sich zu einer Schönheit entwickelt. Marie, ein fröhlicher, lebhafter, kleiner Kobold, hatte ihre Mutter auf vielen Reisen begleitet. In Nizza war es gewesen, da hatte sich das nunmehr 24-jährige Mariechen unsterblich in Lord William Douglas, den späteren Herzog von Hamilton verliebt. Wer konnte dem süßen Kind seinen Herzenswunsch schon abschlagen? Stephanie hielt bis zuletzt engen Kontakt zu Marie, sie besuchte die Tochter sogar drei Mal in Schottland. Bitter war es für die Großherzogin, dass Marie jetzt selbst krank war und nicht zu ihrer leidenden Mutter nach Nizza eilen konnte. Und Stephanie litt. Sie litt so sehr, dass ihr allmählich alles gleichgültig wurde. Viel näher als die Menschen, die sich um die schwer kranke Großherzogin bemühten, schienen ihr die Gesichter aus der Vergangenheit...

Aber warum waren die Leute nur so lächerlich besorgt? Warum war Lord Hamilton gekommen, warum der Erbprinz von Hohenzollern? Warum die Wachen an Stephanies Bett? Und warum gab Dr. Corvisart, der Leibarzt Napoleons, ihr diese merkwürdigen Mittel, die ihr die Besinnung raubten? Wenn sie sie doch nur endlich in Ruhe lassen würden! Stephanie wollte ihren Erinnerungen nachhängen, aber es fiel ihr immer schwerer, ihre Gedanken zusammenzuhalten.

Am 29. Januar 1860 starb Großherzogin Stephanie von Baden in Nizza. Auf einem französischen Kriegsschiff wurde ihr Sarg nach Toulon gebracht, von dort mit der Eisenbahn nach Straßburg überführt. Wie einst badische Würdenträger die junge Frau nach Karlsruhe geleitet hatten, brachten sie jetzt den Leichnam der großen alten Dame in die Residenzstadt. Der Körper der 70-jährigen Großherzogin wurde im Schloss aufgebahrt und einige Tage später nach Pforzheim gebracht. Für Stephanie Napoleon, die unerwünschte Braut, wurde die badische Fürstengruft in Pforzheim zum letzten Mal geöffnet.

Sophie

Geliebte Gemahlin

„Mutzerle“ nannte Sophie liebevoll ihren Gemahl, den Markgrafen Leopold von Baden. Und auch Leopold fühlte große Zuneigung zu seiner Schwedenprinzessin. Er konnte es in den ersten Jahren ihrer Ehe kaum ertragen, ein paar Tage von seiner jungen Gattin getrennt zu sein. In Gedanken und sogar im Traume weile er immer bei ihr, sicherte er seiner „lieben, herzigen Frau“ seine unwandelbare Treue zu.

Ja, Sophie hatte, so schien es viele Jahre lang, ihr Glück gefunden. Die 1819 geschlossene Ehe, von Zarin Elisabeth angeregt und durchgesetzt, war ein Zweckbündnis gewesen: Die Hochzeit hatte dazu beitragen sollen, die immer wahrscheinlicher werdende Thronfolge Leopolds von Hochberg zu legitimieren. Und sie sollte auch den alten Zweig der Familie, vor allem die Markgräfin Amalie, mit dem neuen Zweig versöhnen. Das junge Mädchen, das mit seinem elf Jahre älteren Stiefgroßonkel verheiratet worden war, stand damals vor einer merkwürdigen Situation: Ihr Leben lang hatte sie von Mutter und Großmutter gehört, dass die Hochberger für eine Prinzessin kein Umgang wären. Sophies Vater, der arrogante König Gustav IV. von Schweden, hatte es einst ja sogar abgelehnt, mit dem morganatischen Sohn seines Gastgebers auch nur die Theaterloge zu teilen. Aber dann waren sie einer nach dem anderen gestorben, die stolzen Zähringer und ihre Söhne – und wenn Großherzog Ludwig, der Letzte von ihnen, seinen Geist aufgeben würde, dann wäre der viel geschmähte Leopold an der Reihe, auf den badischen Thron zu steigen.

Es war Sophie nie gelungen, Leopold als das Monster anzusehen, als das er ihr beschrieben wurde. Schließlich hatte sie Augen im Kopf. Und was sie sah, das war ein gut aussehender, sympathischer, allerdings sehr scheuer Mann. Einer, der lange brauchte, bis er Zutrauen fasste, der aber den Seinen sein ganzes Herz schenkte. Das mochte an Leopolds geradezu bürgerlicher Erziehung liegen, die ihm ein viel engeres Verhältnis zu seinen Eltern beschert hatte, als es in adeligen Kreisen sonst üblich war. Vielleicht war es auch die Verachtung, die kaum verhüllte Feindseligkeit, die den Hochberg-Geschwistern von klein auf entgegen schlug, die sie so fest zusammenschweißte.

Prinzessin Sophie, Tochter eines verbannten Königs, Kind einer verlassenen Königin, Schwester eines enterbten Prinzen, bei dem sich Hochnäsigkeit mit Verbitterung paarten – sie fand Gefallen an der liebevollen Art, mit der Leopold seiner Familie inklusive seiner nicht ganz zurechnungsfähigen Mutter begegnete. Sophies eigene Geschwister bezeichneten die Prinzessin als Verräterin. Die hatten doch tatsächlich darauf spekuliert, dass Prinz Gustav Wasa, der ja ein Urenkel des verstorbenen Großherzogs Karl Friedrich war, als Erbe des badischen Thrones in Frage käme. Dabei war er nur über seine Mutter mit dem Haus Baden verwandt! Sophie hielt die Ansprüche ihres Bruders für Größenwahn. Sie war fest entschlossen, die Interessen ihres Mannes zu wahren. Schließlich hatte die Aussicht, an seiner Seite Großherzogin von Baden zu werden, durchaus ihren Reiz.

Leopold und Sophie waren ein schönes Paar. Die Prinzessin galt als anmutig und geistreich; sie förderte die schönen Künste. Im Gegensatz zu ihrem gemütvollen Mann strahlte sie allerdings aristokratische Kühle aus. Bald erschallte fröhliches Kinderlachen aus dem Markgräflichen Palais am Karlsruher Rondellplatz. Zwar war das erste, 1820 geborene Kind ein Mädchen, Prinzessin Alexandrine (die spätere Herzogin von Sachsen-Coburg-Gotha), aber schon 1822 kam ein kleiner Prinz auf die Welt, der Ludwig genannt wurde. Da Ludwig nur drei Wochen lang lebte, wurde auch Sophies drittes, im Jahr 1824 geborenes Kind mit dem Namen des regierenden Großherzogs bedacht. Als Sophies Gemahl im Jahr 1830, nach dem Tod Großherzog Ludwigs, den badischen Thron bestieg, hatte er bereits drei lebende Söhne. 1826 war Prinz Friedrich geboren und 1829 Wilhelm, von dem die heute lebenden Markgrafen von Baden abstammen. Prinz Friedrich erinnerte sich später an die Zeit vor dem Regierungsantritt Leopolds: „Die vier Jahre, welche wir in dem Markgräflichen Palais zubrachten, waren dadurch besonders beglückend, dass meine Eltern sich einer vollen

Unabhängigkeit erfreuten und der Erziehung ihrer Kinder ganz widmen konnten.“

Nach dem Regierungsantritt Leopolds war die Zeit, die das Großherzogenpaar für seine Kinder aufbringen konnte, allerdings sehr beschränkt. Sophie hatte die Gewohnheit, spät aufzustehen. Nur im Frühjahr und Sommer machte sie manchmal schon morgens einen Spaziergang durch die Gärten. Vormittags erledigte sie im Allgemeinen ihre zahlreichen Korrespondenzen und empfing Besuche; nach der Hoftafel um zwei Uhr musizierte sie gerne an Klavier und Harfe. An den Nachmittagen pflegte sie außerdem Audienzen zu erteilen; in der warmen Jahreszeit kamen auch Spazierfahrten in Frage. Ihre Kinder sah Sophie vor allem abends, wenn sie von sieben bis acht Uhr in ihren Salons den Tee servieren ließ. Besuchte das großherzogliche Paar während des Winterhalbjahres allerdings das Theater, wurde der Tee erst nach der Vorstellung gereicht – zu spät für die Fürstenkinder, die um neun Uhr zu Bett mussten und nur sehr selten selbst in eine Oper gehen durften.

Weit ungezwungener ging es bei den Landaufenthalten der großherzoglichen Familie in Baden-Baden, Schloss Favorite und Schloss Eberstein zu. Baden-Baden, das zu Beginn des 19. Jahrhunderts mit seinen Thermalquellen in romantischer Umgebung als Kurort entdeckt worden war, nahm unter Großherzog Leopold einen ungeheuren Aufschwung: Die Stadt an der Oos wurde zur Sommerhauptstadt Europas. Für die großherzogliche Familie wurde Baden-Baden bald zu einer Art Nebenresidenz; hier traf sich während der warmen Jahreszeit die vornehme Welt Europas. Unter dem Vorwand, die Heilkraft der Quellen zu nutzen, gaben sich Fürsten, Adelige und Halbweltdamen dem Glücksspiel hin. Leopold förderte das ansprechende Ambiente der Spielbank nach Kräften, brachte sie doch viel Geld ins Staatssäckel.

Mehr Ruhe als im umtriebigen Baden-Baden hatten Sophie und Leopold auf Schloss Eberstein, das einst Großherzog Karl Friedrich seinem zweiten Sohn, dem Markgrafen Friedrich, geschenkt hatte. Der ließ die Ruine nach Plänen Friedrich Weinbrenners wieder erbauen und bewohnte das Schloss einige Jahre lang mit seiner Gemahlin. Nach seinem Tod war es an die Witwe gefallen und nach deren Ableben an den regierenden Großherzog. Leopold hatte schon bald nach seinem Regierungsantritt begonnen, das Schloss neu einzurichten und es mit Rüstungen, Kunstgegenständen und Glasmalereien auszustatten. Für die Kinder waren die Aufenthalte besonders erfreulich, weil die Eltern mit ihnen viele Wanderungen unternahmen. Selbst Großherzogin Sophie vergaß bei solchen Gelegenheiten ihre Würde und durchstreifte mit ihren Söhnen und Töchtern ohne auf Weg und Steg zu achten den Wald.

Die skandalumwitterte Fürstin

Die Familienidylle am badischen Hof war nicht von Dauer. Spätestens 1839, nach der Geburt von Sophies jüngster Tochter Cäcilie, hatten sich der Großherzog und seine Gemahlin nichts mehr zu sagen. Einige Gerüchte datieren den Bruch sogar weitaus früher. Der Schatten Kaspar Hausers fiel auf das badische Fürstenhaus. Der merkwürdige, 1828 in Nürnberg aufgetauchte Findling, von dem behauptet wurde, er sei der geraubte, aber legitime Sohn des badischen Großherzogs Karl und seiner Gemahlin Stephanie Napoleon, war im Dezember 1833 in Ansbach ermordet worden. In Sophie sahen einige Klatschmäuler die Anstifterin des kaltblütigen Mordes.

Die badische Großherzogin sollte aus Furcht gehandelt haben. Aus Furcht davor, dass Preußen und Österreich wegen außenpolitischer Differenzen mit Baden Leopold zwingen könnten, zugunsten des schwachsinnigen Kaspar Hausers auf den Thron zu verzichten. Da dieser Thronverzicht auch die stolze Wasa-Prinzessin ihre Stellung als Großherzogin gekostet hätte, soll sie dafür gesorgt haben, dass der unliebsame Rivale beseitigt wurde. Ihrem Gemahl habe sich Sophie nach vollbrachter Mordtat anvertraut, wollten die Klatschmäuler wissen. Der gutmütige Leopold habe das Verbrechen zwar nicht gebilligt, aus Angst vor dem Skandal aber den Mantel des Schweigens über das Ganze gedeckt. Das Ehebett allerdings habe er mit der Mörderin nicht mehr teilen mögen.

Wenn man den Gerüchten Glauben schenken durfte, dass das großherzogliche Paar fortan nur noch den Schein wahrte und auf jede Intimität verzichtete, dann wäre bereits das siebte Kind Sophies, die im November 1834 geborene Prinzessin Marie (die spätere Fürstin zu Leiningen), nicht Leopolds Tochter gewesen. Dass das jüngste, 1839 geborene Kind der Großherzogin, Cäcilie (die spätere Großfürstin Olga Feodorowna von Russland), die Frucht einer verbotenen Beziehung sei, wurde in der Residenzstadt von interessierten Kreisen ganz ungeschminkt behauptet.

Die Prinzessin sei in Wahrheit ein Bastard des jüdischen Bankierssohns Moritz von Haber, für den die von ihrem Gemahl verschmähte Fürstin eine unerlaubte Leidenschaft gehegt habe. Von Haber musste für sein abenteuerliches Leben teuer bezahlen: Die antijüdischen Schreie „Hep, hep" ertönten, als 1843 der Karlsruher Pöbel sein Haus stürmte. Nicht die angebliche Liebschaft mit Großherzogin Sophie wurde Moritz von Haber zum Verhängnis, sondern die Tatsache, dass er als Sieger aus Duellen hervorgegangen war. Zwar genossen Duelle als ehrenhafte Form der Konfliktlösung durchaus gesellschaftliche Anerkennung, aber dem verhassten Bankierssohn sprach man die Satisfaktionsfähigkeit ab.

Von Haber, der angebliche Liebhaber Sophies, gehörte zu den meist gehassten Einwohnern Karlsruhes. Über ihn kursierten die wildesten Gerüchte. Unter anderem soll der Unverschämte unter dem vermeintlichen Schutz der Großherzogin deren Hofdamen zu nahe getreten sein. Als Haber in Baden-Baden an einem Hofball teilnehmen wollte, wurde ihm vom Festkomitee der Eintritt verwehrt. Die Begründung: Von Haber sei nicht satisfaktionsfähig und deshalb kein erwünschter Gast. Nun war von Haber allerdings Inhaber eines Adelstitels (der war seinem Vater 1829 als badischem Hofbankier verliehen worden) und als solcher durchaus zum ehrenhaften Zweikampf berechtigt. Die Gegner des Bankiers mussten sich daher einen Grund suchen, um Haber zu diskreditieren. Sie warfen ihm vor, fünf Jahre zuvor die Beschimpfung „Hundsfott" ruhig auf sich sitzen gelassen zu haben. Wer eine solche Beleidigung hinnehme, ohne auf Genugtuung zu bestehen, der habe keine Ehre.

Was dem modernen Menschen wie eine Provinzposse anmutet, kam damals dem gesellschaftlichen Todesurteil gleich. Moritz von Haber kämpfte nicht nur um seine Ehre, sondern auch um seine soziale Position, als er verzweifelt versuchte, seine Satisfaktionsfähigkeit unter Beweis zu stellen. Er forderte den Beleidiger von einst, einen Offizier von Göler, zum Duell – doch der ließ ihn hohnlächelnd abblitzen. Das gesamte badische Offizierskorps stellte sich ohne jede Einschränkung auf die Seite Gölers. Die unmögliche Situation war von den Feinden des als liberal geltenden Juden planmäßig inszeniert worden, um Haber politisch und gesellschaftlich den Todesstoß zu versetzen. Dass mit Haber auch die

Großherzogin Sophie in den Schmutz gezerrt wurde, nahm man billigend in Kauf. Die Entfremdung zwischen Leopold und Sophie war bereits so augenscheinlich geworden, dass die Intriganten kein Eingreifen des Großherzogs befürchten mussten. Mit seiner Zuneigung hatte Leopold seiner Gemahlin auch seinen Schutz vor übler Nachrede entzogen. Dass der Rufmord an seiner Frau eine gefährliche Schwäche der Monarchie offenbarte – das kam Leopold gar nicht in den Sinn.

Sophies Günstling, Moritz von Haber, hatte unterdessen erreicht, dass sich ein russischer Offizier gleichsam stellvertretend für ihn mit Göler duellierte. Die Folgen waren verheerend: Die beiden Duellanten töteten sich gegenseitig. Zwei hoffnungsvolle Leben, die für die Ehre eines nichtswürdigen „Israeliten" ausgeblasen worden waren: Die Volksseele kochte. Während sich der Zorn gegen den Juden in Habers Karlsruher Haus geifernd und plündernd entlud, forderte Gölers Kamerad, ein badischer Offizier namens Georg von Sarachaga Moritz von Haber zum Duell. Jetzt war keine Rede mehr davon, dass der Jude des Zweikampfs unwürdig wäre: Sarachaga lechzte nach Blut. Haber seinerseits war zutiefst beglückt über diese Wendung. Er nahm die Herausforderung dankbar an, sah er doch endlich die Möglichkeit, seine verletzte Ehre wiederherzustellen. Für Sarachaga endete die Begegnung tödlich. Doch Habers Triumpf war zweischneidig. Zwar war er gesellschaftlich rehabilitiert und die Herren, die ihm bislang den Gruß verweigerten, mussten ihn wieder als ihresgleichen akzeptieren. Doch in weniger vornehmen Kreisen war er ein für allemal als Mörder gebrandmarkt. 1848 musste das berühmte Bankhaus Haber und Söhne liquidieren.

Das Getuschel war groß, aber an den Höfen Europas tat man, als ob man von nichts wüsste. Deftige Skandale, berechtigte und unberechtigte, hatte es schon immer gegeben und würde es immer geben. Doch der kleine Kreis des europäischen Hochadels hatte die Kunst perfektioniert, über all das hinwegzusehen, was nicht sein durfte. Auch die Höflinge mochten tratschen, aber sie brachen nicht die Spielregeln, die ihr Leben von Geburt an bestimmt hatten. Dass Sophie und Leopold sich nach Möglichkeit aus dem Weg gingen, konnte toleriert werden, solange sie nach außen den Schein wahrten.

1842 heiratete als erstes Kind des großherzoglichen Paares Prinzessin Alexandrine. Sie wurde die Gemahlin des Herzogs Ernst II. von Sachsen-Coburg-Gotha und damit eine Schwägerin von Prinzgemahl Albert und Königin Victoria von England. Die für ihre Sittenstrenge bekannte Königin hatte nichts gegen die Heirat einzuwenden. Mit Alexandrine verband die Queen bald eine dauerhafte Freundschaft. 1845, bei ihrem ersten Deutschlandbesuch, zeigte sich Queen Victoria in Coburg gegenüber Großherzog Leopold besonders liebenswürdig. Mit dem jungen Prinz Friedrich von Baden tanzte die Monarchin sogar einen Galopp. Sophies damals 19-jähriger Sohn war entzückt von der englischen Königin; diese wiederum bezeichnete „Fritz Baden“ als „very amiable“. Trotz ihrer Sympathie für den jungen Friedrich sollte die Queen allerdings ein knappes Jahrzehnt später zutiefst empört auf die Verlobung von „Fritz Baden“ mit Luise von Preußen reagieren. Denn mittlerweile hatte die Kaspar-Hauser-Legende auch jenseits des Ärmelkanals ihre Anhänger gefunden.

Neben der Kaspar-Hauser-Affäre hinterließ die Revolution von 1848/49 tiefe Narben bei Leopold und Sophie. Im Sommer 1847 nahm die Radikalisierung in Baden bedrohliche Formen an. Leopold hatte seine Untertanen enttäuscht durch seine Energielosigkeit und Menschenscheue; die Gerüchte um Großherzogin Sophie wurden zunehmend hämischer und stießen diejenigen vor den Kopf, die in der „höchsten Familie“ ein leuchtendes Vorbild erblickten. Vom Großherzog selbst behauptete man, er habe sich dem Trunke ergeben: Sein Spitzname „Champagner-Leopold“ machte die Runde und sorgte für viel Gelächter.

Die Zeichen standen auf Sturm. In Rastatt empörten sich die Soldaten – und am 13. Mai 1849 verließen die „höchsten Herrschaften“, in der Gefahr vereint, unter dem Schutz der monarchistischen Bürgerwehr fluchtartig die Haupt- und Residenzstadt Karlsruhe. Wie bedeutsam die angespannte familiäre Situation im großherzoglichen Haus und die nicht mehr zu kontrollierende Kaspar-Hauser-Affäre während der Revolution geworden waren, zeigt ein Pamphlet unter dem Titel „Todten-Gericht“. In diesem Machwerk wird Leopold eine „stiefmütterliche Geistesbegabung“ ebenso bescheinigt wie der „Hang zu sinnlichen Genüssen“. Ein echter Tyrann sei er wohl nicht, dafür aber eine „gekrönte Schlafmütze“ und ein „fürstlicher Wolllüstling“.

Schlimmer als diese Schmähungen waren die ungeschminkten Behauptungen der Revoluzzer, dass Leopold zu Unrecht Herrscher in Baden sei: Der Schatten Kaspar Hausers stieg aus dem Grab empor und bezichtigte Leopold der Mitschuld an der Ermordung des wahren Thronerbens: „Zwar auf dich werfe ich die Blutschuld nicht ganz! Dein eigentlicher Vater, der schändliche Lüstling Ludwig, mit deiner verbrecherischen Mutter, der Buhlerin meines Vaters, diese zwei tragen den größeren Teil der Schuld."

Die Vorwürfe waren vernichtend: Leopolds unebenbürtiger Mutter wurde ihr Status als rechtmäßige Gemahlin vor Gott aberkannt. Als „Buhlerin" und somit als Sünderin wurde sie angeprangert. Ihre Schande zählte doppelt: Denn nicht ihr Gemahl, dem sie sich um ihres Vorteiles willen hingegeben hatte, der unvergessene Großherzog Karl Friedrich, sondern dessen Sohn, der dekadente Ludwig, sollte Leopolds Vater sein. Es fiel nicht schwer zu glauben, dass ein gottloser Prinz, der ein ehebrecherisches Verhältnis zu seiner eigenen Schwiegermutter unterhielt, und seine schamlose Geliebte einen Mord begehen würden, um ihre eigenen Sprösslinge an die Macht zu bringen. Ehebruch, Blutschande, Kindesentführung, Anstiftung zum Mord – den Revolutionären bot die Kaspar-Hauser-Affäre Munition genug, um den geflüchteten Großherzog in Misskredit zu bringen. Den von Großherzog Leopold zu Hilfe gerufenen preußischen Truppen unter der Führung des Prinzen Wilhelm gelang es zwar innerhalb eines Vierteljahres, die schlecht organisierten Aufständischen zu besiegen. Doch der Schaden, den das Haus Baden genommen hatte, war so leicht nicht zu kitten.

Am 18. August 1849 zog Großherzog Leopold an der Seite des Prinzen Wilhelm von Preußen in Karlsruhe ein. Die Kanonen donnerten und alle Glocken der Stadt läuteten, als der Fürst aus dem Exil in Koblenz zurückkehrte. Leopold hatte dank der Preußen einen militärischen Sieg errungen, doch er war ein menschliches Wrack. So gutmütig er sich bislang immer gezeigt hatte: Er konnte sich nicht dazu aufraffen, in die von den Preußen geführten Standgerichte in Mannheim, Freiburg und Rastatt mäßigend einzugreifen. Auch Großherzogin Sophie, die bisher versucht hatte, ihr Ansehen als Wohltäterin der Armen zu wahren, unternahm in dieser Richtung keine nennenswerten Versuche. So wurden in Leopolds Namen zahlreiche Todesurteile vollstreckt, die er weder verhindern noch wenigstens überprüfen ließ.

Ja, Leopold war nur noch ein Schatten seiner selbst. Und auch Sophie hatte viel von ihrer einstigen Lebensfreude eingebüßt. Bei ihrem ältesten Sohn Ludwig hatten sich bereits seit dem Frühjahr 1845 die Anzeichen einer geistigen Erkrankung gemehrt. Der sensible junge Mann mit dem hübschen schmalen Gesicht versank immer mehr in Apathie und permanenter Depression, sodass sich das großherzogliche Paar schließlich gezwungen sah, den Erbprinzen von der Außenwelt abzuschirmen. Prinz Friedrich, der als zweiter Sohn eigentlich für eine militärische Karriere vorgesehen war, wurde mehr und mehr in die Rolle des Thronfolgers gedrängt. Gott sei Dank war er 1849 mit knapper Not der Ermordung durch meuternde Soldaten entgangen!

Ende 1851 begann Großherzog Leopold zu kränkeln. Sein Unwohlsein nahm bald einen üblen Verlauf. Er klagte über Schmerzen im Kniegelenk, konnte nachts nicht mehr schlafen und aß kaum noch etwas. Sophie beobachtete mit Sorge, wie schnell die Kräfte ihren Mann verließen. Die Ärzte empfahlen, das rechte Bein des Großherzogs entfernen zu lassen, doch dazu mochte sie ihren Gemahl nicht überreden. Es war für die Großherzogin kaum mehr eine Überraschung, als sie am 23. April 1852 an das Bett des Sterbenden gerufen wurde. Doch es dauerte bis in den Abend des 24., dass der „allgeliebte Landesvater" (so hieß es zumindest im Hoftagebuch) aus dieser Welt abberufen wurde. Während Großherzogin Sophie die Kleidung der tiefsten Trauer anlegte, übernahm Prinz Friedrich die Regentschaft für seinen geisteskranken Bruder.

Sophie überlebte ihren Mann um 13 Jahre. Zurückgezogen verbrachte sie die Tage ihrer Witwenschaft meist in ihrem Palais an der Karlsruher Kriegsstraße. Als sie am 6. Juli 1865 starb, wurde sie nicht, wie die alten Zähringer, in Pforzheim, sondern in der Evangelischen Stadtkirche in Karlsruhe beigesetzt. Dort ruhten bereits Großherzog Ludwig und Sophies Gemahl Leopold sowie Prinzessin Henriette, eine Nichte Leopolds.

Die Ruhe der Großherzogin währte 80 Jahre. Dann kam es infolge des Zweiten Weltkrieges zu bösen Szenen in der Gruft des weitgehend zerstörten Weinbrenner-Gotteshauses: Die Särge des Großherzogs Ludwig, der Großherzogin Sophie sowie ihres geisteskranken Sohnes Ludwig II. wurden aufgebrochen und durchwühlt; Leopolds Sarg hingegen blieb erstaunlicherweise unversehrt. Als aber seine Herzkapsel und der Kindersarg der kleinen Prinzessin Henriette in der Karlsruher Kreuzstraße entdeckt wurden, bat der Stadtpfarrer die französische Besatzungsmacht um Hilfe. Darauf hin wurden die Särge Sophies und ihrer Verwandten in das Großherzogliche Mausoleum nahe dem heutigen KSC-Stadion im Hardtwald überführt. Sophies Sohn Friedrich und seine Frau, die Großherzogin Luise, hatten diese neogotische Grabkapelle für sich selbst und ihre Nachkommen errichten lassen. Von 1945 an beherbergte sie auch die Überreste ihrer Vorfahren. Nur der gelegentlich herüberschallende Jubel der Fans von König Fußball und die Erläuterungen der Führerin durch die Grabstätte stören heute die Ruhe der Großherzöge und Großherzoginnen von Baden seit 1818.

Luise

Eine ernsthafte kleine Preußenprinzessin

Halsschmerzen! Wie merkwürdig, dass ein so kleiner Körperteil wie der Hals einen Menschen derartig plagen konnte! Wäre nicht das hohe Fieber gewesen – Luise hätte sich ihrer Wehleidigkeit wegen vermutlich selbst ausgelacht. Aber so lag sie matt zu Bette und fürchtete um ihr Leben. Wenn sie an die armen Kranken dachte, die sie an der Seite ihrer Frau Mama, der Prinzessin Augusta von Preußen, in den Spitälern besucht hatte, dann hätte sie ihren eigenen Schmerz eigentlich als gering betrachten müssen. Aber der Mensch neigt dazu, sich selbst als den Mittelpunkt des Universums zu betrachten, vor allem, wenn er das 16. Lebensjahr noch nicht vollendet hat und von hoher Geburt ist.

Ganz offensichtlich waren auch Prinz Wilhelm von Preußen und seine Gemahlin, Augusta von Sachsen-Weimar, in großer Sorge um ihre einzige Tochter. Selbst Prinzregent Friedrich im fernen Baden hatte schon vernommen, dass die Tochter des Gouverneurs der Rheinlande und Westfalens krank darniederlag. „Mit dem innigsten Leidwesen", so schrieb er im November 1854 an den Prinzen von Preußen, habe er vernommen, dass es um die Gesundheit Luises nicht zum Besten stehe: „Doch konnte ich nichts Bestimmtes darüber erfahren und hoffe daher, dass die verehrte Prinzessin nun wieder vollkommen herstellt sein wird. Möge der Himmel sie auch ferner in seinen gnädigen Schutz nehmen."

Luise lächelte gerührt, als sie von den guten Wünschen aus Karlsruhe hörte. Sie mochte den Prinzen Friedrich gut leiden. Nicht nur wegen seiner militärisch stolzen Haltung, der schlanken Figur, den angenehmen ernsten Gesichtszügen und dem stutzerhaften Bärtchen, das ihn jünger machte, als er war. Immerhin war

Friedrich schon 28 Jahre alt und Regent von Baden. Denn sein älterer Bruder, der Großherzog Ludwig II., war wohl hoffnungslos dem Wahnsinn verfallen und völlig unfähig, selbst die Herrschaft zu übernehmen. Man erzählte, dass dieser Ludwig ein bildschöner Mann sei, der sich aber zu gar keiner Handlung aufraffen könne, weil er sich in permanenter Depression befinde. Die großherzogliche Familie sah sich gezwungen, Ludwig II. von der Außenwelt abzuschirmen. Sein Bruder Friedrich war als nachgeborener Sohn eigentlich für eine militärische Laufbahn vorgesehen gewesen, wuchs aber rasch in die Rolle des Landesherrn hinein. Und Luise hatte den Eindruck, dass Friedrich auch einen ganz passablen Großherzog abgeben würde. Beim Tode seines Vaters, des Großherzogs Leopold, hatte Friedrich ja faktisch bereits die Regierung angetreten.

Luise seufzte. Ihr Papa, Prinz Wilhelm, hatte große Hochachtung vor dem politischen Weitblick des jungen Friedrich, mit dem er eine lebhafte Korrespondenz pflegte. Nicht erst seit den Schreckensjahren 1848/49, als die badische Fürstenfamilie sich unter die Fittiche der Preußen begab, pflegten die Zähringer und die Hohenzollern ein freundschaftliches Verhältnis. Die Niederschlagung der Revolution hatte die beiden Fürstenhäuser aber noch enger miteinander verbunden. Und Luise wusste nur zu gut, dass ihr Vater die Freundschaft der beiden Familien gerne durch verwandtschaftliche Bindungen bestärkt sähe. Es war also geradezu ein Glücksfall, dass der Fritz ihr so gut gefiel. Und was konnten die besorgten Fragen des Prinzregenten nach ihrer Gesundheit anderes bedeuten, als dass auch Luise ihm nicht gleichgültig war? Gottlob, ging es ihr schon wieder etwas besser. Sie fühlte sich zwar noch schlapp und schwach, aber sie zweifelte nicht mehr daran, dass sie wieder ganz gesund werden würde. Der gute Papa! Er hatte Befehl gegeben, dass seine kleine Prinzessin noch sehr geschont werden müsse, „da bei ihrer Entwicklung und starkem Wachstum dieses Unwohlsein sehr störend eintrat."

Prinzessin Luise Marie Elisabeth von Preußen war keine Schönheit. Aber mit ihren knapp 16 Jahren hatte sie eine hübsche, wenn auch sehr zarte Figur, und ihre Bewegungen waren voll Anmut. Die Gesichtszüge waren noch backfischhaft unfertig, doch die Augen des jungen Mädchens blickten für ihre jungen Jahre ungewöhnlich wissend. Der Anflug eines Lächelns beseelte das schmale Gesichtchen, dessen Ernsthaftigkeit durch den Mittelscheitel und das straff nach hinten gekämmte dunkle Haar zusätzlich betont wurde. Prinz Friedrich von Baden hatte nach den Gepflogenheiten seiner Zeit bislang keine Gelegenheit zu einem vertraulichen Gespräch mit Luise von Preußen gehabt. Als die Prinzessin anlässlich eines Aufenthaltes in Baden-Baden 1850 mit ihrer Mutter erstmals Karlsruhe besucht hatte, war das junge Mädchen ständig unter Aufsicht gewesen. Doch was Friedrich von Luise sah, gefiel ihm, und noch mehr gefiel ihm, was er über die junge Dame hörte.

Prinzessin Augusta war eine gewissenhafte Mutter und hatte ihre Tochter in den fürstlichen Tugenden wohl unterrichtet. Vor allem die Caritas, von je her eine der vornehmsten Obliegenheiten adeliger Frauen, war für die preußischen Damen offensichtlich nicht nur Pflicht, sondern Herzenssache. Prinzessin Augusta übte sich nicht nur in traditioneller Wohltätigkeit; sie war sehr an der Weiterentwicklung der Krankenpflege interessiert und hatte ihr Luischen schon als kleines Kind in Spitäler und Waisenhäuser mitgenommen. Bei den Teeabenden im altkurfürstlichen Schloss in Koblenz hatte die kleine Prinzessin, ihre Puppe ans Herz gedrückt, oft genug zugehört, wie die Mutter über die gravierenden Mängel in der Krankenpflege sprach, wie sie Experten zu Rate zog und über neue Entwicklungen im Gesundheitswesen diskutierte.

Die Namen der Pioniere auf dem Gebiete der organisierten Wohltätigkeit und der Krankenpflege waren der jungen Luise vertraut: Amalie Sieveking, Pastor Theodor Fliedner, Johann Hinrich Wichern, Adolf Kolping und die berühmte Florence Nightingale – all dies waren für Luise nicht nur Namen, es waren für sie große Ideen und Konzepte, durch die die schlimmsten Übel der Zeit vielleicht gelindert werden konnten. Luises Mutter, Prinzessin Augusta, war besonders angetan vom Werk des Pastors Fliedner, der 1836 einen Verein für christliche Krankenpflege, den „Rheinisch-Westfälischen Verein für Bildung und Beschäftigung evangelischer Diakonissen" ins Leben gerufen hatte. Mit Fliedners Krankenhaus in Kaiserswerth, einer Bildungsanstalt für evangelische Krankenpflegerinnen, war das erste Diakonissenhaus in Deutschland entstanden.

Augusta kannte Fliedner persönlich, sie schätzte ihn sehr und suchte, sein Werk zu unterstützten, wo es ihr nur möglich war. Der Funke der Begeisterung sprang von der Mutter auf die Tochter über. Krankenpflege als Beruf und Berufung! Welch wunderbarer, welch christlicher Gedanke! Wer üblicherweise als Krankenwärter arbeitete, tat dies bis dahin ohne viel Wissen, ohne Ausbildung, ohne allzu großes Interesse an den Leidenden. Frauen, die sich dafür hergaben, die Kranken zu pflegen, waren häufig ehemalige Prostituierte. Die meisten Krankenwärter hassten ihre Arbeit und taten sie nur, um ihren Hunger zu stillen. In Kaiserswerth aber waren Frauen am Werke, die, von christlichen Grundsätzen beseelt, ohne selbst Mütter zu sein mütterlich handelten. Frauen, die gut ausgebildet waren, die ihr Bestes gaben und Segen stifteten. Luischen war jung genug, um die Arbeit der Diakonissen idealistisch zu verklären – wäre sie nicht so streng evangelisch erzogen, hätte sie in den Schwestern wohl Heilige gesehen. Auch als sie reifer und älter wurde, sah sie keinen Grund, von ihrer jungmädchenhaften Schwärmerei Abstand zu nehmen. Die Krankenpflegerin aus Überzeugung – für Luise war es das Idealbild einer Frau.

Für wen hätte das mehr gelten können als für Florence Nightingale? Luise konnte gar nicht genug von der edlen Dame hören, die ohne Not, aus freien Stücken das beschwerliche Los einer Pflegerin auf sich genommen hatte. Prinzessin Augusta stand im Briefwechsel mit der englischen Krankenschwester, die gegen den heftigen Widerstand ihrer Eltern in Kaiserswerth einen Lehrgang für Krankenpflege absolviert und danach in London ein Heim für unbemittelte weibliche Kranke geleitet hatte. Im Krimkrieg 1854 kam das Organisationstalent dieser starken Persönlichkeit erst richtig zur Geltung. Miss Nightingale, die mit 38 sorgfältig ausgewählten Pflegerinnen in Skutari landete, stand vor Krankensälen mit 2.500 Verwundeten, die eigentlich nur halb so viele Menschen fassen konnten! Später sollte sich herausstellen, dass bis zu ihrer Ankunft weniger britische Soldaten auf den Schlachtfeldern der Krim gestorben waren als durch Vernachlässigung in den Lazaretten. Florence Nightingale kämpfte gegen den Dreck, das Ungeziefer, gegen Vorurteile und Schikanen einer unbeweglichen Bürokratie, in deren Augen die weiblichen Pflegekräfte nichts, aber auch gar nichts in einem Militärlazarett zu suchen hatten. Obwohl Florence Nightingale zwei Jahre später körperlich am Ende war und erschöpft in ihr Elternhaus zurückkehrte, blieb sie ihren Idealen treu: „...das Leben einer Krankenpflegerin, wenn man es vom richtigen Standpunkt aus ansieht, ist kein Leben der Aufopferung; es ist der glücklichsten Tätigkeit gewidmet, die man sich denken kann", schrieb sie.

Friedrich von Baden kannte sich in Fragen der Krankenpflege nicht sonderlich gut aus. Schließlich hatte er genügend andere Probleme. Aber es gefiel ihm sehr, dass Augusta von Preußen und ihre Tochter sich so eindringlich um das Wohl der Kranken, Armen und Waisen bemühten. Er betrachtete dies als Zeichen von wahrer Weiblichkeit und Barmherzigkeit, Eigenschaften, die ihm die preußischen Damen noch viel lieber machten. Dass sich die Fürstinnen nicht aufs Almosen geben beschränkten, sondern sich intensiv mit Reformbewegungen auseinander setzten, beeindruckte ihn noch viel mehr. Auch begeisterte ihn, dass der evangelischen Augusta im katholischen Koblenz so viel Anerkennung entgegen gebracht wurde. Sogar das Protektorat des katholischen Frauenvereins hatte die Prinzessin übernommen. Da sah man, was eine kluge Frau zu leisten vermochte! Friedrich, dessen Regierung sich gerade in heftigem Streit mit dem Freiburger Erzbischof Hermann von Vicari befand, wusste nur zu gut, wie schwierig die Situation eines evangelischen Fürsten in einem Land mit katholischer Bevölkerungsmehrheit war.

Wenn Prinzessin Luise nur über halb so viel Tatkraft verfügte wie ihre Mutter – und wer wollte daran zweifeln? – dann versprach sie die wunderbarste Gefährtin zu sein, die ein regierender Fürst sich wünschen konnte. Auch Luises freundlich-ernsthaftes Gebaren, ihre schlanke Figur, ihr schon in jungen Jahren so vornehmes Benehmen bezauberten den Prinzregenten. Pikant war natürlich, dass die junge Frau eine Preußin war. Nicht dass sich Friedrich oder die großherzogliche Familie daran gestört hätten. Ganz im Gegenteil. Aus politischen Erwägungen war eine Verbindung mit den Hohenzollern ausgesprochen wünschenswert. Aber immerhin waren erst wenige Jahre seit der 48er Revolution vergangen, die von preußischen Soldaten niedergeschlagen worden war. Und: Die preußischen Soldaten, die in Baden einen Polizeistaat aufbauten, hatten unter dem Befehl von Luises Vater gestanden. Als „Kartätschenprinz“ war Wilhelm vielen Badenern noch in böser Erinnerung. Selbst die wohlmeinenden Elemente im badischen Bürgertum waren der Ansicht, dass damals allzu viele Todesurteile ergangen waren, wo Milde viel mehr zur Aussöhnung von Fürst und Volk beigetragen hätte.

Es lag Friedrich viel daran, dass das badische Fürstenhaus und die Bevölkerung des Landes endlich ein strapazierfähiges Zusammengehörigkeitsgefühl entwickelten. Nach dem Tode seines Vaters 1852 hatte der Prinzregent eine weit gehende politische Amnestie erlassen und damit formell den Kriegszustand in Baden beendet. Friedrich ahnte, dass viele Hoffnungen in ihn gesetzt wurden: Er galt als fortschrittlich, gemäßigt liberal, weltoffen und modern. Musste er sein Lebensglück und seine politischen Überzeugungen einer unvernünftigen Aversion seiner Landsleute gegen die Preußen opfern? Gegen dieses Preußen, das bestimmt war, in Deutschlands Zukunft eine führende Rolle zu spielen? Friedrich war sich darüber im Klaren, dass Wilhelm und Augusta von Preußen in ihm ihren künftigen Schwiegersohn sahen. Und, bei Gott, er wollte ihre Tochter heiraten. Luise, das musste sein Volk doch einsehen, war ja nicht nur die Tochter ihres Vaters! Sie war auch die Enkelin jener berühmten, früh verstorbenen Königin Luise, deren Namen sie trug. Jener Königin von Preußen, die einst so unerschrocken ihre Heimat gegen das Ungeheuer Napoleon verteidigt hatte. Jener deutschen Fürstin, deren Person längst ein Gegenstand schwärmerisch-verklärter Verehrung geworden war.

Bald nach Luises Konfirmation am 19. Mai 1855 in der Charlottenburger Schlosskapelle ergriff Friedrich die Initiative. Er fragte bei Prinz Wilhelm an, ob er damit rechnen könne, eine günstige Antwort auf die alles entscheidende Frage von Luise zu erhalten. Der Brief des Vaters ließ nicht lange auf sich warten: Friedrich könne „so gut wie gewiss sein", dass die Antwort der „Prinzess" seinen Wünschen entspreche: „Ich darf also", schrieb Prinz Wilhelm von Preußen an seinen künftigen Schwiegersohn, „von nun an das Schicksal meines geliebten Kindes als entschieden ansehen. Und es ist mit dem Gefühl des vollsten Gottvertrauens, mit welchem ich dies Schicksal Ihren Händen anvertraut sehe. Ich kann es hierbei nur wiederholen, dass meine Frau und ich nach menschlichen Begriffen und Aussichten keinen erwünschteren Leiter und Beglücker unserer Tochter wünschen könnten als Sie, gnädigster Herr, den wir seit Jahren im Stillen beobachten, achten, schätzen und lieben lernten. Wir werden daher unser Kind mit vollem Vertrauen dereinst Ihren Händen übergeben...., da Sie die hohe Aufgabe, die Gott Ihnen als Mensch und Fürst stellte mit dem Ernst und der Anschauung auffassen, die eine Gattin und ein Volk beglücken können."

Der Form musste Genüge getan werden. Luise saß in ihrem Zimmer und gab vor, in der Bibel zu lesen, während Friedrich bei ihren Eltern um ihre Hand anhielt. Im September 1855 wurde offiziell die Verlobung Friedrichs von Baden mit Luise von Preußen im Koblenzer Schloss gefeiert, später wurde das große Ereignis im Berliner Schloss noch einmal mit einer Gratulationscour der Hofgesellschaft, der Minister, der hohen Würdenträger und des diplomatischen Corps begangen. Aus den europäischen Fürstenhäusern kamen allerdings nicht nur Segenswünsche zur bevorstehenden badisch-preußischen Hochzeit. Die Kaspar-Hauser-Legende machte eben wieder die Runde, und Königin Victoria von England warf dem Brautvater empört vor, dass er seine Tochter mit einer Familie verbinde, die allgemein eines von ihr begangenen Mordes bezichtigt werde. Der spätere deutsche Kaiser Wilhelm I. ließ sich bei der Wahl seines Schwiegersohnes jedoch nicht dreinreden.

Prinz Wilhelm von Preußen, der sich nur zu gut an die Zeit seines eigenen Brautstandes erinnerte, regte an, dass den jungen Brautleuten „intimere Beisammensein" zum Zwecke des besseren Kennenlernens erlaubt sein sollten. Luise und Friedrich machten von dieser Erlaubnis gerne Gebrauch – und fanden sich in ihrer Wahl bestätigt. Obwohl zwölf Jahre Altersunterschied sie trennten, hatten doch viele vergleichbare Erfahrungen ihr bisheriges Leben geprägt. So waren sie beide, Luise wie Friedrich, Kinder der 48er Revolution. Friedrich hatte die Schmach, mit der ganzen Familie vor den Revoluzzern fliehen zu müssen, nie ganz verwunden. Luise ihrerseits hatte im Schutze des väterlichen Palais „Unter den Linden" die Barrikadenkämpfe in Berlin verfolgt. Wie Friedrich hatte sie aus den Geschehnissen den Schluss gezogen, dass die Monarchie nicht nur auf dem Recht der Geburt gründete, sondern auch Verpflichtung vor Gott und den Menschen war: Fürst wie Fürstin mussten immer wieder aufs Neue beweisen, dass sie es wert waren, über ihr Volk zu herrschen.

Manches, was Luise bei den wenigen „intimen" Zusammenkünften ihrem Bräutigam anvertraute, mochte nicht ganz ausgegoren sein. Die Prinzessin war schließlich erst 16 Jahre alt, behütet aufgewachsen und sie hatte nicht eben eine intellektuelle Erziehung genossen. Geistige Höhenflüge waren ihr – abgesehen von der Beschäftigung auf dem Gebiet der Wohlfahrtspflege – nicht gestattet worden. Auch was die Politik anging, hatte Luischen bislang wenig über den preußischen Tellerrand hinaus gesehen.

Friedrich jedoch fand seine Braut anbetungswürdig: Der altkluge Ernst, mit dem sie sich über fürstliche Pflichten äußerte, begeisterte ihn. Ihre uneingeschränkte Bereitschaft, Neues dazu zu lernen und sich über die badischen Verhältnisse kundig zu machen, fand er rührend. Ihre bisweilen naiven Fragen weckten in ihm das angenehme Gefühl, über ein hervorragendes Wissen zu verfügen. In der Beziehung zu Luise war alles, wie es sein sollte: Friedrich war der an Jahren und Wissen überlegene Partner und begierig, seiner künftigen Frau die Wege ins Leben zu ebnen. Luise wiederum war willens, die Überlegenheit ihres künftigen Mannes anzuerkennen und ihm als liebevolle Gefährtin und eifrige Gehilfin zur Seite zu stehen. Eines war allerdings nicht zu übersehen: Die Prinzessin hatte in mancher Beziehung einen eigenen Kopf. Sie machte es Friedrich nicht so einfach, dass sie zu allem „Ja und Amen" gesagt hätte. Er musste sich schon bemühen, Argumente zu finden und sie zu überzeugen, wenn sie einmal andere Vorstellungen hatte als er. Aber eben diese harmlose Dickköpfigkeit seiner Braut, die sich niemals wohl überlegten Begründungen verweigerte, beflügelten den jungen Prinzregenten und waren ihm Ansporn.

Ja, Luise war die richtige Frau für ihn und für Baden. Einer so reizenden kleinen Person würde es niemand auf Dauer verübeln, dass sie eine Preußin war. Trotzdem hielt es Friedrich für angebracht, seine Braut auf mögliche Schwierigkeiten hinzuweisen: „Du musst dich in den Geist unseres Landes einleben", sagte er, „und der ist anders als bei dir daheim. Du wirst sehen, dass auch bei uns vieles gut und richtig ist, was dir fremd und unverständlich erscheint." Luise sah ihren Fritz mit großen Augen an und nickte. An gutem Willen sollte es nicht fehlen.

Die Braut lächelt

Friedrich, mittlerweile auch dem Titel nach Großherzog von Baden, hatte allen Grund, auf seine junge Frau stolz zu sein. Mit einem Lächeln auf den Lippen hatte Luise all die Strapazen überstanden, die mit einer fürstlichen Hochzeit zwangsläufig verbunden waren: die Vermählung am 20. September 1856 in Berlin und die nicht enden wollenden Feierlichkeiten, die alsbald ihre Fortsetzung in Köln, Koblenz, Mainz und Mannheim fanden. Als der Zug des großherzoglichen Paares am 27. September in der badischen Residenzstadt eintraf, läuteten alle Glocken Karlsruhes und 101 Kanonenschüsse verkündeten, dass der regierende Fürst seine Frau heimführte. Die Fahrt Friedrichs und Luises in einer sechsspännigen Kutsche durch die Stadt glich einem Triumpfzug. Der junge Großherzog schaute gerührt auf das Volk und die Staatsdiener, die Spalier bildeten und Hochrufe auf das hohe Paar anstimmten.

Während Friedrich huldvoll nach allen Seiten grüßte, fiel sein Blick immer wieder auf die zarte Frau an seiner Seite. Wie kühl und frisch sie in ihrem blauen Seidenkleid aussah, obwohl sie kaum eine Minute Ruhe gehabt hatte, seit ihr vor einer Woche die Brautkrone aufs Haupt gesetzt worden war und Oberhofprediger Strauß in seiner Traurede das bedeutungsvolle Wort gesprochen hatte: „Ich will dich segnen und du sollst ein Segen sein." Wie lieb und trotzdem vornehm sie den Menschen auf der Straße zuwinkte! Wie herzlich sie den Blumen tragenden, weiß gekleideten Mädchen dankte, die bis zum Marmorsaale aufgereiht standen. Wie unbefangen sie der Großherzogen-Witwe Sophie und den Schwestern ihres Gemahls gegenüber trat! Gerade so freundlich und ehrerbietig war Luise in Mannheim auch der würdevollen alten Großherzogin Stephanie entgegen gegangen. Als Friedrich jetzt mit Luise auf den Balkon des Karlsruher Schlosses trat, brandete Jubel auf. Der Großherzog fühlte sich eins mit seinem Volk und er war überzeugt davon, dass die Frau an seiner Seite diese Bande zu den Menschen im Badnerland noch fester zurren würde. Nicht dass sie eine Preußin war, würde über Luises Ansehen in der neuen Heimat entscheiden – nein, ihre süße, tapferere, aktive Persönlichkeit würde die Herzen ihrer Untertanen gewinnen.

Die Residenzstadt feierte eine Woche lang die Vermählung ihres Großherzogs und gönnte dem jungen Paar kaum ein paar Stunden unbeobachteter Zweisamkeit. Dabei war ein Ende der Festlichkeiten noch nicht abzusehen. Luise mochte in diesen Tagen oft am Rande des Zusammenbruchs stehen – sie zeigte der Welt ihr lächelndes Antlitz. Das Volk hatte ein Recht darauf, eine hübsche Großherzogin zu haben – also ließ sie sich hübsch herrichten und strahlte. Auf der Mainau, so hatte Friedrich seiner jungen Frau versprochen, würden sie für sich alleine sein, hätten sie Zeit für vertrauliche Gespräche und mehr. Doch zunächst galt es, den Menschen die neue Großherzogin zu präsentieren. Luise lächelte, bis ihre Mundwinkel zu schmerzen begannen. Sie lächelte in Baden-Baden auf dem Leopoldsplatz. Sie lächelte, als im Freiburger Münster der Erzbischof grüßte und als der Breisgauer Adel im Schloss seine Huldigung darbrachte. Sie lächelte, als eine Abordnung der Freiburger Blindenanstalt ihr einen von Blinden gefertigten Strohteppich übereichte. Wie sinnig für eine Hochzeitsreise schien Luise die Fahrt durch Himmelreich und Höllental – die junge Großherzogin lächelte, als sie durch die kleinen Orte im südlichen Schwarzwald fuhr und die Schönheiten der Landschaft lobte. Sie lächelte, als in Donaueschingen der Vetter Fürst Karl Egon von Fürstenberg das großherzogliche Paar begrüßte. Sie lächelte in Engen, lächelte im Hegau. Und war von Herzen froh, als sie in der Ferne den Bodensee glitzern sah.

Sechs Wochen dauerten die Flitterwochen für Luise und Friedrich. Endlich Zeit, den Partner näher zu erforschen, Gedanken, Wünsche und Hoffnungen auszutauschen. Das Großherzogenpaar genoss diese Wochen so sehr, dass es deswegen beinahe schon ein schlechtes Gewissen hatte. Fast hatte es das Gefühl, sich die Zeit füreinander erschlichen zu haben – eine Zeit, die es aber durchaus nicht missen wollte. Dabei führte das frisch gebackene Ehepaar nach modernem Verständnis ein geradezu öffentliches Leben auf der Mainau, der Insel, die Friedrich 1853 aus eigenen Mitteln erworben hatte: Das hohe Paar besuchte die Stadt Konstanz, besichtigte Wohltätigkeitsanstalten und machte eine Visite beim württembergischen Königspaar, das sich eben in Friedrichshafen aufhielt. Dort weilte gerade auch eine Tante der Großherzogin, die Kaiserin Alexandra von Russland, die Luise auf Befehl des Zaren den Katharinenorden überreichte. Und dann brachen Besucher ins Paradies der Flitterwöchner ein. Schwiegermutter Sophie suchte ihre lieben Kinder auf. Dann meldete ein Diener auch noch den Prinzen von Preußen an. Luises Vater wollte nicht auf der Burg Hohenzollern weilen, ohne bei dem jungen Paar vorbei zu schauen.

Weder Luise noch Friedrich wäre es eingefallen, über die Gäste zu stöhnen – solche Besuche hielten sie für Selbstverständlichkeiten. Auch in den Flitterwochen konnte man sich schließlich nicht aller Pflichten entledigen. Und auch wenn sie nicht ungestört blieben: Das Großherzogenpaar genoss auf der Mainau doch Freiheiten, die es andernorts würde entbehren müssen. Die Stunden des Kennenlernens, der Gedankenaustausch, ja selbst die gemeinsame Lektüre von Goethes Faust bestätigten beide immer wieder in ihrer Auffassung: Ihre Verbindung stand unter dem Segen Gottes. So hatte Friedrich seine Braut ja auch dem Landtag angekündigt: „Die Verbindung, die mir persönlich so viel Glück verheißt, wird auch, des bin ich überzeugt, meinem Volke zum Segen gereichen."

Auf ihrer königlichen Hoheit, der Großherzogin Luise, ruhten nach ihrer Rückkehr von der Hochzeitsreise alle Blicke. Sie war jetzt die Herrin im Residenzschloss und außer dem Großherzog selbst war niemand im Lande von höherem Rang als diese junge Frau von gerade eben 18 Jahren. Der Hofstaat Friedrichs und Luises umfasste etwa 500 Menschen, wobei die Hofhaltungen von Schwiegermutter Sophie und den Geschwistern des Großherzogs nicht mitgezählt waren. Zwar gab es die Oberhofmeisterin, die die Details regelte und dafür sorgte, dass der großherzogliche Hof funktionierte, sein Ansehen wahrte und der Fürstin alle denkbaren Annehmlichkeiten zukamen. Aber Luise war natürlich die letzte Instanz in allen Fragen des höfischen Lebens.

Streng achtete sie darauf, dass niemand in ihrer Umgebung gegen Regeln und gute Sitten verstieß. Luise verstand es prächtig, sich Respekt zu verschaffen. Ihre Stellung brachte es mit sich, dass sie kaum je alleine war: Wo sie ging, stand oder saß, hielten sich Hofdamen und Adjutanten auf – ganz abgesehen von den dienstbaren Geistern in Livree, die für einfachere Dienste zur Verfügung standen. Luise empfand dieses ständige Umhegtsein nicht als lästig, sondern als unvermeidlich für eine Dame ihres Ranges. Bei

Reisen oder bei Aufenthalten in weniger aufwändigen Schlössern wie Baden-Baden, Eberstein oder Mainau konnte man die Zahl der Herren und Damen natürlich reduzieren. Vollständig auf Begleitung zu verzichten war hingegen unmöglich. Wenn es unumgänglich war, dass sie ihren Fritz unter vier Augen sprach, „ersuchte" die Großherzogin die Höflinge freundlich, den Raum zu verlassen. Selbstverständlich hätte niemand es gewagt, dieses „Ersuchen" zu ignorieren.

Dass die neue Großherzogin trotz ihrer freundlichen Stimme Haare auf den Zähnen hatte, entging kaum jemandem am Karlsruher Hof. Dass sie so selbstbewusst war, so selten den Rat der lebensklugen Höflinge suchte, enttäuschte manchen Herrn und manche Dame, die auf die Unerfahrenheit und Unsicherheit der Fürstin spekuliert und gehofft hatten, über Luise ihren persönlichen Zielen näher zu kommen. Auch die strengen Auffassungen der Großherzogin, was Religion und Moral anging, wirkten auf manchen Badener recht ernüchternd. Wer damit gerechnet hatte, dass mit der jungen Fürstin das traditionell einfache badische Hofleben endlich an Glanz gewinnen würde, sah sich getäuscht. Luise ließ so viel Pracht zur Schau stellen, wie es ihrer Ansicht nach für die Reputation der Zähringer notwendig war. Aber sie hatte keinerlei Verständnis für Schwelgerei und Prasserei.

Was größere Feste oder Hofbälle anging, zeigte Luise unerwartete Zurückhaltung. Will heißen: Sie sorgte dafür, dass unvermeidbare Veranstaltungen dieser Art stattfanden, sie forcierte sie aber nicht. Lieber als ein rauschender Ball war Luise eine lehrreiche Theatervorstellung oder ein Empfang, bei dem sie sich mit interessanten oder herausragenden Persönlichkeiten unterhalten konnte. Fritz wiederum war beglückt über die spartanischen Neigungen seiner Luise. Nicht nur, dass der badische Hof spätestens seit Großherzog Karl Friedrich als bürgerlich-bescheidener Hof galt: Friedrich selbst hatte geradezu einen Horror vor Protzerei und zur Schau gestellter Exklusivität. So mied er sein Leben lang den kaiserlichen Hof zu Wien, den er als junger Mann zusammen mit seinem älteren Bruder, dem damaligen Erbprinzen Ludwig, besucht hatte. Von dem altmodischen und pompösen, ja beinahe unmenschlichen Hofzeremoniell, das er in Schönbrunn kennen gelernt hatte, wollte er nichts, aber auch gar nichts wissen.

Friedrich war stolz und zufrieden, wenn er an der Seite Luises durch die Räume des Karlsruher Schlosses schritt. Wie majestätisch Luise aussah mit ihrer schlanken Gestalt und der zerbrechlichen Taille in dem Galakleid aus Goldlamé! Wie elegant und leicht ihr Gang wirkte trotz der schweren Hofschleppe aus reich besticktem rotem Samt, die in der Taille befestigt war. Friedrich war hoch erfreut darüber, dass Luise sich die Namen und Gesichter der Geladenen so genau gemerkt hatte und unfehlbar die richtigen Worte fand.

Noch ahnte niemand, dass die Tugend des badischen Herrscherpaars bald zur Last für seine Gäste werden würde: Die Cercles Friedrichs und Luises waren gefürchtet – weil sie so entsetzlich lange dauerten. Fürst und Fürstin wollten möglichst jedem ein persönliches Wort sagen, was zwar der Eitelkeit jedes einzelnen schmeichelte, die ganze Zeremonie aber ungemein in die Länge zog. Die Gesellschaft musste, der Etikette entsprechend, je nach Rang auf die unterschiedlichen Räume verteilt stehen, bis Friedrich und Luise ihre Runde gemacht hatten. Das Privileg der Hoffähigkeit bezahlten die Geladenen oft genug mit schmerzenden Füßen. Wer einmal für würdig befunden war, im Schloss empfangen zu werden, brauchte schon schwer wiegende Gründe, wenn er die Einladung seines Fürstenpaares ausschlagen wollte...

Kein Mensch hatte etwas dagegen einzuwenden, wenn Luise in Fragen der Repräsentation die Zügel in die Hand nahm. Nach Auffassung vieler Zeitgenossen war es aber vollkommen unnötig, wenn nicht sogar schädlich, dass die Großherzogin ihrem Gemahl auch bei den politischen Affären in die Karten sah. Es gehörte sich einfach nicht, dass eine Frau mit Regierungsgeschäften befasst war. Das 19. Jahrhundert mochte keine Politikerinnen an der Seite deutscher Fürsten. Das bürgerliche Frauenbild begann an den Höfen zunehmend Einfluss zu gewinnen. Was die Aufgaben seiner Gemahlin anging, zog Friedrich I. aber andere Konsequenzen als die Mehrzahl seiner Zeitgenossen. Er sah in seiner Frau eine Gefährtin und Helferin, die ihm in allen Lebens- und Schaffensbereichen eine Vertraute und eine Stütze sein sollte: Darum erlaubte er seiner blutjungen Gattin, den Gesprächen mit seinen Ministern beizuwohnen – was diese ungemein befremdete. Der Großherzog legte Wert darauf, dass Luise seine Handlungen nicht nur verstand, sondern auch billigte. Und wenn Luise auch in Anwesenheit der Herren zunächst nur wenig sagte, so hegten diese doch den Verdacht, dass die Großherzogin hinter ihrem Rücken umso mehr Einfluss nahm. Luise selbst lauschte gespannt den Gesprächen, versuchte zu begreifen und ärgerte sich immer aufs Neue darüber, dass die Bildung, die sie im Privatunterricht erworben hatte, für eine Fürstin eigentlich nicht ausreichend war.

Übrigens lagen die Herren gar nicht so falsch mit ihrer Vermutung, dass mit Luise als einer politischen Kraft am badischen Hofe zu rechnen war. Bis ins hohe Alter sollte sie an der Gewohnheit festhalten, wichtigen Audienzen beizuwohnen. Natürlich fand sie sich mit Rücksicht auf das Ansehen ihres hohen Gemahls stets verspätet ein – aber ihre anfängliche Schweigsamkeit gab sie bald auf. Wann auch immer ihr etwas in die falsche Richtung zu laufen schien, schaltete sie sich ohne alle Umschweife ein. Man mochte dieses Verhalten billigen oder nicht – anerkennen musste man auf alle Fälle, dass Luise bis ins Detail informiert war.

Friedrich jedenfalls schien das (in dieser Beziehung wohl doch) sehr unweibliche Verhalten seiner Gattin nicht nur zu tolerieren, sondern sogar zu begrüßen. Der Großherzog war, wie so viele seiner Vorfahren, kein Mann der schnellen Entschlüsse. Ehe er eine Entscheidung fällte, pflegte er die möglichen Folgen in alle denkbaren Richtungen abzuwägen; er suchte möglichst viele kompetente Ratgeber zu hören – und wer konnte eine uneigennützigere Ratgeberin sein als seine kluge Frau? Er hielt es nicht nur für das Recht, sondern sogar für die Pflicht Luises, sich einzumischen. Am Hofe munkelte man bald, der Großherzog stehe unter dem Pantoffel, und mit liebevollem Spott wiederholte man sogar im Familienkreise seine Lieblingsfloskel: „Wie du willst, Luise." Aktenkundig allerdings wurde Luises Einfluss so gut wie nie.

Gerade weil sie oft genug die Vorbehalte der Höflinge zu spüren glaubte, war die mädchenhafte Großherzogin fest entschlossen, alle Aufgaben, die man einer regierenden Fürstin auferlegen konnte, zu meistern. Gleich im Dezember 1856 trat sie dem 1831 gegründeten Wohltätigkeitsverein bei, dessen Protektorin ihre Schwiegermutter Sophie war. Hauptzweck des Sophienvereins waren Armenfürsorge und Krankenpflege. Vor allem Frauen der Karlsruher Oberschicht waren in dem Verein aktiv. Für Luise ergab sich hier eine hervorragende Möglichkeit, Kontakte zu den weiblichen Eliten ihres neuen Landes zu knüpfen und gleichzeitig ihrer Verpflichtung zur Wohltätigkeit nachzukommen.

Wohlgefällig ruhte Friedrichs Auge auf seiner Gemahlin, deren zarter Körper sich nach angemessener Frist erfreulich zu runden begann: Diese großartige Frau wurde wirklich jeder Anforderung gerecht, die man an eine Fürstin stellen konnte. Am 9. Juli 1857 brachte sie ihr erstes Kind zur Welt. Wieder erwies sie sich als die perfekte Gemahlin, denn das Kind war – ein Junge. Zwei Monate später wurde der kleine Thronfolger auf den Namen seines Herrn Papa getauft. Seine Mutter reiste alsbald ab, um in Badenweiler Kräftigung und Erholung zu suchen.

Über die frühe Kindheit des späteren Friedrich II. ist wenig bekannt. Die meisten der zahlreichen Lebensbeschreibungen, die es von Luise gibt, bejubeln die Großherzogin als die perfekte Mutter. Gerne zitiert wird aus Briefen wie den an den 88-jährigen Humboldt in Berlin, an den Luise schrieb: „...mein häusliches Glück hat sich immer reicher entfaltet, ein geliebtes Kind hat es zu einer nie geahnten Höhe gebracht....“ Die meist völlig unkritischen Biographen, die oft mit dem erklärten Ziel zur Feder griffen, der Großherzogin ein Denkmal zu setzen, interpretierten solche Aussagen als Äußerung inniger Mütterlichkeit im bürgerlichen Sinne. Doch kann man kaum annehmen, dass Luise ihrem Sohn wesentlich mehr Zeit widmete, als es in adeligen – und übrigens auch in großbürgerlichen – Häusern zu dieser Zeit üblich war.

Dass wenig bekannt ist über Ammen, Mägde, Gouvernanten und Hoffräulein, die dem kleinen Erbgroßherzog in den ersten Jahren die nötige Pflege angedeihen ließen, heißt nicht, dass es sie nicht gab. Angesichts der sich ausweitenden Pflichten der Großherzogin und ihrem Wunsch, sich ganz in die Dienste ihres Gemahls und seines Landes zu stellen, scheint es eher blauäugig anzunehmen, dass Luise in den ersten Lebensjahren ihrem Söhnchen die „Nestwärme“ schenkte, die wir heute als unabdingbar für das Gedeihen von Kindern voraussetzen. Was im Umkehrschluss aber keineswegs bedeutet, dass Luise ihrem Erstgeborenen gleichgültig gegenüber stand. Im Gegenteil: Luise beschäftigte sich intensiv mit Fragen der Kindererziehung. Jedenfalls in der Theorie. Aus Friedrichs II. späterer Kindheit weiß man, dass seine Mutter durchaus ihre Vorstellungen über die richtige Knabenerziehung geltend machte – und dass sie diese Erziehung ganz selbstverständlich in fremde Hände legte. So wie es in fürstlichen Familien nun einmal üblich war.

Der Beitrag der Frauen

Luise war ein Kind ihrer Zeit. Zu ihren Grundüberzeugungen gehörte es, dass Männer und Frauen von Gott unterschiedlich geschaffen waren, weil sie unterschiedliche Aufgaben im Leben hatten. Die analytische Geisteskraft, so meinte die junge Großherzogin, sei vor allem eine Sache der Männer. Aufgabe der Frauen hingegen sei es, ihren Männern ratend und helfend zur Seite zu stehen. Den Wissensvorsprung, den Friedrich ihr voraus hatte, führte Luise weniger auf sein höheres Alter und seine bessere Ausbildung als auf seine männliche Überlegenheit zurück. Und oft genug hatte die Großherzogin, die praktisch von der Schulbank auf den badischen Thron gewechselt war, das Gefühl, ihre große, bedeutungsvolle Aufgabe als Gefährtin eines Fürsten nur unzulänglich auszufüllen: „Eine klare, durchblickende, scharfe Einsicht und Erkenntnis ist mir versagt worden. Ich bedarf Zeit und viel Zeit zum Erkennen und viel Geduld seitens des teuren Mannes, dem ich es oft so sehnlich wünschte, dass ihm eine wirklich tätig mithelfende, mitratende und erkennende Kraft zu Seite stünde“, klagte sie einmal.

Das Weib als Helferin des überlegenen Mannes: Ihre immer wieder bekundete Anerkennung des „naturgegebenen“ Unterschieds zwischen Mann und Frau führte dazu, dass Luise auch bei solchen Herren in Ansehen stand, die die geringste Äußerung weiblichen Emanzipationsstrebens als widernatürlich und gotteslästerlich geißelten. Luises Verhältnis zu ihrem Gemahl glich anfänglich dem einer eifrigen Schülerin zu ihrem Lehrer, dem einer ehrgeizigen Assistentin zu ihrem bewunderten Vorgesetzten – wobei der Ehrgeiz nicht selbstsüchtig war, sondern sich darauf beschränkte, den Ruhm des Vorgesetzten noch heller leuchten zu lassen. Luise war ihrem Fritz aufrichtig dankbar dafür, dass er ihr ihre

Launen und ihren Eigenwillen nachsah: „Nach und nach erhalte auch ich dann Einsicht und kann mit ganzer Seele zu ihm stehen, dessen treue Liebe es noch nie von mir verlangt hat, dass ich um seinetwillen meine Ansichten ändern sollte, sondern der nachsichtsvoll und gütigen Herzens abwartet, bis ich ihm folge, wenn das Leben und die Erfahrungen mich gereift haben...“, vermerkte sie in ihren Aufzeichnungen.

Trotzdem hielt Luise das weibliche Geschlecht nicht für das schwache Geschlecht. Was würde einem bedeutenden Mann auch eine Gemahlin nützen, die ihn immer nur lächelnd bestätigte? Nein, die Frau sollte und musste sich äußern zu den Vorhaben ihres Gatten, sie sollte teilhaben an seinem Leben! Auf die ihr eigene, typisch weibliche Weise natürlich! Wie ein Schüler durch intelligente Fragen und kritische Anmerkungen seinen Lehrer zu Höchstleistungen beflügelt, so sollte auch eine kluge Frau versuchen, zum Werk ihres Mannes beizutragen.

Daneben waren die Frauen sicher auch in der Lage, ihren eigenen Beitrag zum Wohlergehen des Volkes zu leisten. Denn wo ausschließlich männliche Vernunft waltete, da fehlte es doch an weiblicher Wärme, an Liebe! Es gab schließlich so bedauernswert viele hochanständige Frauenzimmer, die nicht verheiratet waren, deren Kraft und Mütterlichkeit kein Ventil fanden, und die zu Hause nur ihren Familien auf der Tasche lagen! Alles brach liegende Kräfte, die sinnlos verkamen und andernorts dringend gebraucht wurden! Luise sah Möglichkeiten...

Bereits im Frühjahr 1857 hatte die junge Großherzogin damit begonnen, sich in ihrem neuen Land umzusehen. Sie besuchte Schulen, Krankenhäuser und Heime für Waisenkinder. Dabei verblüffte sie die Leiter dieser Einrichtungen sehr, weil sie sich nicht auf oberflächliche Fragen und ein paar herablassende Worte an die Insassen beschränkte. Nein, Luise ließ sich Akten und Statuten von wohltätigen Vereinigungen vorlegen, studierte sie und verglich. Ständig machte sie sich Notizen, schrieb unzählige Blätter voll. Und immer wieder stieß sie auf dieselben Probleme: Die Krankenpflege war unzureichend, das Pflegepersonal hoffnungslos überfordert und von geradezu grenzenloser Unwissenheit. Die wenigen ausgebildeten konfessionellen Krankenpflegerinnen in Baden konnten den Bedarf in keiner Weise decken. In zahlreichen Spitälern arbeiteten ehemalige Prostituierte, die auf diesem Wege versuchten, dem Hungertod zu entgehen, die grob und ohne jedes Interesse nur das Allernötigste taten. Wenn überhaupt.

Unwissenheit, wohin man blickte. In den Dörfern rund um Karlsruhe starb damals noch jedes vierte Kind vor seinem ersten Geburtstag. Wenn nur die armen, abgeschafften Frauen mehr Kenntnis hätten in Fragen der Haushaltsführung, der Wohnungshygiene, der Kinderpflege und der Krankenbetreuung – manches Leid würde sich verhindern lassen. Entsetzt war Luise auch über das sittenlosen Verhalten vieler Männer und Frauen. In den 50er und 60er Jahren des 19. Jahrhunderts waren Eheschließungen von Gesetzes wegen erschwert – man wollte verhindern, dass die mittellose Bevölkerung sich unkontrolliert vermehrte und der Armenfürsorge immer mehr Lasten aufgebürdet wurden. Was zum Entsetzen der Bürger und vor allem der Geistlichkeit zu einer rasanten Zunahme der unehelichen Geburten führte. In den Landgemeinden um Karlsruhe waren zu der Zeit, als Luise nach Baden kam, acht Prozent der Neugeborenen „Bastarde". Die moralische Lenkung der jungen Leute und vor allem die Bewahrung der Mädchen vor sittlicher Verkommenheit zeichnete sich schon jetzt, da die Industrialisierung in Baden noch ganz am Anfang stand, als eine der großen Aufgaben für die Zukunft ab.

Aufgaben, die nur mithilfe gebildeter Frauen bewältigt werden konnten. Doch Luise wusste, dass es nicht leicht werden würde, Verbesserungen durchzusetzen.

Ein unverdächtiger Anlass, ihr Werk in Angriff zu nehmen, wurde Luise 1859 durch den österreichisch-italienischen Krieg geboten. Die Badener betrachteten diesen Krieg als eine Bedrohung Deutschlands, zu dem Österreich ja noch zählte. Der alte Traum von der Einigung Deutschlands erhielt wieder neue Nahrung. Viele rechneten fest mit einem badischen Kriegseintritt. In ihrer Begeisterung hielten es die Herren für durchaus akzeptabel, wenn auch die badischen Frauen ihren Beitrag zu der großen vaterländischen Sache leisten wollten. Der Gedanke an Hilfsvereine war schließlich weder revolutionär noch neu. Schon Großherzogin Stephanie hatte 1814 und 1817 Frauenorganisationen ins Leben gerufen, um die unmittelbaren Folgen der Freiheitskriege zu lindern. Und welchen Mann würde es nicht rühren, wenn die Frauen seines Landes „Liebesgaben" sammelten, Scharpie zupften, also bereits gebrauchte und gereinigte Leinwand zu Fäden für Verbände rissen, und sich um die armen Witwen und Waisen kümmerten, die ein Krieg unweigerlich mit sich brachte?

Die kaum 21-jährige Luise war schlau genug, bei ihrer Neugründung an Bekanntes anzuknüpfen und auf Traditionen zu verweisen: „Notleidenden beizustehen, Armen zu helfen, Kranke zu pflegen war von je her eine der edelsten Seiten des vom Schöpfer vorgezeichneten Berufes des weiblichen Geschlechts", gab sie dem neuen Frauenverein mit auf den Weg. Aber Luises Ziel war es nicht nur, wie einst ihre Schwiegermutter Sophie die Damen der Karlsruher Oberschicht zu einem wohltätigen Verein zusammenzuführen. Das Vorhaben der Großherzogin war breiter angelegt, sollte über Adel und Großbürgertum hinaus weite Kreise erreichen und sich über ganz Baden erstrecken. Der Präsident des Innenministeriums, Freiherr Franz von Stengel, bekam eine Denkschrift in die Hand gedrückt, in der die Großherzogin ausführte, dass Hilfeleistungen im Kriegsfall umso wirksamer seien, je besser sie vorbereitet wären. Es sei daher der Wunsch ihrer Königlichen Hoheit, dass sich schon jetzt über das ganze Land Vereine von Frauen bilden sollten, die für den Ernstfall einsatzbereit wären. Auch die Notwendigkeit einer geordneten Krankenpflege im Kriege stellte Luise heraus.

Von Stengel gab noch am selben Tag einen Erlass an alle Amtsvorstände heraus. Sie sollten die Bildung von Frauenverbänden fördern und die Damen bei ihrer gemeinnützigen Arbeit unterstützen. In Windeseile wurden im Innenministerium Organisationspläne erarbeitet. Schon zwei Tage später, am 6. Juni 1859, präsentierte Luise den Entwurf 18 hochachtbaren Karlsruher Damen, die ihn prüften und annahmen.

Dass Luise Ministerien und Ämter benutzte, um die Interessen ihres Frauenvereins durchzusetzen, würde keine Ausnahme bleiben. Die Unterstützung durch die Behörden gab der neuen Organisation eine ungeheure Durchschlagskraft. So bewilligte die Regierung auf Luises Betreiben hin etwa, dass Briefe des Frauenvereins portofrei befördert wurden. Auch die kirchlichen Behörden, sowohl der Oberkirchenrat in Karlsruhe als auch das Erzbischöfliche Ordinariat in Freiburg, wurden von der Gründung verständigt und um Unterstützung gebeten.

Der Krieg, dem der Frauenverein seine Gründung verdankte, ging im Juli 1859 zu Ende, ohne dass badische Truppen in die Kriegshandlungen verwickelt worden wären. Alten Beispielen folgend hätte der Frauenverein jetzt aufgelöst werden können. Doch Luise dachte nicht im Traum daran. Vielmehr berief sie das Komitee des Frauenvereins ein, das ganz offiziell eine Änderung der Satzung beschloss: Der Frauenverein wurde „friedenstauglich" gemacht, er sollte zu einer das ganze Land umfassenden Organisation der Wohltätigkeitsarbeit werden.

Luise wollte von Anfang an einen überkonfessionellen Frauenverein schaffen. Die Situation war schwierig genug in einem Land, in dem das Fürstenhaus und die bürgerliche Führungsschicht evangelisch, jedoch 65 Prozent der Bevölkerung katholisch waren. Wie zu erwarten war, zeigten sich die evangelischen Kirchenmänner ohne weiteres bereit, den Boden für Ortsverbände des Frauenvereins in ihren Gemeinden zu bereiten. Allein in einigen katholischen Landstrichen gab es Vorbehalte gegen den Verein der Großherzogin, die sich in den Jahren des badischen Kulturkampfes verfestigen sollten. Noch 1895 wandte sich beispielsweise der katholische Pfarrer von Triberg gegen die Bildung eines Zweigvereins in seinem Ort. Die katholische Presse prangerte den Frauenverein immer wieder als eine verschleierte Form der protestantischen inneren Mission an. Luise bemühte sich, gegen solche Stimmungsmache vorzugehen, indem sie katholische Institutionen und Gottesdienste im selben Maße besuchte und würdigte wie evangelische, doch das Misstrauen schwand nur langsam. Trotzdem war der Frauenverein ein voller Erfolg: Schon Ende Juni 1859 hatten sich 37 Ortsvereine konstituiert, am Jahresende waren es 95 und ein paar Jahre später gab es kaum noch Gemeinden, in denen nicht wenigstens über eine Gründung diskutiert wurde.

In den Statuten des Frauenvereins vom 24. Juli 1859 hieß es unter anderem, man wollte versuchen, „Mädchen und Frauen evangelischer und katholischer Konfession, welche die nötigen körperlichen, geistigen und religiösen Eigenschaften besitzen und besonderen Beruf für die Krankenpflege fühlen, während einer Zeit von etwa sechs Wochen in geeigneten Krankenanstalten für die Krankenpflege durch praktische Einübung und theoretischen Unterricht ausbilden zu lassen.“ Luise sorgte dafür, dass zunächst einige Krankenpflegerinnen auf Kosten des Frauenvereins bei den Ordensschwestern vom Vincentiushaus und in der Diakonissenanstalt in Karlsruhe ausgebildet wurden. Kurze Zeit darauf entschloss sich der Vereinsvorstand, eine eigene, ständige Pflegestation einzurichten. Das dafür ausgewählte Gebäude war in landesherrlichem Besitz und lag an der Ecke Spital- und Adlerstraße. Dieses „Luisenhaus“ war das erste Haus des Frauenvereins, das erste Mutterhaus der „weltlichen“ Krankenwärterinnen und zugleich die Keimzelle der späteren Badischen Schwesternschaft vom Roten

Kreuz. Von nun an war die Krankenpflege ein neues Berufsfeld für Frauen, dem eine fundierte Ausbildung zugrunde lag.

Bald wurden auch Kinderwärterinnen ausgebildet. Sie sollten sich um mutterlose und vernachlässigte Kleinkinder kümmern. Wie bei der Krankenpflege verwandelte auch in diesem Bereich der Frauenverein eine traditionelle Form der Frauenarbeit zu einem Ausbildungsberuf: Man schuf so neue Erwerbsmöglichkeiten für ledige Bürgersfrauen, die schon allein deshalb als unverdächtig galten, weil Kranken- und Kinderpflege ja zu den „natürlichen Aufgaben“ der Frauen gezählt wurden.

Den traditionell weiblichen Tätigkeiten wie Kinder- und Krankenpflege kam fortan ein ganz neuer Stellenwert zu. Sie wurden als gesellschaftlich notwendige Tätigkeiten entdeckt, mit denen sich sogar die „Wissenschaft“ befasste – und die Anforderungen stiegen dadurch nicht nur an die berufstätigen Frauen, sondern auch an die Hausfrauen. Die Anerkennung der weiblichen Arbeit wuchs – gleichzeitig aber blieb der Aktionsradius bürgerlicher Frauen eng begrenzt. Doch immerhin hatte Luise mit ihrem Frauenverein den Parias der Gesellschaft, den unverheirateten Frauen, einen Weg gewiesen, wie sie ihrem Schicksal als geduldete, belächelte, ausgenutzte und sozial ungesicherte alte Jungfern entgehen konnten. Für die badische Großherzogin war – wie für viele ihrer Zeitgenossen – die „Frauenfrage“ ausschließlich ein Problem der unverheirateten Frauen. Alles andere hätte ja auch geheißen, an den Grundfesten der gesellschaftlichen Ordnung zu rütteln. Und dafür war Luise viel zu – altmodisch.

Im Ehrenkleid des Roten Kreuzes

Luise hatte ein Faible für feine Handarbeiten. Die Hände arbeiteten, während der Kopf frei war, sich mit wichtigen Fragen zu befassen... Und es gab so viel, über das die Großherzogin von Baden nachdenken musste. Nicht immer fiel es ihr leicht, ihren Fritz zu verstehen, dessen Gedankengänge ihr anfänglich geradezu revolutionär erschienen. Schließlich war Friedrich ihr nicht nur mehrere Lebensjahre voraus; er verfügte auch über ein weit größeres Wissen, als eine junge Prinzessin es haben konnte. Der Großherzog hatte in Heidelberg und Bonn studiert, hatte Bekanntschaft mit liberalen Historikern wie Häusser, Gervinus und Dahlmann geschlossen und war von diesen Männern in seinem Denken geprägt worden. Für die im Grunde genommen höchst konservative Luise hatte die Aufgeschlossenheit ihres Gemahls für liberale Ideen etwas Erschreckendes: „In unserer so reichen Ehe ist es bisher noch immer so gewesen, dass ich alle großen Schritte, die des Großherzogs Regierung kennzeichnen, nur langsam mit meinen Überzeugungen vereinbaren konnte", notierte sie im Juli 1863.

Nicht immer genügte es Luise, sich über ihre Stickereien zu beugen, um einen klaren Kopf zu bekommen. Sie gewöhnte es sich bald an, sich selbst über wichtige Abschnitte ihres Lebens, vor allem über politische Erfahrungen, in schriftlicher Form Rechenschaft abzulegen. Friedrich hatte im April 1860 den Liberalen Lamey und Stabel das Innen-, Justiz- und Außenministerium übertragen, die Liberalen zur regierenden Partei erhoben und so die „parlamentarische Monarchie" etabliert.

Diese maßgeblich durch Franz von Roggenbach, einem liberalen Katholiken und Studienfreund Friedrichs, herbeigeführte Entwicklung bedeutete eine wichtige Zäsur für die badische wie die deutsche Geschichte. Baden wurde durch das Reformwerk der

„Neuen Ära" zu dem von den Zeitgenossen vielfach gelobten „Musterländle". In Luises alter Heimat wurde Baden wegen seines neuen politischen Weges mit Misstrauen beobachtet. Unter dem Einfluss ihres Gemahls jedoch wurde Luise Preußen gegenüber zunehmend kritischer. Doch noch wurde ihre Treue zu Friedrich und zu seinem Land keiner Prüfung unterzogen, denn die politische Führungsschicht Badens fühlte sich Preußen nach wie vor verbunden: Wie Friedrich glaubten die Liberalen vom Bodensee bis zum Main, dass die Zukunft in den „Vereinigten Staaten von Deutschland" liegen und auf einem Zusammenschluss der süddeutschen Staaten mit Preußen gründen würde. Eine Assoziierung Österreichs wurde damals zwar noch nicht ausgeschlossen. Doch als Wien 1863 zu einem Fürstentag in Frankfurt einlud, bei dem eine großdeutsche Bundesreform auf dem Programm stand, leistete Friedrich von Baden, angefeuert von seinem Außenminister Roggenbach, heftigen Widerstand.

Während Luise sich erfolgreich bemühte, Friedrichs Politik nicht nur zu verstehen, sondern ihren Gemahl auch mit Rat und Tat zu unterstützen, verlor sie keineswegs ihre eigene „weibliche" Arbeit aus den Augen. Söhnchen Friedrich und auch das 1862 geborene Töchterchen Victoria wusste sie in guten Händen. Wenngleich sie Erziehung und Pflege ihrer Kinder scharf überwachte – eine Fürstin hatte wenig Zeit, an der Wiege ihres Nachwuchses zu weilen. Zu Beginn des Jahres 1863 vertiefte sich die Großherzogin in eine Schrift des Schweizer Bürgers Henri Dunant. Der Kaufmann aus Genf hatte in seinem Büchlein seine Beobachtungen im österreichisch-italienischen Krieg 1859 geschildert – eben jenem Krieg, dem der badische Frauenverein seine Gründung „verdankte". „Eine Erinnerung an Solferino" hatte er sein Werk überschrieben, das den Widerspruch zwischen den Schrecken der modernen Kriegsführung mit ihren zahlreichen Verwundeten und der Unzulänglichkeit von deren medizinischer und pflegerischer Versorgung schilderte.

Dunant hatte die Gabe, höchst anschaulich zu schreiben. Seine Darstellung erschütterte die Großherzogin aufs Tiefste: „Wie viel herzzerreißende Vorfälle, wie viel rührende Szenen, wie viele Enttäuschungen aller Art! Hier sind ganze Bataillone ohne Lebensmittel, dort Compagnien, denen es nach Verlust ihrer Tornister am Allernotwendigsten gebricht! An anderen Orten fehlt es an Wasser, und doch ist der Durst so groß, dass Offiziere und Soldaten zu schmutzigen, zuweilen mit Blut gemengten Pfützen ihre Zuflucht nehmen. Überall rufen die Verwundeten nach Wasser! Ächzen und Stöhnen, halberstickte Seufzer voll Schmerz und Todesangst und herzzerreißende Hilferufe durchdringen die Stille der Nacht...." Luise hatte bei der Lektüre das Gefühl, selbst auf den Schlachtfeldern zu stehen, das Grauen mit eigenen Augen zu sehen. Und aus tiefstem Herzen stimmte sie dem Autor zu, als sie an die Stelle kam: „Wie wertvoll wären in den lombardischen Städten einige Hundert hingebende, erfahrene und vor allem geschulte freiwillige Krankenpfleger gewesen! In ihnen hätten dann die vereinzelten Hilfeleistungen und die zersplitterten Kräfte einen Mittelpunkt gefunden. So aber fehlte es denen, die imstande gewesen wären, zu raten und zu leiten, an Zeit. Und den meisten anderen, die nur ihre ungenügende und oft unfruchtbare persönliche Hingabe mitbrachten, an Kenntnissen und Übung."

Eine weitere Beobachtung Dunants, die Luise so klar bislang nicht zu Bewusstsein gekommen war, bezog sich auf die Kenntlichmachung der Lazarette in der Schlacht: „Während des Kampfes bezeichnet eine auf einer Anhöhe aufgepflanzte Feldflagge den Verbandplatz für die Verwundeten und die Feldlazarette der im Kampfe stehenden Regimenter. Aber da die Farben dieser Flaggen je nach Nationalität wechseln, so sind sie den Truppen meist unbekannt, und die einschlagenden Bomben verschonen weder Ärzte noch Krankenpfleger noch die Wagen mit ihren Vorräten an Brot, Fleisch, Wein und Scharpie." Die badische Großherzogin erkannte sogleich die Bedeutung von Dunants Forderungen und machte sie sich zu eigen: Es müssten fortan nicht nur vorsorglich Krankenpflegerinnen und -pfleger ausgebildet werden, die im Kriegsfalle einsatzbereit wären. Ebenso notwendig wäre es, dass alle Krieg führenden Länder dieses Pflegepersonal sowie sämtliche Verwundete für „unverletzlich" erklärten. Um Lazarette und Verbandsplätze für alle Krieg führenden Nationen erkennbar zu machen, müsste eine Sanitätsflagge geschaffen werden, die jedermann heilig wäre. Schließlich wäre es erforderlich, eine Organisation zu schaffen, mit deren Hilfe diese edlen Ziele zu verwirklichen seien. Konnte nicht der badische Frauenverein ein Teil einer solch neu zu schaffenden, Welt umspannenden Organisation sein? Wie eine Verheißung klang in Luises Ohren der Wahlspruch des Frauenvereins, den sie selbst geprägt hatte: „Gott mit uns."

Luise ließ Friedrich keine Ruhe: Auch er musste mit Dunants Forderungen bekannt werden, musste das große Werk unterstützen. Und Fritz enttäuschte seine Frau nicht. Als von der internationalen Konferenz in Genf die Rede war, die über Dunants Vorschläge diskutieren sollte, teilte der badische Kriegsminister unverzüglich mit, dass die großherzogliche Regierung einen Delegierten entsenden werde. Dunant, der von Hauptstadt zu Hauptstadt gereist war, um mit Staatsmännern, Politikern, Militärs und Fürsten zu verhandeln, bemerkte später in seinen Denkwürdigkeiten: „Das wohlwollendste Entgegenkommen hinsichtlich der Konferenz zeigten Darmstadt, Stuttgart und Karlsruhe, dank ... dem Kriegsminister Damian Ludwig in Karlsruhe, in Besonderheit aber seiner Königlichen Hoheit, dem Großherzog von Baden..."

Die erste Genfer Konferenz, die im Oktober 1863 tagte, brachte eine Reihe von gut gemeinten Empfehlungen auf den Weg. Aber erst bei der zweiten Konferenz in Genf (sie wurde am 8. August 1864 eröffnet) wurden Nägel mit Köpfen gemacht. Bei den Verhandlungen um die „Neutralisierung der Feldlazarette und des Sanitätspersonals bei den Krieg führenden Mächten" ging es bisweilen so turbulent zu, dass viele Gesandte am Erfolg der Konferenz zweifelten. 16 Staaten, Baden, Belgien, Dänemark, Frankreich, Großbritannien, Hessen-Darmstadt, Italien, die Niederlande, Portugal, Preußen, Sachsen, Schweden-Norwegen, die Schweiz, Spanien, die Vereinigten Staaten und Württemberg waren der äußerst kurzfristigen Einladung gefolgt. Und zwölf Staaten unterzeichneten am 22. August 1864 die Genfer Konvention „zur Verbesserung des Schicksals der verwundeten Soldaten der Armeen im Felde". Dieses Abkommen bildete die Grundlage für alle späteren Genfer Konventionen.

Zu Luises Freude beglaubigte Baden am 16. Dezember 1864 als erster Staat das Vertragswerk und trat der Konvention damit offiziell bei. Preußen folgte im Januar 1865, Mecklenburg-Schwerin im März 1865, Württemberg, Hessen, Bayern und Sachsen zogen 1866 nach. Alles in allem traten bis 1868 zwölf weitere Staaten der Genfer Konvention bei, darunter Schweden, Griechenland, Großbritannien, die Türkei, Österreich, Russland und der Vatikan. Über Stimmen, die sich kritisch zur Genfer Konvention äußerten – weil sie die Kriege nicht verhinderte, sondern nur „menschlicher" machte – schüttelte Luise den Kopf. Kriege hatte es zu aller Zeit gegeben – vermessen derjenige, der glaubte, die Menschheit könnte ohne Schlachten in die Zukunft gehen. An den Frauen, die ja selbst nicht in den Kampf zogen, lag es, den Kriegen die schlimmsten Härten zu nehmen und Barmherzigkeit zu üben.

Luise schuftete mit einer Verbissenheit, die bei dem zarten Persönchen nur verwundern konnte. Ihre Arbeit als Protektorin des Frauenvereins wollte sie keineswegs auf salbungsvolle Worte beschränken – sie nahm an den Vorstandssitzungen teil, sofern es irgend möglich war, und behielt die Zügel fest in der Hand. Leider forderten die repräsentativen Pflichten einer regierenden Fürstin weit mehr Zeit, als ihr lieb war. Auch familiäre Ereignisse bremsten Luises Tatendrang: Das Jahr 1865 brachte als freudiges Ereignis die Geburt von Söhnchen Ludwig Wilhelm; aber es bescherte auch Trauer und Leid. Großherzogin Sophie, Friedrichs Mutter, starb.

Auch die politische Entwicklung gab Luise sehr zu denken. Hatte bislang in Badens Eliten ein national-liberaler Geist geherrscht, der in der Reichsfrage eine kleindeutsche Lösung unter preußischer Führung anvisierte, so erkannte man allmählich, dass diese deutschland-politische Haltung das Großherzogtum im Süden isolierte. Auch war die Politik des neuen preußischen Ministerpräsidenten von Bismarck nicht eben dazu angetan, liberale Freunde zu gewinnen. Die Positionen von Friedrichs Freund Franz von Roggenbach gerieten immer mehr ins Wanken. Neuer Held der Stunde war Ludwig von Edelsheim, der 1865 badischer Außenminister wurde. Er vertrat eine gleichfalls liberale, aber großdeutsche Haltung und sah Badens größte Vorteile in einem Anschluss an ein modernisiertes Österreich. Mit seiner Sympathie für Österreich traf Edelsheim bei Badens Katholiken auf offene Ohren – denn die waren schon bislang überwiegend großdeutsch (allerdings auch antiliberal) eingestellt gewesen.

Unter den neuen Vorzeichen gab es beim Ausbruch des „Bruderkrieges“ zwischen Österreich und Preußen im Juni 1866 keinen Zweifel, auf welche Seite sich Baden schlagen würde. „Wir haben namenlos gelitten“, schrieb Luise über ihre und Friedrichs Gefühle im Rückblick auf diese Zeit. Sie weigerte sich bis zuletzt daran zu glauben, dass ihr neues Volk gegen ihren Vater in den Krieg ziehen könnte – und wurde von den Tatsachen überwältigt. Als Friedrich schweren Herzens die badischen Truppen zum Bahnhof geleitete, kniete die Großherzogin an ihrem Bett und weinte zum Gotterbarmen.

Es war nicht Luises Art, über das Unabänderliche zu lamentieren und sich in Selbstmitleid zu ergehen. Die badische Großherzogin versuchte, ihren Kummer durch Arbeit zu betäuben. Bislang hatte sie, die unter der Masse ihrer Verpflichtungen kaum zum

Durchatmen gekommen war, noch nicht allzu viele Anstrengungen unternommen, gemäß der Genfer Konvention einen Rot-Kreuz-Landesverein zu schaffen. Jetzt ging sie mit Feuereifer an die Sache. Tatsächlich kostete es Luise nur zwei Briefe, in Baden das Rote Kreuz zu schaffen. Der erste ging an den Beirat des Badischen Frauenvereins, namentlich an einen Geheimrat Dr. Dietz. Diesen forderte sie auf, „alle Schritte einzuleiten, damit der Frauenverein jederzeit in der Lage wäre, die Aufgaben eines Hilfsvereins im Sinne der Genfer Konvention zu erfüllen". Dietz beeilte sich, der Großherzogin mitzuteilen, dass die Vorkehrungen bereits getroffen seien. Am nächsten Tag schon teilte Luise dem Kriegsminister mit, dass der Frauenverein für den Fall, dass badische Truppen in Kampfhandlungen verwickelt würden, bei der Verwundetenpflege aktiv würde.

Der Kriegsminister erteilte – wie nicht anders zu erwarten – untertänigst seine Zustimmung zum Vorhaben der Großherzogin und am 29. Juni 1866 konstituierte sich das Zentralkomitee des Roten Kreuzes in Baden. Das Genfer Komitee erkannte den Badischen Frauenverein als Abteilung des internationalen Hilfsvereins am 22. Juli an. Zwar hatte auch ein Männer-Hilfsverein, der sich in Karlsruhe auf Anregung angesehener Herren gebildet hatte, den Antrag auf Anerkennung beim Zentralkomitee mitunterzeichnet, doch die Leitung blieb beim Frauenverein. Was damals ein absolutes Novum bedeutete. Schließlich war man seit Jahrhunderten daran gewohnt, dass Männer die organisatorischen Aufgaben übernahmen, während die Frauen mit den „Liebesdiensten" vollauf beschäftigt waren. Doch der Frauenverein war den männlichen Helfern den alles entscheidenden Schritt voraus: Die Damen konnten nicht nur Idealisten aufbieten – sie verfügten bereits über ausgebildete Pflegerinnen, die sie in die Kriegslazarette abkommandieren konnten.

Während des Krieges wurden die herkömmlichen Formen des Liebesdienstes aufrecht erhalten: Die badischen Frauen sollten Verbände beschaffen und Geld sammeln, um das Los der Kriegerwitwen und -waisen zu erleichtern. Außerdem erging an alle „Frauen und Jungfrauen" ein besonderer Aufruf, sich für eine Ausbildung als Krankenpflegerinnen bereit zu halten. Als die badischen Truppen heimkehrten, vergaß Luise nicht, allen Orts- und Bezirksabteilungen des Frauenvereins schriftlich zu danken: „Die eigene Sorge im Wohltun vergessend, haben Tausende von Frauen und Jungfrauen zahlreiche Arbeiten und Gaben gespendet, deren reicher Zufluss jedem durch den Krieg entstandenen Bedürfnisse an Leinwand, Verbandzeug und Erfrischungen zu entsprechen ermöglichte. Das Zentralkomitee hat sich durch diese Fülle der Gaben in der Lage gesehen, seiner Tätigkeit weit größere Ausdehnung zu verleihen, als je gehofft ward.... Ich fühle mich glücklich, dem Badischen Frauenverein anzugehören, und bewahre die unauslöschliche Erinnerung an die trostvollen Erfahrungen, welche ich diesem Verein in einer ernsten Zeit verdanke, mit dem wohltuenden Bewusstsein, mich auf diese Weise mit den Bestrebungen der Frauen und Jungfrauen des ganzen Landes vereint gefühlt zu haben." Von nun an ließ sich Luise gerne mit ihrem Ehrenkleid sehen, auf dessen weißer Manschette unübersehbar das Zeichen des Roten Kreuzes prangte.

Weder die österreichischen noch die mit ihnen verbündeten badischen Einheiten hatten den Vormarsch der Preußen verhindern können. Der Sieg bei Königgrätz am 3. Juli 1866 brachte den entscheidenden Gesinnungsumschwung bei den badischen Staatsmännern, die seit den napoleonischen Kriegen die Kunst perfektioniert hatten, immer auf Seiten der Gewinner zu stehen. Auch jetzt schwenkte Baden ins Lager der Sieger um. Am 17. August 1866 schloss das Land mit Preußen einen Friedens- und Allianzvertrag, der das Großherzogtum eng an seinen mächtigen Verwandten band. Luise und Friedrich atmeten auf.

Was bei der Großherzogin aus familiärer Verbundenheit und beim Großherzog aus innerer Überzeugung resultierte, schien endlich mehrheitsfähig zu sein. Die badische Regierung, an deren Spitze 1866 Karl Mathy stand, dem nach seinem Tod 1868 Julius Jolly folgte, ersuchte sogar um direkte Aufnahme in den Norddeutschen Bund. Dass Fürst Bismarck dieses Ansinnen ablehnte, um die anderen süddeutschen Staaten nicht gegen sich aufzubringen, verärgerte nicht nur den badischen Großherzog, sondern auch seine preußische Gemahlin. Trotzdem waren sich Regierung und Bevölkerung Badens bei der Julikrise von 1870 zwischen Preußen und Frankreich einig, dass es die Interessen des deutschen Vaterlandes gegen Frankreich zu verteidigen galt. Im Dezember 1870 gab es an Badens Aufnahme in den Norddeutschen Bund kein Vorbei mehr. Der Landtag ließ Friedrich wissen: „Das badische Volk, das ganze deutsche Volk weiß es und wird es unvergessen in dankbarem Gemüte bezeugen, dass unter allen seinen Patrioten keiner hochsinniger, keiner mehr von treuer Liebe zum Vaterland beseelt, keiner mit reinerem Herzen die Einigung Deutschlands erstrebt und ihren Aufbau befördert und vollzogen hat, als Badens Fürst.“ Badens Fürstin blieb – wie immer in Fragen der großen Politik – unerwähnt, obwohl sie im Hintergrund wie gewohnt die Fäden zog.

Muttersorgen

Luise beobachtete die Entwicklung ihres Erstgeborenen mit Argusaugen. Ein gutartiges Kind war der kleine Friedrich, gewiss. Aber vielleicht ein wenig zaghaft für einen Erbprinzen? Nun, er war ja noch keine sieben Jahre alt und erhielt erst seit knapp zwei Jahren Unterricht in Schreiben, Lesen und Rechnen von einem Lehrer des Karlsruher Lyzeums – natürlich ganz in privatem Rahmen. Trotzdem, es war höchste Zeit, sich über die künftige Ausbildung des kleinen Fritz Gedanken zu machen. Da es sich bei dem Kind um den Thronerben handelte, war seine Ausbildung viel zu wichtig, als dass Luise allein hätte entscheiden dürfen. Der Großherzog selbst musste sich mit dieser Frage befassen. Und wie es in seiner Natur lag, überstürzte er nichts. Viele Stunden beriet er sich mit seiner Gemahlin und besprach mit ihr die Vorschläge des Heinrich Gelzer. Dieser Schweizer Theologe, den der Großherzog 1861 nach Karlsruhe geholt hatte, war ein umtriebiger Herr, der den Fürsten vor allem in seinen nationalen und – bei aller Liberalität – in seinen wertkonservativen Ansichten bestärkte. Gelzer suchte sich bei Hofe unverzichtbar zu machen und sparte nicht an Entwürfen für die künftige Ausbildung des Erbprinzen. Endlich fanden seine Pläne die Billigung von Großherzog und Großherzogin: Drei Jahre lang sollte der Prinz im Schloss unterrichtet werden, dann wollte man ihn allmählich aus der unmittelbaren elterlichen Aufsicht lösen. Friedrich und Luise, die nach Kräften bestrebt waren, die Verbundenheit von Fürstenhaus und Volk zu fördern, fanden Gefallen an dem Plan, dass der Erbprinz sich im Kreise aufgeweckter Bürger- und Beamtensöhne seine gymnasiale Bildung aneignen sollte.

Gelzer machte sich also auf die Suche nach einem Lehrer für den Prinzen Friedrich, der zunächst einmal die Erziehung des

Knaben im Schloss übernehmen sollte. Er fand ihn in dem Theologen Dr. Ernst Wagner, der in Karlsruhe geboren, aber im Schwäbischen aufgewachsen war. Gelzer schickte Wagner auf die Mainau, damit ihn das dort weilende Großherzogenpaar höchstpersönlich unter die Lupe nehmen konnte. Großherzog Friedrich war zwar erst etwas verschnupft, weil Gelzer ihm nicht mehrere Kandidaten zum Auswählen präsentierte, fand dann aber doch Gefallen an dem jungen Mann. Ende des Jahres 1864 war der Prinzenerzieher im großherzoglichen Haushalt voll akzeptiert: „Wir lieben ihn jeden Tag mehr", vertraute Friedrich Gelzer an.

Lehrer Wagner hatte eine schwierige Aufgabe. Bei aller aufrichtigen Bewunderung für Friedrich und Luise war der Bürgersohn doch der Auffassung, dass das hohe Paar gravierende Fehler bei der Behandlung des Erbprinzen machte. Dass die Eltern den Kontakt zu ihrem ältesten Sohn suchten und beinahe jeden Tag auf ein paar Worte in seine Räume kamen – das war in Ordnung, zeugte schließlich auch vom rührenden Familiensinn des Fürstenpaares. Was dem Lehrer aber abgrundtief widerstrebte, war die exklusive Aura, die um den kleinen Prinzen geschaffen wurde. So leutselig sich Luise und Friedrich auch gaben – sie legten Wert auf die traditionellen Formen. Man musste sich einmal vorstellen: Abgesehen von den Eltern hatte jeder den Siebenjährigen mit „Sie" anzusprechen – und das galt auch für den Erzieher, ja selbst für andere Kinder. Als ein kleiner, Deutsch sprechender Franzose, den der junge Friedrich im Seebad Trouville kennen gelernt hatte, den Prinzen ganz unbefangen mit „Fritz" und „du" anredete, kam das fast einem Skandal gleich. Auch präsentierte jedes Mal, wenn Klein-Friedrich das Schloss betrat oder verließ, die Wache das Gewehr.

Wagner hielt den Kult, der um den kleinen Prinzen betrieben wurde, für geradezu verderblich. Er war, wie die meisten Menschen seiner Zeit, Anhänger einer strengen Erziehung, die Übermütige rasch und unerbittlich in die Schranken wies. Er war aber auch Pädagoge genug, um zu erkennen, dass Kinder nicht 24 Stunden am Tag wie ein Uhrwerk „funktionieren" können. Unterricht, Empfänge, Unterricht, Festlichkeiten am Hofe, dann wieder Unterricht – war das ein Leben für einen Knaben? Ein kleiner Bub – und mochte er auch der Erbgroßherzog von Baden sein – brauchte als Gegengewicht zur Kontrolle durch Erwachsene den Umgang mit Gleichaltrigen. Und unter diesen Gleichaltrigen durfte der junge Friedrich nicht aufgrund von Standesdünkel eine Außenseiterrolle spielen.

Es fiel Wagner schwer, dem Großherzog und der Großherzogin seine Sorgen verständlich zu machen. Sie hörten zwar zu, wenn er seine Bedenken vorbrachte, und eine Zeit lang war sogar die Rede davon, den Erbprinzen ganz vom Hof zu entfernen. Er könnte ja beispielsweise bei Gelzer in Basel weiter erzogen werden..... Doch dieser Plan wurde bald sang- und klanglos wieder fallen gelassen. Es kam Ernst Wagner bisweilen vor, als spräche er bei Luise und Friedrich gegen eine Mauer an: Im Bestreben, für ihren Ältesten nur das Allerbeste zu tun, mischten sie sich in jedes Detail der Erziehung ein. Damit Fritz bloß nicht irgendwelchen unerwünschten Einflüsterungen ausgesetzt wäre, musste der Erzieher ihn auf Schritt und Tritt begleiten. Ihren Erstgeborenen auch nur für wenige Tage aus ihrem unmittelbaren Einflussbereich zu entlassen, fiel den großherzoglichen Eltern unglaublich schwer.

Weil sich so gar nichts tat, sah sich Ernst Wagner im Frühling 1867 genötigt, dem Großherzog eine Denkschrift über die Erziehung des Erbgroßherzogs vorzulegen. Er sah keine andere Möglichkeit mehr, die Eltern wach zu rütteln. Bei aller Schonung, die bei einem so hoch stehenden Zögling angebracht war, verschwieg der Erzieher doch nicht die Schwächen des Prinzen. Vor allem das Fehlen der für den künftigen Großherzog so dringend erforderlichen Entschlussfreudigkeit stellte er heraus. Der junge Friedrich sei zwar geistig begabt, aber mehr von der rezeptiven Seite, nicht von der produktiven. Zu seiner Zerstreutheit geselle sich Trägheit. Im Umgang mit anderen Kindern erweise er sich bisweilen als selbstsüchtig und unüberwindlich eigensinnig. Gleichzeitig ließen Wahrheitsgefühl und Wahrheitsstrenge noch zu wünschen übrig. Hinzu kämen pubertäre Schwierigkeiten, insbesondere ein reizbares Nervensystem, das zu häufigen Ausbrüchen leidenschaftlichen Zornes führe. Da ein Erbprinz jedoch in erster Linie zum Regieren erzogen werden sollte, wozu ein entscheidungskräftiges Gemüt nun einmal vonnöten sei, empfahl Wagner dringend, so bald wie möglich die Isolierung des jungen Friedrich zu beenden. Am liebsten hätte der Erzieher den Jungen in einer gut bürgerlichen Familie untergebracht, wo er von dem ganzen Hofzeremoniell abgeschirmt wäre. Doch machte er sich vermutlich selbst wenig Hoffnung, mit diesem Ansinnen durchzudringen.

Luise und Friedrich waren erschüttert, als sie Wagners Denkschrift lasen. Im Innersten ihres Herzens hatten sie ja selbst gespürt, dass es dem jungen Fritz an Schwung und Entschlusskraft mangelte. Aber was ihnen Ernst Wagner da in wohl abgewogenen Worten vorsetzte – das ging zu weit. Was war um alles in der Welt in den Lehrer gefahren? Ob er wohl unter krankhaften Stimmungen litt, wie Gelzer vermutete? Obwohl Luise und Friedrich recht verschnupft waren über die freimütige Charakterisierung ihres Sohnes, begannen sie, ihren Ältesten mit neuen Augen zu betrachten. Fritz hatte das Pech, sich gerade mit Prinz Wilhelm von Preußen, dem späteren Kaiser Wilhelm II., und ihren beiden Erziehern für mehrere Tage im Schwarzwald aufzuhalten. Der gehemmte Junge aus Baden und der großmäulige Preußenprinz waren sich noch nie grün gewesen. Ausgerechnet jetzt aber bekamen sich die beiden derartig in die Haare, dass Luise und Friedrich mit Sorge an die zukünftigen preußisch-badischen Beziehungen dachten. Doch obwohl ihnen das Verhalten ihres Sohnes missfiel, konnte sich das Großherzogenpaar nicht zu einer radikalen Änderung in der Erziehung ihres Sohnes durchringen. Die Lösung, die Luise und Friedrich fanden, war eine großherzogliche Knabenschule.

Eine solch großherzogliche Schule hatte in den Augen Friedrichs und Luises mehrere große Vorteile: Der Erbprinz müsste kein überfülltes öffentliches Gymnasium besuchen. Trotzdem käme er – entsprechend dem dringenden Wunsch Wagners – mit anderen Knaben zusammen und würde auf diese Weise mehr Verständnis für das Volk gewinnen, das er einst regieren sollte. Andererseits aber hätten Friedrich und Luise weiter die Möglichkeit, die Kontakte ihres Sohnes zu eben diesem Volk zu steuern: Es ging schließlich nicht an, dass der künftige Großherzog mit irgendwelchen Lausbuben dumme Streiche ausheckte, die letztlich dem Ansehen seiner fürstlichen Eltern schaden könnten. Auch würde gewährleistet sein, dass der junge Friedrich nicht mit politisch oder religiös unerwünschten Ansichten konfrontiert würde.

Luise und Friedrich machten sich selbst etwas vor: Obwohl das Großherzogenpaar angeblich so großen Wert darauf legte, dass ihr Sohn wie alle anderen Jungen behandelt und keinesfalls in den Genuss besonderer Privilegien kommen sollte, musste eine speziell für den Erbgroßherzog eingerichtete Schule stets höfische Exklusivität behalten. Ob die Schüler evangelisch oder katholisch waren, spielte zwar ebenso wenig eine Rolle wie ihre bisherigen schulischen Leistungen. Ein entscheidendes Aufnahme-Kriterium war hingegen die „charakterliche Zuverlässigkeit“ der künftigen Mitschüler des Prinzen. Ausschließlich Knaben aus angesehenen Beamten- und Bürgerfamilien kamen zum Zuge. So blieb die Schule, an der nicht mehr als 18, zeitweise aber auch nur sieben Jungen unterrichtet wurden, stets ein „Schonraum“ für den Erbgroßherzog.

Für die ultramontane Presse war die neue Schule ein gefundenes Fressen. Ruckzuck hatte sie den Namen „die Prinzenschule“ weg. Der Großherzog war darüber zutiefst empört und bestimmte, dass die allein aus seiner Privatschatulle unterhaltene Anstalt künftig nach ihrem Gründer „Friedrichschule“ heißen sollte.

Welche Bedeutung das Fürstenpaar der neuen Knabenschule im Karlsruher Zirkel beimaß, erkennt man am Staatsakt anlässlich ihrer Gründung. Der Hof, der Hofprediger, die Minister Mathy und Jolly, die neuen Mitschüler und deren Eltern nahmen daran teil. Als zwei Tage später der Unterricht begann, fanden sich dazu auch der Großherzog und seine Gemahlin ein. Luise machte es sich zur Gewohnheit, hin und wieder dem Unterricht beizuwohnen und sich selbst von den Fortschritten ihres Ältesten zu überzeugen. Der wagte natürlich nicht, dagegen Widerspruch einzulegen, doch machte ihn die Anwesenheit seiner alles kontrollierenden Frau Mutter nervös und noch unsicherer, als er ohnehin schon war.

Prinz Friedrich erwies sich in der Friedrichschule, deren Lehrplan sich an den öffentlichen Gymnasien orientierte, als höchst durchschnittlicher Schüler. Er tat zwar, was man von ihm verlangte, aber keinen Deut mehr. Eine Vorliebe für bestimmte Fächer versuchte Luise bei ihrem Sohn vergeblich zu entdecken. Mehr Sorge als diese Indifferenz bereiteten ihr allerdings die Gelenkschmerzen, über die der Erbprinz immer wieder klagte. Da sein Rheuma ihn aber nur selten so behinderte, dass der Sportunterricht darunter litt, maß man diesem Übel nicht allzu viel Bedeutung bei.

Den erhofften Effekt, dass der Erbgroßherzog sich ungezwungen unter Gleichaltrigen bewegen würde, hatte die Friedrichschule allerdings nicht. Obwohl Wagner immer wieder Vorstöße unternahm, den Prinzen aus der sorgfältigen Überwachung durch die Eltern wenigstens zeitweise zu befreien, blieb der junge Friedrich ein Außenseiter und Einzelgänger. Nach dem Unterricht liefen seine Mitschüler nach Hause, der Prinz aber begab sich mit seinem Erzieher ins Schloss. Zu seiner Schwester Victoria hatte er schon wegen deren gänzlich anders ausgerichteten Erziehung kaum Kontakt. Und der Altersunterschied zu Brüderchen Ludwig Wilhelm, 1865 geboren, war viel zu groß, als dass hier ein Ausgleich für die fehlenden Freunde hätte entstehen können.

Wie es 100 Jahre zuvor dem Erbprinzen Karl Ludwig unter der gut gemeinten, aber erdrückenden Kontrolle von Markgraf Karl Friedrich und der großen Karoline Luise ergangen war, so erging es nun auch Erbgroßherzog Friedrich. Er wuchs vom gehemmten, schüchternen Knaben zu einem gehemmten jungen Mann heran, der immer ängstlich darauf bedacht war, es seinen beherrschenden Eltern recht zu machen. Weder Großherzog Friedrich noch Luise waren bereit, das erdrückende Band zu lockern. Obwohl sie ursprünglich vorgesehen hatten, dass ihr ältester Sohn zumindest die letzten Schuljahre in einem öffentlichen Gymnasium verbringen sollte, machten sie im letzten Augenblick einen Rückzieher: Der Erbgroßherzog blieb bis zum Abitur in der Friedrichschule. Auch für den jüngeren Sohn, Ludwig Wilhelm, wurde 1872 an der Friedrichschule eine Vorschulklasse eingerichtet.

Die Ehre des Hauses

Dass die Menschen doch immer Schmutz auf alles Reine, Unbefleckte und Würdevolle werfen mussten! Luise wusste, wie sehr die leidige Kaspar-Hauser-Affäre und das immer neue Aufrühren dieser unverschämten Lügen in der Presse ihren Gemahl schmerzten. Friedrich hegte keinerlei Zweifel: Seine Vorfahren hatten die Verbrechen, die ihnen unterstellt wurden, nie begangen. Er glaubte nicht daran, dass der Sohn des Großherzogs Karl und seiner Gemahlin Stephanie kurz nach seiner Geburt mit einem lebensunfähigen Säugling vertauscht wurde. Noch lächerlicher schien ihm der Gedanke, dass der echte Prinz einsam unter menschenunwürdigen Verhältnissen gefangen gehalten und als Halbwahnsinniger plötzlich freigelassen worden sein sollte. Für völlig ausgeschlossen hielt er zudem, dass der 1828 in Nürnberg aufgetauchte Kaspar Hauser, der vermeintliche badische Erbprinz, auf Veranlassung des badischen Fürstenhauses ermordet worden war. So rätselhaft Leben und Tod des „Kindes von Europa“ sein mochten – das Haus Zähringen hatte nach Ansicht Friedrichs nicht das Geringste mit seinem Schicksal zu tun. Luise teilte selbstverständlich die Überzeugungen ihres Gemahls. Undenkbar, dass ein tugendhafter Mann wie Fritz seinen Thron solch abenteuerlichen Kabalen zu verdanken hätte. Gewiss, im Hause Zähringen hatte es schon manchen unschönen Skandal gegeben, über den ein Christenmensch nur den Kopf schütteln konnte. Aber von sittlichen Entgleisungen bis zu Kindesentführung und Mord war es doch wohl ein weiter Weg. Ein Weg, den die Zähringer, weder die alten noch die neuen, niemals gegangen wären.

Was Luise, die bei aller zur Schau getragenen Sanftmut über ein heftiges Temperament verfügte, besonders erboste: Diese unsägliche Kaspar-Hauser-Geschichte brachte Friedrich nicht nur international in Misskredit, sie erschwerte ihrem Gemahl auch seine ohnehin nicht einfache Aufgabe als Landesvater. Friedrich arbeitete hart daran, dem Ansehen seiner durch die revolutionären Ereignisse von 1848/49 schwer angeschlagenen Dynastie wieder Geltung zu verschaffen. Sein Pflichtbewusstsein war geradezu legendär und sehr zur Freude der sittenstrengen Luise überschattete nicht der Hauch eines Skandals sein Privatleben. Nur das Herrscherhaus, so vertraute Friedrich seiner Gemahlin ziemlich salbungsvoll an, konnte in derart schwierigen Zeiten als Klammer fungieren, die das Volk zusammenhielt. Die Menschen in Baden mussten endlich lernen, sich selbst als Badener zu betrachten. Wer, wenn nicht ihr Großherzog und seine Gemahlin, konnte in diesem aus unzähligen kleinen Staaten und Herrschaften zusammengewürfelten Land das Bindeglied sein, auf welches das Volk voll Stolz und Verehrung blicken konnte?

Und das badische Volk hatte wahrlich seine Eigenarten: Zwei Drittel der Bevölkerung waren katholisch. Die politische Öffentlichkeit hingegen dachte bürgerlich-liberal und stand damit im kaum zu überbrückenden Gegensatz zur Bevölkerungsmehrheit. Der Machtkampf zwischen Staat und katholischen Interessenvertreter um die Schulen, die nach Auffassung der Liberalen nicht mehr aufs Himmelreich, sondern auf ein Leben in der modernen Gesellschaft vorbereiten sollten, wurde mit aller Härte geführt. Noch herrschten in Baden landwirtschaftliche Strukturen vor, während die industrielle Revolution bereits gravierende gesellschaftliche Umwälzungen einläutete. Scheinbar unüberbrückbare Gegensätze, wohin man auch blickte. Außerdem schwelte – wie überall in Deutschland – die Frauenfrage, die über kurz oder lang zum Großfeuer auszuarten drohte.

Luise tat auf ihre Weise, was sie konnte, um die politische Zeitbombe, die in Baden tickte, zu entschärfen. Wie aber sollte die großherzogliche Familie zu dem dringend erforderlichen Integrationselement werden, wenn die Kaspar-Hauser-Gerüchte ihr den Boden unter den Füßen wegzogen? Der Großherzog konnte es sich nicht leisten, dass man an der Legitimation seines Hauses rührte.

Die höfischen Spielregeln im Umgang mit Problemen waren denkbar einfach: Man ignorierte sie. Wie geisteskranke Mitglieder der Fürstenhäuser weggesperrt wurden, wie sexuelle Ausschweifungen vertuscht wurden – so deckte Großherzog Friedrich über die Kaspar-Hauser-Legende den Mantel des Schweigens. Eine Vorgehensweise, die das markgräfliche Haus übrigens bis in die jüngste Vergangenheit aufrecht erhielt. Es verweigerte beispielsweise 1996 jegliche Mitwirkung, als die blutverschmierte Unterhose des ermordeten Hauser gentechnisch untersucht wurde. Diese Untersuchung, die von den Medien groß ausgeschlachtet wurde, hat letztlich ergeben, dass das Blut an der Hose keinesfalls von einem Sohn der Großherzogin Stephanie und damit auch nicht vom badischen Thronerben stammen konnte.

Großherzog Friedrich verfügte nicht über Mittel der Gentechnik, die wissenschaftlich einwandfreie Resultate liefern konnten. Er befürchtete, durch Erklärungen oder Entgegnungen radikalen Schreiberlingen nur noch mehr Munition zu liefern. Also bemühte er sich, Presseerzeugnisse zum Fall Hauser aufzukaufen, um sie so vom Markt zu nehmen. Was sich allerdings bald als Kampf gegen Windmühlen erwies und oft genug als Schuldeingeständnis des badischen Hauses gewertet wurde. Friedrich biss die Zähne zusammen und schwieg. Weder auf Schriften, die ihn angriffen, noch auf ihm wohl gesonnene Veröffentlichungen reagierte er.

Hinter den Kulissen versuchte Friedrich allerdings, Entlastungsmaterial herbei zu schaffen. Aber selbst amtliche Nachforschungen, zu denen sich Friedrich freilich erst 1882/83 bereit fand, blieben halbherzig und führten nicht zu Klarheit. Energischer als ihr Mann ging Großherzogin Luise das leidige Problem an. Allerdings beschränkte sich ihr Engagement weitgehend auf das Herbeischaffen und alsbaldige Vernichten von Akten. Als intelligente Frau erkannte Luise schnell, dass die meisten Unterlagen je nach Interpretation sowohl zugunsten wie auch zum Nachteil von Friedrichs Vorfahren ausgelegt werden konnten. So bemühte sie sich zunächst einmal, in den Karlsruher Archiven alle Unterlagen über Kaspar Hauser sicher zu stellen.

Als das Großherzogenpaar 1867 die Pariser Weltausstellung besuchte, knüpfte Luise freundschaftliche Beziehungen zu Napoleon III. und Kaiserin Eugenie. Sie soll diese persönlichen Kontakte genutzt haben, um an französische Akten über die Hauser-Affäre heranzukommen. Viele Jahre später spannte sie sogar ihren Neffen, Kaiser Wilhelm II. ein, um belastende Schriftstücke an sich zu bringen. Vor allem aber bekniete sie die Nachfahren der Großherzogin Stephanie, eventuelles Beweismaterial unbedingt dem Feuer zu übergeben.

Eine zwielichtige Rolle spielte in dieser Beziehung Lady Hamilton, eine Tochter Stephanies, die dank Friedrichs Unterstützung aus gravierenden finanziellen Schwierigkeiten herausgefunden hatte. Offiziell stellte sie sich auf die Seite des Großherzogenpaares, und im Jahr 1883 bestärkte sie Friedrich sogar eindringlich in der Strategie des Schweigens: „Ich würde an Deiner Stelle die Sache mit der größten Verachtung behandeln, die Leute schreiben lassen, aber ihnen nicht die Ehre machen, ihre Pamphlete zu beantworten. Es kann ja doch nichts daraus entstehen.“ Andererseits soll Lady Hamilton ein Bild Hausers besessen haben, das sie ihren Gästen mit der Bemerkung zeigte: „Das ist Kaspar Hauser, mein unglücklicher Bruder. Meine Mutter und ich waren immer überzeugt, dass er mein Bruder war.“ Es gibt Hinweise darauf, dass die 1888 verstorbene Herzogin mit voller Absicht gegen das großherzoglich-badische Paar intrigierte und immer neue Kaspar-Hauser-Publikationen anregte, um diesem zu schaden.

Was die Kaspar-Hauser-Legende anging, war Luises lebenslanges Engagement vergebliche Liebesmüh. Ließ sie hier Dokumente verschwinden, tauchten an anderer Stelle wieder welche auf. Trotzdem gab sie nicht auf: Selbst als die Monarchie bereits der Vergangenheit angehörte, bemühte sie sich noch, die Forschungen um den Nürnberger Findling unter Kontrolle zu behalten. Ohne Erfolg. Es mag ihr aber eine Genugtuung gewesen sein, dass trotz aller üblen Nachrede ihr Fritz nach der Reichsgründung 1871 das wurde, was er immer angestrebt hatte: eine badische Integrationsfigur, ein Landesvater, dem selbst seine politischen Gegner die Achtung nicht versagten. Und an seiner Seite Luise, die Landesmutter, der ihre preußische Herkunft zugleich Stolz und Last war.

Die Tochter des Kaisers

Zu Pfingsten 1870 reiste das Großherzogenpaar zu einem großen Sängerfest nach Freiburg. Dort hörte Luise zum ersten Mal die „Wacht am Rhein“. Noch ahnte sie nicht, dass das Lied zum deutschen Kriegsruf werden sollte.

Luise weilte in St. Moritz, wohin Friedrich ihr bald folgen wollte, als ein Telegramm des Großherzogs die sofortige Rückkehr seiner Frau befahl: Der Krieg stehe unmittelbar bevor. Die Großherzogin brach unverzüglich auf und kehrte in eine Residenzstadt zurück, in der die Mobilmachung schon in vollem Gange war. Wegen der Frontnähe Karlsruhes bestimmte Friedrich, dass Luise mit den badischen Fürstenkindern umgehend nach Heidelberg übersiedeln sollte.

Der Umzug war unbequem und hinderlich, denn Luise dachte natürlich nicht im Traum daran, jetzt, im Ernstfall, die Hände in den Schoß zu legen. Die Friedensarbeit des badischen Frauenvereins war eine wichtige Sache. Aber zweifellos noch weitaus wichtiger war der Einsatz des Roten Kreuzes im Kriegsfall. Welch eine Ironie des Schicksals, dass die badische Großherzogin bei der Internationalen Rot-Kreuz-Konferenz 1867 in Paris ausgerechnet auf Anregung des französischen Roten Kreuzes für ihre Verdienste mit einer goldenen Medaille ausgezeichnet worden war! Und wie gut, dass 1869 die Vorstände der deutschen Vereine zur Pflege der im Felde verwundeten und erkrankten Krieger sich auf eine einheitliche Organisationsform geeinigt hatten. Luise hatte diese Vereinbarung nicht nur persönlich angeregt, sondern auch an ihrer Ausarbeitung intensiv mitgewirkt. Jetzt würde die Arbeit langer Jahre Früchte tragen. Ob in Heidelberg oder bald wieder in Karlsruhe – die Großherzogin wollte den badischen Frauen jetzt noch mehr als zuvor ein Vorbild an Pflichtfüllung sein.

Eine Komiteesitzung jagte die andere. Reservelazarette wurden errichtet und verwaltet. 41 beim Karlsruher Frauenverein angestellte Krankenschwestern wurden für den Dienst in Kriegs- und Garnisonslazaretten sofort zur Verfügung gestellt, 200 weitere charakterfeste Damen in der Krankenpflege ausgebildet. Die vom Frauenverein landesweit organisierten Sammlungen für die Soldaten, ihre Familien und ihre Hinterbliebenen gaben allen Badenerinnen die Möglichkeit, am patriotischen Geschehen mitzuwirken. Jede Frau konnte sich durch eine noch so bescheidene Gabe das erhebende Gefühl erkaufen, ihr Scherflein zum großen deutschen Krieg beigetragen zu haben. Im Palais der verstorbenen Großherzogin Sophie wurden die Sendungen sortiert und für Kriegszwecke verpackt. Außerdem saßen hier Hunderte von Frauen zusammen, um Scharpie zu zupfen. Auch Luises Tochter, die mittlerweile 17-jährige Victoria, stellte sich mehrmals wöchentlich in den Dienst der Verwundeten. Die Großherzogin selbst nützte jede Gelegenheit, Lazarette in der Umgebung Karlsruhes zu besuchen, und die Presse berichtete getreulich, wie selbstlos und liebevoll sie sich Verwundeten und Kranken widmete.

Bei allem Enthusiasmus sahen sich die Vereinsfrauen in der Realität des Krieges mit Aufgaben konfrontiert, die sie mit ihrem Geschlecht nicht für vereinbar hielten. In Karlsruhe wurde der Männerhilfsverein wieder aktiviert, dessen Mitglieder vor allem für Krankentransporte sowie für Büro- und Nachrichtendienste eingesetzt werden sollten. 1871 schloss sich der Badische Männerhilfsverein mit dem Frauenverein zum Badischen Landes-Hilfsverein unter einem Gesamtvorstand zusammen, der diesmal auch über den aktuellen Anlass hinaus Bestand hatte. Das große Gewicht, das sich der Frauenverein unter Luises Protektorat geschaffen hatte, erkennt man daran, dass erneut die Federführung beim Frauenverein blieb. Alle Gesuche um freiwillige Hilfeleistungen im Kriege – also Krankenpflegedienst, Materiallieferung, Einrichtung von Lazaretten und so weiter – mussten beim Zentralkomitee des Badischen Frauenvereins eingereicht werden.

Luise, Ehefrau des badischen Großherzogs und Tochter des Königs von Preußen, beobachtete den Verlauf des Deutsch-Französischen Krieges mit gespanntem Interesse. Friedrich hielt seine Gemahlin während der Kampfhandlungen und auch während der Versailler Tage ständig auf dem Laufenden. Als göttliche Fügung empfand es der Hohenzollern-Spross Luise, dass am Tag der Kaiserproklamation, dem 18. Januar 1871, ihr geliebter Fritz das erste Hoch auf seinen preußischen Schwiegervater ausbrachte: „Kaiser Wilhelm lebe hoch!"

Ja, das war ein diplomatisches Meisterstück Friedrichs gewesen. Luise war sehr zufrieden mit ihrem Gemahl. Denn die Kaiserfrage war bis in den letzten Akt der Reichsgründung hinein ein Knackpunkt geblieben: Während der Kronprinz, unterstützt von liberalen Freunden, den Titel „Kaiser der Deutschen" wünschte, hielt Luises Vater noch am Tag der Kaiserkrönung an der Fassung „Kaiser von Deutschland" fest. Eine Bezeichnung, die wegen des darin liegenden Anspruchs auf landesherrliche Macht in nichtpreußischen Ländern Anstoß erregte. Selbst Bismarck wollte über die Formel „Deutscher Kaiser" nicht hinausgehen. Da war es doch ein geradezu genialer Schachzug von Fritz gewesen, bei der Zeremonie im Spiegelsaal des Schlosses zu Versailles die drückende Titelfrage zu umgehen und einfach den „Kaiser Wilhelm" hochleben zu lassen.

Für Luise waren es glückliche Tage. Ihr Vater stand an der Spitze des deutschen Reiches und ihr Gemahl an seiner Seite – Baden durfte sich höchster Gunst gewiss sein. Anlässlich des Einzugs der Truppen in die Hauptstadt des neuen deutschen Reiches reiste die badische Großherzogin nach Berlin. Vom Palais Liegnitz aus schaute Luise an der Seite ihrer Mutter, der Kaiserin Augusta, mit allen weiblichen Mitgliedern der kaiserlichen Familie dem imposanten Schauspiel zu.

Was Friedrich von Baden seit vielen Jahren betrieben hatte, war Wirklichkeit geworden. Die kleindeutsche Lösung unter preußischer Führung hatte sich durchgesetzt. Dass dies mit einem persönlichen Machtverlust für den Großherzog verbunden war, nahm Friedrich mit Blick auf das Ganze hin: Baden verzichtete auf eine Reihe von Sonderrechten, die Württemberg und Bayern sich ausbedungen hatten und auch erhielten. So hatte sich Bayern unter anderem eine eigene Post- und Eisenbahnverwaltung sowie die Militärhoheit im Frieden gesichert. Die badische Armee hingegen wurde als XIV. Armeekorps ein Teil des preußischen Heeres. Dafür wurde die einzige Kadettenanstalt außerhalb Preußens in Karlsruhe eingerichtet. Ein magerer Trost! Mancher Badener hätte es lieber gesehen, wenn Friedrich für sein Land auch ein bisschen mehr Sonderstatus ausgehandelt hätte. Bestimmt hatte die Großherzogin da ihre Hand im Spiel...

„Als treue, gute Badener wissen Sie, dass die höchste Ehre ist, ein guter Deutscher zu sein", rief Friedrich I. 1890 einer Delegation zu. Doch obwohl er das Reich so entschieden gewollt hatte wie kein anderer süddeutscher Fürst, litt Friedrich, der Politiker aus Leidenschaft, zunehmend unter dem Kompetenzverlust. Mehr und mehr gewann er den Eindruck, in Berlin nicht ganz ernst genommen zu werden. Nicht, dass Kaiser Wilhelm seinem Schwiegersohn Anlass zur Klage gegeben hätte. Aber der allmächtige Reichskanzler Otto von Bismarck machte nach Friedrichs Auffassung eine Politik, die den badischen Interessen Schaden zufügte. Insbesondere die preußische Art des Kulturkampfes war Friedrich ein Dorn im Auge. Zwar hatte auch das liberale Baden schon in der Vergangenheit seine Kämpfe mit Rom ausgefochten; doch Friedrich wie Luise hatten den Ausgleich mit der katholischen Kirche und den Frieden zwischen den Konfessionen nie aus den Augen verloren. Jetzt zerschlugen die Preußen wieder einmal weit mehr Porzellan als erforderlich. Der Großherzog war beispielsweise zutiefst empört über das Verbot des Jesuitenordens von 1872, das seiner Auffassung nach Baden nur unnötige Querelen bescherte: Preußen versuchte, seine ureigensten Probleme auf Kosten des Reiches zu lösen. Auch was Bismarcks rücksichtslose Außenpolitik anbetraf, verspürte Friedrich mehr und mehr Unbehagen. Er fühlte sich schlecht informiert, übergangen – kurz, er war maßlos enttäuscht.

Luise beobachtete mit Sorge die Resignation, die ihren Gemahl immer häufiger befiel. Auch sie sah in Bismarck die Ursache aller Differenzen und nützte ihre familiären Beziehungen geschickt, um diesen Widerwillen zum Ausdruck zu bringen. Bismarck selbst entging die Verärgerung des badischen Großherzogs nicht. Er suchte die Ursache dafür aber weniger in seiner Politik, als in den Intrigen Luises und ihrer Mutter, der Kaiserin Augusta. Selbst nach seinem Sturz viele Jahre später mochte der „eiserne Kanzler" nicht daran glauben, dass Friedrich von Baden seine Verabschiedung aktiv betrieben habe.

In Baden wuchs Friedrich nach 1871 immer mehr in die Rolle hinein, auf die er sein Leben lang hingearbeitet hatte: Er wurde der Inbegriff des Landesvaters. Im Volk entstand allmählich das ersehnte „Wir-Gefühl", das in der Verehrung des Landesherrn gründete und fast alle Schichten, ob reich oder arm, städtisch oder ländlich, katholisch, evangelisch oder selbst jüdisch, umfasste. Dass ihr Großherzog – nicht zuletzt dank seiner Familienbeziehungen – ein Ansehen genoss, das weit über sein Land hinaus reichte, erfüllte die Badener mit Genugtuung. Man war wer, wenn Kaiser Wilhelm auf der Mainau zu Besuch weilte oder Kaiserin Augusta in Baden-Baden kurte.

Trotz des Stolzes auf die hohe Verwandtschaft des Großherzogs aber blieb das Verhältnis vieler Badener zu Preußen im Allgemeinen und zum Kaiserhaus im Besonderen zwiespältig. Einerseits waren die Menschen in Süddeutschland vom nationalen Überschwang der Zeit erfasst. Hinzu kam der wirtschaftliche Aufschwung der Gründerjahre – die Grenzlage brachte Baden jetzt keine Nachteile mehr – , der die Bürger manchen Ärger über preußische Arroganz schlucken ließ. Andererseits waren die Preußen in Baden so verhasst wie nirgendwo sonst in Deutschland. Es war eben doch nicht vergessen, dass Kaiser Wilhelm, Luises Papa, derselbe Mann war, der einst als Kartätschenprinz brutal die 48er Revolution niederschlug. Und mit preußischer Lebensart hatten die Badener ohnehin ihre Probleme. Dass viele „Norddeutsche" in Baden jetzt hohe und weniger hohe Stellungen innehatten, war den alteingesessenen Familien ein Dorn im Auge. Sie scheuten sich nicht, den „Nordlichtern" ihre „Andersartigkeit" gebührend vor Augen zu führen und selbst die Schulkinder machten feine Unterschiede zwischen badischen und nicht-badischen Klassenkameraden. In seinen Kindheitserinnerungen beklagt etwa der Schriftsteller Paul Oscar Höcker den „Cliquengeist", der am Karlsruher Gymnasium zu dieser Zeit geherrscht habe: „Sie sprachen alle starken Karlsruher Dialekt, auch das trug zur Scheidung bei. Wenn einmal ein Offizierssöhnchen aus Preußen in die Schule herein schneite, dann ging es ihm zunächst nicht viel anders als mir und meinen Brüdern: die vom Vater vererbte hochdeutsche Sprache wurde uns als Hochmut ausgelegt, als Ziererei."

Großherzogin Luise, die immer ihr Ohr am Volk hatte, blieb dieser schwelende Unwillen gegen alles „Preußische" nicht verborgen. Er bereitete ihr Schmerz, zumal die große Heilerin, die Zeit, sich als unzuverlässige Helferin erwies. Trotz all ihrer Arbeit zum Besten der Menschen in diesem Land war es Luise bislang nicht gelungen, die Vorbehalte, die gegen ihre eigene Person bestanden, restlos zu besiegen. Man würdigte Luises Engagement, man schätzte ihren Fleiß, man lobte ihre Verdienste – aber die uneingeschränkte, hingebungsvolle Zuneigung, die man Friedrich entgegenbrachte, erstreckte sich – zumindest nicht im gleichen Maße – auf seine Frau.

Immerhin, es war eine drollige, fast familiäre Art wie die residenzstädtische Bevölkerung zu „Großherzogs" stand. Rahel

Straus, eine aus Karlsruhe stammende Ärztin, erinnerte sich viele Jahre später in Israel an Begegnungen mit dem Fürstenpaar: „Die Karl-Friedrich-Straße verbreiterte sich zu einer schönen Anlage. Das war der Platz, wo wir Schulkinder Spalier standen, wenn hohe Gäste im Schloss erwartet wurden. Oft standen wir dort und schrieen Hurra aus voller Kehle, wenn Kaiser Wilhelm II. vorbeifuhr an der Seite unseres geliebten Großherzogs, der mit seinem gütigen Gesicht, seinem weißen Haar und Bart die Liebe nicht nur aller Kinder, sondern die Liebe seines ganzen Volkes besaß. Die Großherzogin konnte als Preußin nie diese Popularität erringen, obgleich sie viel für das Volk tat und besonders in Karlsruhe manche neue soziale Einrichtung schuf." Bei aller Verehrung wahrte man doch Abstand zu Luise. Einen Abstand, der im Laufe der Jahre immer mehr schrumpfte, aber nie ganz überwunden wurde. Allerdings war nicht nur Bosheit, sondern auch freundlicher Spott im Spiel, wenn man bei Ausfahrten der Großherzogin munkelte, ihr huldvolles Winken zu allen Seiten sei von den ungesagten Worten begleitet: „Ihr kriegt nix und ihr kriegt nix – und alles kommt nach Preußen."

„Tantchen Gottbefohlen“

Luise war ein zierliches Persönchen. Doch wer sie näher kennen lernte, merkte bald, wie unglaublich zäh und energisch die schlanke Frau war. Hätte sie sich bei öffentlichkeitswirksamen Auftritten nicht so ganz bewusst auf die Rolle der „Landesmutter“ beschränkt, die ihrem Mann huldvoll lächelnd zur Seite stand – sie wäre wohl als „Hausdrachen“, wenn nicht gar als „Mannweib“ in die Geschichte eingegangen. So aber wurde die Fürstin zum Inbegriff „bürgerlicher Tugenden im fürstlichen Gewand“, wie es die Historikerin Susanne Asche ausdrückte. Wie weit Luises Einfluss tatsächlich reichte, war nur wenigen Insidern am Hof und in der Regierung wirklich bekannt. Und die ließen sich hinter vorgehaltener Hand über die oft genug unbequeme Einmischung der Großherzogin in Staatsgeschäfte aus. Dass Luise „herrschsüchtig“ war, war die gängige Meinung bei Persönlichkeiten, die dem Hofe nahe standen.

Es ließ sich ja nicht leugnen, dass die Großherzogin, was Armenunterstützung, Krankenpflege und die leidige Frage weiblicher Berufstätigkeit anging, geradezu Unglaubliches leistete. Damit tat sie in den Augen der Öffentlichkeit genau das, war man von einer guten Ehefrau erwartete: Sie ergänzte die Arbeit ihres Mannes auf „echt weibliche“ Weise. Er war (zumindest nach außen hin) für wichtige Fragen wie die große Politik allein zuständig, sie kümmerte sich um das Wohlergehen der ihr anvertrauten Menschen. Und zwar nicht nur von oben herab – nein, man rechnete es ihr hoch an, dass sie im ganzen Lande herumreiste und immer wieder die Gelegenheit ergriff, mit den einfachen Leuten ins Gespräch zu kommen. Nicht nur in Bürgerstuben, selbst in vielen Arbeiterwohnungen zierte eine Fotografie des Großherzogenpaares die Wände. Daran, dass sich das hohe Paar von Herzen zugetan war, daran zweifelte niemand. Selbst entschiedene Gegner der Monarchie fanden keinen Anlass, am Privatleben Luises und Friedrichs zu mäkeln.

Luise brauchte das Gefühl, die Fäden in der Hand zu haben, als Landes- wie als Familienmutter. Nicht, dass sie anderen nichts zugetraut hätte. Im Gegenteil. Sie schätzte viele ihrer Mitstreiterinnen im Frauenverein sehr ob deren Organisationstalents, Hartnäckigkeit und Energie. Aber die Großherzogin war nicht der Typ, der eine Sache anfängt und dann in andere Hände legt. Hatte Luise einmal ein Ziel vor Augen, so ließ sie nicht locker, bis sie dieses Ziel erreicht hatte. Selbstverständlich verschloss sie sich keinem guten Rat – vorausgesetzt, dieser Rat wies einen schnelleren Weg zu ihrem Ziel. Doch in Grundsatzfragen war die Großherzogin unerschütterlich. Was Luise tat, das sah sie im Einklang mit dem göttlichen Willen, und schon deswegen konnte es nicht falsch sein. Der Dickkopf von „Tantchen Gottbefohlen“, wie sie im Familienkreis bisweilen genannt wurde, war legendär. Man legte sich besser nicht mir ihr an.

Einer der über die Sturheit der Großherzogin schier in Verzweiflung geriet, war Dr. Wagner, der Erzieher des Erbprinzen Friedrich. Dass es ihm partout nicht gelingen mochte, den goldenen Käfig zu sprengen, in dem der Prinz gefangen saß, legte der erbitterte Wagner weniger Friedrich als Luise zur Last. Wagner hatte, wie die meisten Männer seine Zeit, Probleme mit energischen Frauen von der Art der badischen Großherzogin. Aber dass der junge Friedrich das Produkt einer verfehlten Erziehung war – das konnte wohl keiner leugnen. Geradezu unnatürlich und lächerlich schien es Wagner, wie abhängig der Jüngling von seiner hohen Frau Mutter war! Doch solange die Großherzogin wie eine Glucke jeden Schritt ihres Ältesten überwachte und der Großherzog dies gut hieß – solange würde wohl jede Mühe der Lehrer vergeblich sein.

Immerhin setzten die Lehrer und der Aufsichtsrat der Friedrichsschule ein deutliches Signal: Sie erwogen allen Ernstes, Erbgroßherzog Friedrich von der Obersekunda nicht in die Unterprima zu versetzen. Es waren weniger die bescheidenen Lernerfolge ihres hochgeborenen Zöglings, die sie zu diesen Überlegungen bewogen, denn Friedrichs Leistungen waren – abgesehen vom lateinischen Stil – eben noch ausreichend. Doch die Charakterentwicklung Friedrichs (oder vielmehr das Fehlen dieser Entwicklung) bereitete den Herren große Sorge. Sollte der Erbgroßherzog lieber jetzt sitzen bleiben, als direkt vor dem Eintritt in die Abschlussklasse. Dann hätte er immerhin noch drei Jahre Zeit, sich in der Auseinandersetzung mit neuen Mitschülern und neuen Lehrern aufzuraffen und zu etwas mehr Elan und Entschlusskraft zu finden. Allein – der wohl durchdachte Plan scheiterte daran, dass sich keine auswärtigen Schüler fanden, um eine weitere Klasse der Friedrichschule einzurichten. Den Erbprinzen aber allein im Kreise ausgewählter Karlsruher Gymnasiasten zu unterrichten, wäre dem Anliegen des Großherzogs zuwidergelaufen. Die Herren sahen sich daher genötigt, Prinz Friedrich die Befähigung zum Besuch der Prima zuzugestehen. Tatsächlich bestand Friedrich 1875 das Abitur, ohne dass man ihm irgendwelche Zugeständnisse hatte machen müssen. Wobei es ihm eine große Erleichterung gewesen sein dürfte, dass das Großherzogenpaar den mündlichen Prüfungen nicht beiwohnte.

Mit der Reifeprüfung tat sich nicht nur die Frage nach dem Studium des jüngeren Friedrich auf, sondern es begann jetzt auch seine militärische Laufbahn. Am 8. Juli 1875 nahm Kaiser Wilhelm I. persönlich seinen Enkel als Leutnant in das Großherzogliche Leibgarde-Regiment auf und verlieh ihm den Schwarzen-Adler-Orden. Wäre es nach dem alten Herrn gegangen, hätte Friedrich schon viele Jahre früher den bunten Rock getragen. Gerade zu empört hatte er sich darüber gezeigt, dass Jung-Friedrich nicht anlässlich seiner Konfirmation in die Armee eingetreten war. Es müsse, meinte der Kaiser, seinem Enkel doch nachgerade „peinlich“ sein, „als konfirmiert unter allen Zeitgenossen immer in bürgerlicher Kleidung erscheinen zu müssen“. Allein, Großherzog Friedrich und Luise hatten sich in dieser Beziehung nicht dem Diktat des kaiserlichen Herrn Papa gebeugt. Ihr Sohn solle erst einmal das Abitur machen und das Offiziersexamen ablegen.

Das Prinzip „Keine Ehrung ohne Leistung“ gefiel den einfachen Leuten. Und – auch dies war sicher einkalkuliert, als Friedrich seinem Schwiegervater einen Korb gab – es besänftigte diejenigen seiner Landsleute, die sich im preußischen Militärsystem benachteiligt sahen. Auch der jüngere Sohn, Ludwig Wilhelm, wurde erst nach seiner Reifeprüfung 1883 in die Armee aufgenommen, und zwei Jahre später erklärte Prinz Max, der Neffe Großherzog Friedrichs, er wolle studieren, ehe er seiner Militärpflicht genüge. Der Erbprinz selbst, der seine akademische Ausbildung nach den Wünschen Friedrichs und Luises gestaltete und sich in verschiedenen deutschen Universitäten mehr schlecht als recht durchschlug, trat im Oktober 1880 in Potsdam zum Dienst an.

Auch wenn Luise und Friedrich manches an der preußischen und damit an der Reichspolitik nicht gefiel – das persönliche Verhältnis zu Kaiser Wilhelm I. und Kaiserin Augusta wurde dadurch nie belastet. Luise hing zärtlich an den Eltern. Als die Kaiserin sich zur Kur nach Baden-Baden begab und andeutete, dass ein Aufenthalt der Tochter in Berlin für den greisen Kaiser eine Erleichterung bedeuten würde, zögerte die Großherzogin nicht lange. Selten hatte Luise so viel Zeit gemeinsam mit ihrem Vater verbracht wie im Frühling 1878. Wenn die Berliner dem Kaiser zujubelten, wog sich Luise in dem sicheren Gefühl, dass ihr Vater beim Volk in hohem Ansehen stand.

Bis – es war der 11. Mai – ein Schuss fiel. Der Kaiser unternahm an diesem Tag mit seiner Tochter eine Ausfahrt. Als der Wagen auf der Straße „Unter den Linden" zurück zum Palais fuhr, trat ein ärmlich gekleideter Mann auf das flott dahin gleitende Gefährt zu. Luise vermutete zuerst, der Mann wolle eine Bittschrift überreichen. Gerade setzte sie dazu an, bedauernde Worte über den Ärmsten zu verlieren, als von hinten ein Schuss auf das offene Gefährt abgefeuert wurde. Der Kaiser verzog keine Miene und Luise blickte starr geradeaus. Die Fahrt ging ohne Unterbrechung weiter. Luise war einer Ohnmacht nahe, als sie bei der Ankunft im Palais mit erstickter Stimme verkündete: „Es ist auf den Kaiser geschossen worden."

Wie ein Lauffeuer verbreitete sich in Berlin die Nachricht vom Attentat auf den Kaiser. Wilhelm zeigte sich dem Volk, um zu beweisen, dass er unverletzt war. Luise, im Innersten aufgewühlt durch das furchtbare Erlebnis, sah in dem Mordversuch die Tat eines Wahnsinnigen. Jeden Tag schrieb sie an ihre Mutter, um ihr detailliert über das Befinden des Kaisers zu berichten. Auch im fernen Baden war das Attentat auf Wilhelm, das schließlich auch die Großherzogin in Lebensgefahr gebracht hatte, Gesprächsthema Nummer eins. Die Schuldigen waren schnell aufgetan: Die Sozialdemokraten steckten dahinter. Die „Karlsruher Nachrichten" behaupteten, der Attentäter sei ein Mitglied jener Partei, die „durch ihre fortwährenden Hetzereien gegen alles Bestehende in Wort und Schrift einen großen Teil an dem begangenen Verbrechen mitträgt."

Luises selbst wurde sich erst durch den Wirbel, den man in Baden um das Attentat machte, so richtig klar darüber, dass auch sie in Gefahr geschwebt hatte, von jener Kugel getroffen zu werden. Sie betrachtete ihre Rettung und die ihres Vaters als einen weiteren Beweis für das göttliche Walten und zugleich als eine Mahnung, sich noch mehr für diejenigen Menschen zu engagieren, die durch Industrialisierung und gesellschaftlichen Wandel nicht nur verarmt waren, sondern – zumindest in ihren Augen – auch sittliche und moralische Werte eingebüßt hatten.

Pfingsten 1878 rückte heran. Den Pfingstmontag wollte die großherzogliche Familie in Schloss Stutensee verbringen. Abfahrbereit standen die Wagen vor dem Portal, als Friedrich seine Frau dringend zu einem Gespräch unter vier Augen in ein Nebenzimmer bat. Die telegrafisch eingetroffene Nachricht, die der Großherzog seiner lieben Luise schonend beizubringen versuchte, war ein grausamer Schock: Wieder war auf Kaiser Wilhelm geschossen worden – und diesmal hatte die Kugel ihr Ziel nicht verfehlt. Luises Papa war offensichtlich ernstlich verletzt. An einen unbeschwerten Feiertag war nicht mehr zu denken. Das hohe Paar änderte umgehend seine Reisepläne. Unverzüglich fuhren Friedrich und Luise mit den Kindern nach Baden-Baden, um die immer noch kurende Kaiserin Augusta abzuholen. Dann setzten sie sich mit der Kaiserin in einen Extrazug nach Berlin. Unterwegs trafen allerdings günstigere Nachrichten ein – die Verwundung Wilhelms schien doch nicht so dramatisch, wie zunächst befürchtet. Luise atmete jedoch erst auf, als sie im Gefolge ihrer Mutter die Bibliothek betrat, in der der Kaiser im Lehnstuhl ruhte. Er streckte den Eintretenden den unverletzten Arm entgegen. Und die Großherzogin benötigte all ihre Selbstbeherrschung, um nicht in Tränen der Erleichterung auszubrechen.

Die Folgen der Attentate ließen nicht lange auf sich warten. In Berlin wurden sie zum Anlass genommen, das Sozialistengesetz zu erlassen, das bis 1890 Gültigkeit behielt. In Baden wollte sich das Großherzogenpaar nicht nur auf die Gesetzeskeule verlassen, sondern weiter den Weg des Ausgleiches gehen. Man musste dem Fanatismus seine Wurzeln entziehen. Man musste den Armen und den Opfern des Industriezeitalters demonstrieren, dass sein Fürstenhaus nichts unterließ, um seine Lage zu bessern. Friedrich wertete die zahlreichen Zeichen der Anteilnahme, welche die großherzogliche Familie nach den Attentaten von der residenzstädtischen Bevölkerung erhielt, als Beleg für die Richtigkeit dieses Gedankens.

Mit einem Dankesschreiben an die Bürger verband der Großherzog eine Spende über 1.000 Mark zu einer wohltätigen Verwendung. Die Karlsruher Stadtverwaltung schlug daraufhin vor, eine Mädchen-Arbeitsschulstiftung zu gründen. Diese Idee fand sofort das Wohlgefallen Luises, die es für wichtig hielt, „den Sinn für Fleiß und Arbeitsamkeit und Pflichtgefühl für richtige Verwendung von Zeit, Kraft und Fähigkeit bei den armen Mädchen zu erwecken." Wie ihre bürgerlichen Geschlechtsgenossinnen war die Großherzogin von der läuternden Kraft weiblicher Sittsamkeit überzeugt. Wenn es gelang, den Töchtern, Ehefrauen und Müttern der unteren Klassen ein strenges bürgerliches Pflichtbewusstsein einzuflößen, dann würde man auf dem Umweg des häuslichen Glücks und der Zufriedenheit langfristig dem politischen Radikalismus seine Grundlage entziehen.

Es gab so viel zu tun, so viel zu arbeiten – Luise konnte es manchmal kaum fassen, dass sie schon fast ein Viertel Jahrhundert an der Seite Friedrichs lebte und wirkte. Die Zeit war ihr wie im Fluge vergangen. Nur am Wachsen und Gedeihen der Kinder bemerkte sie, dass sie älter wurde. Der junge Fritz war mittlerweile ein flotter Offizier. Selbst wenn der häufig kränkelnde Erbgroßherzog die Energie vermissen ließ, die Luise ihrem ältesten Sohn gewünscht hätte – er schien jetzt doch seinen Weg gefunden zu haben. Seine Schwester Victoria – die niedliche Prinzessin Vicky – sie war jetzt eine Braut.

Seit Königin Sophie von Schweden, eine gebürtige Prinzessin von Nassau, im Jahr 1877 ihrer Gesundheit wegen in Heidelberg weilte, hatten sich zwischen dem schwedischen Königshause und der großherzoglichen Familie freundschaftliche Beziehungen angebahnt. Sie mündeten am 12. März 1881 in der Verlobung Vickys mit dem schwedischen Kronprinzen Gustav Adolf. Großherzog Friedrich war zwar nicht sonderlich begeistert von dieser Verbindung – die Bernadottes galten ihm als nicht eben vornehme Dynastie. Da Friedrich selbst mütterlicherseits vom alten schwedischen Königshaus Wasa abstammte, war der Großherzog im Innersten seines Herzens überzeugt davon, mindestens ebenso viel Recht auf den Thron von Schweden zu besitzen wie sein künftiger Schwiegersohn. Aber wie so oft gehorchte der Großherzog der Stimme der Vernunft. Schweden hatte unter dem 1872 verstorbenen König Karl XV. an der Seite Frankreichs eine deutschfeindliche Haltung eingenommen. Erst unter Karls Nachfolger Oskar II. hatte sich das Verhältnis entspannt. Eine Ehe zwischen dem Kronprinzen von

Schweden und der badischen Enkelin des deutschen Kaisers würde der Freundschaft zum Wilhelminischen Reich Nachdruck verleihen. Seufzend gab Friedrich seine Zustimmung zur Verlobung Victorias.

Im Karlsruher Schloss wurde das große Ereignis am Vormittag des 12. März noch im engsten Familienkreis gefeiert, doch blieb es natürlich nicht aus, dass über Böllersalven und telegrafische Nachrichten die Öffentlichkeit informiert wurde. So hatte sich bereits gegen Mittag eine große Menschenmenge im Schlosshof eingefunden, um ihre Huldigung darzubringen. Schließlich erschienen die Herrschaften auf dem Balkon: Großherzog Friedrich stattlich mit dem großen Bande des schwedischen St. Seravinen-Ordens; der Bräutigam in schwedischer Uniform mit dem Bande des badischen Hausordens der Treue, die Braut mädchenhaft in weißen Atlas gekleidet. Luise blickte gerührt auf die Menschenmassen, die in stürmische Hochrufe ausbrachen, und sah befriedigt, mit welcher Würde und welcher Freundlichkeit das Brautpaar dankte. Schade nur, dass Stockholm so unglaublich weit entfernt im kalten Norden lag. Hoffentlich würde die Kälte der Prinzessin, die das milde Klima am Oberrhein gewöhnt war, nicht allzu sehr zusetzen. Luise war nicht ohne Sorge, denn Vicky hatte schon als kleines Mädchen unter chronischen Atemwegsproblemen gelitten. Aber Kronprinzessin Victoria würde ja gewiss häufig Gelegenheit haben, die alte Heimat und die alten Eltern zu besuchen...

Luise war überzeugt davon, dass die Ehe von Victoria und dem späteren König Gustav V. Adolf glücklich werden würde – so glücklich, wie ihre eigene Verbindung mit dem lieben Friedrich. Über ihre Beziehung zu ihrem Gemahl sagte sie einer Vertrauten: „25 Jahre sind eine lange Zeit. Aber, das darf ich rühmend und dankend sagen: In den 25 Jahren gibt es keinen Tag, keine Stunde, darin ich mich mit dem Großherzog nicht völlig eins gewusst habe.“ Wie ein gutes Omen schien es Luise, dass das schwedische Königshaus sich auf den 20. September 1881 als Hochzeitstag eingelassen hatte: Denn dies war der Tag, an dem sich Luises Hochzeit mit Friedrich von Baden zum 25. Mal jähren würde. Eine grüne Hochzeit und eine silberne Hochzeit: ein badischer Hochzeitstag. Das musste ein Fest geben, wie es das Land noch nicht gesehen hatte. Es sollte ein Tag werden, an dem jeder Mann und jede Frau in ganz Baden, egal ob arm oder reich, sich eins fühlte mit seinem Fürstenhaus.

Der badische Hochzeitstag – oder vielmehr die Festwoche anlässlich der Doppelhochzeit – war generalstabsmäßig vorbereitet. Nichts wurde dem Zufall überlassen: Diners, Empfänge, Bälle, Konzerte, Aufführungen und Ausstellungen wurden akribisch geplant. Schon eine Woche vor dem großen Ereignis hatte die Bevölkerung Gelegenheit, sich einen Eindruck vom bevorstehenden Fest zu verschaffen: Victorias Aussteuer war im Justizministerium ausgestellt und konnte von jedermann unentgeltlich in Augenschein genommen und bewundert werden. Ein Angebot an die Bevölkerung, das begeistert wahrgenommen wurde. Gar zu gerne wollte man sehen, was der Prinzessin nach Schweden mitgegeben wurde.

Im oberen Stockwerk des Ministeriums drängten sich tagelang die Massen. Luise konnte die Aussteuer-Schau als vollen Erfolg für sich verbuchen: Gelang es ihr doch, fürstliche Prachtentfaltung und Volksnähe auf einmalige Weise zu vereinbaren. Luise, die den Frauen ihres Landes die Arbeit mit Nadel und Faden als wahrhaft weibliche und überaus sinnvolle Aufgabe predigte, hatte dafür gesorgt, dass es in Victorias Aussteuer an Handarbeiten badischer Frauen nicht fehlte. In einer Zeitungsbeilage begeisterte sich ein Berichterstatter: „Was nun bei dieser in vollem Sinne des Wortes ‚fürstlichen' Aussteuer am meisten gefallen hat, das ist die Tatsache, dass sie fast durchgängig Erzeugnis deutschen Gewerbefleißes ist. Während man es früher als ganz natürlich ansah, dass die Ausstattung einer deutschen Prinzessin aus Paris bezogen werden müsse, hat es die Großherzogin für ganz selbstverständlich gehalten, dass Paris diesmal umgangen werde. Und die deutsche Fürstin hat damit ein nachahmungswertes Beispiel gegeben. Aus Paris ist nur ein schwedisches Hofkleid, dessen Anfertigung ein dort lebender Schwede sich als besondere Ehre ausgebeten hat. Nicht weniger als 54 badische Geschäfte und Arbeitsschulen haben zur Aussteuer der Prinzessin das Ihrige beigetragen; es war ein besonderer Wunsch der Großherzogin, dass die badischen Lehranstalten für weibliche Handarbeit dabei beteiligt würden und zwar von den kunstgewerblichen Kursen in der Residenz bis zu den Industrieschulen auf dem Dorfe. So finden wir denn auch neben den prächtigen Stickereien aus diesen Anstalten den einfachen Wäschekorb, den die blinden Mädchen in Ilmesheim gearbeitet."

Wie schon die Hochzeit Luises und Friedrichs 1856 sollten auch die Silberhochzeit und die Vermählung Victorias pompös, aber unter Einbeziehung des Volkes gefeiert werden, um auf diese

Weise die Identifikation der Öffentlichkeit mit dem großherzoglichen Haus zu fördern. Die Vielzahl der Geschenke und Huldigungsschreiben aller gesellschaftlicher und politischer Kreise zeigt, dass dieser Zweck voll und ganz erreicht wurde. Die an Luise und Victoria gerichteten Präsente – darunter wertvolle Gaben, aber auch rührend bescheidene Handarbeiten – kamen vor allem vom weiblichen Teil der Bevölkerung, von Einzelpersonen wie von Vereinen.

Auch Schulen nahmen das Ehrenrecht in Anspruch, ihren ganz speziellen Gruß an die beiden Fürstinnen zu entrichten. Stolz zeigten die Schulleiter die Dankesschreiben herum, die die Großherzogin zum Teil schreiben ließ, zum Teil aber auch selbst verfasste. Mehrere Töchterschulen hatten beispielsweise einen selbst gearbeiteten Teppich überreichen dürfen, für den Luise mit den für sie so bezeichnenden Worten dankte: „Es ist dem Großherzog und mir bei Anlass des festlichen Tages Unserer Silbernen Hochzeit und der Vermählung Unserer Tochter ein kunstvoll gearbeiteter Teppich namens der Töchterschulen in Karlsruhe, Mannheim, Freiburg und Heidelberg übergeben worden, ein Teppich, so sinnig erdacht, so schön ausgeführt, dass Wir ihn nicht dankbar genug betrachten können. Es rührt Mein mütterliches Herz aber noch in ganz besonderer Weise bei dessen Anblick der Gedanke, dass er von Töchtern Unseres Landes verfertigt wurde, Töchtern, ihren Müttern so lieb, wie Mir die eigene. Der Wunsch, es möchte die Erinnerung an Meine Tochter in den Kreisen der weiblichen Jugend Unserer Mädchenschulen festgehalten werden, auch über die Zeit hinaus, da sie noch in der Heimat weilte und der Gegenstand so wohltuender und unvergesslicher Erweisungen reicher Liebe gewesen ist, ließ Mich das beifolgende Bild für Ihre Anstalt bestimmen mit der Bitte, dasselbe als einen besonderen Beweis Meines herzlichen und dankbaren Gedenkens betrachten zu wollen..."

Karlsruhe war während der Festwoche wie im Rausch. Für Luise persönlich der bedeutendste Tag war zwar der 20. September, der Tag, an dem sich ihre Heirat zum 25. Male jährte und das Paar sich aufs Neue in der Schlosskapelle kirchlich einsegnen ließ. Die Großherzogin hatte sich für diesen Anlass eigens ihr erstes Brautkleid, ein Gewand aus glänzendem Silberbrokat, neu zurichten lassen. Und dann Victoria: Zutiefst gerührt war die Mutter, als Kaiser Wilhelm und der König von Schweden ihr Töchterlein, das von den Zeitungen als „Rose Badens" tituliert wurde, zur Trauung führten.

Für die Bevölkerung war der 22. September der Höhepunkt der Festwoche. An diesem Tag waren allein an den verschiedenen badischen Bahnstationen 26.000 Eisenbahnbillete zur Residenz gelöst worden, es reisten aber auch ungezählte Gäste mit den pfälzischen, den rheinischen, bayerischen, württembergischen und den Bahnen aus dem Reichslande an. Die ländliche Bevölkerung aus der näheren Umgebung Karlsruhes machte sich zu Fuß oder mit dem Veloziped (so nannte man damals das Fahrrad) auf den Weg nach Karlsruhe, um die festlich geschmückte Stadt zu bewundern, einen Blick auf die kaiserliche Familie, die schwedische Königsfamilie, die vielen gekrönten Festgäste und natürlich das Großherzogenpaar zu erhaschen. Vor allem aber, um den großen historischen Festzug zu sehen, von dem man schon im Voraus wahre Wunderdinge vernommen hatte. Ein echter Künstler, Johann Baptist Tuttiné, so erzählten sich die Gebildeteren unter den Besuchern, hatte diesen Festzug gestaltet.

Sie wurden nicht enttäuscht. Der Festzug wurde später als „vollständige Huldigung des badischen Lehr-, Nähr- und Wehrstandes" gerühmt. Dabei war der Wehrstand vor allem durch die Militärvereine, die Schützenvereine und die Bürgermilizen vertreten, da man seit der Reichsgründung ein „speziell badisches" Militär nicht mehr besaß. Voraus zogen an die 2.000 Schüler der Residenz, dann folgten die verschiedenen Abteilungen, die getragen waren von Vertretern kommunaler und staatlicher Institutionen, von Vereinen, von Vertretern aus Landwirtschaft, Handwerk, Gewerbe und Industrie. Viel beachtet war ein höchst kriegerisch anmutender Wagen der Deutschen Metallpatronenfabrik von Lorenz, einem der größten Arbeitgeber in Karlsruhe. Die Industriearbeiterschaft selbst blieb allerdings deutlich unterrepräsentiert. Doch solche Feinheiten fielen im Massenjubel kaum ins Gewicht. Und die sechste Abteilung, die die badischen Landestrachten zeigte, bildeten schließlich den Höhepunkt. Aus dem ganzen Land waren sie angereist, die „Hotzen", die „Seehasen", die „Oberländer Maidli und Bubn", die „Kinzigtäler", „Hanauer", „Pfinztäler", die „Taubergründer" und wie sie alle hießen. Tuttiné hatte sich als besonderen Einfall und zur Gliederung des Zuges Hochzeitswagen ausgedacht, die die „grüne", die „silberne" und die „goldene" Hochzeit veranschaulichten und mit „echten" Brautpaaren, die im Jahr 1881 selbst ein Familienfest feierten, besetzt waren. So thronten als

„grüne Hochzeiter“ Brautleute aus Peterstal auf einem frühlingshaft geschmückten Wagen, auf dem nicht nur die Aussteuer der Braut ausgestellt war, sondern auch ein mächtiges Ehebett und – als Symbol für den tieferen Sinn der Ehe – eine Wiege. Den Hochzeitswagen der Silberhochzeiter zierte ein Schwarzwälder Bauernhaus mit Strohdach und Galerie, darauf sinnigerweise ein Storch. Das Innere zeigte eine fröhliche Gesellschaft, darunter Kinder und Enkel des vor dem Hause sitzenden Silberpaares. Als Goldhochzeiter hielt ein Paar aus Hütten bei Säckingen her: Vier Ochsen zogen den Wagen, auf dem die ärmliche 91-jährige Frau und ihr nicht minder ärmlicher 89-jähriger Ehemann vor einer kleinen katholischen Kapelle saßen. Hinter der Kapelle sah man ein Grab mit Kreuz, umgeben von kahlen Bäumen, den Spätherbst des Lebens andeutend.

Wer den Festzug von 1881 gesehen hatte, war überzeugt, dass hier das pralle badische Leben mit all seinen Facetten ganz wunderbar dargestellt worden war. Der Erfolg der Festwoche war so offenkundig, dass alle späteren Jubiläumsfeiern im großherzoglichen Haus – etwa 1896 zum 70. Geburtstag Friedrichs, 1902 zum 50. Regierungsjubiläum des Großherzogs und 1906 zur Goldhochzeit des fürstlichen Paares – in ähnlicher Form begangen wurden.

Und doch sollte das Jahr 1881 sorgenvoll ausklingen. Am 1. November machten Luise und Friedrich einen Spaziergang zum Lichtentaler Friedhof. Später vermutete man, dass sich der Großherzog bei dieser Gelegenheit erkältet habe. Er bekam hohes Fieber und die Ärzte diagnostizierten Typhus. Die Krankheit verschlimmerte sich schnell und das Leben Friedrichs schien in Gefahr. Kaiserin Augusta reiste an, um ihrer Tochter beizustehen, der Erbgroßherzog kam aus seiner Garnisonsstadt Potsdam – sogar die frisch verheiratete Kronprinzessin von Schweden kehrte zurück, um im schlimmsten Falle in Baden zu weilen. Der Ansteckungsgefahr wegen wurde den besorgten Besuchern nur eine kurze Begrüßung gestattet; doch Großherzogin Luise ließ sich das Recht nicht nehmen, bei ihrem Gemahl zu sein.

Die Krankheit gestaltete sich lang und schwer. Auch als die direkte Todesgefahr gebannt schien, war absehbar, dass der Großherzog auf Wochen, wenn nicht Monate hinaus, der Schonung bedürfen würde. Erbgroßherzog Friedrich übernahm daher in aller Form die Stellvertretung seines Vaters. Die höfische Geschichtsschreibung ist des Lobes voll über die Pflichttreue des Prinzen und rühmt die unschätzbare Hilfe, die der kranke Landesvater an seinem Erben gehabt haben soll.

Tatsächlich lief die Staatsmaschinerie reibungslos weiter – was aber vor allem dem gut ausgebauten Beamtenapparat zu verdanken war. Darüber hinaus dürfte Großherzogin Luise einmal mehr als graue Eminenz im Hintergrund die Fäden gezogen haben. In enger Absprache mit ihrem kranken Gemahl sorgte sie dafür, dass in wichtigen Fragen die Vorstellungen des Großherzogs zur Geltung kamen. Der jüngere Friedrich wurde zwar ständig unterrichtet und unterschrieb, was ihm vorgelegt wurde – doch eigenständige Gedanken oder gar Entwürfe entwickelte er nicht. Er tat wieder einmal, was von ihm verlangt wurde – nicht weniger, aber leider auch nicht mehr. Luise machte sich ernstlich Sorgen um die Zukunft des Landes. Allzu lau war das Interesse des Thronerben am politischen Tagesgeschäft und vor allem an den großen gesellschaftlichen Entwicklungen. Nach außen zeigten selbstverständlich weder sie noch der Großherzog ihre Befürchtungen – das hätte dem Image des Erbgroßherzogs einen kaum zu reparierenden Schaden zugefügt. Als Friedrich die Regierungsgeschäfte wieder selbst übernahm, bedankte er sich daher öffentlich auch überschwänglich für die „aufopfernde Hingebung", die sein Sohn in schwerer Zeit bewiesen hätte.

Eine energische Schwiegermutter

Selbst was ihn ganz direkt betreffende Zukunftsfragen anbetraf, zeigte der jüngere Friedrich ein bemerkenswertes Desinteresse. Gewiss, der Erbgroßherzog war erst 25 Jahre alt, und noch drängte die Zeit nicht. Trotzdem wünschte Luise sich eiligst eine Schwiegertochter und – natürlich – Enkel. Zwar hatte die liebe Vicky schon einen Jungen zur Welt gebracht, zu dessen Geburt Luise eigens nach Schweden gereist war – allein, der kleine Gustav Adolf war ein Schwede, kein Badener. Erst ein Sohn des Erbgroßherzogs würde die Gewähr geben, dass Friedrichs und Luises Werk von einem Fürst ihres Blutes fortgesetzt würde.

Dass Luise bei der Auswahl ihrer Schwiegertochter mehr als nur ein Wörtchen mitzureden gedachte, war gar keine Frage. Zwar wurden dem Ideal der Liebesheirat mittlerweile auch an den Fürstenhöfen mehr Rechte eingeräumt als noch zu Beginn des Jahrhunderts – aber eine Erbprinzessin musste natürlich ganz besonderen Ansprüchen genügen. Ging es doch um Ansehen, um Erbansprüche und natürlich auch um einen Zuwachs an dynastischen Reichtümern. Trotzdem hätte man von einem jungen Mann erwarten dürfen, dass er von sich aus die infrage kommenden Prinzessinnen in Augenschein nehmen und vielleicht die ein oder andere Sympathie äußern würde. Nichts dergleichen. Das Phlegma des Erbprinzen schien sich mit den Jahren eher noch zu verstärken. Was man beim jüngeren Friedrich als „soldatische Ruhe und Besonnenheit“ rühmte, war letztlich nichts als geistige Bequemlichkeit. Dem Erbgroßherzog war es völlig gleichgültig, welche Frau ihm die Eltern aussuchten. Wahrscheinlich war er ohnehin davon überzeugt, dass sie ihre Wünsche letztlich durchsetzen würden, und hielt es für vergeudete Kraft, Gefühle zu investieren. Außerdem durfte der gehorsame Sohn ja wohl davon ausgehen, dass Luise und Friedrich eine gute Wahl treffen würden.

Tatsächlich hatte Luise bereits eine junge Dame ins Auge gefasst, eine besonders hübsche zumal: Elisabeth von Hessen-Darmstadt, eine Enkelin der englischen Königin Victoria, hatte ihr Wohlgefallen erregt. Die 18-jährige Ella durfte als kluge und – trotz ihrer Jugend – vor allem auch als charakterstarke Persönlichkeit gelten. Was in den Augen der badischen Großherzogin genau das war, was ihr charakterschwacher Sohn benötigte. Großherzog Friedrich hatte nichts gegen die Pläne seiner Gemahlin einzuwenden und das badische Fürstenpaar war sich schon bald mit dem verwitweten Vater der Auserwählten, dem Großherzog Ludwig von Hessen, einig. Das Geschäft hatte nur einen Schönheitsfehler: Keiner hatte die Braut gefragt. Und das, was Luise als besonderen Vorzug der schönen Ella angesehen hatte – ihr starker Charakter – brachte das Geschäft jetzt zum Scheitern: Die Prinzessin weigerte sich ganz entschieden, den badischen Langweiler zu heiraten, denn ihr Herz gehörte einem weitaus aufregenderen Mann. 1884 reichte Prinzessin Elisabeth dem Großfürsten Sergius von Russland, dem Bruder von Zar Alexander III., die Hand zum Ehebunde.

So war Hilda von Nassau schließlich eine Braut zweiter Wahl. Nach dem peinlichen Flop mit der schönen Ella wollten Friedrich und Luise kein Risiko mehr eingehen. Sorgsam wurde vorgefühlt, ob das nassauische Fürstenhaus mit den preußennahen Badenern in existenziellen Fragen zusammen finden könne. Schließlich hatten die Preußen Herzog Adolf von Nassau 1866 aus seinem Land vertrieben, nachdem er Österreich die Treue gehalten hatte. Ausgesprochen verärgert waren Friedrich und Luise über Zeitungsberichte, die den Erbgroßherzog in Zusammenhang mit Hilda von Nassau nannten, weil sie sich dadurch in Zugzwang sahen.

Erst nachdem eventuelle Vorbehalte zwischen Friedrich von Baden und Herzog Adolf von Nassau, dem späteren Großherzog von Luxemburg, ausgeräumt waren, stand einem Kennenlernen der beiden Heiratskandidaten – natürlich unter ständiger Aufsicht – nichts mehr im Wege. Allerdings wollten die Eltern der Prinzessin ihrer Tochter die letzte Entscheidung überlassen. Großherzog Friedrich wiederum legte es seinem Sohn sehr ans Herz, der jungen Hilda eindringlich die badischen Verhältnisse und Grundsätze zu schildern. Er sollte ihr auch nicht verschweigen, welche Verpflichtungen auf die Braut zukommen würden. Der Erbgroßherzog nickte ergeben und – gleichgültig.

Doch der jüngere Friedrich war angenehm überrascht von der jungen Frau, der er sich bei der Jagd in Böhmen und in Schloss Königstein im Taunus nähern durfte. Prinzessin Hilda war eine hübsche Frau: schlank aber stattlich, hochgewachsen und hoheitsvoll. Dabei aber, wie der Erbgroßherzog bald verblüfft feststellte, nicht minder schüchtern als er selbst. Große Empfänge waren der Prinzessin ein Gräuel, der Zwang, bei höfischen Anlässen wildfremde Leute huldvoll anzusprechen, verursachte ihr Bauchschmerzen. Dabei war Hilda weder ungesellig noch ungeschliffen. Im kleinen Kreise, unter vertrauten Menschen, entwickelte sie sogar einen herzerfrischenden Humor. Sie hatte einen Blick fürs Schöne, das sie gerne im Stillen genoss. Friedrich fand, dass die Prinzessin einen höchst erfreulichen Gegenpol zu seiner energischen Mutter bilden werde. Und Hilda war erleichtert darüber, dass der Erbgroßherzog trotz seines militärisch-stolzen Auftretens im Grunde seines Herzens ebenso menschenscheu war wie sie selbst. Kurz – das Paar fand Gefallen aneinander. Einer Fürstenhochzeit stand nichts mehr im Wege.

Wieder wurde der „badische Hochzeitstag", der 20. September, bemüht, auch wenn die Trauung nicht in der badischen Residenzstadt, sondern nach alter Sitte im Schloss des Brautvaters, Hohenburg im bayerischen Isartal, stattfand. Die Karlsruher mussten bis zum 26. September 1885 warten, ehe sie das frisch vermählte Brautpaar in Augenschein nehmen durften und – wie erwartet – einen ansehnlichen Festzug geboten bekamen. Die junge Frau versuchte tapfer, den Menschenmassen zuzulächeln und den endlosen Reihen von Gratulanten huldvoll zu danken. Sie tröstete sich damit, dass sie schon bald mit ihrem Gemahl die Residenz verlassen und nach Freiburg umziehen würde.

Dass die Schwiegermutter und der Schwiegervater von dem neuen Familienmitglied vollen Einsatz erwarteten, war Hilda nur allzu sehr bewusst. Der Trinkspruch, den Großherzog Friedrich auf das Brautpaar ausbrachte, sprach für sich. Er wünschte den Neuvermählten Glück, Freude und Wohlergehen und fügte noch ein besonderes Anliegen an: „Es ist der Wunsch, dass Unser liebes neu vermähltes Paar die Aufgaben seines hohen Berufes – ein Vorbild in Leben und Pflichterfüllung zu sein – stets vor Augen behalten und zu betätigen bereit sein möge. Ich glaube nicht nur, dass dieses Streben ein Wunsch der lieben Neuvermählten sei – ich bin gewiss, dass es so ist, und freue mich dieser Gewissheit..."

Hilda war ja willens, ihr Bestes zu geben – aber bange war ihr trotzdem. Immerhin hatte die gebildete junge Frau manchen Anlass zum Schmunzeln, als am nächsten Tag die Abordnungen des Landes – die meisten in Volkstrachten – ihre Huldigungen darbrachten. Da wimmelte es nur so von gut gemeinten Knittelversen für den „Prinze un sim Schatz", die der neuen Erbgroßherzogin aber weitaus lieber waren als die glatten Glückwünsche bei Hofe, auf die ihr nie so recht gescheite Entgegnungen einfallen wollten. Wer wusste es schon – vielleicht würde es gar nicht so schlimm werden.

Luise bemühte sich in den folgenden Jahren stets, ihrer Schwiegertochter freundlich entgegenzukommen, war aber im Grunde ihres Herzens enttäuscht. Denn die erhoffte Assistentin, der sie langfristig ihre vielfältigen Aktivitäten würde übertragen können, fand sie in Hilda ganz und gar nicht. Nicht dass die Großherzogin schon bereit gewesen wäre, das Heft aus der Hand zu geben. Aber Luise war eine Frau, die weit in die Zukunft plante. Auf Hilda konnte sie kaum rechnen. Wie der junge Friedrich tat auch die junge Erbgroßherzogin ihre Pflicht. Sie tat sie freundlich, jedoch ohne Elan, ohne Weitblick und ohne eigene Ideen.

Dass Hilda viele Jahre lang nur selten in der Residenz weilte – seine militärische Karriere führte den Erbgroßherzog von Freiburg nach Berlin und Koblenz – akzeptierte Luise nicht als Entschuldigung. Gerade die räumliche Trennung vom Großherzogenpaar hätte Hilda in den Augen ihrer Schwiegermutter doch Ansporn sein müssen, eigene Projekte zu erdenken und in die Wege zu leiten. Es war ja zweifellos ganz niedlich und kam beim Volk gut an, wenn Hilda kleinen Mädchen über den Kopf streichelte, armen Kindern Geschenke überreichte und wohltätige Institutionen besuchte. Nur – gerade diejenigen Unternehmen, für die Luise ihr ganzes Herzblut zu geben bereit war, betrachtete die Schwiegertochter als rechte Plage. Eine Hofdame Hildas schrieb viele Jahre später: „Etwas, was der armen Herrin gar nicht lag, waren die Sitzungen der Frauenvereine, die sie aber tapfer besuchte, wohl wissend, welch ein großer Segen ausging von diesen Vereinen und welche Opfer die in ihnen Tätigen brachten."

Der innere Widerwillen Hildas gegen den Lieblingsverein der Landesmutter konnte Luise nicht verborgen bleiben. Insgeheim verübelte die Großherzogin ihrer Nachfolgerin diese Haltung ebenso sehr wie die Kinderlosigkeit Hildas. Nur eines versöhnte sie mit der saft- und kraftlosen Schwiegertochter: Hilda tat dem jüngeren

Friedrich ganz zweifellos gut. Er wirkte seit seiner Heirat gelöster, ungezwungener, ja männlicher. Und als Erbgroßherzog Friedrich wenige Monate nach seinem Dienstantritt in Freiburg an lebensbedrohlichem Gelenkrheumatismus litt, kümmerte sich Hilda ebenso rührend um sein Wohl wie 1889, als ihn eine schwere Lungenentzündung dahinzuraffen drohte.

Wie Luise war auch Hilda eine Fürstin, die dem bürgerlichen Weiblichkeitsideal ihrer Zeit in besonderem Maße entsprach. Während aber Luise vor Tatendrang schier barst und ihre Fähigkeiten Segen bringend für das ganze Land einsetzte, war Hilda der zurückgezogene Typ. Sie ging auf in der Liebe und Pflege des Ehemannes und hatte Freude daran, ihre verschiedenen Räumlichkeiten elegant und kunstbeflissen einzurichten. Hildas öffentliche Auftritte entsprangen nicht wie bei Luise dem Bedürfnis, der Welt ihren Stempel aufzudrücken, sondern dienten ausschließlich dem Zweck, das Ansehen ihres Ehemannes zu mehren.

Hilda bewunderte und fürchtete ihre energische Schwiegermutter zugleich. Sie wusste, dass ihr Gemahl sich in Gegenwart seiner Mutter höchst unzulänglich vorkam, sie sah sich aber nicht in der Lage, diesen Einfluss zu brechen. So beschränkte sie sich darauf, ihrem Mann eine moralische Stütze zu sein. Hildas Hilflosigkeit gegenüber der Großherzogin brachte ihr manche Sympathie ein, vor allem bei denjenigen, denen Luise mit ihrer nicht zu bremsenden Schaffenskraft in die Quere kam. Die alte Großherzogin, so hieß es, halte die junge Erbgroßherzogin absichtlich klein; Hilda hätte gar keine Chance, sich in ihre Aufgaben einzuarbeiten, weil die herrschsüchtige Schwiegermutter ihr keinen Platz mache. Es war für eine unerfahrene Frau wie Hilda sicher nicht leicht, sich gegenüber einer dominanten Persönlichkeit wie Großherzogin Luise zu behaupten. Doch darf man davon ausgehen, dass Hilda sich auch nicht darum riss, die Zügel selbst in die Hand zu nehmen.

„Dein Wille geschehe“

Das schwerste Jahr im Leben der Großherzogin Luise war 1888. Der Erbgroßherzog befand sich mit Hilda in Cannes, um sich wieder einmal von einer Krankheit zu erholen; Luises schwer kranker einziger Bruder Friedrich, der Erbe des deutschen Kaiserthrones, weilte in San Remo. Die Nachrichten aus San Remo klangen leider alles andere als beruhigend, sodass Friedrich und Luise beschlossen, den deutschen Thronprinzen aufzusuchen und bei dieser Gelegenheit auch ihrem ältesten Sohn in Cannes einen Besuch abzustatten. Auf der Durchfahrt begrüßten der Großherzog und seine Gemahlin im Freiburger Bahnhof ihren jüngeren Sohn Ludwig Wilhelm, der ganz abscheulich hustete. Nur wenige Minuten dauerte diese Begegnung. Luise verkniff sich angesichts der drängenden Zeit gute Ratschläge und wünschte ihrem Jüngsten lediglich gute Besserung.

Die Fahrt ging weiter. Dann gab es plötzlich stundenlange Verzögerungen, denn, so erfuhren die Reisenden, der Gotthard war verschneit und die Zugverbindung unterbrochen. Als es am Abend des 16. Februar endlich weitergehen sollte, traf aus Freiburg die Nachricht ein, dass aus Prinz Ludwig Wilhelms bösem Husten eine Lungenentzündung geworden war. Einen Moment lang schwankte das Großherzogenpaar. Sollte es umkehren? Doch dann setzte es die Reise fort. Die Erkrankung des Prinzen schien nicht dramatisch, während Luises Bruder womöglich im Sterben lag. Auch wusste Luise, wie viel ihrem 90-jährigen Papa, dem Kaiser, daran lag, dass sie in San Remo nach dem Rechten sah.

Dort allerdings konnte die Großherzogin nicht viel ausrichten: Ihrem Bruder ging es schlecht, denkbar schlecht. Der Thronprinz brachte kaum ein Krächzen heraus, aber es bestand wohl keine unmittelbare Lebensgefahr. Aus Freiburg liefen unterdessen ständig Nachrichten ein. Sie waren nicht beunruhigend, sodass die Badener die Fahrt nach Cannes fortsetzten und auf dem Rückweg noch einmal in San Remo übernachteten. Dann jedoch erhielten sie ein Telegramm, das von hohem Fieber des Prinzen Ludwig kündete. Die alarmierten Eltern beschleunigten die Rückreise. Sorgen und Selbstvorwürfe waren während der bangen Stunden ihre stummen Begleiter. Auf dem Badischen Bahnhof in Basel wurden ihre schlimmsten Befürchtungen Gewissheit: Seine großherzogliche Hoheit, der durchlauchtigste Prinz Ludwig Wilhelm, Markgraf von Baden, Herzog von Zähringen, war am 23. Februar 1888 um sechs Uhr morgens im Jugendalter von 22 Jahren der Lungenentzündung erlegen, die ihn acht Tage zuvor aufs Krankenlager geworfen hatte.

Die ersten Worte, die Luise auf die entsetzliche Botschaft hin zu ihrem Gemahl gesagt haben soll, waren: „Gott sei Dank, dass wir es gemeinsam tragen können." Lange Stunden kniete Luise an der Lagerstätte ihres jüngsten Sohnes. Als Prälat Doll, der Seelsorger des Großherzoglichen Hauses, zu ihr trat, empfing ihn die Großherzogin mit tonloser Stimme: „Der Herr hat es gegeben, der Herr hat es genommen; der Name des Herrn sei gelobt." Erst als der Geistliche seine Verwunderung darüber ausdrückte, dass die Mutter des Verstorbenen den plötzlichen Verlust mit solch christlicher Ergebung hinnahm, brach Luise in Tränen aus.

Sie sollte schon bald wieder die Haltung benötigen, die ihr starker, in mancher Hinsicht naiver Glaube ihr gab. Am 6. März 1888 rief ein Telegramm das großherzogliche Paar nach Berlin. Kronprinzessin Victoria, die an den Trauerfeierlichkeiten für ihren jüngeren Bruder teilgenommen hatte, schloss sich ihren Eltern an in der Hoffnung, ihren kaiserlichen Großvater noch lebend anzutreffen. Sie kamen noch rechtzeitig. Lange Zeit saß Luise am Bett Wilhelms I. und ermahnte ihn, der im Fieber ständig zu sprechen suchte: „Papa, mach dich nicht zu müde." Der sterbende Kaiser antwortete mühsam, aber ernsthaft auf die liebevoll traurige Schelte seiner Tochter: „Ich habe wahrhaftig keine Zeit, müde zu sein." Luise und Friedrich standen am Bett Wilhelms, als er am 9. März starb. Luise löste sanft die Hand ihrer Mutter aus den Fingern des toten Kaisers.

Großherzog Friedrich kehrte kurz nach der Beisetzung seines Schwiegervaters nach Karlsruhe zurück. Luise blieb etwas länger in Berlin, um ihrer Mutter beizustehen und deren Abreise vorzubereiten. Kaiserin Augusta sollte, ihrer angegriffenen Gesundheit wegen, zunächst nach Baden-Baden fahren. Vor der Heimkehr suchte Luise ein letztes Mal ihren Bruder, nunmehr Kaiser Friedrich III., auf, um Abschied zu nehmen. Das bedrückende Gefühl wollte nicht weichen, dass auch Bruder Fritz nicht mehr allzu lange Gast auf Erden sein werde. Das Ende kam noch schneller als erwartet: Am 15. Juni hatte Luise auch ihren einzigen Bruder verloren. Er war an Kehlkopfkrebs gestorben, 99 Tage, nachdem er die Regierung angetreten hatte.

Die Großherzogin habe zu viel geweint und sich dadurch die Augen verdorben, sagten die Menschen, als bekannt wurde, dass sich Luise einer Augenbehandlung unterziehen und längere Zeit im Dunkeln liegen müsse. Auf der Mainau suchte die Großherzogin schließlich Erholung von der Kräfte zehrenden Therapie. Auf der Insel, im Altarraum der Schlosskirche, ließ Luise die drei Todesdaten des Jahres 1888 einschreiben; ergänzt durch die Worte „Dein Wille geschehe".

Dass der Glaube für Luise weit mehr als nur Lippenbekenntnis war, dass sie wahrhaftig Trost aus ihrer Ergebung in den göttlichen Willen schöpfte, erkennt man an der kleinen Sammlung von Aussprüchen und Betrachtungen, die die Großherzogin anlässlich des Todes ihres jüngsten Sohnes herausgab: „Ich weiß, dass mein Erlöser lebt!" hieß das kleine Werk, dessen Anhang Luise höchstpersönlich verfasst hatte. Zur Erinnerung an den viel zu früh verstorbenen Prinzen wurde in Karlsruhe auch das Ludwig-Wilhelm-Krankenhaus geschaffen, das neue Mutterhaus der Luisenschwestern, das verbunden war mit einer Augenklinik sowie anderen Krankenhäusern. Es war Luise wichtig, dass der Name ihres vermeintlich so sinnlos gestorbenen Sohnes mit einer sinnreichen Institution verbunden blieb.

Häufig suchte Luise die Ruhestätte Ludwig Wilhelms in der Karlsruher Stadtkirche auf, wo seit Großherzog Ludwig die Angehörigen der badischen Dynastie beigesetzt worden waren. Doch sie, die sonst immer Volksnähe demonstrierte, störte sich jetzt daran, dass es nicht möglich war, die Familiengrablege zu besuchen, ohne Aufsehen zu erregen. Ihre Freude wollte Luise gerne mit der Bevölkerung teilen – im Leid wollte sie aber ohne Zuschauer sein. So entstand der Plan, eine Grabkapelle an einem stillen Ort, vielleicht unweit des Schlosses im Hardtwald, zu errichten und die Überreste des Prinzen dorthin umzubetten. Schon 1889 wurde der Grundstein für das großherzogliche Mausoleum gelegt.

Der Tod ihres jüngsten Sohnes hatte Luise zur alten Frau gemacht. Nach dem schweren Jahr 1888 sah die Großherzogin immer weniger Sinn in prunkvollen Hofbällen und ähnlichen Vergnügungen. Vollkommen ausreichend und weitaus angemessener erschienen ihr Einladungen zur Hoftafel und zu Hofkonzerten. Auch die Tanzfeste in der Residenzstadt, die sie früher mit ihrer Anwesenheit beehrt hatte, vermochten Luise nicht mehr zu locken. Friedrich fand gleichfalls wenig Gefallen an diesen Festlichkeiten, doch bei den größeren gesellschaftlichen Ereignissen hielt er seine, zumindest kurzzeitige, landesväterliche Anwesenheit für erforderlich. Ausgesuchte Veranstaltungen dieser Art suchte er fortan alleine auf, denn er wollte Luise nicht zwingen, gegen ihre Wünsche zu handeln.

Überhaupt schien dem Großherzogenpaar sein öffentliches Leben in der Residenzstadt immer lästiger zu werden; das „privatere" Dasein in Baden-Baden und auf der Mainau sagte ihnen weit mehr zu. Auch das Weihnachtsfest verbrachten Luise und Friedrich fortan nicht mehr im Karlsruher Schloss, sondern bei der Kaiserin-Witwe Augusta in Berlin und nach deren Tod im Januar 1891 bei Sohn Friedrich und seiner Hilda. Es wurde allerhöchste Zeit, dass der Junge mit seiner Frau in die Residenzstadt zurückkehrte. Ein Erbgroßherzog gehörte an die Seite des Landesvaters, vor allem, wenn der Landesvater ein so ehrwürdiges Alter erreicht hatte wie Friedrich I.

Bald nach der Jahrhundertwende bat Großherzog Friedrich in Berlin darum, dass sein Sohn nach Hause versetzt werde. Dass Wilhelm II. ihm diesen Wunsch rundweg abschlug, haben Luise und Friedrich dem Kaiser nie verziehen. Man könne dem Erbprinzen kein Kommando im Grenzgebiet zumuten, hieß es in der offiziellen Begründung, da ihm strategisch notwendige Entscheidungen im Kriegsfalle von seinen Landsleuten verübelt werden könnten. Für Erbgroßherzog Friedrich ein vernichtender Bescheid, denn seine Eltern drangen weiter auf seine Heimkehr. Kurz nach dem 50-jährigen Regierungsjubiläum seines Vaters im Jahr 1902 bat Erbgroßherzog Friedrich den Kaiser zwar nicht um Entlassung aus der Armee, wohl aber um Entlassung aus seinem Kommando. Die wurde nur allzu gerne gewährt. Die militärische Karriere des Erbgroßherzogs war damit trotz aller äußerer Ehren beendet.

Der mittlerweile 45-jährige Thronfolger und seine Frau wurden in Baden fortan vor allem zu repräsentativen und gesellschaftlichen Verpflichtungen herangezogen. Jenen Verpflichtungen, denen Friedrich und Luise ohnehin am liebsten aus dem Weg gingen. Was allerdings die Staatsgeschäfte anging – um die kümmerte sich der beinahe 80-jährige Großherzog lieber selbst. Und was den Badischen Frauenverein, das Rote Kreuz und die organisierte Wohltätigkeit in Baden betraf – da war Luise aktiver denn je. Wenn sie an den Sitzungen „ihrer“ Frauen teilnahm, vergaß Luise ihr Alter und seine Beschwerden. In dieser Arbeit fühlte sie sich jung – vielleicht jünger, als die Schwiegertochter je gewesen war.

Im Reich der reinsten Liebe

Wie gut doch die Arbeit tat! Luise wäre in den Jahren nach dem Tod ihres jüngsten Sohnes, in jenen Jahren, da die Hoffnung auf einen Enkel und Thronerben mehr und mehr schwand, wohl in tiefer Depression versunken, wenn sie nicht ihre Arbeit gehabt hätte. Vor allem den Badischen Frauenverein betrachtete sie mit gutem Recht als ihr ureigenstes Werk. Gewiss, Luise nahm regen Anteil an den Regierungsgeschäften. Doch war es ihr stets bewusst, dass das, was der Großherzog leistete, nur von Männern vollbracht werden konnte: Eine Arbeit, in die sich eine pflichtbewusste Ehefrau zwar einbringen sollte, bei der sie aber immer auf eine Nebenrolle beschränkt blieb. Doch gab es ja genügend Probleme in diesem ausgehenden 19. und beginnenden 20. Jahrhundert, denen die Männer mit all ihrer Weisheit nicht gewachsen waren. Probleme, die die Frauen wenn schon nicht lösen, so doch in ihren Auswirkungen mildern konnten.

Die unglaublichen Fortschritte, die Deutschland auf technischem und wirtschaftlichem Gebiet gemacht hatte, sie drohten das Land in einen Hexenkessel zu verwandeln. Was jahrhundertelang als Wahrheit gegolten hatte, wurde plötzlich infrage gestellt. Neue Philosophien, neue Wünsche, neue Forderungen erschütterten die Grundfesten der Gesellschaft. Nie war der mäßigende Einfluss kluger Frauen so sehr gefragt wie gerade jetzt. Luise konnte nur den Kopf schütteln, wenn sie vom „Krieg der Geschlechter" hörte. Waren Mann und Frau nicht von Gott dazu bestimmt, sich gegenseitig zu ergänzen? Natürlich war diese Gleichmacherei, die von einigen Frauenrechtlerinnen und „Emanzipierten" verfochten wurde, der größte Unsinn. Und geradezu lachhaft war es, wenn einige „Damen" meinten, das schöne Geschlecht müsse das Wahlrecht erhalten. Andererseits wollte die badische Großherzogin über die übereifrigen Vertreterinnen ihres Geschlechts auch nicht den Stab brechen. Denn es gab schon so manche Ungereimtheit, so manche Ungerechtigkeit in der Gesellschaft, die Luise weder übersehen konnte noch wollte.

Es war natürlich leicht, die „späten Mädchen“, die kinderlosen Ehefrauen und die Witwen zu verlachen, die oft genug unschuldig auf der Schattenseite des Lebens standen, von der Güte einer nicht immer liebevollen Verwandtschaft abhängig. Und war es nicht ebenso unsinnig, das Potenzial, das in diesen Frauen steckte, ungenutzt verkommen zu lassen? 1873 war der Badische Frauenverein in vier Abteilungen untergliedert worden und die erste dieser Abteilungen hatte die Aufgabe, die Bildung und die Erwerbsfähigkeit des weiblichen Geschlechts zu fördern. Die bedauernswerten Geschöpfe, die ohne männlichen Schutz durchs Leben gehen mussten – ledige, verwitwete und geschiedene Frauen – machten schließlich 60 Prozent der weiblichen Bevölkerung über 15 Jahre aus!

Niemals würden die Damen des Frauenvereins allerdings darauf abzielen, den Männern, den Familienernährern, die Arbeitsplätze streitig zu machen! Ideal für Frauen waren in ihren Augen Berufe, die den unverheirateten Damen die Möglichkeit gaben, ihre unterdrückte Mütterlichkeit auszuleben – also Kranken- und Kinderpflege, erzieherische Berufe und fürsorgliche Armenunterstützung. Akzeptabel für weniger gebildete Frauen mochten auch noch die Konfektionsarbeit, die Tätigkeit als Ladnerin und leichte Büroarbeit sein. Dass allerdings immer mehr junge Mädchen vom Lande in den Fabriken arbeiteten, betrachteten die Damen der Gesellschaft und ihre Großherzogin als eine bedenkliche Folge der Industrialisierung. Die Arbeit in der Fabrik war der Sittlichkeit ganz sicher nicht zuträglich! Zum Glück hielten großherzogliche Fabrikinspektoren und bald auch eine Fabrikinspektorin ein in jeder Hinsicht wachsames Auge auf die Zustände in den Industrieanlagen!

Ein weiteres Problem, das Luise und ihre Damen beschäftigte: Es fanden sich immer weniger junge Frauen, die bereit waren als Dienstbotinnen in Stellung zu gehen! Gerade dieser typische Frauenberuf, mit dem die einfachen Mädchen so hervorragend auf ihr künftiges Hausfrauenleben vorbereitet wurden, der war bei den blutjungen Dingern immer weniger gefragt. Und das, obwohl Dienstmädchen heutzutage jeden zweiten Sonntag frei hatten! Die „Dienstbotenfrage“ wurde in einer Zeit, da selbst kleine Beamte sich aus Statusgründen ein „Mädchen" hielten, zu einem heiß diskutierten Thema.

Selbst die engagierten Damen des Frauenvereins hatten oft nur wenig Einblick in die Missstände des Dienstbotenberufes und kaum Vorstellungen von den finanziellen und sozialen Zwängen in den Familien, aus denen sich Dienstmädchen und Fabrikarbeiterinnen rekrutierten. Verhaltensweisen, die häufig genug aus der Not geboren waren, sahen sie als bedenkliche Pflichtvergessenheit oder als Zeichen für moralische Verkommenheit an. Mit der Verleihung von Dienstbotenkreuzen ab 1876, die Luise häufig selbst vornahm, und durch die seit 1896 übliche Ehrung von Arbeiterinnen wollte der Frauenverein langjährige „treue" Beschäftigte belohnen. Gleichzeitig sollten die Auszeichnungen andere Frauen zu (noch) mehr Pflichteifer anfeuern und jeden Gedanken an eine „selbstsüchtige" Verbesserung der eigenen Lage im Keim ersticken. Für viele der Ausgezeichneten war das bescheidene Dienstbotenkreuz aus der Großherzogin eigener Hand ein Schatz, der bis ans Lebensende sorgsam behütet und in der Familie weitervererbt wurde.

Doch der Frauenverein leistete nicht nur seinen Beitrag zur Stabilisierung der bestehenden Verhältnisse. Vor allem den bürgerlichen Frauen eröffnete er auch Tätigkeitsfelder und Einflussmöglichkeiten, die ihnen noch wenige Jahrzehnte zuvor als geradezu utopisch erschienen wären. Je mehr sich Großherzogin Luise den Anliegen ihrer Geschlechtsgenossinnen annahm, umso mehr wuchs die Anerkennung der weiblichen Arbeit. In Kinderkrippen und Kleinkinderbewahranstalten wurden nicht nur Arbeitsplätze für unverheiratete Frauen geschaffen – durch diese Einrichtungen gelang es auch, Arbeiterfamilien, in denen aus finanziellen Gründen die Frauen erwerbstätig sein mussten, zu entlasten. Dass eine Prüfung der Eltern auf Wohlanständigkeit vorgenommen wurde, ehe die Kinder in den Anstalten Aufnahme fanden – leichtsinnige oder träge Mütter sollten nämlich keinesfalls Unterstützung finden – galt den Damen dabei als selbstverständlich. Der alte Gedanke der Sozialdisziplinierung, wie er schon zu Zeiten des Markgrafen Karl Friedrich gepflegt wurde, war noch zu Beginn des 20. Jahrhunderts fest in den Köpfen verankert.

Es darf nicht verkannt werden, dass Luise und ihr Frauenverein – obwohl sie revolutionär neue Wege beschritten – von Grund auf konservativ geprägt waren. Gefördert wurde, was dem traditionellen Familienbild entsprach; ein Engagement abseits der anerkannt weiblichen Tugenden blieb den Badenerinnen verschlossen. Das zeigt sich etwa in der Hochschätzung der Haus- und Handarbeit. Der Badische Frauenverein hatte sich dafür eingesetzt, dass nach dem Fortbildungsgesetz von 1874 auch Mädchen nach der Volksschule zwei Stunden wöchentlich Unterricht erhalten sollten – und zwar in Hausarbeit. Bis ins 20. Jahrhundert hinein war nur in Baden und in Württemberg für Mädchen der Besuch einer Fortbildungsschule per Gesetz vorgeschrieben. Schon 1873 hatte der Frauenverein mit der „Luisenschule" die erste Haushaltungsschule in Deutschland gegründet. Ihr Ziel war die „Fürsorge für Hebung und Verbesserung der weiblichen Bildung auf sittlichem, wirtschaftlichem und technischem Gebiet, insbesondere für die auf eigenen Erwerb angewiesenen Kreise nach Entlassung aus der Volksschule..."

Bezeichnend ist, dass der Badische Frauenverein, der zahlreiche Bildungseinrichtungen für Frauen sowie Stellenvermittlungsbüros ins Leben rief, sich nicht für eine wissenschaftliche Ausbildung von Frauen einsetzte. Vereine wie „Frauenbildung – Frauenstudium", die sich im ausgehenden 19. Jahrhundert auch in Baden gründeten, baten gar nicht erst um die Protektion der Großherzogin. Schließlich war die Tatsache, dass 1893 in Karlsruhe das erste deutsche Mädchengymnasium eröffnet wurde, zwar auf das liberale und frauenfreundliche Klima in Baden zurückzuführen – doch engagiert hatte sich die Großherzogin für diese viel beachtete, viel diskutierte und viel geschmähte Gründung nicht. Immerhin vernahm sie mit gewisser Befriedigung aus dem Bericht des Oberschulrats von 1896, dass die Latein und Griechisch paukenden Gymnasiastinnen „fleißig und wohl gesittet" seien und sich in der kleinen Karlsruher Anstalt „keinerlei Anwandlungen von Emanzipationslust" zeigte.

Für „emanzipierte Frauen" hatte die badische Großherzogin nicht viel übrig. Luise hatte das Glück, dass ihr Mann ihr alle Entfaltungsmöglichkeiten ließ. Darüber hinaus war sie eine so starke, durchsetzungsfähige Persönlichkeit, dass sie selbst keinerlei Notwendigkeit sah, die gesellschaftliche Stellung der Frau auf grundsätzlich neue Beine zu stellen. Dass Frauen anders waren als Männer, bedeutete in Luises Augen keineswegs eine Minderwertigkeit. Im Gegenteil: Die Frau war die Seele von Haushalt und Familie, die Garantin für Zufriedenheit und Wohlbefinden. Mit ihrer hohen Wertschätzung der weiblichen Familienarbeit bürdeten Luise und ihr Verein vor allem den ärmeren Frauen eine schwere Verantwortung auf: Nicht dem Ehemann wurde es zur Last gelegt, wenn er sein Geld im Wirtshaus versoff, sondern der Ehefrau, die ihm das Heim nicht gemütlich genug gestaltete. Waren die Kinder unterernährt oder krank, trug die Hausfrau eine Mitschuld, weil sie nicht genug auf die ausgewogene Ernährung achtete oder die Sauberkeit vernachlässigte. Der Frauenverein startete eine regelrechte Offensive, um Frauen aller Schichten, vor allem aber die Arbeiterfrauen, über die Bedeutung von Ernährung, Hygiene, Kinder- und Krankenpflege sowie weibliche Sittsamkeit und Gottesfurcht aufzuklären.

Ja, die sittliche Gefährdung der Frauen aus den unteren Schichten, vor allem der jungen Mädchen – in ihr sah Luise eines der größten Probleme des beginnenden 20. Jahrhunderts. Der Anteil der unehelichen Geburten war seit der Jahrhundertmitte zwar deutlich gesunken, mit 5,5 Prozent nach wie vor aber hoch – unerträglich hoch in den Augen der viktorianisch denkenden Luise. Auch die öffentliche Diskussion um das Dirnenunwesen gab ihr sehr zu denken. Ganz offensichtlich entstammte die überwiegende Zahl der Prostituierten der sozialen Unterschicht; die meisten waren angeblich Dienstmädchen, Kellnerinnen oder Fabrikarbeiterinnen gewesen, ehe sie sich dem ältesten Gewerbe der Welt zuwandten.

Wieder ruhte das Gegenrezept, das Luise zusammen mit den Vorstandsdamen des Frauenvereins gegen den sittlichen Verfall erarbeitete, auf traditionellen Säulen. Nicht mit Hilfen zur wirtschaftlichen und rechtlichen Gleichstellung der jungen Frauen sollte der sexuellen Ausbeutung vorgebeugt werden, sondern durch moralische Festigung. Bei der „Mädchenfürsorge“ griffen die Damen auf bewährte Mittel zurück, die da lauteten: Arbeit und Religion. „Die Hand bei der Arbeit, das Herz bei Gott“ hieß sinnigerweise eine Sammlung von Liedern, Gedichten, Sprüchen und Prosastücken, die die Karlsruher Oberbürgermeisterin-Witwe und Vorstandsfrau Anna Lauter für Sonntagsvereine, Mädchenheime, Näh- und Flickschulen herausgab.

Dienstbotenschulen, Fürsorgeheime, später auch Wohnheime für ledige Fabrikarbeiterinnen und Geschäftsgehilfinnen sollten die Mädchen vor den Gefahren der Straße bewahren. In diesem wie in anderen Bereichen arbeitete der Frauenverein eng mit den badischen Stadt- und Gemeindeverwaltungen zusammen, was vor allem Luises Empfehlungen zu verdanken war. Müßiggang galt als aller Laster Anfang – am besten war es, wenn jungen Mädchen gar keine Zeit dafür blieb, auf dumme Gedanken zu kommen. So hatte beispielsweise die Stadt Karlsruhe eine Stiftung des Großherzogenpaares genutzt, um Volksschülerinnen der oberen Klassen an drei schulfreien Nachmittagen der Woche mit weiblichen Handarbeiten unter Aufsicht zu beschäftigen. Zweck der Übung war es, sie von der Straße fernzuhalten, ihnen Sinn für Arbeitsamkeit und Ordnung beizubringen und es ihnen durch die Gewährung eines niedrigen Arbeitslohnes zu ermöglichen, finanziell zum elterlichen Haushalt beizutragen.

Luises Wertschätzung von Handarbeiten war ungebrochen. Nicht nur, weil Frauen, deren schmale Hände unentwegt stichelten, häkelten, strickten und stopften, solch einen hübschen Anblick boten. Die Großherzogin fand Handarbeiten beruhigend, ja geradezu läuternd. Gerade in einer Zeit, da die Maschinen immer mehr und immer schneller produzierten, was jahrhundertelang Hausfrauen mühsam mit ihrer Hände Arbeit schufen, wollte Luise die alten Traditionen gepflegt wissen. In der Residenzstadt Karlsruhe fand sie mit ihrer Vorliebe für das mühsame und stumpfsinnige Handspinnen nicht viel Gegenliebe, wohl aber in den ländlichen Gegenden Badens.

Spinnabende und Spinnfeste boten den einfachen Frauen einen akzeptablen Grund, mit Geschlechtsgenossinnen zusammenzutreffen, Lieder zu singen, sich auszutauschen. Anständige Frauen konnten es sich nicht leisten, ohne männliche Begleitung in ein Wirtshaus zu gehen. Die Wohnungen wiederum waren oft viel zu beengt, um dort auch noch Freundinnen zu empfangen, zumal die meisten Männer und Väter keinerlei Verständnis für weibliche Tratschereien aufbrachten. Die Spinnabende auf dem Land hatten denselben Effekt wie die Flickabende in der Stadt: Sie waren von der Obrigkeit geförderte Frauentreffs, die der „sittlichen Erziehung" dienen sollten, aber den Frauen auch die Möglichkeit gaben, ungezwungen zusammenzukommen.

Den meisten Frauen waren Spinn- und Flickabende allemal lieber als beispielsweise Partei- und Gewerkschaftsveranstaltungen, bei denen es immer um große Politik ging, während die vielen kleinen Sorgen, die das Frauenleben bestimmten, nur bespöttelt wurden. Baden mit seinem liberalen Klima und seiner vergleichsweise gemächlichen Industrialisierung war ohnehin kein gedeihlicher Nährboden für radikale, auf gesellschaftliche Umwälzungen abzielende Entwürfe. So blieb auch das politische Engagement der Badenerinnen während der gesamten Kaiserzeit mehr als bescheiden – und das, obwohl hier kein Vereinsrecht den Frauen eine politische Betätigung verbot. Hingegen gab es 1903 in der Residenzstadt eine große Spinnereiausstellung, bei der 500 Spinnerinnen aus dem ganzen Land in ihren Trachten an einem Preisspinnen teilnahmen. Das rege Interesse der Großherzogin an ihrer Tätigkeit war für die Frauen ein Ereignis, von dem sie ein Leben lang zehrten.

Das persönliche Interesse, das Luise gegenüber einfachen Menschen bekundete, gehörte zu ihren liebenswertesten Eigenschaften. Die vielen Schriften über Luise und Friedrich, die anlässlich von Hochzeits- und Regierungsjubiläen sowie zur Unterrichtung von Schulkindern und zur Erbauung des Volkes erschienen, reihten Anekdote an Anekdote. Diese Geschichten und Geschichtchen über die (Mit-)Menschlichkeit Luises und Friedrichs prägten das Bild von Fürstin und Fürst bei den einfachen Leuten weit mehr als wirklich große Entwürfe und Erfolge. Voll Ehrfrucht erzählte man sich, dass Luise ein richtig gehendes „Beißzangengedächtnis" hatte – sie soll weder Gesichter noch Namen jemals vergessen haben.

Eine typische Geschichte berichtet Karl Hesselbacher aus seiner Zeit als Pfarrer in Karlsruhe. Regelmäßig sei er zur Zwiesprache ins Schloss gerufen worden, wo sich Luise stets intensiv nach der Arbeit des Pfarrers und der Zahl der Kirchenbesucher erkundigt habe. Vor allem habe sie auch immer zu wissen verlangt, was er über die „Seele der arbeitenden Bevölkerung" sagen könne. Sodann habe sie sich erkundigt: „Haben Sie einen besonderen Fall der Not, bei dem ich Ihnen helfen kann?" Jawohl, das hatte Hesselbacher. Eine arme Frau und Mutter, deren Mann auf ein Jahr im Gefängnis säße, versuche durch Waschen und Putzen sich und die Kinder durchzubringen und auch noch ihrem nichtsnutzigen Mann einige Mittel zukommen zu lassen. Über ihrer schweren Belastung sei die Ärmste zusammengebrochen. Luise soll sich eine kleine Notiz in ihrem Merkbüchlein gemacht haben – und schon am nächsten Tag habe die Kranke eine namhafte Unterstützung erhalten. Luise schaltete den Frauenverein ein, der sich weiter um die Familie kümmerte, bis der Ehemann wieder aus dem Gefängnis entlassen war. Besonders erwähnenswert aber schien es Hesselbacher, dass der Fall damit für Luise noch nicht erledigt war: „Noch nach zwei Jahren pflegte die Großherzogin bei meinen Audienzen im Schloss regelmäßig nach ‚der Frau' zu fragen. Sie vergaß nichts, wenn ihr Herz sprach."

Bei solchen individuellen Hilfeleistungen verlor Luise aber nicht den Blick für das große Ganze. Wie sie einst tatkräftig für den Aufbau der organisierten weltlichen Krankenpflege und des Roten Kreuzes gekämpft hatte, versuchte im jungen 20. Jahrhundert die Großherzogin mit ihrem Frauenverein gegen die Übel anzugehen, die noch immer unsägliches Leid vor allem über die ärmere Bevölkerung brachten: die Tuberkulose und die Säuglingssterblichkeit. Noch immer starb jedes fünfte Kind vor seinem ersten Geburtstag. Weil überdurchschnittlich viele Proletarierbabys starben und weil bei unehelichen Kindern die Zahl der Todesopfer besonders hoch lag, sah sich der Frauenverein hier besonders gefordert. Zur Bekämpfung der Tuberkulose und für die Säuglingsfürsorge wurden 1906 jeweils eigene Abteilungen des Frauenvereins gegründet. Dass die Säuglingssterblichkeit in den folgenden Jahren von 20 auf 16,5 Prozent sank, schrieben die Statistiker nicht zuletzt dem segensreichen Wirken des Badischen Frauenvereins zu.

Luise hatte allen Grund, stolz zu sein auf „ihren" Frauenverein, der zum größten badischen Verein der Kaiserzeit herangewachsen war. Er hatte im Jahr 1919 fast 94.000 Mitglieder, allein in Karlsruhe über 20 Adressen und seine Institutionen spannten sich einem Spinnennetz gleich über das ganze Land. Die bürgerliche deutsche Frauenbewegung blickte voll Bewunderung nach Baden; sie lobte die Vorbildfunktion, die von dem Land ausging – und dies, obwohl sich der badische Frauenverein ganz explizit von den politischen Forderungen der Frauenbewegung abgrenzte. Der Frauenverein strebte bis zum Ende des Kaiserreiches nicht nach gleichberechtigter politischer Teilhabe, doch ihm gelang der Einbruch in traditionelle Männerdomänen: Frauen der Oberschicht und der gehobenen Mittelschicht praktizierten Sozialpolitik. Und dies nicht gegen den Widerstand von Staat und Gesellschaft, sondern dank Luises Protektion mit deren Hilfe. Beispielsweise arbeitete die Karlsruher Stadtverwaltung seit 1874 mit dem Frauenverein zusammen. Ab dem Jahr 1910 schrieb das badische Gemeindegesetz sogar zwingend vor, dass Frauen in bestimmten Gemeindeausschüssen mitarbeiten „mussten". Was beispielsweise in Luises preußischer Heimat undenkbar gewesen wäre. Dort hatten noch wenige Jahre zuvor 3.000 Armenpfleger gedroht, sofort ihr Amt niederzulegen, wenn auch nur eine einzige Frau in diesen ehrenwerten Berufsstand aufgenommen würde.

Man hat dem Badischen Frauenverein und seiner Protektorin Luise den Vorwurf gemacht, dass sie durch ihre Übermacht und ihre alle gesellschaftlichen Schichten umfassenden Aktionen der politischen Frauenbewegung mit ihren emanzipatorischen Forderungen das Wasser abgegraben hätten. Großherzogin Luise hätte sich über diesen Vorwurf wahrscheinlich gefreut. Denn ihr waren radikale Änderungen von Herzen zuwider. Gesellschaftliche Missstände wollte sie gerne beseitigen oder zumindest abmildern auf die ihr eigene pragmatische Art – doch die Gesellschaft an sich umzukrempeln war ihre Sache nicht. Das wäre ihr auch allzu unweiblich erschienen...

Und ihre „Weiblichkeit" betrachtete Luise als ihr Kapital. Sie liebte es, wenn sie – häufig genug – mit ihrer Großmutter, der Königin Luise von Preußen, verglichen wurde, denn diese Königin war längst zu einer deutschen Legende geworden. Einer Legende nicht nur dank ihrer Tatkraft, sondern auch dank ihrer bürgerlich anmutenden Tugenden. Würdigungen, wie sie ein Schulmeister namens Ott zum 80. Geburtstags Friedrichs I. geschrieben hatte, galten Luise als die schönste Belohnung für ein Leben voller Arbeit: „Wie aber der Großherzog seinem Lande ein vortrefflicher Regent, seinem Volke ein wahrer Führer war, wirkte die Großherzogin durch den Badischen Frauenverein als echte Landesmutter", hieß es dort. Fort fuhr der Schulmeister, indem er den ehemaligen Innenminister August Lamey zitierte: „Die Großherzogin hat sich ein herrliches Reich gegründet, ein Reich, worin sie mit opferwilliger Tätigkeit und Hingebung waltet, ein Reich, das seine Segnungen in die entferntesten Täler und in die niedersten Hütten ausstrahlt, ein Reich der reinsten Liebe."

Abschied nach 51 Jahren

„Das Fest der Goldenen Hochzeit war der höchste Höhepunkt unseres gemeinsamen Lebens“, erinnerte sich Luise später an die Feierlichkeiten zu ihrem 50-jährigen Ehejubiläum. Nicht nur der Jubel und die Anteilnahme des Volkes, sondern auch die Tatsache, dass im Jahr 1906 endlich, endlich ein Junge geboren war, der das stolze Haus einstmals weiterführen konnte, versetzte das Jubelpaar in Festlaune. Prinz Max, der Sohn von Friedrichs verstorbenem Bruder Wilhelm, der nach dem kinderlosen Erbgroßherzog der nächste in der Thronfolge war, hatte den so sehnlich erwarteten Stammhalter bekommen, Berthold Friedrich. Der greise Großherzog und seine Gemahlin hofften, dass das Baby einst seinem Vater ähnlich sein würde: Prinz Max, der spätere Reichskanzler, war ein liberal denkender, umsichtiger Kopf mit Führungstalent und diplomatischem Geschick. Im Innersten ihres Herzens mochte das alte Fürstenpaar wissen, dass Max von Baden weitaus mehr als der eigene kränkelnde Sohn das Format eines großen Politikers hatte – ausgesprochen hätte es diesen Gedanken allerdings nie. Immerhin war es dem Großherzog eine echte Erleichterung, dass sein Werk von einem aus seiner Familie fortgesetzt würde. Luise als treue Gemahlin teilte seine Freude. Bemerkte doch die immer noch agile und unermüdlich arbeitende Großherzogin, die selbst auf die 70 zuging, mit heimlicher Furcht, dass ihr guter Fritz ein alter Herr geworden war, den die peinlich befolgten, oftmals selbst auferlegten Pflichten immer schneller ermüden ließen.

Die Reaktionen der Menschen bei der goldenen Hochzeit vertrieben die letzten Zweifel: Großherzog Friedrich wurde von der badischen Bevölkerung nicht nur als treu sorgender Landesvater akzeptiert, sondern von Herzen verehrt. Sein sympathisches Äußeres, seine Schlichtheit, sein Bemühen, die Badener mit all ihren

Eigenheiten zu lieben, sie ernst zu nehmen und ihre Schwächen zu übersehen (er bezeichnete das Volk gerne als seine „erweiterte Familie"), seine Gabe als Schlichter und Vermittler und seine persönliche Integrität machten ihn zu einem Landesvater, der tatsächlich über den Parteien stand.

Friedrich I. war eigentlich kein schöpferischer Geist. Er war ein Mann der Tradition, ein Fürst, der nie auch nur den geringsten Zweifel daran hegte, dass Gott seiner Dynastie besondere Rechte vor allen anderen Menschen zugestanden hatte: Doch selbst die Gegner der Monarchie konnten ihm ihre Achtung nicht versagen. In der Biographie Friedrichs, die Alfred Dove zum 50-jährigen Regierungsjubiläum des Großherzogs geschrieben hatte, hieß es über die badische Politik, sie sei „liberal und national dem Gehalt nach, aber konservativ in der Form." Der Großherzog regierte konstitutionell, er berief seine Minister weitestgehend entsprechend der Landtagsmehrheit, aber er machte von der Machtfülle, die er als Erbmonarch nach wie vor besaß, Gebrauch, wenn es ihm nötig erschien. Einen Widerspruch zwischen Fürstenrecht und Volksrecht wollte er nicht gelten lassen, so wie auch die Masse der Badener keinen Widerspruch zwischen dem Bekenntnis zum fürstlichen Landesvater und einer freiheitlichen Staatsgesinnung sah.

Dass – abgesehen von den Damen des Frauenvereins und den Luisenschwestern – die meisten Menschen dem Großherzog noch mehr Verehrung und noch mehr Vertrauen entgegenbrachten als seiner Gemahlin – das nahm Luise nicht übel. Denn auch die Großherzogin hielt ihren Fritz für einen ganz wunderbaren Menschen, einen Mann, dem die göttliche Gnade in ganz besonderem Maße zuteil geworden war. Und die Liebe, die die Menschen dem alten Großherzog entgegenbrachten, würde einst ihrem Sohn den Weg ebnen: Gerade weil Friedrich das badische Fürstenhaus populär im besten Sinne des Wortes gemacht hatte, würden auch seine Nachfolger beim Volke in hohem Ansehen stehen. Ach, alle Arbeit war doch letztlich eine Investition in die Zukunft.

Aber wie viel Zukunft würde ihr guter Fritz noch haben? An seinem 81. Geburtstag, den er auf der Mainau feierte, wirkte der Großherzog geradezu beängstigend frisch. Schon wenige Tage später aber klagte der alte Mann über Mattigkeit, ohne besondere Krankheitserscheinungen benennen zu können. Unbedingt wollte Friedrich der Einweihung der erweiterten katholischen Kirche zu Litzelstetten beiwohnen. In voller Uniform trat er auf, um wieder einmal zu zeigen, dass der badische Staat die römische Kirche hoch schätzte. Dass er das Tedeum nur überstand, indem er sich schwer auf Luise stützte, bemerkten nur die alten Vertrauten. Dass der Großherzog aber nicht auch beim evangelischen Gottesdienst auf der Mainau erschien – das sorgte für allerhand Gemunkel.

Luise hatte ihre Visite bei einer Handarbeitsausstellung in Eigeltingen zugesagt. Angesichts des zunehmenden Unwohlseins ihres Gemahl erwog sie, diesen Besuch abzusagen. Doch Friedrich war sichtlich bemüht, ihre Bedenken zu zerstreuen. Um den Großherzog nicht durch ihre Befürchtungen zu irritieren, fuhr Luise ab. Mit einem unguten Gefühl zwar, aber auch der Gewissheit, dass der Mensch sich dem göttlichen Willen beugen müsse. Ein Telegramm, das sie auf ihrer Fahrt erreichte, stürzte Luise in neue Ängste. Ganz offensichtlich ging es ihrem Fritz sehr schlecht und es war allerhöchste Zeit, wieder an seine Seite zu eilen und ihm den Rücken zu stärken. In Radolfzell traf Luise mit ihrem Sohn Friedrich und der Erbprinzessin Hilda zusammen. Dieses Zusammenkommen war ihr ein großer Trost. Was scherten Luise in diesen Stunden ihre heimlichen Zweifel an den Fähigkeiten des Sohnes und an der Tatkraft der Schwiegertochter? Sie waren Menschen aus ihrer Familie, die mit ihr bangten, hofften und litten! Der jüngere Fritz war Blut vom Blut des alten Großherzogs und er würde sich seines Hauses würdig erweisen. In den Stunden der Not klammerte sich Luise verzweifelt an die Worte und Lobpreisungen, die die Chronisten der Zeit so unbefangen auf die Erben des badischen Thrones anwandten.

Luise saß am Bett ihres Mannes und erzählte dem Kranken munter, was sie bei ihrem Ausflug so erlebt hatte. Friedrich lächelte, während er seiner Gemahlin lauschte. Ihre energische, muntere Stimme! Man konnte Gott nicht genug danken für so eine Ehefrau! „Gott mit uns“ – war das nicht der Leitspruch, den Luise ihrem Frauenverein gegeben hatte? Wie oft hatte Friedrich in seinem Leben darum gerungen, was nun recht war und was ein Irrweg!

Luise schien sich ihres himmlischen Bundesgenossen immer so sicher. Das machte sie stark, machte sie unbesiegbar. Die Männer, die Herren, der Adel, der Großherzog – was waren sie denn ohne ihre Frauen? Was wäre ein Friedrich ohne seine Luise? Dieser starken Frau, die jetzt an seinem Bett saß und ihre Tränen zurückzuhalten suchte? Unglaublich, wie jung sie war trotz ihrer grauen Haare, die Luise, Prinzessin von Preußen und Großherzogin von Baden. So jung wie nur Menschen sein konnten, für die es keine Kompromisse gab. Aber nicht einmal Luise war stark genug, den

Tod zu bezwingen. Friedrich lächelte mühsam, als er seiner Tochter Victoria, Kronprinzessin von Schweden, die Hand entgegenstreckte. Seiner kleinen Vicky, die jetzt selbst schon eine Großmutter war! Großmutter Victoria – und Luise eine Urgroßmutter! Eine Urgroßmutter – und dabei legte diese Frau immer noch eine Vitalität an den Tag, die 20, ja 30 Jahre jüngere Damen in den Schatten stellte! Ja, es würde wohl noch einige Zeit ins Land gehen, bis er wieder mit seiner Luise vereinigt wäre...

Luise wollte nicht wahr haben, was ihre schmerzenden Augen sahen: dass die Kräfte des Großherzogs rapide schwanden. Doch dann ging alles so schnell. Am Morgen des 28. September 1907 gaben die Ärzte einen Bericht über den Gesundheitszustand des Kranken aus: „Seine Königliche Hoheit der Großherzog hat die heutige Nacht in dem gleichen Schlummerzustande verbracht wie den gestrigen Tag. Die Atmung ist oberflächlich und leise, oft tief und keuchend, aber unzulänglich; das Letztere gilt auch von der sehr unregelmäßig und schwach gewordenen Herztätigkeit. Das Bewusstsein ist nicht wieder gekehrt; der Großherzog leidet also nicht unter einem beklagenswerten Zustand. Nahrungsaufnahme hat seit gestern früh nicht mehr stattfinden können."

Eine halbe Stunde nach der Ausgabe dieses Berichts mehrten sich die Zeichen, dass es dem Ende zuging. Großherzog Friedrich kam nicht mehr zu Bewusstsein. Luise, der Erbgroßherzog Friedrich, Erbgroßherzogin Hilda, Kronprinzessin Victoria von Schweden und Prinz Max von Baden hofften vergeblich auf ein letztes Wort des Sterbenden. Sie warteten nicht allein. Wie das Leben Friedrichs war auch sein Tod eine hoch offizielle Angelegenheit. Während der letzten Stunden des Großherzogs waren außer den Familienangehörigen, den Ärzten und den Geistlichen die „Damen und Herren der Umgebung, Staatsminister Dr. Freiherr von Dusch und Ministerialpräsident Freiherr von Marschall sowie die persönliche Dienerschaft zugegen. Präsident Geheimrat D. Helbing betete mit den Anwesenden bis nach Eintritt des Todes."

„Tief bewegt bringen wir die Trauerkunde zur Kenntnis des Badischen Volkes, dass es Gott gefallen hat, unseren viel geliebten Landesherrn, seine Königliche Hoheit den Großherzog Friedrich von Baden, Herzog von Zähringen, aus diesem Leben abzurufen. Er entschlief sanft nach kurzer Krankheit am 28. September vormittags neun Uhr im 82. Jahre eines reichen Lebens, das Er in einer 55-jährigen Regierung ganz dem Wohle Seines Ihm teueren

Volkes gewidmet hat. Sein Andenken sei gesegnet“, verkündete am gleichen Tag das Großherzogliche Staatsministerium.

Luises Gemahl war tot, Luises Sohn war neuer badischer Landesherr: Friedrich II. von Gottes Gnaden Großherzog von Baden, Herzog von Zähringen, tat öffentlich kund, dass die Regierung jetzt auf ihn übergegangen sei: „Wir treten sie (die Regierung) an in vollem Vertrauen auf die erprobte Treue Unseres Volkes und geben die Versicherung, dass Wir die Verfassung fest und unverbrüchlich halten und des Landes Wohlfahrt mit allen Kräften fördern werden. Dem hehren Vorbild unseres in Gott ruhenden Vaters folgend wollen Wir die Regierung führen in unwandelbarer Treue zu Kaiser und Reich, um deren Wiedererstehen der nun Vollendete sich unvergängliche Verdienste erworben hat.“

Die Menschen in ganz Baden erfuhren durch Extrablätter und Sonderausgaben ihrer Zeitungen vom Heimgang des verehrten Landesvaters. Egal, welche Couleur die Medien hatten – sein Leben, seine Persönlichkeit und sein politisches Werk fanden in den umfangreichen Nachrufen durchweg Anerkennung. So schrieb beispielsweise der „Volksfreund“, das Parteiblatt der Sozialdemokraten: „Mit Großherzog Friedrich ist einer der populärsten deutschen Fürsten aus dem Leben geschieden. Es wäre unklug, leugnen zu wollen, dass die Sympathie, deren sich der verstorbene Fürst erfreute, sich nicht nur auf die Anhänger des monarchischen Regierungssystems beschränkte...“.

Ähnliche, aber auch weitaus überschwänglichere Äußerungen gab es in ganz Deutschland. Die staatstragende Karlsruher Zeitung widmete in ihrer umfangreichen Würdigung des Verstorbenen auch einen größeren Abschnitt der Witwe: „In der schicksalsschweren Stunde des Scheidens wenden sich die Blicke des Volkes empor zur tief gebeugten, hoheitsvollen Frau, die dem Großherzog ein halbes Jahrhundert lang als die unermüdlich liebevolle Stütze treu zur Seite gestanden ist. ..... Schwere und trübe Tage, heitere und glückliche Stunden sind über diesen Ehebund dahingegangen. In allem aber erschien er dem Volke als das schönste Vorbild eines reinen, beglückenden Familienlebens. 51 Jahre verbunden in Freud und Leid, Stütze einer dem anderen, die Sorgen und die Bürde der Verantwortlichkeit vor Gott und dem Volke redlich geteilt, unermüdlich in der Erfüllung der fürstlichen Regentenpflichten, allen ein Vorbild der Heilighaltung der Ehe! Wohl dem Lande, dem vom Throne solch ein Beispiel gegeben wird! .... An der Seite seiner Gemahlin ist dem Großherzog das reichste Glück zuteil geworden. Es ist der beseligte Ausdruck dieses Besitzes, der in den Worten ausklingt, die Großherzog Friedrich am 29. April 1877 in der Karlsruher Residenz an den greisen Kaiser richtete: ‚Eure Majestät haben mir in beglückendem Vertrauen das Teuerste geschenkt, das Sie besitzen – Ihr Kind. Sie haben mir das häusliche Glück geschenkt und mit ihm mein Leben verschönt, bereichert und versüßt. Ihre Tochter, meine teure Gemahlin, ist mir durch ihre Treue und Liebe in schweren und guten Zeiten zum Trost, zur Kraft und zum Segen geworden'." Dass Luises eigenständiges Wirken und Schaffen unerwähnt blieb und ihre Bedeutung lediglich innerhalb des fürstlichen Ehebundes hervorgehoben wurde – das fiel kaum jemandem auf. Luise selbst am allerwenigsten.

Am 2. Oktober 1907 wurde die sterbliche Hülle Friedrichs aus den Gemächern des Schlosses Mainau in die Karlsruher Schlosskirche überführt. Auf dem Weg zum Hafen schritt Luise unmittelbar hinter dem Sarg ihres Gemahls, an ihrer Seite der Sohn, Friedrich II., und der Schwiegersohn, der Kronprinz von Schweden. Die neue Großherzogin Hilda folgte mit Kronprinzessin Victoria und dem Prinzen Max, während die Bevölkerung der umliegenden Ortschaften Spalier stand. Als der Sarg in Konstanz vom Hafen zum Bahnhof gebracht wurde, folgten die männlichen Verwandten wieder zu Fuß, während die fürstlichen Damen in einem Wagen Platz nahmen. In Immendingen, Waldshut, Lörrach und Freiburg machte der Sonderzug Halt. Friedrich II. verließ jedes Mal den Wagen, um für die Trauerkundgebungen der Bevölkerung zu danken. Bei der Durchfahrt durch kleinere Bahnhöfe verringerte der Zug die Geschwindigkeit, um der Bevölkerung Gelegenheit zu Trauerovationen zu geben.

Bei der Ankunft in der Residenzstadt donnerten Kanonen, läuteten sämtliche Glocken. Wieder schritten die männlichen Angehörigen zu Fuß vom Hauptbahnhof (der damals noch am Ettlinger Tor beim heutigen Staatstheater lag) bis zum Schlossplatz hinter dem mit sechs Pferden bespannten Leichenwagen her, während die Damen in einer Kutsche fuhren. Die Schlosskirche war schwarz ausgeschlagen und gefüllt mit Kränzen und Blumengebinden, die aus ganz Baden eingetroffen waren. Während Luise der Andacht des Hofpredigers lauschte, ließ sie keinen Blick vom entseelten Körper ihres Gemahls. Der tote Großherzog ruhte in Uniform im offenen Sarg und sein Gesicht zeigte noch im Tod den vertrauten, gütigen Ausdruck. Als am 4. Oktober die Kirche für den allgemeinen Zutritt geöffnet wurde, nutzten Tausende die Möglichkeit, ihren Landesherrn ein letztes Mal zu sehen.

Der vielleicht schwerste Tag für Luise war der 7. Oktober – der Tag, an dem die sterblichen Überreste Friedrichs ins Mausoleum überführt wurden. Schon am frühen Morgen hatten sich Tausende von Menschen am Schlossplatz eingefunden. Nicht nur die zum Trauerzug abkommandierten Truppenkörper standen Spalier, sondern schon ab neun Uhr auch Vereine und Korporationen, Schulen und studentische Verbindungen. Die Häuser der Stadt – selbst die meisten Privathäuser – waren mit Trauerschmuck verhängt.

Ab zehn Uhr versammelten sich Höflinge und Regierungsmitglieder, die Vertreter der Kirchen – auch der Erzbischof war aus Freiburg gekommen –, der Parteien und der Presse. Um elf Uhr schließlich kündigte der Großhofmeister mit dem Stab das Erscheinen der „Allerhöchsten und Höchsten Herrschaften" an. Kaiser Wilhelm II. führte seine alte Tante, die Großherzogen-Witwe Luise. Großherzog Friedrich II., der sich einst so heftig mit seinem großmäuligen kaiserlichen Cousin gestritten hatte, ging an der Seite der Königin von Sachsen. Hinter ihnen betrat der Kronprinz von Schweden das Gotteshaus – er führte seine Schwägerin, Großherzogin Hilda. Luises und Friedrichs Tochter Victoria kam in der vierten Reihe an der Seite des Königs von Sachsen und wusste den König von Württemberg mit der Herzogin von Anhalt hinter sich. Sorgsam, dem Rang der Trauergäste gemäß und peinlich bemüht, niemanden zu brüskieren, hatten die Hofbeamten die Platzierung der zahlreichen Fürstlichkeiten des Deutschen Reiches und der Vertreter anderer europäischer Völker festgelegt. Als Witwe des Verstorbenen hatte Luise ein letztes Mal Vorrang vor ihrem Sohn und ihrer Schwiegertochter. Erst als der rangniedrigste Prinz seinen Platz eingenommen hatte, begann der Präsident des Oberkirchenrats, D. Helbing, mit seiner Ansprache. Eine Stunde dauerte der Gottesdienst, dann begaben sich die „Allerhöchsten und Höchsten Herrschaften" ins Schloss, bis der Trauerzug geordnet war. Endlich, eine Viertelstunde nach 12 Uhr, setzte sich dieser in Richtung Grabkapelle in Bewegung und schweigend nahmen die Wartenden am Wegrand Abschied von ihrem Großherzog.

Mit der Beisetzung Friedrichs in der Gruft kehrte der Hof noch lange nicht zum Alltag zurück. Hoftrauer war über 24 Wochen angesagt – sie endete, bei allmählicher Lockerung der strengen Regeln, erst am 13. März 1908. Luise allerdings legte ihre Witwenhaube und ihr Trauergewand während der nächsten 16 Jahre nur zum Schlafen ab. Sie war eine betagte Dame, hatte 51 Jahre lang an der Seite ihres Mannes gelebt – welchen Grund sollte es für sie noch geben, frische und fröhliche Farben zu tragen? Großherzogin Luise wurde zur berühmtesten und am meisten bewunderten Witwe Badens.

Doktor der Medizin

Als verheiratete Frau war Luise eine Institution gewesen, an der es kein Vorüber gab. Als Witwe wurde sie zur Ikone. Ihre Schwiegertochter, Großherzogin Hilda, konnte sich aus Luises Schatten nicht lösen – wahrscheinlich bemühte sie sich aber auch gar nicht, der alten Fürstin ihren Platz streitig zu machen. Auch Friedrich II. hatte weder das Format noch die Energie, seinen verstorbenen Vater zu überflügeln. Das neue Großherzogenpaar ging in den Fußstapfen des alten, blieb dabei aber sonderbar blass. Friedrich II. und Hilda profitierten von der Liebe und der Ehrfurcht, die sich Friedrich I. und Luise erarbeitet hatten. Sie waren aufrichtig bestrebt, sich dieser Liebe und Ehrfurcht würdig zu erweisen. Sie kamen gewissenhaft den Pflichten nach, die ihre hohe Position ihnen aufnötigte, aber sie waren beide vom Charakter her mehr Verwalter als Initiatoren. Kontinuität galt ihnen als wichtiger und sicherer als Fortschritt, Experimente jagten ihnen Furcht ein. Sie hatten keine Visionen, betrachteten ihren Mangel an Ideen aber keineswegs als Fehler. Mit Staunen und Faszination beobachteten sie, wie die alte Mutter sich, nachdem sie sich einigermaßen vom Tod ihres Mannes erholt hatte, in die Arbeit stürzte.

Luise war überzeugt davon, dass die Menschen ihr Schicksal selbst in der Hand hatten. Wenn sie ihren Wahlspruch „Gott mit uns“ auf den Lippen führte, dann hatte sie immer auch im Hinterkopf, dass Gott auf der Seite der Tüchtigen stand. Und tüchtig war sie fürwahr, die Großherzogen-Witwe. Die Residenzler, die bei aller Zuneigung zu ihrem Fürstenhaus auch ein loses Mundwerk hatten, flüsterten sich zu, dass „die Luis“ den Großherzog Friedrich II. so richtig unter der Fuchtel habe und der Schwiegertochter Hilda alle Entfaltungsmöglichkeiten nehme. Sie war schon eine tolle Frau, „die Luis", aber ungewöhnlich dominant für eine Dame. Na ja, schließlich stammte sie von den Hohenzollern ab.

Solche hinter vorgehaltener Hand weitergegebenen Bemerkungen fanden immer neue Nahrung durch die Lebensgewohnheiten der alten Dame. Die hatten sich für Luise nur insofern geändert, als sie nicht mehr unmittelbar über die politischen Umstände informiert wurde. Als Witwe hatte sie als Sommersitz das Schloss zu Baden und außerdem die Mainau behalten – ihr Hauptwohnsitz aber blieb das Karlsruher Schloss. Letzteres widersprach jeglicher Etikette und wäre noch 50 Jahre zuvor undenkbar gewesen. Die Witwe eines Fürsten hatte nach dem Tod ihres Mannes schleunigst das Feld zu räumen, das war jahrhundertelanger Brauch. Bereits in den Heiratsverträgen der künftigen Regentinnen war festlegt, auf welchen Witwensitz die Damen nach dem Tode ihres Gemahls zu entschwinden hatten. Nur ihre persönliche Habe durfte eine Witwe mitnehmen, alle Möbel, Kunstobjekte und sonstigen Wertsachen, die aus der Hofkasse bezahlt waren, musste sie zurücklassen. Die neue Herrscherin sollte unbelastet von den Vorstellungen ihrer Schwiegermutter Hof halten können. Dass die verwitweten Fürstinnen hoch zu ehren und zu würdigen waren, änderte nichts daran, dass sie faktisch kalt gestellt wurden. Doch bei Luise konnte gar keine Rede davon sein, dass sie in Bedeutungslosigkeit versank.

Schon vor Jahren hatte man in Militärkreisen gemunkelt, dass Sohn Friedrich gegenüber der Großherzogin Luise vollkommen willenlos sei. Jetzt, nach dem Tod seines Vaters, hatte Friedrich II. seiner Mutter bereitwillig das Residenzschloss überlassen. Er zog es vor, mit seiner Hilda im Erbgroßherzoglichen Palais an der Karlsruher Kriegsstraße zu bleiben. Dieses, der heutige Bundesgerichtshof, war 1891 bis 1897 von Josef Durm für den Thronfolger errichtet worden. Bloß keine Veränderungen! Friedrich II. hatte schon als Kind wenig Sinn für Neuerungen gezeigt. Sein Leben als Erwachsener hatte er in preußischem Militärdienst zumeist außerhalb der Residenzstadt verbracht. An das Karlsruher Schloss, in dem ihm nach der Hochzeit mit Hilda im Bibliotheksgebäude oberhalb der Hofapotheke ein Absteigequartier eingerichtet worden war, hatte er keine sonderlich angenehmen Erinnerungen. Jetzt als 50-Jähriger – so alt war Friedrich II., als er den badischen Thron bestieg – hatte er keine Lust, noch einmal die Mühsal eines Umzugs auf sich zu nehmen. Er wollte seine Ruhe haben – soweit ein Landesvater eben seine Ruhe haben konnte. Dass seine Augen ihn immer mehr im Stich ließen und seine gute Mama eine so überaus beliebte Persönlichkeit war, lieferte ihm Vorwand genug, dort zu bleiben, wo er war. Luise residierte daher weiter im Schloss der Großherzöge von Baden.

Auch im Frauenverein behielt Luise weiter die Fäden in der Hand. Hilda und Friedrich unterstützen die alte Dame zwar bereitwillig, wo es nötig war, waren aber nicht mit dem Herzen bei der Sache. Die regierende Großherzogin ließ sich bei Vorstandssitzungen nur dann sehen, wenn es unabdingbar war. Ihre Schwiegermutter hingegen, so zerbrechlich sie in ihrem Witwenkleid aussah, flüchtete sich geradezu in die Arbeit bei „ihrem" Frauenverein. Das Erreichte war ihr längst noch nicht genug – der Verein musste zum Wohle des Volkes immer weiter ausgebaut werden. „Wie könnte es uns gut gehen ohne die Arbeit?", fragte Luise in einem Brief eine ihrer Mitarbeiterinnen. Das 50-jährige Bestehen des Frauenvereins im Jahr 1909 nahm die Witwe zum Anlass, zum ersten Mal wieder bei einem Festakt in der Öffentlichkeit aufzutreten.

Wer hatte nur die Behauptung in die Welt gesetzt, dass dic Zeit Wunden heilen könne? Luise wies diesen Gedanken weit von sich. Den Verlust ihres Gemahls, den würde sie ihr Leben lang nicht verschmerzen. Man sprach ja im Laufe der Jahre nicht mehr so häufig darüber, wie sehr man einen geliebten Menschen vermisste – aber man vermisste ihn umso mehr. Luise stellte in ihrem Empfangssalon neben ihrem Sitz eine Staffelei mit dem Bildnis des verstorbenen Großherzogs auf. Die Menschen sollten ruhig wissen, dass Fritz in ihren Gedanken immer gegenwärtig war. Das Werk des Verstorbenen fortzuführen, war ihr ein innerstes Bedürfnis und Trost zugleich. Dabei wurde der Wunsch, sich persönlich um die Leidtragenden und die Elenden zu kümmern, für Luise im Alter immer mehr zur Manie.

Als der Erste Weltkrieg ausbrach, war die Tochter Wilhelms I. bereit, für das Reich alles, aber auch alles zu geben. „Wir müssen siegen, darum werden wir siegen. Ich glaube an den Sieg der gerechten Sache", sagte sie zu einem Geistlichen. Luise befand sich gerade auf der Mainau, als der Krieg erklärt wurde, kehrte aber umgehend nach Karlsruhe zurück. Auch für Hilda gab es jetzt keine Ausflüchte mehr: Der Frauenverein und der Landesverein vom Roten Kreuz brauchten jetzt jede denkbare Unterstützung von ihren beiden Großherzoginnen.

Am ersten Mobilmachungstag, dem 2. August 1914, forderte der Frauenverein alle Badenerinnen gleich welchen Standes auf, sich freiwillig zu Näharbeiten für die Lazarettwäsche zu melden. Für die 260 Karlsruherinnen, die sich spontan dazu bereit erklärten, ließ die alte Großherzogin Tee bereiten. Zusammen mit den „Kriegsschwestern" ließ sich Luise an der Seite der Generaloberin Mathilde von Horn fotografieren. Insgesamt wurden während des Krieges 663 Schwestern mobilisiert und an das Krieg führende Heer „übergeben".

Die Begeisterung war groß – auch Kreise, die dem Kaiserhaus weit weniger nahe standen als Luise, übten sich in vaterländischen Hochrufen. Nicht nur Bürgerfrauen, selbst überzeugte Sozialistinnen packten bei kriegswichtigen Arbeiten willig mit an – sahen sie doch jetzt ihre Chance, sich als echte Staatsbürgerinnen zu erweisen. Auch die ersten Meldungen von Verlusten konnten den nationalen Überschwang nicht dämpfen. Luise stockte ihre Stiftung „Witwentrost" auf und schrieb Ende Oktober 1914 für die Blätter des Badischen Frauenvereins: „Jedes Leid, das unsere geliebten Landeskinder trifft, findet warmen Widerhall in meinem Herzen, und ganz besonders fühle ich mich den Witwen vereint und nahe, die vereinsamt dastehen und den schweren Weg des Witwenschmerzes zu wandeln bestimmt sind. Mein Gebet steigt zu Gott empor, dass er in seiner Gnade den vielen Schwergebeugten Kraft und Stärke verleihen wolle, die schmerzvolle Prüfung zu tragen und dass er ihr Leid durch seinen heiligen Frieden verkläre. Das walte Gott."

Frühmorgens die Fahrt zum Bahnhof, um zusammen mit Hilda und Friedrich die neu ausziehenden Truppen zu verabschieden. Gespräche mit Ärzten, Krankenschwestern, Offizieren und Mannschaften. Dann Sitzungen beim Landesverein des Roten Kreuzes. Sitzungen des Kriegsunterstützungsamtes, Sitzungen des Frauenvereins, dazwischen Empfänge, Besuche in den Lazaretten – man war, so schrieb die Oberbürgermeisterin-Witwe Anna Lauter voll Bewunderung, versucht zu glauben, „die Tage der Großherzogin hätten mehr Stunden als die anderer Leute". Während Hilda die auswärtigen Lazarette besuchte, übernahm ihre mittlerweile halb blinde Schwiegermutter dieselben in Karlsruhe.

Unzählige Anekdoten über diese Besuche bei den Verwundeten wurden niedergeschrieben und prägten das Bild der gütigen Großherzogen-Witwe noch viele Jahrzehnte später. So erzählte beispielsweise „Frau Geheimrat" Ida Doll: „Ein besonderes Licht umfloss ihre immer kleiner werdende Gestalt, als sie an das Bett eines schwer verwundeten Landwehrmannes trat, der standhaft nach der Wand sah und von der Anwesenheit der Fürstin keine Notiz nahm. ‚Wo sind Sie zu Hause?' – ‚Vom Schwarzwald!' – ‚Aus welchem Ort?' – ‚Den Ort kennen Sie ja doch nit', und widerwillig folgte der Name. – ‚Freilich kenne ich diesen Ort, ich bin einst mit dem Großherzog auf der Fahrt nach St. Blasien durchgefahren und habe damals lange mit dem Bürgermeister... gesprochen. Lebt der wohl noch, und wissen Sie, wie es ihm geht?' Langsam und verwundert drehte sich der Mann herum, und nun war das Eis gebrochen. Zwar stockend und bitter berichtete er von seiner Frau und seinen Kindern, dass er jetzt ein Krüppel sei und zu Hause nie mehr recht helfen könne. Aber er hörte auf den tröstlichen Zuspruch und war sehr erfreut, als er am nächsten Tage ein großes Paket mit Kleidern und Schuhen seinen Kindern von der Großherzogin schicken konnte..." Einer der Lazarettgeistlichen soll sich einmal geäußert haben: „Großherzogin Luise ist unser bester Seelsorger."

Unerschrocken zeigte sie sich am Fronleichnamstag 1916, als der folgenreichste Luftangriff des Ersten Weltkrieges auf die Residenzstadt Karlsruhe geflogen wurde. Die Bomben, die fünf französische Flugzeuge an jenem 22. Juni abwarfen, trafen nicht – wie geplant – den Karlsruher Hauptbahnhof. Dass der sich seit einigen Jahren an seinem heutigen Standort befand, war in den veralteten Karten der Franzosen noch nicht verzeichnet. Auf dem ehemaligen Bahnhofsgelände am Ettlinger Tor hingegen befand sich gerade der Zirkus Hagenbeck, dessen Nachmittagsvorstellung von einigen Hundert Menschen, vor allem von Kindern und Jugendlichen, besucht wurde. Als Fliegeralarm gegeben wurde, brach eine Panik aus – die Menschen stürzten aus dem Zirkuszelt, um einen rettenden Keller zu erreichen. Doch es war zu spät: Im Eisensplitterregen starben 120 Menschen – viele an Ort und Stelle, andere später im Krankenhaus – und 169 wurden schwer verletzt. Die Bombardierung Karlsruhes, der schlimmste von 14 Fliegerangriffen auf die Residenzstadt während des Ersten Weltkrieges, gilt als Vergeltungsschlag für einen deutschen Bombenangriff auf Bar le Duc, dem 85 Menschen zum Opfer gefallen waren.

Luise, Friedrich und Hilda befanden sich, als Alarm gegeben wurde, ganz in der Nähe beim Gottesdienst in der Stadtkirche. Durch ihre „ruhige und gefasste Haltung", so erzählte Anna Lauter später, hätten die „großherzoglichen Herrschaften" eine kopflose Flucht der versammelten Gemeinde ins Freie verhindert, wo die Gefahr noch größer gewesen wäre. Sobald das Verlassen der Deckung erlaubt war, fuhr Luise die wenigen Meter bis zum Ettlinger Tor, um sich selbst ein Bild von dem Unfassbaren zu machen. Sie schritt vorbei an den verstümmelten Kinderleichen, versuchte, weinende Mütter und fassungslose Angehörige zu trösten. Sie suchte die Krankenanstalten auf, in denen die Verletzten Unterkunft gefunden hatten, und kümmerte sich noch Monate später um bedürftige Hinterbliebene des Fliegerangriffs. Auch ließ es sich die alte Dame nicht nehmen, selbst zur Beisetzungsfeier für die Fliegeropfer zu kommen.

Obwohl die beinahe blinden Augen sie oftmals heftig schmerzten, hatte Luise – wie einst ihr Vater – jetzt keine Zeit, müde zu sein. Die zunehmende Knappheit an Lebensmitteln stellte sie vor große Probleme. Vor allem um die Kinder machte sie sich Sorgen. Sollte all die Mühe, die sich der Frauenverein um die Bekämpfung der Säuglingssterblichkeit gemacht hatte, vergeblich sein, weil es den Buben und Mädchen kriegsbedingt am Allernotwendigsten fehlte? Die Hausfrau galt längst als die Kämpferin am Herd, die den „Aushungerungsplan der Feinde zunichte machte“: „Jeder Bissen, der gespart wird, jedes haushälterische Umgehen bei der Bereitung der Speisen trägt dazu bei, die Wehrkraft unseres Vaterlandes zu stärken“, hieß es im Vorwort des „Badischen Kriegskochbüchlein“, das sechs Auflagen mit 110.000 Exemplaren erreichte.

Luise erkannte wohl, dass die nackte Not die Frauen zur Resignation bringen konnte. Und weil die Frauen und Mütter ihrer Weltauffassung nach diejenigen waren, die die Männer zu wahrem Heldenmut beflügelten (oder eben auch zur Verweigerung bewegen konnten), betonte sie immer wieder die Notwendigkeit, das weibliche Nationalgefühl zu heben. Es erschien ihr mehr als eine Überlegung wert, „ob nicht in den einzelnen Gemeinden durch unsere Vereine Nachmittage oder Abende eingerichtet werden könnten, in welchen den Müttern neben den belehrenden und ratgebenden Besprechungen über ihre Pflichten bei ihren Kindern und in ihrem Haushalt, auch vielleicht ab und zu eine anregende Stunde geboten werden könnte, in der durch entsprechende kurze Vorträge, hauptsächlich auch vaterländischen Inhalts, der wohl verständlichen, oft gedrückten Stimmung unserer Frauen eine Erfrischung auch auf anderem Gebiete geboten werden könnte...“ Vaterländische Lieder und Gedichte kamen, so meinte Luise, zur Hebung der nationalen Moral ebenso in Frage wie Berichte über das Geschehen im Felde, über die Besuche des Großherzogs, über die Tätigkeit der Feldgeistlichen: „Ein religiöses oder vaterländisches Lied oder auch beides würde, je nach Wunsch und Bedürfnis der Anwesenden, eine Veranstaltung schließen, deren Charakter Einfachheit, liebevolles Verständnis und Teilnahme für unsere Frauen sein müsste, insbesondere für diejenigen, deren Männer draußen für uns kämpfen. Eine Veranstaltung, auf der Gottes Segen ruhen möge, wie auf so vielem anderen in unserem Badischen Frauenverein."

Zusammenhalt. Das war es. Das ganze Volk, die Männer, die Frauen, die Kinder – sie mussten zusammenhalten, um der gerechten Sache zum Sieg zu verhelfen. Und auch Opfer mussten gebracht werden. Luise, die es in Friedenszeiten nur mit einem unguten Gefühl gesehen hatte, wenn eine verheiratete Frau in einer Fabrik arbeitete (zum Glück hatte es in der Residenzstadt ja nur wenige dieser unglücklichen Geschöpfe gegeben!) – sie betrachtete es jetzt als selbstverständlich, dass Mütter 51 Stunden pro Woche in den Munitionsfabriken schufteten und dazu noch Überstunden machten bis zum Umfallen. Sie war sogar bereit, Nacht- und Sonntagsarbeit von Frauen gutzuheißen, denn jetzt diente ja alles dem großen Ziel.

Ohne Opfer ging es nicht. Schließlich hatte man die Notgesetze, die die Beschäftigungsbeschränkungen für Frauen aufhoben, nicht ohne Grund erlassen. Lieber Gott, irgendjemand musste ja in den Fabriken und in der Landwirtschaft die Männer ersetzen. Die Männer, die zum Wohle ihres Vaterlandes an der Front kämpften. Wer konnte da kleinlich sein? Natürlich durften die Familien nicht darunter leiden, dass die Mütter in der Fabrik arbeiteten – das ging schon wegen der Kinder nicht an. Aber hatte der Frauenverein nicht bereits in Friedenszeiten segensreich für die Familien der Arbeiterinnen gewirkt? „Die vermehrte Tätigkeit der Frau und ihre Heranziehung zu mannigfachen neuen Leistungen für vaterländische Bedürfnisse schließt in keiner Weise jene Fürsorge aus. Im Gegenteil, wir möchten ihr hier nochmals einen recht eindringlichen Ausdruck geben", notierte Luise: „Denn je mehr das Leben der Pflicht die Frau nach außen zieht, umso mehr sollte dazu beigetragen werden, sowohl das Familienleben als auch dessen innerliche Grundlage der Gottesfurcht und der Frömmigkeit in Freud und Leid zu pflegen. Der Zweck dieser Zeilen sei in dem einfachen Wort zusammengefasst: ‚Für die Frauen durch die Frauen', und dieses Wort in seinem ganzen Inhalt sei an unsere Vereinsmitglieder in vertrauensvoller Zuversicht auf ihre immer gleiche Bereitwilligkeit gerichtet."

Die Anregungen der alten Großherzogin verhallten nicht ungehört. Die Anstrengungen der Arbeiterinnenfürsorge im Frauenverein wurden weiter verstärkt, die „fürsorgliche Belagerung" der Proletarierinnen bekam eine neue Dimension. Hand in Hand mit der Kriegsamtsstelle für Frauenarbeit führte der Verein jetzt Listen über jede einzelne Arbeiterin in den Munitionsfabriken und in anderen kriegswichtigen Betrieben. Die Vorstandsmitglieder und die mithelfenden Damen machten sodann Hausbesuche, um den Arbeiterinnen in häuslichen Fragen und in ihren Familienangelegenheiten mit Rat und Tat beiseite zu stehen: Die Führung des Haushalts sowie die Ernährung und die Unterbringung der Kinder für die Zeit, die die Mutter in der Fabrik verbrachte, waren Gegenstände ihrer Unterweisungen. Bei unverheirateten Arbeiterinnen achteten die Vereinsdamen nicht nur auf eine „anständige" Unterkunft, sondern auch darauf, dass die Mädchen „einen richtigen Gebrauch von dem reichlich bemessenen Tageslohn machten". Einem „reichlich bemessenen Tageslohn", der – bei gleicher Leistung – allerdings immer noch 40 bis 50 Prozent unter den Männerlöhnen lag.

Luise hatte nie wissenschaftliche Ambitionen gehabt. Aber sie war eine kluge Frau und verfügte über ein vorzügliches Gedächtnis, mit dem sie ihr Gegenüber immer wieder in Erstaunen versetzte. Mancher Arzt, der ihr anfänglich mit der Herablassung des Experten gegenüber dem Laien begegnete, war völlig verblüfft über das breite medizinische Wissen der Großherzogin. Luise bildete sich auf ihr Wissen nichts ein – es war für sie einfach Bestandteil der Kenntnisse, die eine Frau benötigte, die sich in der Krankenpflege engagierte. Trotzdem war es ihr eine große Freude, als die Universität Freiburg beschloss, die Großherzogen-Witwe zum Ehrendoktor zu ernennen: „Die Medizinische Fakultät ernennt mit Zustimmung des Prorektors durch ihren Dekan Ihre Königliche Hoheit Luise, Großherzogin von Baden, Prinzessin von Preußen, die hohe Schützerin des Roten Kreuzes, die seit mehr als einem halben Jahrhundert in Frieden und Krieg nie ermattende Tatkraft und schöpferisches Mitleid im Dienste der Gesundheitspflege geübt hat, die fürstliche Helferin der Schwachen und Kranken, der das Wohltun und Beglücken, auch dem Geringsten gegenüber, wie es dem wahren Arzte geziemt zur pflichtschuldigen Notwendigkeit geworden ist, zum *Doktor der Medizin.*" So hieß es in der Urkunde, die im Februar 1917 der Prorektor Georg von Below und der Dekan Dr. Walter Straub unterzeichnet hatten. Luise nahm das Dokument freudig, aber bescheiden entgegen. Sie wurde nicht müde, immer wieder zu betonen, dass sie als Einzelne diese Würdigung gar nicht verdient habe. Vielmehr komme die Ehre der „großen Arbeitsgemeinschaft zum Wohl des Vaterlandes" zu, in der das „wir" im Vordergrund stehe.

Die Flucht aus der Residenz

Luise hatte nie zu den Menschen gehört, die sich in Selbstzweifeln ergehen. Sie dachte eingleisig, behielt ihre Ziele stets fest im Auge und ging über Widersprüche einfach hinweg. Vermutlich war dies das Geheimnis ihrer Schaffenskraft. Dem Geistlichen Karl Hesselbacher gestand sie einmal: „Ich persönlich darf Gott dafür danken, dass mir gar nie in meinem Leben irgendein Zweifel gekommen ist. Ich habe meinen Kinderglauben mir bewahren dürfen, so wie ihn mein unvergesslicher Lehrer mir dargelegt hat. Aber ich sehe das als eine ganz besonders große Gnade an, dass mir das vergönnt worden ist, und ich kann ein Verständnis haben für alle, denen es Gott nicht so leicht macht, und die sich durch eine ganze Seelennot durchkämpfen müssen, um zu ihrer Gewissheit zu gelangen. Aber ich glaube, dass es der Herr immer den Aufrichtigen gelingen lässt." Und weil sie eben diesen Glauben hegte, hielt Luise auch an der Überzeugung fest, dass der Krieg zu guter Letzt doch noch gewonnen würde.

Jeden Anflug von Zweifel pflegte die Großherzogin durch Arbeit zu bekämpfen. Und Arbeit hatte sie in den letzten Kriegsjahren wahrlich genug. Trotzdem hatte sich da eine Sorge eingeschlichen, die sich nicht einfach wegwischen ließ. In Baden entwickelte sich zwar keine starke Opposition gegen den Weltkrieg, aber es kam immer wieder zu Protesten gegen die vom Krieg verschlechterten Lebens- und Arbeitsbedingungen. Schon im Jahr 1917 hatten sich die Streiks vor allem in Karlsruher und Mannheimer Betrieben gehäuft. Der Gesundheitszustand von Kindern und Frauen verschlechterte sich dramatisch; Tuberkulose, Diphtherie, Scharlach und Ruhr forderten zahlreiche Opfer vor allem in der armen Bevölkerungsschicht. Eine Grippeepidemie kostete 1918 in Baden mehr als 8.000 Menschen das Leben. Das Frauenreferat der

Kriegsamtsstelle Karlsruhe bezeichnete im Juni 1918 die Stimmung der Arbeiterinnen als „gereizt“. Von der anfänglichen Kriegsbegeisterung war kaum noch etwas übrig geblieben; wohin man sich wandte, glaubte man, ein unterschwelliges Murren zu vernehmen.

Luise hatte der Gefühlslage des Volkes schon immer große Bedeutung beigemessen. Als sie auf der Mainau weilte, kleidete ein katholischer Pfarrer, auf dessen Urteil sie viel hielt, ihre Sorgen in Worte: Das Volk sei kriegsmüde und dagegen sei nicht mehr anzukommen. Noch wollte Luise diese bittere Wahrheit nicht akzeptieren. Mit gezwungener Fröhlichkeit sagte sie, als der Mann sich verabschiedet hatte, zu ihren Hofdamen: „Unser guter Pfarrer ist reichlich pessimistisch gewesen. Nun, das sind Stimmungen, die man in solcher Zeit verstehen muss.“ Trotzdem stellte sie auch Pfarrer Hesselbacher, der bald darauf, im August 1918, zu Besuch kam, die Frage nach der Haltung der Menschen.

Hesselbacher war wenige Tage zuvor im Schwarzwald gewesen. Und er erinnerte sich sehr wohl, von den Schwarzwaldbäuerinnen ähnliche Worte gehört zu haben wie bei der Fahrt zur Mainau von den Reichenauer Fischerfrauen: „Sie sollen aufhören! Unsere Männer sollen nicht mehr ‚verschossen‘ werden um nichts und wieder nichts. Es ist ja doch alles verloren.“ Allein, Hesselbacher scheute sich, dies der ihn hoffnungsvoll anblickenden Greisin rüde ins Gesicht zu sagen. Schließlich formulierte er es vorsichtig so, dass die Widerstandskraft im einfachen Volk wohl erlahmt sei. Luise seufzte, als sie den evangelischen Pfarrer die Ansicht seines katholischen Kollegen bestätigen hörte: „Sie sagen mir ja nichts Neues. Ich höre seit einiger Zeit diese Botschaft. Aber ich kann es nicht glauben, dass das das Ende sein soll! Unser braves Volk! Es hat so viel getragen und gelitten. Es kann nicht sein, dass es mit einem Male versagt! Das sind die Folgen der langen Notzeit. Das zermürbt. Es ist kein Wunder. Aber wir müssen das Volk wieder in die Höhe richten. Es muss aufgeklärt werden über das Schicksal, das ihm bevorsteht. Es ist ja blind und sieht nicht den Abgrund, in den es hineinstürzt.“

Bis zur letzten Minute klammerte sich die Großherzogen-Witwe von Baden an jeden Strohhalm, gab sie die Hoffnung nicht auf, dass das Ruder doch noch herumgerissen werden könnte. Sie war betrübt darüber, dass die Stimmung im Volk gekippt war, aber sie bemerkte nicht, dass sich vielfach der Volkszorn auch gegen sie, die Preußin und Tante des Kaisers, wandte. Hesselbacher erinnerte sich später: „Sie wusste glücklicherweise nicht alles. Was mir die Frauen am Bodensee damals, als ich von der Mainau zurück fuhr, an Schmähungen über sie kundtaten, und die frechen Spottverse, die sogar die Kinder in Karlsruhe hinter ihrem Hofwagen hersagen, haben ihr Ohr nicht erreicht. Es war das alte Lied: Hosianna und kreuzige. Und was auf diese Tage folgte, war hart genug für eine Frau, die ihr ganzes Leben für ihr Volk eingesetzt hatte, in einer dienenden Treue ohnegleichen."

Die Hoffnung lebte nochmals auf, als Prinz Max von Baden am 3. Oktober 1918 zum Reichskanzler berufen wurde. Der Neffe des ersten Friedrich von Baden galt als Führungstalent; oft genug hatte er sich für einen Versöhnungsfrieden ausgesprochen. Max machte sich daran, Deutschland zur parlamentarischen Demokratie umzubauen, doch er konnte die stürmische Entwicklung der Dinge nicht mehr aufhalten. Ab Ende Oktober meuterten Matrosen zuerst in Wilhelmshaven, dann in Kiel, Hamburg und Cuxhaven. Am 9. November ließ Prinz Max in Berlin erklären, dass sich Kaiser Wilhelm II. zur Abdankung entschlossen habe. Die Monarchie hatte sich überlebt. Auch das badische Großherzogtum hatte von nun an keine Zukunft mehr.

In der Nacht des 11. November floh Großherzogin Luise mit ihrem Sohn Friedrich II., ihrer Schwiegertochter Hilda und ihrer Tochter, der Königin Victoria von Schweden, welche die fast 80-jährige Mutter in den schweren Wochen nicht alleine lassen wollte, aus dem Karlsruher Schloss. Die Hoffnung, im bewachten Residenzschloss mehr Sicherheit zu finden als im Erbgroßherzoglichen Palais, hatte sich nicht bewahrheitet. Es fielen Schüsse; ein Hofherr der Großherzogin Luise kam schreckensbleich, um zu melden, dass der „Soldatenrat" den Großherzog zu sprechen verlange. Mutiger als dieser Höfling war ein Kammerherr, der, einen Revolver in der Tasche verborgen, den Soldaten kühl erklärte, dass der Großherzog nicht zu sprechen sei. Der kaltblütige Rausschmiss zeigte offensichtlich Wirkung, denn die Soldaten zogen kleinlaut ab. Der beherzte Kammerherr indes, nach dessen Ansicht der „Soldatenrat" lediglich eine Gruppe betrunkener Matrosen war, riet den hohen Herrschaften dringlich, das Schloss zu verlassen. Man könne ja nicht wissen, ob die Matrosen mit „Verstärkung" zurückkämen, um weiter zu randalieren. Es sei in jedem Fall ratsam, mit den bereit stehenden Autos umgehend nach Baden-Baden abzureisen.

Würdelos! Dieser Abgang war ganz einfach würdelos. Wegen der Schüsse auf das Schloss sollte kein Licht angezündet werden, und die großherzogliche Familie tappte im Dunkeln durch das ganze große Gebäude, durch vertraute Säle, durch lange Gänge, durch die Schlosskapelle bis zum Ausgang in den Fasanengarten am anderen Ende, wo die Autos standen. Und dort war die Tür verschlossen; der Schlossverwalter, der die Schlüssel hatte, natürlich nicht zu finden! Luise empfand es als ungeheure Schmach, das Gebäude, in dem ihr guter Fritz zum Segen seines Volkes gelebt und gearbeitet hatte, auf der Flucht vor den „Vertretern" eben dieses Volkes durch das Fenster zu verlassen. Nie wieder betrat sie das Residenzschloss.

Zwei Autos warteten auf die Flüchtlinge: Die beiden Großherzoginnen von Baden, der Großherzog Friedrich II. und die Königin von Schweden saßen in dem einen Fahrzeug, im anderen nahmen ein Hofherr, ein Kammerdiener des Großherzogs und drei Kammerfrauen Platz. Die übrigen Damen und Herren des Hofes blieben zurück und kamen sich überaus verlassen vor, waren sie doch auf Gedeih und Verderb der Gnade der „Roten" ausgeliefert.

Als Fahrtziel war Baden-Baden vorgesehen, da jedoch die Straße blockiert schien, bogen die Autos nach Zwingenberg am Neckar ab. Dort erklärte sich Großherzog Friedrich II. am 13. November 1918 dazu bereit, auf die Regierungsgewalt zu verzichten. Am 22. November schließlich unterzeichnete er in Schloss Langenstein die Abdankungsurkunde. Sie endete mit den Worten: „Mein und meiner Vorfahren Leitstern war die Wohlfahrt des Badischen Landes. Sie ist es auch bei diesem meinem letzten, schweren Schritt. Meine und der Meinigen Liebe zu meinem Volke höret nimmer auf. Gott schütze mein liebes Badener Land."

Das Ende

Zuerst war da nur Zorn. Jener Zorn, der Luise veranlasste, ihren schriftlichen Nachlass zu verbrennen und damit der Geschichtsforschung Dokumente von großer Bedeutung für immer vorzuenthalten. Wie konnten sie es nur wagen? Weniger die ihr selbst angetane Schmach, weniger die Beleidigung ihres Sohnes und ihrer Schwiegertochter brannte in Luises Herzen. Die Schmach, die die Menschen ihrem toten Gemahl zugefügt hatten – die konnte die Großherzogen-Witwe nicht verzeihen. Sie war vertrieben worden aus dem Schloss seiner Vorfahren! Ihm, der so rastlos, so unermüdlich für das Wohl seines Volkes gearbeitet hatte, ihm hatten sie nicht einmal die Ehre erwiesen, seiner Witwe Schutz und Achtung zu gewähren!

Die Enttäuschung nagte bitter an der 80-Jährigen. Das Lebenswerk des toten Gatten, des toten Vaters – zerstört. Die Rechte des Sohnes und der Familie missachtet. In den ersten Wochen und Monaten nach der Abdankung Friedrichs II. verschloss sich Luise jeder Einsicht. Sie wollte nicht wahrhaben, dass das badische Volk sich nur zögerlich von der Monarchie losgesagt hatte. Sie wollte nicht erkennen, dass die Novemberrevolution keinen originär badischen Ursprung hatte, sondern von anderen Teilen des Reiches ausgelöst worden war. Verrat! Alle waren sie Verräter, die Männer, die jetzt die provisorische Regierung gebildet hatten! Vaterlandsloses Gesindel war es, das sich über die göttliche Weltordnung hinweg setzte! Sie hatten das Vermächtnis Friedrichs I. verraten! Das würde in Luise bohren bis an ihr Lebensende...

Sie erkannte in diesen ersten Tagen und Wochen nach dem Ende der Monarchie nicht, wie sehr Baden trotz der politischen Umwälzungen in der alten Zeit verwurzelt geblieben war. Anders als in den meisten deutschen Staaten war in Baden kein rein sozialistisches Kabinett gebildet worden. Es war vielmehr eine Fünf-Parteien-Regierung entstanden, die beinahe einer Allparteien-Regierung gleichkam. Die SPD stellte fünf Minister, darunter ihren langjährigen Landesvorsitzenden Anton Geiß aus Mannheim als Ministerpräsidenten, den Karlsruher Landtagsabgeordneten Ludwig Marum als Justizminister, den Pforzheimer Fritz Stockinger als Kultusminister, den Freiburger Philipp Martzloff für Übergangswirtschaft und Wohnungswesen sowie den Karlsruher Leopold Rückert für Verkehr. Die USDP erhielt für die beiden Mannheimer Soldatenräte Johann Vrümmer und Adolf Schwartz die Ministerien für militärische Angelegenheiten und für soziale Fürsorge. Auch das Zentrum, das bereits in den letzten Vorkriegswahlen die stärkste Kraft gewesen war, erhielt zwei Ministerien: Dr. Joseph Wirth aus Freiburg wurde Finanzminister und der Karlsruher Gustav Trunk Ernährungsminister. Die Fortschrittliche Volkspartei war in der neuen Regierung mit Dr. Ludwig Haas aus Karlsruhe als Innenminister vertreten und als Außenminister zeichnete der Nationalliberale Hermann Dietrich aus Konstanz. Abgesehen von den Vertretern der USDP waren alle neuen Regierungsmitglieder daran interessiert, den Übergang von der Monarchie zur Demokratie möglichst harmonisch zu gestalten. Selbst die Sozialdemokraten hatten – vor allem in Erinnerung an Friedrich I. – viel zu viel Respekt vor dem großherzoglichen Hause, als dass sie den gewaltsamen Umsturz herbeigeredet hätten. Schon zu Lebzeiten des ersten Friedrich hatten sie ein entspanntes Verhältnis zur Herrschaft gepflegt, sodass die Reichspartei ihre badischen Genossen oft als „Zuhofegänger" verspottet hatte.

Absonderlich war die Situation schon gewesen: Die neue Ministerliste hatte man dem formal immer noch regierenden Großherzog Friedrich II. ganz offiziell vorgelegt. Der erkannte, wie sein bisheriger Staatsminister, Johann Heinrich von Bodman, am 10. November erklärte, die Einrichtung einer provisorischen Regierung nicht für rechtmäßig an. Doch angesichts der Zeitumstände wollte Luises Sohn gegen die beabsichtigten Maßnahmen auch keinen Widerspruch erheben. So nahm Friedrich II. die unerwünschte Regierungsbildung zwar lediglich „zur Kenntnis", gab aber gleichzeitig der Hoffnung Ausdruck, dass „die provisorische Regierung ihr Ziel, unserer geliebten Heimat Ruhe und Ordnung zu erhalten, erreichen möge." In Baden wünschten weder die neuen noch die alten Machthaber den totalen Bruch.

Es benötigte allerdings einige Zeit, bis Großherzogin Luise sich wieder unter Kontrolle hatte und den Umsturz als gottgewollte Prüfung akzeptiere. Als der erste Zorn verraucht war, konnte sie auch die entsagungsvolle Haltung ihres Sohnes Friedrich würdigen. Er hatte wirklich Rückgrat gezeigt, der Fritz. Die Großherzogen-Witwe war zu alt und zu müde, um sich auf Dauer in Hader zu verstricken. Die Wut, die angesichts der Novemberrevolution in ihr getobt hatte, auch vor sich selbst leugnend, schrieb Luise in Schloss Langenstein im Hegau: „Das Schwere wird immer schwerer, immer opferungsvoller. Von mir kann ich nur sagen: Meine Seele ist stille zu Gott, der mir hilft. Ich leide tief, ja unaussprechlich. Aber ich verzage nicht, und die innere Ruhe hat mich keinen Augenblick verlassen.“

Wieder suchte Luise Betäubung in der Arbeit. Aber sich zu engagieren als Relikt einer vergangenen Epoche war eine andere Sache als das frühere Wirken einer Großherzogin in einer Monarchie. Luise musste erleben, dass viele der Aufgaben, die sich der Badische Frauenverein unter ihrem Protektorat angeeignet hatte, nunmehr von der öffentlichen Hand übernommen wurden. Zahlreiche Einrichtungen, die Luise unterstützt und initiiert hatte – zum Beispiel die Krankenhäuser – wurden verstaatlicht; Bildungseinrichtungen und Kinderhorte fielen der Verantwortung der Städte anheim. Das bestätigte zwar die Bedeutung dieser Institutionen, entzog sie aber wieder der Verantwortung der Frauen. Weil die politische Gleichberechtigung eine Quote zugunsten der Frauen angeblich unnötig machte, war beispielsweise auch die Teilhabe von Frauen in bestimmten Gemeindeausschüssen nicht mehr zwingend vorgeschrieben. Es war ein Schritt zurück in die Zukunft!

Luise musste in diesen letzten Jahren ihres Leben erkennen, dass sie nicht mehr die Richtung vorgeben konnte, die ihr Werk zu nehmen hatte. Immerhin, es ging weiter, es war nicht alles vergeblich gewesen. „Gottlob, dass ich noch arbeiten kann“, freute sich Luise heute, um morgen zu lamentieren, dass alles sich anders entwickele, als sie geplant hatte. Und dann wieder tröstete sie sich selbst: „Mag auch die Form sich wandeln, wenn nur der Geist weiterlebt.“ Auch das Reich, auf das ihr Gemahl und ihr Vater hingearbeitet hatten, war ja geblieben. Nun hatten wenig erfreuliche Teile des deutschen Volkes die Nachfahren dieser großen Männer um ihr Erbe betrogen. Wirklich erstaunlich, dass solche Leute es sich anmaßten, die Macht auszuüben. Denn bei aller Anmaßung fehlte ihnen ja doch ganz offensichtlich das Ehrgefühl, das nur Menschen von Stand zu eigen war. Die Verträge von Versailles pflegte Luise mir den trockenen Worten zu kommentieren: „Wer fällt, sollte wenigstens stehend fallen."

Großherzogin Luise hatte mehr als ein halbes Jahrhundert lang die Überzeugung vertreten, dass es die Aufgabe der Frauen sei, die Stöße des Schicksals abzufedern und alle Kraft einzusetzen zum Wohl der Kinder, der Männer, der Gesellschaft. Jetzt versuchte sie, sich selbst wieder von dieser Auffassung zu überzeugen. Ihr Victoria-Pensionat für junge Damen in Karlsruhe wurde aufgehoben – wieder war ein Stück der alten Zeit unwiederbringlich vorbei. Dass in dem Gebäude am Durlacher Tor, das Professor Ratzel von 1905 bis 1907 erbaut hatte, im Jahr 1920 eine Kinderklinik entstehen sollte, die erste selbstständige Kinderklinik mit 150 Betten in der Trägerschaft des Badischen Landesausschusses für Säuglings- und Kleinkinderfürsorge – das war vor allem auch der Freigiebigkeit der Eigentümerin, der Großherzogin Luise, zu verdanken. Die alte Dame hatte ihre Freude an der unermüdlichen Tatkraft und dem Organisationstalent des ersten Direktors der Kinderklinik am Durlacher Tor, Professor Dr. Franz Lust. Anno 1914 hatte Luise dafür gesorgt, dass Lust als Oberarzt an die preußische Kadettenanstalt in Karlsruhe berufen wurde – jetzt hätte sie keinen gewusst, den sie lieber als Leiter einer solchen Institution gesehen hätte. Wie gut, dass Luise nicht in die Zukunft blicken konnte: Hätte irgendjemand ihr vorhergesagt, dass dieser begnadete Kinderarzt 1939 seiner jüdischen Abstammung wegen den Freitod wählen würde – die Großherzogin wäre wahrscheinlich darüber verzweifelt, dass ihr Deutschland zu solcher Barbarei fähig sein konnte.

In den kommenden Jahren gab es nicht mehr viele Höhepunkte in Luises Leben. Unwohlsein und Krankheiten bremsten die Tatkraft der alten Großherzogin, die im Sommer 1919 nach Baden-Baden übergesiedelt war, immer mehr. Dazu kamen die ständigen Sorgen um ihre Kinder: Sowohl Victoria von Schweden als auch Friedrich II. von Baden waren gesundheitlich weit weniger robust als es Luise in ihrem Alter gewesen war. Gott sei Dank kümmerte sich die liebe Hilda wirklich aufopfernd um ihren Mann. Hatte Luise tatsächlich einmal ihrer Schwiegertochter heimliche Vorwürfe gemacht, weil sie zu wenig Engagement zeigte? Jetzt war sie froh darum, dass Hilda Fritz in diesen schweren Jahren so uneigennützig zur Seite stand.

Mit 84 Jahren war Luise überzeugt davon, noch viele Jahre vor sich zu haben: Jahre, während derer ihre Kräfte kontinuierlich abnehmen würden. Jahre, während derer sich die Schmerzen verschlimmern würden. Sie wusste nicht, woher ihre Überzeugung rührte. Aber sie hatte das Gefühl, dass es einer Fahnenflucht gleich gekommen wäre, in diesen schweren Zeiten einfach zu sterben.

Doch das leichte Unwohlsein wollte nicht weichen und vor allem Luises große Müdigkeit bereitete ihren Damen Kummer. Am 23. April 1923 – Luise hatte gerade mehrere Stunden tief und fest geschlafen – stellte der Arzt optimistisch fest, dass das Befinden der hohen Frau durchaus zufrieden stellend sei und kein Grund zur Sorge vorliege. Luise hatte eine dringende Bitte an den würdigen Herrn: „Nicht wahr, wenn Sie noch jemanden wissen, dem ich helfen kann, so sagen sie es mir." Einige Tage zuvor hatte sie darum gebeten: „Wenn ich auch nicht mehr kann, wie ich will, so kommen Sie doch ruhig zu mir, wenn sie jemand wissen, dem ich Gutes tun kann. Die alte Großherzogin ist immer noch da."

Mit Gästen wollte Luise am späten Nachmittag im Neuen Schloss in Baden-Baden den Tee einnehmen. Geleitet von ihren beiden Kammerfrauen begab sie sich zum Speisezimmer. Da überkam sie auf der Schwelle ein Schwächeanfall – sie sank in die Knie und nur mit Mühe konnten die zwei Kammerfrauen die Großherzogin vor einem schweren Sturz bewahren. Rasch zogen sie einen Stuhl herbei, sodass Luise sich setzen konnte. Eine aufgeregte Hofdame rief der Großherzogin einige Gebetsworte zu und später erzählten die Augenzeugen, die sterbende Fürstin habe dazu zustimmend genickt. Der zurückgerufene Arzt stellte fest, dass Luise, Großherzogin von Baden, Prinzessin von Preußen, tot war.

In Freiburg, bei Friedrich und Hilda, traf die Todesnachricht erst am späten Abend ein. Da Offenburg von den Franzosen besetzt war und sich das großherzogliche Paar zu einem Umweg gezwungen sah, war fast ein ganzer Tag verflossen, ehe Luises Sohn die Anordnungen für die Aufbahrung und Beisetzung seiner Mutter treffen konnte. Königin Victoria, die mit Rücksicht auf ihre schwache Lunge auf Capri weilte, erhielt die Schreckensbotschaft erst am 24. April.

Die Monarchie war tot – aber Friedrich sorgte dafür, dass seine Mutter verabschiedet wurde, wie sie es erwarten durfte. Am Abend des 24. April fand die erste Andacht in Gegenwart des Großherzogenpaars statt. Diese Feierstunden wurden von verschiedenen Geistlichen, die sich Luises Wertschätzung erfreut hatten, Abend für Abend fortgesetzt. Zunächst in ihrem Schlafzimmer, dann, nach der Aufbahrung am 26. April, in der Schlosskapelle. Während des 26. und 27. April war drei Mal jeweils für mehrere Stunden der Bevölkerung der Zutritt zur Schlosskapelle gestattet. Tausende zogen an dem Sarg vorüber, um die Landesmutter noch einmal zu sehen. Die badische Regierung war eigens zu einer Beratung zusammengetreten, wie man sich angesichts des Ablebens der Fürstin verhalten sollte. Sie beschloss, der großherzoglichen Familie durch einen Ministerialdirektor ihr Beileid aussprechen zu lassen und dabei die großen Verdienste der Verstorbenen angemessen zu würdigen.

Am 28. April endlich traf die Königin von Schweden in Schloss Baden ein. Am darauf folgenden Sonntag wurde nach einer Gebetsandacht im engsten Familienkreis der Sarg aus der Schlosskapelle nach dem Kavaliersbau überführt, geleitet vom Großherzogenpaar und dem schwedischen Königspaar. Im Zuge folgten die inzwischen eingetroffenen Fürstlichkeiten, darunter die Preußenprinzen Eitel Friedrich und August Wilhelm sowie der Schwedenprinz Wilhelm. Die Schülerinnen des Baden-Badener Victoria-Pensionats und der Großherzogin-Luise-Haushaltungsschule standen Spalier.

Im Kavaliersbau wurde der Sarg endgültig geschlossen. Der große Saal war als Kapelle geschmückt. 33 Vertreter deutscher Fürstenhäuser, darunter sechs aus dem verwandten Kaiserhaus, wohnten der Trauerfeier bei. Auch waren zahlreiche auswärtige Abordnungen erschienen. Kein Platz blieb in dem großen Raum unbesetzt. In allen Gotteshäusern der evangelischen Landeskirche wurde an diesem Sonntag, dem 29. April, der Verstorbenen mit einer vom Oberkirchenrat festgelegten Ansprache gedacht: „Unzähligen Gliedern unseres Volkes, welche die hohe Frau in ihrem Wirken kennen zu lernen Gelegenheit hatten, wird ihr unvergessliches Bild bei dieser Nachricht (der Todesnachricht) tief bewegend vor die Seele getreten sein. Sind doch die gesegneten Spuren ihres Lebens unserem badischen Lande fest eingeprägt. Anstalten und Einrichtungen der Wohltätigkeit und Menschenliebe zeugen allenthalben von einer hingebenden, mehr als sechzigjährigen Arbeit, die kein Ermüden kannte. Den Christen aber, und uns Evangelischen zumal, war an ihr besonders teuer die aufrichtige Herzensfrömmigkeit, der dieses reiche Lebenswerk entsprang. Aus dieser nahm die Entschlafene auch die Kraft, die großen Schicksale ihres Lebens in vorbildlicher Weise zu tragen. Tief bewegt stehen wir an ihrer Bahre, danken Gott für allen den Segen, den er durch sie unserem Land und unserer Kirche bescherte, und preisen sie glücklich, die nun schauen darf, was sie geglaubt hat." Am Abend des 29. April wurde der Sarg in die Grabkapelle des Großherzoglichen Hauses nach Karlsruhe überführt.

Prinz Max, eine Hofdame und der Oberhofmeister der Großherzogen-Witwe sowie der Hofmarschall ihres Sohnes Friedrich geleiteten den Wagen mit der sterblichen Hülle Luises bei ihrer letzten Fahrt durch eine Vollmondnacht. Als der Wagen in Karlsruhe eintraf, läutete einzig und allein die Glocke der Lutherkirche. Das war kein Affront der neuen Regierung gegen die einstige Landesherrin – es gab in Karlsruhe in diesen Jahren nach dem Ersten Weltkrieg schlicht keine andere Kirchenglocke mehr. Aber eine unübersehbare Menschenmenge säumte die Zufahrtsstraßen zur Grabkapelle, die Parkstraße und den Klosterweg. In tiefer Stille soll die Menge verharrt haben. Als der Wagen sich dem Mausoleum näherte, flammten Hunderte von Fackeln auf. Die Studentenschaft der Technischen Hochschule nahm damit Abschied von der Großherzogin. Unter dem Gesang von Mädchenklassen „So nimm den meine Hände" wurde Luises Körper in die Kapelle getragen.

Der nächste Tag, der 30. April, war ein Montag. Wieder hatten sich zahllose Menschen an den Straßen, die zur Grabkapelle führten, aufgestellt. Der Gruß der Leute galt dem Großherzogenpaar und dem schwedischen Königspaar. Wehmut lag über der Menge. Ein Großteil des badischen Volkes fühlte sich nach wie vor der großherzoglichen Familie verbunden. Auch Luise, die einst als Preußenprinzessin ins Land gekommen war, hatte mit ihrer unermüdlichen Arbeit zum Ansehen des Hauses beigetragen. Jetzt war sie in ihre einstige Residenzstadt heimgekehrt, viereinhalb Jahre nachdem sie aus dem Karlsruher Schloss geflohen war. Im Kreise ihrer verstorbenen Angehörigen, bei Friedrich I. und dem 1888 verschiedenen Sohn Ludwig Wilhelm, bettete man Luise zur letzten Ruhe.

Aus der Karlsruher Zeitung:

Alles in allem war die Großherzogin Luise eine vorbildliche Persönlichkeit, ein voller Mensch in jedem Sinne. Und so wirkte sie auf alle, die mit ihr in Berührung kamen, gewinnend nicht nur, sondern zwingend. Man konnte dem überlegenen Willen dieser einsichtigen Dame nicht widerstehen, ihm gemäß zu handeln, ihn zu erfüllen. So stand sie vor uns in ihrer lebensvollen Gegenwart als Richterin, als unser Gewissen.... So übte sie eine ungeheure

Macht über die Menschen aus, die begründete Macht der großen Persönlichkeit. Sie war eine Herrscherin, nicht durch den Zufall der Geburt, sondern mit dem Recht des größeren Menschen, das er sich durch die Tat erworben hat.

Aus dem Badischen Beobachter:

Mit ihr ist eine Fürstin dahingegangen, die volkstümlich geworden war, ohne um die Gunst des Volkes zu buhlen. Eine Fürstin, die ihre Pflichten ernst nahm und es verstand, andere zu ernsten Pflichten anzuhalten. Leutseligkeit war bei ihr nicht Maske, sondern Ausfluss innerster Natur, Ausfluss menschlicher Güte und wahrhaft christlicher Gesinnung. Ihr Andenken wird in allen Kreisen des badischen Volkes ein gesegnetes sein, denn ihr Wirken war ein gesegnetes.

Aus dem Heidelberger Tagblatt:

Mit der Alt-Großherzogin ist jedenfalls eine Frau aus dem Leben geschieden, die, geleitet von den besten Absichten und ausgezeichnet durch reiche Erfolge, durch zwei Menschenalter hindurch arbeitete und wirkte, um die Pflichten restlos zu erfüllen, die nach ihrer Auffassung ihr Geschichte und Schicksal übertragen hatten.

Aus dem Pforzheimer Anzeiger:

Wer gerecht urteilt, der wird der Toten das Zeugnis nicht versagen, dass sie mit allen Kräften eines scharfen Geistes und eines guten Herzens sich bemühte, ein guter Mensch zu sein und Segen um sich zu verbreiten. Das ist ihr gelungen und wird ihr unvergessen bleiben.

Aus der Deutschen Allgemeinen Zeitung (Berlin):

Viel Glück ist der Heimgegangenen zuteil geworden, große Zeiten hat sie miterlebt, das Schlimmste ist ihr nicht erspart geblieben. Schwer bedrückt hat sie das furchtbare Schicksal Deutschlands und ohne einen Lichtblick besserer Zukunft ist sie von uns gegangen. Immer aber ist sie sich selber treu geblieben. Und darum wird ihr Andenken als einer wahrhaft bedeutenden Frau und Wohltäterin und zugleich als einer der vornehmsten Gestalten der Hohenzollern im Gedächtnis der Zeitgenossen und im Buche der Geschichte weiterleben.

Hilda

Ein Leben im Schatten

Bis zum letzten Augenblick konnte Hilda nicht glauben, dass es wirklich so weit kommen würde. Dass dieses Volk, das den Vertretern des großherzoglichen Hauses stets so viel aufrichtige Verehrung entgegengebracht hatte, jetzt ihrem Fritz die kalte Schulter zeigte. Diese Menschen wollten nicht mehr oder weniger als die Abschaffung der Monarchie, sie beabsichtigten, die göttliche Weltordnung auf den Kopf zu stellen. Es war ungeheuerlich. Einfach ungeheuerlich! Ein fehlgeleitetes, ein von fanatischen Anführern verführtes Volk? Um der Wahrheit die Ehre zu geben: Unter anderen Umständen hätte das Zielbewusstsein, mit dem diese Männer daran gingen, ein neues Gemeinwesen aufzubauen, Hildas Bewunderung gefunden. Gerade weil ihr selbst diese Energie, Neues und Unerwartetes zu schaffen, fremd war, würdigte die Großherzogin sie bei anderen. Hier aber ging es um nicht mehr und nicht weniger als unter dem Deckmäntelchen der Legalität eine Monarchie in eine Republik umzuwandeln!

Die Provisorische Regierung wollte möglichst ohne Gewalt in Baden die Republik schaffen. Zweifellos wäre es ein Fehler gewesen, den Großherzog einfach mit einem Fußtritt zu verabschieden. Zwar gab es keine nennenswerte Strömung, die sich der revolutionären Bewegung entgegengestellt hätte. Doch hätte eine brutale Missachtung der großherzoglichen Rechte das Erreichte gefährden können. Viel zu viel Respekt empfanden die Badener – vom Bauern über den Fabrikarbeiter bis hin zum Großbürger – für Friedrich II., für die damenhafte Großherzogin Hilda und für die greise, immer noch ungebrochene Großherzogin Luise. Allerdings waren die Rätevertreter nicht bereit, bis zum Sankt Nimmerleinstag abzuwarten. Am 13. November 1918 hatten sie die Regierung ultimativ aufgefordert, die Republik auszurufen. Andernfalls wollten sie dies in eigener Verantwortung tun.

Regierungschef Anton Geiß sah sich genötigt, nach Zwingenberg bei Eberbach zu fahren, um von Friedrich II. die Abdankung zu verlangen. Diese Aufgabe war dem wackeren Sozialdemokraten überaus peinlich und er war heilfroh, als Heinrich von Bodman, der letzte Staatsminister der großherzoglichen Regierung, zu ihm ins Auto stieg. Wem, wenn nicht diesem Diener des alten Regimes, sollte es gelingen, Friedrich von der Notwendigkeit des Thronverzichts zu überzeugen?

Letztlich lief alles viel problemloser, als Geiß sich das vorgestellt hatte. Friedrich, der – obwohl beinahe blind und von Gelenkschmerzen geplagt – immer noch eine stolze soldatische Haltung an den Tag legte, stellte sich dem Schicksal nicht entgegen. Zwar weigerte er sich ganz energisch abzudanken, aber immerhin erklärte er sich zum Regierungsverzicht bereit. Geiß atmete auf. Dass der Großherzog in so verbindlichem, ja beinahe leutseligen Ton mit ihm sprach, ermutigte den Sozialdemokraten zu der Bitte, „mit Seiner Königlichen Hoheit wie mit einem Volksmann“ reden zu dürfen. Friedrich gab ihm zu verstehen, dass er sich zeitlebens als Volksmann verstanden hätte und dies daher auch gerne erlaube. Einen Beweis für seine tadellose Haltung lieferte der Großherzog mit seinen Glückwünschen an den Chef der provisorischen Regierung: „Ich wünsche Ihnen zu Ihrem Unternehmen und Ihrem neuen Amt recht viel Glück im Interesse unseres schönen Badener Landes.“

Mit diesen Worten war für Friedrich II. allerdings die Grenze dessen erreicht, was er zu ertragen bereit war. Er wandte sich um und ging. Auch Hilda versuchte, wie ihr Gemahl, das Unfassbare und doch Unabwendbare mit Würde zu tragen. Geiß erzählte später: „Dann kam die Großherzogin auf mich zu, reichte mir die Hand und sprach mir ebenfalls ihre Glückwünsche aus, dass es gelingen möge, unsere Verhandlungen zum Ziele zu führen. Die Frau hat jämmerlich geweint. Sie war ganz aufgelöst. Sie hat vorher kein Wort gesprochen, stand nur daneben mit Tränen in den Augen. Sonst war niemand da als Exzellenz Bodman, der ebenfalls tief ergriffen war. Auch mich hat es erfasst.“ Der Regierungsverzicht war nicht die letzte Schmach, die Friedrich II. hinnehmen musste. Die Räte drängten weiter – und zuletzt schlossen sich sogar die bürgerlichen Parteien den Linken an: Der Großherzog musste abdanken. Am 22. November 1918 unterzeichnete er in Schloss Langenstein im Hegau die Urkunde, durch die er endgültig dem Thron von Baden entsagte.

Großherzogin Hilda von Baden, geborene Prinzessin von Nassau, hatte nie viel Aufhebens von ihrem hohen Stand gemacht. Obwohl ihr Vater seit 1866 kein regierender Herzog mehr war (er wurde erst 1890 Großherzog von Luxemburg), hatte sie stets im ganz selbstverständlichen Bewusstsein gelebt, einer privilegierten Schicht anzugehören. 20 Jahre war Hilda alt gewesen, als sie auf Schloss Hohenburg dem Erbprinzen Friedrich II. von Baden am 20. September 1885 die Hand zum Ehebunde gereicht hatte. Dabei legte die Prinzessin eigentlich gar keinen gesteigerten Wert auf die Aussicht, einen Thron zu besteigen. Denn sie war beinahe pathologisch schüchtern und der Gedanke, bei großen Festlichkeiten zu repräsentieren, war ihr höchst unangenehm. Doch Hilda war eine ausgezeichnete Beobachterin. Sie hatte schnell erkannt, dass dieser Prinz Friedrich, den die Eltern ihr vorstellten, hinter seiner straffen militärischen Handlung nicht weniger unsicher war als sie selbst. Ganz gewiss würde er mehr als andere, als arrogantere Sprösslinge deutscher Fürstenhäuser, Verständnis für ihre Hemmungen haben. Und für ihre harmlosen Steckenpferde.

Hilda, hochgewachsen, schlank und trotzdem stattlich, war eine intelligente junge Frau, deren besonderes Interesse der bildenden Kunst galt. Sie besuchte gerne Künstlerateliers, Bilderausstellungen und Museen. Auch schätzte sie, die im Taunus und im Isartal ihre Jugend verbracht hatte, den Aufenthalt in der freien Natur. Hildas neue Heimat hatte an Naturschönheiten einiges zu bieten. Freiburg im Breisgau, als die Stätte, an der ihr gemeinsames Leben mit Friedrich begann, blieb ihr bis in ihre letzten Lebensjahre hinein lieb, daneben aber auch Badenweiler, das kleine Landschloss Zwingenberg am Necker mit seinen wilden Schluchten und das Schloss Eberstein. Allerdings erlegte Friedrichs Gelenkrheuma Hildas Entdeckerdrang schnell Schranken auf: Länger als zwei Stunden dauerte bei dem erbgroßherzoglichen Paar keine Wanderung, wie eine von Hildas Hofdamen erleichtert registrierte.

Die Charakterisierungen der späteren Großherzogin Hilda durch ihr nahe stehende Personen sind widersprüchlich: Fast durchgehend wird erwähnt, dass sie zurückhaltend bis zur Verschlossenheit war. Daneben wird aber auch allgemein ihre Freundlichkeit und häufig ihre radikale Ehrlichkeit hervorgehoben. Kaum einer der Zeitzeugen vergisst zu erwähnen, wie sehr Hilda im

Schatten ihrer Schwiegermutter, der Großherzogin Luise, stand. Selbst wenn sie weniger introvertiert gewesen wäre: Als kinderlose Fürstin befand sich Hilda in einer schwierigen Situation. Zumal auf Erbgroßherzog Friedrich nach dem frühen Tod seines jüngeren Bruders alle Hoffnungen seiner Eltern ruhten. Hilda selbst war tief traurig darüber, dass ihrer Ehe Kinderglück versagt blieb.

Da sie die badische Erbprinzessin und überdies die Schwiegertochter der unermüdlichen Luise war, blieb Hilda gar nichts anderes übrig, als sich sozial zu engagieren. Wobei ihr Elan sich allerdings in Grenzen hielt und vor allem die Sitzungen des Frauenvereins eine rechte Prüfung für die junge Frau bedeuteten. Viel zu viele energische Matronen von der Art ihrer Schwiegermutter Luise führten dort das große Wort. Hilda musste sich regelrecht überwinden, um wenigstens ab und zu etwas zu sagen. Was ihr an Schwung fehlte, machte sie allerdings durch Pflichtbewusstsein wieder wett. Großherzogin Luise, die sich durchaus eine energischere Schwiegertochter gewünscht hatte, beschloss trotzdem, das Heft noch nicht so bald aus der Hand zu geben. Immerhin räumte auch die Schwiegermutter ein, dass Hilda sich ganz rührend um den unter seinem Gelenkrheumatismus ächzenden Erbprinzen Friedrich kümmerte.

Über 20 Jahre wartete Hilda darauf, dass ihr Gemahl den Thron der Großherzöge von Baden bestieg. Während dieser zwei Jahrzehnte stellte die Erbherzogin zweierlei fest: Zum einen, dass es für den zweiten Friedrich und für sie selbst fast unmöglich sein würde, aus dem Schatten des alten Großherzogenpaares herauszutreten. Sowohl Friedrich I. als auch Luise waren ausgesprochen starke Persönlichkeiten, die ein halbes Jahrhundert lang dem Land ihren Stempel aufgedrückt hatten. Zum anderen aber wurde der Erbgroßherzogin auch klar, wie sehr ihr Gemahl und sie selbst von der Verehrung profitierten, die das Volk dem alten Fürstenpaar entgegenbrachte. Das Ansehen, das Friedrich I. und Luise sich in den langen Jahren ihrer Herrschaft erworben hatten, wurde von den einfachen Leuten ohne viel Nachdenken auf den Thronfolger und seine Ehefrau übertragen. Das Haus Baden genoss im späten 19. und im frühen 20. Jahrhundert eine Anerkennung wie seit der Regierung des legendären ersten Großherzogs Karl Friedrich nicht mehr.

Hilda sah daher auch keinen Grund, sich gegen die Übermacht ihrer Schwiegereltern aufzulehnen. Gewiss, manchmal hätte sie sich gewünscht, dass Friedrich I. und Luise weniger beherrschend gewesen wären. Hildas Gemahl legte seinen Eltern gegenüber eine kindliche Ergebenheit an den Tag, die blindem Gehorsam gleich kam. Aber es lagen ja viele Kilometer zwischen dem Großherzogenpaar und seinen Erben. Als Offizier seiner Majestät des Kaisers lebte der jüngere Friedrich mit seiner Gemahlin meist weit entfernt von der badischen Residenzstadt. Die Jahre in Koblenz zählten zur glücklichsten Zeit des erbgroßherzoglichen Paares.

Hilda fühlte sich in der Rheinprovinz überaus wohl. Sie genoss ihren Status als Generalsfrau, der zwar zahlreiche Pflichten mit sich brachte, sie aber vom direkten Zugriff ihrer Schwiegermutter fern hielt. Natürlich versuchte der alte Großherzog immer wieder in Berlin Einfluss zu nehmen, um seinem einzigen Sohn ein Kommando in Karlsruhe zu verschaffen. Aber Wilhelm II. war unter gar keinen Umständen bereit, dem Erbprinzen ein Kommando im unmittelbaren Einflussgebiet des badischen Fürstenpaares anzuvertrauen. Er nahm es sogar in Kauf, seinen Onkel, den ehrwürdigen Großherzog, offen zu brüskieren. Als Vorwand diente ein immerhin denkbarer Krieg mit Frankreich. Man stelle sich vor, die militärische Lage würde es erforderlich machen, am Oberrhein hinhaltend zu kämpfen, möglicher Weise Gebiet zu opfern und sich weiter ins Land zurückzuziehen! Nein, seinem „lieben" badischen Cousin, der als Erbgroßherzog solche Entscheidungen vor seinem künftigen Volk zu rechtfertigen hätte, konnte und wollte der Kaiser derartige Gewissenskonflikte nicht zumuten!

Hilda war nicht traurig darüber, dass Wilhelm II. ihren Mann mit scheinheiligen Argumenten von Karlsruhe fern hielt. Aber es war ihr nur allzu sehr bewusst, dass ihre alten Schwiegereltern die Weigerung des Kaisers, Friedrich in die Heimat zu entsenden, als persönlichen Affront betrachteten. Es kam, was kommen musste: Erbgroßherzog Friedrich beugte sich den Wünschen seiner Eltern. Am 1. Mai 1902 bat der badische Thronfolger Kaiser Wilhelm um die Entlassung vom Kommando des VIII. Armeekorps, die prompt bewilligt wurde. Für Hilda war das Ende der aktiven Dienstzeit Friedrichs, welches offiziell mit seinem schlechten Gesundheitszustand begründet wurde, eine kleine Katastrophe. Nicht nur, weil sie fortan im unmittelbaren Dunstkreis ihrer Schwiegereltern würde leben müssen. Vor allem Mutmaßungen in der Presse – der Kaiser habe seinem unfähigen Vetter die Niederlegung des Kommandos nahe gelegt – ärgerten sie maßlos. Das hatte ihr Fritz nun wirklich nicht verdient! Schlimm genug war, dass Erbgroßherzog Friedrich fortan aus militärischer Sicht kalt gestellt war – und dass er es wusste. Daran konnte auch die ehrenvolle Beförderung zum Generaloberst im Jahr 1905 und die Ernennung zum Inspekteur der 5. Armeeinspektion im Jahr 1907 nichts ändern. Als Letztere erfolgte, war Friedrich II. bereits Großherzog von Baden.

Friedrich II. war 50 Jahre alt, als er den Thron der Großherzöge von Baden bestieg – und er war trotz seiner soldatischen Haltung ein kranker und enttäuschter Mann. Dem langsam erblindenden Fürsten fehlte jeglicher Elan – sein ganzes Bestreben war, das Werk seiner Eltern zu bewahren, möglichst ohne irgendwelche Neuerungen zu riskieren. Friedrich II. schreckte vor jeder Änderung der Verhältnisse zurück. Er hatte sich in sein Leben eingefunden. Gott hatte ihn dazu bestimmt, Großherzog von Baden zu werden und diese Last musste und wollte er tragen. Sein Vater Friedrich I. und seine Mutter Luise hatten bislang den Thronfolger in allen das Land betreffenden Fragen gelenkt. Jetzt, als Landesherr, hatte der kranke Mann weder den Mut noch die Kraft dazu, eigene Wege zu gehen. Alles sollte möglichst so bleiben wie es war. Wenn schon der alte Großherzog gestorben war, so sollte doch wenigstens die alte Großherzogin, Friedrichs ebenso geliebte wie gefürchtete Mutter, auch in Zukunft die Zügel in der Hand behalten. Äußerlich wurde diese resignierte Haltung dadurch sichtbar, dass die Großherzogen-Witwe Luise weiter im Karlsruher Schloss wohnte, während der regierende Großherzog mit seiner Frau im Erbgroßherzoglichen Palais blieb. Friedrichs Gemahlin Hilda, nun endlich regierende Fürstin, erhob keinen Anspruch darauf, ins großherzogliche Schloss überzusiedeln. Sie wollte keine Zwietracht säen zwischen Mutter und Sohn.

Hilda hatte immense Hochachtung vor ihrer greisen Schwiegermutter. Luises Organisationstalent, ihr Durchsetzungsvermögen und ihre Schaffenskraft nötigten der jüngeren Großherzogin Bewunderung ab. Hilda war froh darüber, dass Luise ihre Arbeit im Frauenverein fortsetzte und sie selbst dadurch weniger gefordert war. Nicht, dass Hilda kein Interesse an der Wohltätigkeit gehabt hätte. Aber so wie Hildas Persönlichkeit beschaffen war, fand sie weitaus mehr Gefallen an der individuellen Hilfeleistung als an der durchorganisierten Wohlfahrt. So schwer es der schüchternen Großherzogin fiel, sich gegen die resoluten Damen der Oberschicht durchzusetzen, so leicht fiel es ihr, mit Kindern, Armen und Kranken Kontakte zu knüpfen.

Im Weltkrieg allerdings gab es kein Vorbei mehr an der organisatorischen Mitwirkung bei der Rot-Kreuz-Arbeit des badischen

Landesvereins. Hilda dachte auch nicht eine Minute daran, in diesem Fall zurückzustehen. Kam doch die Arbeit des Roten Kreuzes vor allem den Soldaten zugute – und Hilda fühlte sich den „Kriegern“ seit ihrer Zeit als „Kommandeuse“ zutiefst verbunden. Auch die Mitarbeit im Frauenreferat für die im Kriege Männerarbeit verrichtenden Arbeiterinnen war unabdingbar. Die Kriegsjahre waren für Großherzogin Hilda eine Lebensphase der ständigen Regsamkeit. Als bisweilen grausame Pflicht empfand sie die Besuche in den Lazaretten. Anfänglich begleitete Hilda ihre Schwiegermutter, wenn diese die Verwundeten aufsuchte – später teilten sich die Fürstinnen die Arbeit, indem die greise Luise sich um die Lazarette in Karlsruhe kümmerte, während Hilda sich zu den weiter entfernten Einrichtungen im Umland fahren ließ.

Als Hilda erstmals in Ettlingen an die Pritschen amputierter Jünglinge trat, wäre sie vor Mitleid beinahe in Tränen ausgebrochen. Aber das gehörte sich nicht für eine Großherzogin. Ihre Würde musste sie bewahren; sie wollte die jungen Menschen ja nicht durch ihre Tränen an ihr Leid erinnern. Also zwang sie sich zu einem gütigem Lächeln, das bisweilen etwas verzerrt ausfiel. Augenzeugen berichteten verklärend, dass das Antlitz der „Landesmutter“ beim Anblick der Versehrten „zu einem Bild tiefsten Mutterleides wurde, im Gedanken an die pausenlose Leidenslast, die diesen jungen Menschen auferlegt worden war.“

Und dann war doch alles umsonst gewesen. Der Krieg verloren, die Monarchie am Ende. Und da standen sie nun, diese Bürgermänner, die das Fürstenpaar auch noch um Verständnis baten. Verständnis dafür, dass das Volk sich nunmehr selbst zu regieren gedenke: „Dank den Königlichen Hoheiten, Sie werden leider nicht mehr gebraucht...“ Wie konnten sie das Friedrich nur antun! Selten hatte Hilda ihren Mann so bewundert, wie in jenen traurigen Tagen der Flucht und der Abdankung. Welche Würde er an den Tag gelegt hatte! Niemals hätte er sich die Blöße gegeben, vor diesen Leuten seinen Schmerz und seine Trauer zu zeigen. Der letzte Herrscher aus dem ruhmreichen Hause der Zähringer, er wahrte Haltung bis zuletzt. Die Ehre war ja alles, was ihnen jetzt noch blieb.

Das großherzogliche Paar wählte nach dem Umsturz das Palais in Freiburg als ständigen Wohnsitz. Hier hatten Friedrich und Hilda die ersten gemeinsamen Jahre verlebt, hier wollten sie ihren Lebensabend verbringen. Niemand störte sich daran, dass das entmachtete Großherzogenpaar im Lande blieb. Im Gegenteil. Obwohl sie jetzt in einer Republik lebten, achteten und verehrten die meisten Leute das hohe Paar nicht weniger als in den guten, alten Zeiten. Als beispielsweise 1920 Friedrich und Hilda auf einer Fahrt nach Sponeck durch Bischoffingen am Kaiserstuhl fuhren – dort wurde gerade ein Volksfest gefeiert – brachen die Menschen in Hochrufe aus. Friedrich und Hilda waren zutiefst gerührt, bestätigten solche Auftritte sie doch in der Auffassung, dass die Republik nicht den Wünschen des Volkes, sondern nur der Agitation einer Minderheit entsprungen war. Die Menschen drängten sich an den Wagenschlag heran. Jeder, der auch nur den kleinsten Anlass fand, wollte einen „Zipfel von Großherzogs" abbekommen, ein Wort an die Fürsten richten. Ein Mann gestand seinem einstigen Landesherrn bei dieser Gelegenheit: „Als ich einjährig diente, habe ich, wenn es hieß ‚Augen rechts' links geschaut, um die junge, schöne Großherzogin zu sehen." Bei den Worten des einfachen Mannes stiegen Hilda die Tränen in die Augen.

Im Jahr 1923 starb in Baden-Baden die alte Großherzogin Luise. Obwohl bei dem hohen Alter der Fürstin ihr Tod zu erwarten gewesen war, litt Friedrich II. doch sehr unter dem Tod seiner Mutter. Hilda machte sich immer mehr Sorgen um ihren Mann. Seit der Abdankung war seine ohnehin labile Gesundheit ganz zerrüttet; zum Rheumatismus war ein Herzleiden gekommen, außerdem lebte Friedrich jetzt fast in völliger Dunkelheit. Hilda verzichtete jetzt weitgehend auf die Spaziergänge, die zu den wenigen, ihr verbliebenen Vergnügungen gehörten. Denn Friedrich konnte kaum noch laufen und hatte geradezu panische Angst vor jeder Zugluft. Die Großherzogin ging auf beinahe jede seiner Marotten ein. Sie schrieb, was er ihr diktierte; sie nickte zustimmend, wenn er von alten Zeiten erzählte. In den letzten Tagen seines Lebens wich sie kaum von seinem Bett: „Solange ich es tun kann, will ich den Großherzog nicht allein lassen", antworte Hilda dem Geistlichen, der darum bat, die Großherzogin am Krankenbett ablösen zu dürfen. Friedrich wusste diese Opferbereitschaft seiner lieben Frau zu schätzen: „Sie wissen ja selbst, was ich an der Großherzogin habe", flüsterte er dem Geistlichen zu.

Am 9. August 1928 verlor Hilda in Badenweiler ihren Lebensgefährten. Die Kammerfrau Margarete Keller, die ihre Herrin nach der durchwachten Nacht im Toilettenzimmer erwartete, erinnerte sich später: „Sie reichte mir tief bewegt die liebe Hand, und ich sprach ihr tränenden Auges mein tief gefühltes Beileid aus. Aber gefasst und beherrscht, wie sie in solchen Momenten war, erwiderte sie mir, ihrer langjährigen Vertrauten: ‚Ich danke Ihnen vielmals für Ihre warme Teilnahme. Wir dürfen jetzt aber nicht weich werden, sondern wir müssen stark bleiben für das, was noch alles kommt'."

Wie fünf Jahre zuvor der Leib seiner toten Mutter wurde auch der Leichnam des letzten Großherzogs von Baden unter großer Anteilnahme der Bevölkerung ins Karlsruher Mausoleum gebracht. Als sich die Vertraute gegenüber Hilda über die „überwältigende Beteiligung des ganzen badischen Volkes" an der Beisetzung äußerte, soll die verwitwete Großherzogin sinnend geantwortet haben: „Wenn es erst mit mir soweit ist, dann kräht kein Hahn mehr nach mir."

Großherzogin Hilda führte ihr Leben weiter dort, wo sie es mit Friedrich verbracht hatte: im Winter in Freiburg, im Sommer und Herbst in Badenweiler, im Frühling in Zwingenberg. Im Jahr unmittelbar nach dem Tod ihres Mannes allerdings verbrachte die Witwe einige Zeit in Italien – „zur Ablenkung", wie es hieß. In Rom war Hilda vier Wochen lang Gast bei ihrer Schwägerin, der Königin von Schweden, die sich ihrer schwachen Lunge wegen im warmen Süden aufhielt. Ein Jahr nach ihrem Besuch erhielt Hilda die Nachricht, dass Victoria, Königin von Schweden und Prinzessin von Baden, am 4. April 1930 in der ewigen Stadt ihrem Leiden erlegen war.

In ihrem langen Leben musste Hilda noch oftmals Abschied nehmen. Aber obwohl sie sehr zurückgezogen lebte, litt sie nie an Einsamkeit. So schwer es der Fürstin zeitlebens gefallen war, bei offiziellen Anlässen unverbindlich plaudernd auf wildfremde Würdenträger zuzugehen, so wichtig war es ihr, einmal geschlossene Freundschaften zu pflegen. Wobei Freundschaft für sie ein weiter Begriff war: Er schloss die markgräflich-badische Verwandtschaft in Salem und die großherzogliche Familie von Luxemburg ebenso ein wie ihren Hofstaat, ihre Seelsorger, die einfachen Bediensteten und die schlichten Leute aus der Nachbarschaft, die in bewundernder Verehrung zur „Frau Großherzogin" aufsahen.

Als Großherzogin Hilda am 5. November 1944 ihren 80. Geburtstag feierte, versuchte Markgraf Berthold, der Sohn des Prinzen Max von Baden, seine verehrte Tante mit vielen guten Worten dazu zu bewegen, die Frontstadt Freiburg zu verlassen und nach Salem überzusiedeln. Allein – Hilda glaubte, nicht in Gefahr zu sein. Drei Wochen später, am 27. November, begab sich die alte

Dame wie gewohnt in den Keller, als Fliegeralarm gegeben wurde. Erst als der Haushofmeister ihr versicherte, dass der Dachstuhl des Palais bereits brenne, war sie zu bewegen, den Keller zu verlassen. Stundenlang irrte die 80-Jährige mit einer Hofdame auf dem Schlossberg über der brennenden Stadt umher, bis ihr in einem fremden Haus Unterkunft gewährt wurde. Der Markgraf holte sie dort am nächsten Tag ab und brachte sie mit dem Auto nach Salem. Dort blieb Großherzogin Hilda, bis das Palais in Badenweiler als ihr letzter Wohnsitz eingerichtet war.

Spaziergänge und kleine Wanderungen hatte sie geliebt. Ihr Lieblingssport aber war das Schwimmen gewesen, wozu das Thermalbad in Badenweiler ihr ausreichend Gelegenheit geboten hatte. Doch schmerzhafte Entzündungen im Knie machten der alten Dame bald alle Bewegungen unmöglich. Bei verschiedenen Kuren versuchte Hilda ihre körperliche Robustheit wiederzuerlangen, doch trotz aller Fortschritte blieb sie auf Stöcke angewiesen. Hinzu kam, dass ihr Augenlicht immer mehr abnahm. Die Leiden des Alters! Erst jetzt konnte Hilda so richtig nachempfinden, welche Schmerzen ihr längst verstorbener Gemahl einst durchlitten hatte.

Trotzdem hing sie am Leben. 90 Jahre wollte Hilda gerne werden. Damit wäre sie Deutschlands älteste Fürstin geworden. Sie erreichte ihr Ziel nicht. Am 8. Februar 1952 starb Badens letzte Großherzogin Hilda, Prinzessin von Nassau, nach kurzem Krankenlager. Wenige Monate später sollte es „ihr“ Baden auch nicht mehr geben. Es ging im neuen Südweststaat auf.

Die evangelische Stadtkirche von Badenweiler war bei der Trauerfeier dicht gefüllt. Die Bevölkerung von Hildas letztem Wohnort nahm zusammen mit den Angehörigen der Fürstenhäuser und des Adels Abschied von der Verstorbenen. Feuerwehrmänner der Stadt Badenweiler trugen anschließend den Eichensarg mit Hildas sterblicher Hülle an den schweigenden Menschen vorbei auf den Vorplatz. Die markgräfliche Familie folgte dicht dahinter. Unter den Klängen eines Chorals wurde der Sarg in den Wagen gehoben, über dessen Kühler die badische Fahne gebreitet war. Die Hofdamen nahmen in einem zweiten Wagen Platz. Und während Markgraf Berthold sich mit Frau und Kindern ein letztes Mal vor der toten Fürstin verneigte, verließ die Wagenkolonne den Kirchplatz von Badenweiler.

In den traditionsbewussten südbadischen Städten und Gemeinden hatte der Tod der letzten Großherzogin ein weit größeres Echo ausgelöst als im Norden. Unauffällig wie sie gelebt hatte, kehrte Hilda zurück in ihre einstige Karlsruher Residenz. In langsamer Fahrt passierte der Leichenkondukt, dem ein Omnibus mit einer Fülle von Kränzen und Blumen folgte, den Marktplatz von Karlsruhe. Er führte an der zerstörten evangelischen Stadtkirche vorbei zum Mausoleum im Fasanengarten, wo die verstorbene Großherzogin neben ihrem Gemahl die letzte Ruhestätte fand.

Im Mausoleum

Wenn man den Kirchenraum der Großherzoglichen Grabkapelle im Karlsruher Fasanengarten betritt, wird das Auge sogleich von den weißen Marmorsarkophagen des Großherzogs Friedrich I., der Großherzogin Luise und ihres früh verstorbenen jüngsten Sohnes Ludwig Wilhelm gefangen genommen. Es scheint, als ob die hohe Familie friedlich schlummere: Der hübsche, schlanke Knabe. Der würdige alte Herr mit dem Patriarchenbart, der selbst im ewigen Schlaf seine Güte und Gutmütigkeit offenbart. Und die zarte alte Dame, in deren mageren Gesichtszügen sich so viel lesen lässt: die harte Arbeit, die Liebe und das Leid, die ein langes Leben mit sich bringt. Es geht ein Strahlen aus von diesem ausgezehrten Antlitz. Die alte Dame, so glaubt man zu spüren, hat trotz zeitweiliger Irrungen und Wirrungen ihr Ziel erreicht. Sie ist mit sich selbst im Reinen.

Es fällt schwer, die Augen loszureißen von den Denkmalen, die Hermann Volz geschaffen hat. Dieser Kirchenraum des Mausoleums, er gehört Friedrich I. und er gehört Luise. Wenn die Führerin die Besucher nicht darauf aufmerksam machte – wahrscheinlich würden die meisten die zwei sandsteinernen Epitaphe für Großherzog Friedrich II. und Großherzogin Hilda an den Wänden des Querschiffs einfach übersehen. Verglichen mit der weißen Pracht der Sarkophage sind die Reliefs, die an das letzte badische Herrscherpaar erinnern, nicht nur bescheiden, sondern nichts sagend. Im Leben waren Friedrich II. und Hilda stets im Schatten der übermächtigen Eltern gestanden. Im Tod wurde dieser Schatten zu Stein.

Anmerkungen

Innerhalb der einzelnen Kapitel dieses Buches wurde der besseren Lesbarkeit wegen auf Fußnoten verzichtet. Für Leserinnen und Leser, die „Feuer gefangen" haben und sich intensiver mit den „starken Frauen" am badischen Hof beschäftigen möchten, weise ich an dieser Stelle auf bedeutsame gedruckte Quellen und diejenigen Darstellungen hin, auf deren Grundlage dieses Buch entstanden ist. Neben den im Literaturverzeichnis aufgeführten Werken und Artikeln wurde eine Vielzahl von Zeitungsberichten verwendet, die nicht einzeln aufgeführt sind.

Badische Geschichte:

Die Geschichte des Landes Baden findet im Schulunterricht auch innerhalb des Südweststaates im Allgemeinen kaum Niederschlag. Aus dem Jahr 1951 stammt die „Badische Geschichte" von Rolf Gustav Haebler (Nachdruck 1987). Neuere Forschungsergebnisse haben sich in der auch für Laien gut verständlichen Darstellung Wolfgang Hugs („Geschichte Badens", 2. durchgesehene Auflage 1992) niedergeschlagen. Eine „Badische Geschichte" wurde außerdem von der Landeszentrale für Politische Bildung herausgegeben. Einen knappen, aber sehr anschaulichen Überblick gibt die „Geschichte Badens in Bildern" von Hansmartin Schwarzmaier u.a. Über die Geschichte Badens (und Württembergs) vom 1900 bis 1952 liegt ein im Jahr 2000 erschienenes Buch von Thomas Schnabel vor.

Frauengeschichte/Alltagsgeschichte:

Eine nuancenreiche Darstellung des Frauenlebens in den verschiedenen gesellschaftlichen Schichten hat die Ethnologin Ingeborg Weber-Kellermann mit „Frauenleben im 19. Jahrhundert" vorgelegt. Dabei streift sie auch das Zeitalter des Rokoko und der Aufklärung und gibt einen Ausblick auf die Zeit des Ersten Weltkriegs. Auch ihre Bücher über „Die Kindheit" und „Die Familie" liefern anschaulich Hintergrundwissen über das Alltagsleben, das Frauen- und Familienbild und die dahinter stehende Mentalität in den hier behandelten Zeiträumen. Sehr informativ (und dabei angenehm zu lesen) ist Ingrid Schraubs „Zwischen Salon und Mädchenkammer. Frauen in Biedermeier und Kaiserzeit". Über die Kindererziehung an den Höfen des 18. Jahrhunderts berichtet detailliert auch Philippe Ariès („Geschichte der Kindheit").

Mit der besonderen Situation an Höfen beschäftigt sich der von Otto Borst herausgegebene Band „Frauen bei Hof" (besonders Sylvia Schraut: „Frauen an den Höfen der Neuzeit. Handlungsspielspielräume und Gestaltungsmöglichkeiten"). Für die Zeit von 1800 bis 1870 wurde auch Christa Diemels „Adelige Frauen im bürgerlichen Jahrhundert" herangezogen.

Zahlreiche Hinweise auf die Damen am badischen Hof und ihre Lebensverhältnisse finden sich in den Veröffentlichungen des Karlsruher Stadtarchivs. Hier sind besonders die Bände „Alltag in Karlsruhe"; „Karlsruher Frauen" von Susanne Asche u.a. sowie „Denkmäler, Brunnen und Freiplastiken in Karlsruhe 1715–1945" zu erwähnen.

Badisches Fürstenhaus allgemein:

Die jährlich erschienenen Chroniken für die Haupt- und Residenzstadt Karlsruhe (1885–1917) sowie von Weechs dreibändige Stadtgeschichte (1895, 1898 und 1904) und Fechts Geschichte der Haupt- und Residenzstadt (1887) gehen häufig sehr detailliert, aber weitgehend unkritisch auf die Geschehnisse im großherzoglichen Haus ein. Entsprechendes gilt für Weechs Darstellung „Baden unter den Großherzögen Carl Friedrich, Carl, Ludwig". Rein auf der Suche nach Skandalen (die ihm das badische Fürstenhaus reichlich bot) war hingegen im 19. Jahrhundert Carl Eduard Vehse. Der erstmals 1853 erschienene 26. Band seines Monumentalwerkes „Geschichte der deutschen Höfe seit der Reformation" beschäftigt sich mit dem badischen Hof. Vehses teilweise sehr bösartige Schilderungen bilden einen Gegenpol zur Hofberichterstattung der badischen Chronisten.

Einen Überblick über die Geschichte des Karlsruher Residenzschlosses, seine Ausstattung, seine Bewohner und höfisches Leben von 1715 bis in die Gegenwart als Badisches Landesmuseum bieten Rosemarie Stratmann-Döhler und Harald Siebenmorgen in „Das Karlsruher Schloss". Für die schnelle Information über das ehemalige badische Residenzschloss empfiehlt sich Rosemarie Stratmann-Döhlers im Jahr 2000 erschienener Führer „Schloss und Schlossgarten Karlsruhe".

Über die großherzogliche Grabkapelle im Karlsruher Fasanengarten berichtet Bodo Blenk. Er skizziert auch knapp die Lebensläufe der im Mausoleum bestatteten Persönlichkeiten.

Anlässlich der Erwerbungen des Badischen Landesmuseums aus der Sammlung der Markgrafen und Großherzöge von Baden gab Harald Siebenmorgen 1995 einen Katalog unter dem Titel „Für Baden gerettet" heraus. Darin sind zahlreiche Kunstwerke und Gebrauchsgegenstände aus dem Besitz der hier behandelten Frauen abgebildet und erläutert. Ein besonderes Kapitel gilt den Feierlichkeiten anlässlich der Regierungs- und Familienjubiläen von Friedrich I. und Luise. Weitere kleine, aber hilfreiche Schriften des Badischen Landesmuseums sind „Die badische Fürstengalerie" (Sänger/Siefert) sowie „Schloss und Hof Karlsruhe" (Kanowski/Stratmann-Döhler).

Karoline Luise:

Die erste Gemahlin Karl Friedrichs, Karoline Luise, und seine Schwiegerenkelin Stephanie Napoleon sind von den hier dargestellten Fürstinnen diejenigen, deren Leben am besten untersucht ist. Jan Lauts hat 1980 mit „Caroline Luise von Baden. Ein Lebensbild aus der Zeit der Aufklärung" eine äußerst umfangreiche, wissenschaftliche Biographie der gebildeten Markgräfin vorgelegt. Schon vor Lauts maßgeblichem Werk sind zahlreiche Veröffentlichungen zu Einzelaspekten von Karoline Luises Leben und Werk erschienen. Sie sind im Literaturverzeichnis nur so weit aufgeführt, als sie in der vorliegenden Darstellung Verwendung fanden.

Zur 200. Wiederkehr von Karoline Luises Todestag fand 1983 eine Ausstellung im Karlsruher Schloss statt, zu der alle Institutionen ihrer einstigen Residenz sich zusammenfanden, die Teile ihres vielfältigen Nachlasses und Spuren ihres Daseins bewahren: das Badische Landesmuseum, die Staatliche Kunsthalle, das Staatliche Naturkundemuseum Karlsruhe (damals: Landessammlungen für Naturkunde), die Badische Landesbibliothek sowie das Generallandesarchiv Karlsruhe. Aus dieser Zusammenarbeit entstand ein sehr benutzerfreundlicher, übersichtlicher Katalog, der in Wort und Bild das Leben dieser ungewöhnlichen Frau nachzeichnet. Obwohl – im Gegensatz zu dem gewaltigen schriftlichen Nachlass der Markgräfin – kaum persönliche Gegenstände aus dem Besitz Karoline Luises erhalten sind, gelang es durch eine geschickte Auswahl des Ausstellungsgutes doch, auch einen visuellen Eindruck vom Leben, den Lebensumständen und der Umgebung der Fürstin zu vermitteln. Mentor der Arbeitsgruppe war wiederum Prof. Dr. Jan Lauts.

Neben den Veröffentlichungen, in deren Mittelpunkt Karoline Luise selbst steht, wurden auch eine Reihe von Quellen, Darstellungen und Zeitungsartikeln herangezogen, die sich vorrangig auf Markgraf/Kurfürst/Großherzog Karl Friedrich beziehen (Titel siehe Literaturverzeichnis). Besonders hervorzuheben ist auch hier ein Ausstellungskatalog: Im Rahmen der Landesgartenschau fand 1981 im Neuen Schloss in Baden-Baden eine Ausstellung der Markgräflich badischen Museen statt: „Carl Friedrich und seine Zeit". Der Katalog reicht, was die Übersichtlichkeit anbetrifft, nicht an den zwei Jahre später erschienenen Karoline-Luise-Katalog heran. Seine Stärke besteht darin, dass er intensiv auf die politische Entwicklung Badens im europäischen Kontext eingeht.

Markgräfin Amalie:

Eine umfassende wissenschaftliche Biographie der Markgräfin Amalie fehlt bis heute. Dennoch ist über Amalie schon viel geforscht worden. Jan Lauts (s.o.) geht in seiner Karoline-Luise-Biographie ausführlich auf das gespannte Verhältnis zwischen der regierenden Fürstin und ihrer Schwiegertochter ein. Pauschal lässt sich feststellen, dass die Werke, in deren Mittelpunkt Karoline Luise steht, auch die junge Amalie beleuchten, während die Arbeiten zu Großherzogin Stephanie auch auf ihre Schwiegermutter, die alternde Amalie, eingehen. Auch in den Darstellungen, die Karl Friedrich in den Mittelpunkt stellen, wird Amalie von Baden immer wieder thematisiert.

Sehr ausführlich behandelt in „Greif und Zarenadler" Hans Leopold Zollner die Beziehungen Amalies und ihrer Töchter zu Russland. Zollner gehört zu denjenigen Autoren, die bei der Bewertung historischer Ereignisse immer wieder die eigene, im 20. Jahrhundert gründende moralische Messlatte anlegen. Doch trotz dieser Schwäche gebührt ihm das Verdienst, anhand zahlreicher Quellen ausführlich die badisch-russischen Beziehungen seit der Mitte des 18. Jahrhunderts dargestellt zu haben.

Eine ganze Reihe von gedruckten Quellen beschäftigen sich mit Markgräfin Amalie. Uneingeschränkt im Mittelpunkt steht Markgräfin Amalie in den „Erinnerungen aus dem Hofleben" ihrer Hofdame Caroline von Freystedt. Die Freystedt verfügte, soweit sie nicht auf ihre Notizen zurückgriff, über ein ausgezeichnetes Gedächtnis. Sie irrte, was Jahreszahlen oder Personen anbetraf, nur selten. Als Aristokratin und Hofdame lieferte sie ein weniger politisches, aber aus gesellschaftlicher Sicht bezeichnendes Bild Amalies und des badischen Hofes. Caroline von Freystedt übernimmt – mit ganz wenigen Ausnahmen – uneingeschränkt die Positionen und Argumentationen der Markgräfin Amalie. Ihre Darstellung ermöglicht daher auch einen vorsichtigen Einblick in die Gedankenwelt der beschriebenen Fürstin.

Einen direkten Einblick in Amalies Wesen und Überlegungen erhält man bei Willy Andreas' Artikel „Napoleons Aufenthalt in Karlsruhe (1806) und die Verlobung der Stephanie Beauharnais". Andreas veröffentlicht hier (in deutscher Übersetzung) einen Brief Amalies, der aus Sicht der Markgräfin die Begegnung mit Napoleon schildert.

Eine wichtige Rolle spielt Amalie auch in den Denkwürdigkeiten des Markgrafen Wilhelm von Baden sowie den Erinnerungen der Christa von Scharnhorst (einer Hofdame von Amalies Tochter Friederike).

Nicht verwertet wurde im Kapitel „Markgräfin Amalie" Marianne Wintersteiners „Schwiegermutter Europas". Bei dem 1996 erschienen Buch handelt es sich um einen nett zu lesenden historischen Roman, der aber weitgehend fiktionale Züge trägt.

Luise Karoline von Hochberg:

Die Kaspar-Hauser-Affäre verhalf der viel geschmähten Dame zu einer zweifelhaften Berühmtheit, die weit über Baden hinausreichte. Gerechtigkeit widerfuhr ihr kaum, auch wenn an der Reichsgräfin Hochberg kein Autor vorbeikommt, der sich mit dem badischen Fürstenhaus oder der badischen Politik im 19. Jahrhundert beschäftigt. Die bereits oben erwähnte Literatur zu Großherzog Karl Friedrich und zu seiner Schwiegertochter Amalie wurde für dieses Kapitel ebenso herangezogen wie die Literatur zu Großherzogin Stephanie und Großherzog Leopold. Die Bitterkeit, die sowohl die Reichsgräfin Hochberg als auch ihre Kinder angesichts der Kränkungen am Hofe empfanden, kommt deutlich zum Ausdruck in den Erinnerungen des Markgrafen Wilhelm, Luise Karolines zweitem Sohn.

Das Phänomen der „Ehen zur linken Hand in der europäischen Geschichte" hat Joachim Kühn umfassend beleuchtet. Er widmet in seinem 1968 erschienenen Werk der „Madame Sanssouci" ein eigenes Kapitel. Einen knappen, aber prägnanten Überblick über das Leben und Streben der Reichsgräfin von Hochberg findet man bei Martin Furtwängler (in: „Frauen bei Hof", 1998). Auch Christa Diemel geht in „Adelige Frauen im bürgerlichen Jahrhundert" auf morganatische Ehen ein.

Stephanie:

Die Adoptivtochter Napoleons gehört zu den gut erforschten Persönlichkeiten im badischen Fürstenhaus. Friedrich Walter („Stephanie Napoleon, Lebensweg und Weggenossen", 1948) sowie Rudolf Haas („Stephanie Napoleon, Großherzogin von Baden. Ein Leben zwischen Frankreich und Deutschland", 1967) haben die Grundlagen für die Beschäftigung mit Stephanie geschaffen. Außerdem erschien zur Stephanie-Ausstellung anlässlich des 200. Geburtstags der Großherzogin im Badischen Landesmuseum ein ausgezeichneter Katalog, den Rosemarie Stratmann-Döhler bearbeitet hat.

Ergiebige deutschsprachige Quellen über Stephanie und ihre Zeit sind vor allem die Memoiren der Freystedt, der Scharnhorst, des Markgrafen Wilhelm und des preußischen Gesandten Varnhagen von Ense. Auch Großherzog Friedrich I. geht in seinen Jugenderinnerungen (allerdings recht knapp) auf die alternde Stephanie ein.

Sophie:

Ohne die Revolution von 1848/49 wäre Großherzog Leopold heute weitgehend vergessen. Erst die Veranstaltungen und die zahlreichen Veröffentlichungen anlässlich des Revolutionsjubiläums 1998/99 haben dafür gesorgt, dass der Name des ersten Großherzogs der Hochberger-Linie wieder einem größeren historisch interessierten Laien-Publikum näher gebracht wurde. Nur selten aber gehen die Autoren ausführlicher auf die Persönlichkeit Leopolds ein. Ein Ausstellungskatalog, den die Badische Landesbibliothek 1990 zu Leopolds 200. Geburtstag herausgab, wird ausdrücklich als „Versuch eines Portraits" bezeichnet und verstand sich als Materialsammlung für die noch ungeschriebene Biographie Leopolds.

Wenn schon der Großherzog selbst bei den Historikern nur wenig Interesse hervorrief, so galt dies noch weitaus mehr für seine Gemahlin, die Großherzogin Sophie. Sich auch nur annähernd ein Bild von der geborenen Prinzessin von Schweden zu machen, ist das reinste Puzzlespiel. Immerhin liefert auch für ihre Person der Leopold-Katalog eine Reihe von Anhaltspunkten. Über das Familienleben Sophies und Leopolds berichtet Großherzog Friedrich I. in seinen Jugenderinnerungen. Zur angeblichen Liebschaft Sophies mit dem Bankierssohn von Haber findet man Näheres unter anderem beim Skandalchronisten Vehse, in „Juden in Karlsruhe“ (Veröffentlichung des Karlsruher Stadtarchivs) sowie bei Walther Peter Fuchs („Studien zu Großherzog Friedrich I. von Baden“). Die Duelle, die Haber zum Verhängnis wurden, sind beschrieben bei Ute Frevert „Ehrenmänner“.

Luise:

Über das Leben von Großherzogin Luise sind viele Bücher und Artikel geschrieben worden, die für die moderne Leserin und den modernen Lesern allerdings oft nur schwer erträglich sind: Das ungeschminkte Bemühen, der Großherzogin ein Denkmal zu setzen und dabei alles zu ignorieren, was nicht ins Bild passt, ist augenfällig. So liefern diese Bändchen (u.a. von Heinrich Bingemer, F. Bornhak, Heinrich Hindelang oder auch die Aufsätze von Karl Hesselbacher und Ida Doll in Fehrles Buch über „Die Großherzöge Friedrich I. und Friedrich II. und das badische Volk“) zwar jede Menge Anekdoten, doch wo immer es um die Schilderung von Motiven und Charaktereigenschaften geht, kann (und muss) man annehmen, dass geschönt und idealisiert wurde, was das Zeug hielt. Abgesehen von der – in dieser Hinsicht allerdings auch nicht ganz unbelasteten – Kurzbiographie Hermann Onckens im Deutschen Biographischen Jahrbuch 1923, ist die ältere Literatur über Luise mit größter Vorsicht zu genießen.

Auch Kurt Gihring kam in „Ein neues Licht“ nicht umhin, in Luise die tatkräftige Fürstin, ansonsten aber lediglich die sanftmütige und mitleidsvolle Wohltäterin zu sehen (ein Bild, das perfekt zu den Lobpreisungen der vorher genannten Bändchen passt). Immerhin gebührt Gihring der Ruhm, die Geschichte des Roten Kreuzes im Allgemeinen und speziell des badischen Landesverbandes sowie Luises Rolle dabei im Besonderen kenntnisreich und unter Verwendung zahlreicher Quellen dargestellt zu haben. Auch Clemens Siebler zeichnet in den Baden-Württembergischen Frauenportraits ein meiner Ansicht nach idealisiertes Bild von Luise. Vom gleichen Autor findet sich in den Frauenportraits auch eine Kurzbiographie von Luises Tochter Viktoria.

Über die reine Personenbeschreibung hinaus geht Susanne Asche in ihren Arbeiten zu Luise. Wie schon in den entsprechenden Kapiteln von „Karlsruher Frauen" beleuchtet sie die Anliegen und Auswirkungen von Luises Arbeit zu ihren Lebzeiten und mit Blick auf die künftige Entwicklung. Über die (auch in Luises Schaffen begründete) besondere Situation der Frauenbewegung in Baden berichten Susanne Asche und Barbara Guttmann in „Standpunkte. Ergebnisse und Perspektiven der Frauengeschichtsforschung in Baden-Württemberg" (1993).

Vielfach Erwähnung findet Luise natürlich auch in den Werken, die sich vorwiegend ihrem Gemahl, dem Großherzog Friedrich I., widmen. So finden sich beispielsweise in Fuchs' „Studien zu Großherzog Friedrich I. von Baden" u.a. Angaben zu Hof und Hofgesellschaft in Baden, über das Kaspar-Hauser-Problem und über die Erziehung der Söhne des Großherzogenpaares, die dabei halfen, das Bild von Luise abzurunden.

Anlässlich familiärer Ereignisse im großherzoglichen Haus (Hochzeiten, silberne/goldene Hochzeiten, Geburten, runde Geburtstage, Todesfälle) sowie Regierungsjubiläen erschienen zahlreiche Festschriften, Zeitungsberichte und Sonderveröffentlichungen. Diese, oftmals mit eingehenden Würdigungen und „Charakterisierungen" der Betroffenen verbundenen Schriften sind meist reine Lobgesänge auf die zu ehrenden Persönlichkeiten. Sie vermitteln aber einen sehr anschaulichen Eindruck von der Ausgestaltung der Festlichkeiten und von der Bedeutung, die ihnen beigemessen wurde. So sind etwa in dem Bändchen „In Memoriam" (hrsg. von Julius Katz) nicht nur die Kundgebungen anlässlich Friedrichs I. Tod gesammelt, sondern auch die aus damaliger Sicht erwähnenswerten Trauergäste aufgeführt – bis hin zu der Rangfolge, in der die Vertreter der europäischen Fürstenhäuser auftraten. Eine ähnliche Broschüre entstand auch anlässlich Luises Tod im Jahr 1923, obwohl das Großherzogtum mittlerweile zum Freistaat Baden geworden war.

Einen Einblick in Luises Gedankenwelt erhält man in Hermann Onckens Quellensammlung zu Großherzog Friedrich I. und der badischen Politik von 1854 bis 1871. Luise hatte die Angewohnheit, in größeren Abständen ihre Eindrücke von der politischen Entwicklung schriftlich niederzulegen. In Onckens Quellensammlung sind die Aufzeichnungen zur Zeit von 1860 bis 1863 enthalten. Außerdem findet sich hier unter anderem auch der Briefwechsel zwischen dem damaligen Prinzregenten Friedrich und Wilhelm von Preußen über die bevorstehende Hochzeit mit Luise.

Hilda:

Die letzte Großherzogin von Baden taucht wie ihre Schwiegermutter häufig in populären Büchlein auf, die vor allem das Ansehen des Fürstenhauses im Volk festigen sollten. Über ihre Zeit als Erbgroßherzogin und regierende Großherzogin finden sich Teilaspekte auch in den Darstellungen zum Leben der Großherzogin Luise.

Die Berichterstattung über den Tod Hildas in den badischen Zeitungen ist – allein schon vom Umfang her – überhaupt nicht mit derjenigen nach dem Tod ihrer Schwiegermutter Luise zu vergleichen. Vor allem im nordbadischen Raum rief Hildas Ableben relativ geringe Resonanz hervor.

Ein Jahr nach dem Tod der letzten badischen Großherzogin gaben Wilhelm Ilgenstein und Anna Ilgenstein-Katterfeld ein „Gedenkbuch" heraus. Es erschien mit Unterstützung der Großherzogin von Luxemburg, des Markgrafen Berthold von Baden, der Gemeinde Badenweiler sowie verschiedener anderer Spender. Intention war auch in diesem Fall eine Lobpreisung der Verstorbenen als eine „aufrechte, gütige, fromme, deutsche Frau". In dem Büchlein sind Erinnerungen von Menschen, die mit Hilda in Kontakt standen, veröffentlicht. Geistliche, Pfarrersfrauen, Kammerherren, Hofdamen und selbst Hausmeister schildern ihre Erlebnisse mit Großherzogin Hilda. Neben den unvermeidlichen Lobgesängen und Anekdötchen finden sich auch einige erwähnenswerte Hinweise. Vor allem die Prinzessin Alexander Friedrich von Hessen, die 16 Jahre lang Hofdame bei Hilda war, ehe sie deren Onkel ehelichte, gibt in ihrer humorvollen Art manches über die Großherzogin preis, was andere verschweigen: Etwa, dass die „Sitzungen der Frauenvereine, die sie aber tapfer besuchte" der „armen Herrin" gar nicht lagen. Auch einige Briefe Hildas an den Markgrafen Berthold sind hier abgedruckt.

Literaturhinweise

100 Jahre Mädchengymnasium in Deutschland, hrsg. von der Stadt Karlsruhe, 1993

Alltag in Karlsruhe, Vom Lebenswandel einer Stadt in drei Jahrhunderten (Veröff. d. Karlsruher Stadtarchivs Bd. 10), Karlsruhe 1990

Andreas, Willy, Napoleons Aufenthalt in Karlsruhe (1806) und die Verlobung der Stephanie Beauharnais, in: Mannheimer Geschichtsblätter XI, 1939, Seite 60 ff.

Anonym, Großherzogin Luise in ihren Beziehungen zum badischen Volke, Baden-Baden 1902

Ariès, Philippe, Geschichte der Kindheit, München 1975

Asche, Susanne, Großherzogin Luise. „Bürgerliche Tugenden im fürstlichen Gewand", in: Frauen bei Hof, hrsg. von Otto Borst (Stuttgarter Symposion Schriftenreihe Bd. 6), Tübingen 1998, Seite 214 ff.

Asche, Susanne; Hochstrasser, Olivia, Durlach. Staufergründung. Fürstenresidenz, Bürgerstadt (Veröff. d. Karlsruher Stadtarchivs Bd. 17), Karlsruhe 1996

Asche, Susanne, Fürsorge und Emanzipation oder Rassehygiene. Die Frauenbewegung im Großherzogtum Baden (Teil 2), in: Standpunkte. Ergebnisse und Perspektiven der Frauengeschichtsforschung in Baden-Württemberg, Tübingen/Stuttgart 1993, Seite 132 ff.

Asche, Susanne; Guttmann, Barbara; Hochstrasser, Olivia; Schambach, Sigrid; Sterr, Lisa, Karlsruher Frauen 1715–1945. Eine Stadtgeschichte (Veröff. d. Karlsruher Stadtarchivs Bd. 15), Karlsruhe 1992

Baden, Carl Friedrich von, Politische Correspondenz, Bde. IV (1801–1804), V (1804–1806), VI (Ergänzungsband), Heidelberg 1896, 1901, 1915

Baden, Friedrich von, Jugenderinnerungen Großherzog Friedrichs I. von Baden 1826–1847, hrsg. von Karl Obser, Heidelberg 1921

Baden, Markgraf Wilhelm von, Denkwürdigkeiten Bd. 1, 1792–1818, Heidelberg 1906

Badinter, Elisabeth, Die Mutterliebe. Geschichte eines Gefühls vom 17. Jahrhundert bis heute, München 1981 (Neuausgabe 1991)

Badische Landesbibliothek (Hrsg.), Großherzog Leopold von Baden 1790–1852. Regent – Mäzen – Bürger. Versuch eines Portraits. Eine Ausstellung der Badischen Landesbibliothek zum 200. Geburtstag, Karlsruhe 1990

Badische Landeszeitung (Hrsg.), Offizielle Festschrift des Achtzigsten Geburtstags Seiner Königlichen Hoheit des Großherzogs Friedrich am 9. Sept. 1906/der Goldenen Hochzeit des Großherzogs und der Großherzogin Friedrich und Luise am 20. Sept. 1906

Badisches Landesmuseum, 1848/49. Revolution der deutschen Demokraten in Baden. Zur Landesausstellung im Karlsruher Schloss, Baden-Baden 1998

Badisches Landesmuseum, „Für Baden gerettet". Erwerbungen des Badischen Landesmuseums 1995 aus der Sammlung der Markgrafen und Großherzöge von Baden, hrsg. von Harald Siebenmorgen, Karlsruhe 1996

Badisches Landesmuseum, Caroline Luise, Markgräfin von Baden 1723–1783, Ausstellung im Badischen Landesmuseum Karlsruhe, Stuttgart 1983

Badisches Landesmuseum, Stephanie Napoleon 1789–1860, Ausstellungskatalog anlässlich der 200. Wiederkehr ihres Geburtstags, wiss. Bearbeitung von Rosemarie Stratmann-Döhler, Karlsruhe 1989

Baum, Marie, Drei Klassen von Lohnarbeiterinnen in Industrie und Handel der Stadt Karlsruhe. Bericht, erstattet an das Großherzogliche Ministerium des Innern, hrsg. von der Großherzoglich Badischen Fabrikinspektion, Karlsruhe 1906

Bingemer, Heinrich, Eine deutsche Fürstin. Großherzogin Luise von Baden und ihr Haus. Festschrift zum Eintritte Ihrer Königlichen Hoheit Großherzogin Luise in das 75. Lebensjahr, Obernburg u. Klingenberg/Main 1912

Blenk, Bodo, Die großherzogliche Grabkapelle in Karlsruhe. Ein Beitrag zur Stadtgeschichte, Hohenwestedt 1978

Born, Karl Erich, Von der Reichsgründung bis zum Ersten Weltkrieg, Gebhardt Handbuch der deutschen Geschichte Band 16, München 1975

Bornhak, F., Luise, Großherzogin von Baden, geb. Prinzessin von Preußen. Züge eines fürstlichen Lebensbildes. Neue Volksbücher, hrsg. von der Vereinigung von Freunden christlicher Volksliteratur, Berlin 1894

Brand, Peter; Rürup, Reinhard, Volksbewegung und demokratische Neuordnung in Baden 1918/19. Zur Vorgeschichte und Geschichte der Revolution, hrsg. von den Stadtarchiven Karlsruhe und Mannheim, Sigmaringen 1991

Chronik der Haupt- und Residenzstadt Karlsruhe für das Jahr 1885–1917, Jg. 1–33, im Auftrag der Städtischen Archivkommission bearbeitet, Karlsruhe 1885–1917

Chronik der Landeshauptstadt Karlsruhe für die Jahre 1918 und 1919, 1920–1923, Jahrgang 34–39, im Auftrag der Stadtverwaltung bearbeitet, Karlsruhe 1925, 1930

Denkmäler, Brunnen und Freiplastiken in Karlsruhe 1715–1945, hrsg. von Heinz Schmitt (Veröff. d. Karlsruher Stadtarchivs Bd. 7), Karlsruhe 1987

Die Universität Freiburg Ihrem Dr. med. h.c. Ihrer Königlichen Hoheit Luise, Großherzogin-Witwe von Baden, Prinzessin von Preußen zum 80. Geburtstage, 3. Dezember 1918

Diemel, Christa, Adelige Frauen im bürgerlichen Jahrhundert. Hofdamen, Stiftsdamen, Salondamen 1800–1870, Frankfurt/Main 1998

Dove, Alfred, Großherzog Friedrich von Baden als Landesherr und deutscher Fürst, Heidelberg 1902

Drais, Karl Wilhelm Friedrich Ludwig von, Gemälde aus dem Leben Karl Friedrichs, des ersten Großherzogs von Baden, Mannheim 1829

Drais, Karl Wilhelm Friedrich Ludwig von, Geschichte der Regierung und Bildung von Baden unter Carl Friedrich, Bde. 1 und 2, Karlsruhe 1816, 1818

Fecht, Karl Gustav, Geschichte der Haupt- und Residenzstadt Karlsruhe, im Auftrag der Städtischen Archivkommission bearbeitet, Karlsruhe 1887 (Nachdruck 1976)

Fehrle, Eugen (Hrsg.), Die Großherzöge Friedrich I. und Friedrich II. und das badische Volk, Heidelberg o.J.

Frevert, Ute, Ehrenmänner. Das Duell in der bürgerlichen Gesellschaft, München 1991

Freystedt, Caroline von, Erinnerungen aus dem Hofleben, Heidelberg 1902

Fuchs, Rudolf, Die Verhältnisse der Industrierabeiter in 17 Landgemeinden bei Karlsruhe. Bericht erstattet an das Großherzogliche Ministerium des Innern und hrsg. von der Großherzoglich Badischen Fabrikinspektion, Karlsruhe 1904

Fuchs, Walther Peter, Studien zu Großherzog Friedrich I. von Baden. Veröffentlichungen der Kommission für geschichtliche Landeskunde in Baden-Württemberg, Reihe B, Forschungen, Stuttgart 1995

Funck, Heinrich, Goethes Besuch am Karlsruher Hof im Jahr 1779, in: Die Pyramide 1921, Nr. 41, Seite 333

Furtwängler, Martin, Luise Caroline Reichsgräfin von Hochberg. Von der Hofdame zur Fürstenmutter, in: Frauen bei Hof, hrsg. von Otto Borst (Stuttgarter Symposion Schriftenreihe Bd. 6), Tübingen 1998, Seite 165 ff.

Gassner, Klaus; Finkele, Diana, Der Aufstand der badischen Demokraten. Geschichten aus der Revolution 1848/49, Ubstadt-Weiher 1998

Generallandesarchiv Karlsruhe, Residenz im Kaiserreich, Karlsruhe um 1890. Zur Ausstellung in Karlsruhe 1990, bearbeitet von Konrad Krimm und Wilfried Rößling, Karlsruhe 1990

Geschichte des Badischen Frauenvereins. Festschrift zur silbernen Hochzeit von Großherzog Friedrich I. und Großherzogin Luise und zur Vermählung Prinzessin Viktorias mit Kronprinz Oscar Gustav Adolf von Schweden und Norwegen am 20.9.1881, Karlsruhe 1881

Gihring, Kurt, Ein neues Licht. Großherzogin Luise und das Rote Kreuz, Offenburg/Baden 1963

Gottesdienstliche Feiern und Ansprachen aus Anlaß des Heimgangs, der Aufbahrung und Beisetzung der in Gott ruhenden Großherzogin Luise von Baden geb. Prinzessin von Preußen in den Tagen 23. bis 30. April 1923, Karlsruhe 1923

Guttmann, Barbara, Der „friedliche Krieg zwischen den Geschlechtern“. Die Frauenbewegung im Großherzogtum Baden (Teil 1), in: Standpunkte. Ergebnisse und Perspektiven der Frauengeschichtsforschung in Baden-Württemberg, Tübingen/Stuttgart 1993, Seite 124 ff.

Haas, Rudolf, Stephanie Napoleon. Großherzogin von Baden. Ein Leben zwischen Frankreich und Deutschland 1789–1860, Mannheim 1976

Haebler, Rolf Gustav, Badische Geschichte, Karlsruhe 1951 (Nachdruck 1987)

Haebler, Rolf Gustav, Die Schwiegermutter Europas. Markgräfin Amalie von Baden, in: Die Pyramide 1935, Nr. 32, Seite 125 f., Nr. 33, Seite 131 f., Nr. 34, Seite 133 ff.

Hahn, Freifrau Sophie von, In Gutshäusern und Residenzen. Denkwürdigkeiten, Hannover-Döhren 1964

Hindelang, Friedrich, Großherzogin Luise von Baden. Der Lebenstag einer fürstlichen Menschenfreundin, 2. Auflage, Karlsruhe 1926

Höcker, Paul Oskar, Kinderzeit. Erinnerungen von Paul Oskar Höcker, Berlin 1919

Hug, Wolfgang, Geschichte Badens, 2. durchgeseh. Auflage, Stuttgart 1992

Ilgenstein, Wilhelm; Ilgenstein-Katterfeld, Anna (Hrsg.), Hilda. Badens letzte Großherzogin. Ein Gedenkbuch, Karlsruhe 1953

Kanowski, Claudia; Stratmann-Döhler, Rosemarie, Schloss und Hof Karlsruhe, Karlsruhe 1999

Katz, Julius (Hrsg.), In Memoriam, Eine Sammlung von Kundgebungen anläßlich des Ablebens seiner Königlichen Hoheit des Großherzogs Friedrich von Baden, Karlsruhe 1908

Kemp, Friedrich (Hrsg.), Rahel Varnhagen und ihre Zeit. Briefe 1800–1833, München 1968

Kircher, Gerda Franziska, Das Karlsruher Schloss als Residenz und Musensitz, bearbeitet aus dem Schlossinventar von 1787 und aus der Korrespondenz der Markgräfin Karoline Luise, Veröff. der Kommission für geschichtl. Landeskunde in B-W, Stuttgart 1959

Koch, Manfred, Karlsruher Chronik, Stadtgeschichte in Daten, Bildern, Analysen (Veröff. d. Karlsruher Stadtarchivs Bd. 14), Karlsruhe 1992

Kühn, Joachim, Ehen zur linken Hand in der europäischen Geschichte, Stuttgart 1968

Landeszentrale für politische Bildung Baden-Württemberg (Hrsg.), Badische Geschichte, 2. Auflage, Stuttgart 1987

Lauter, Anna, Großherzogin Luise von Baden und ihre Wirksamkeit im Weltkrieg, Lahr in Baden 1918

Lauts, Jan, Caroline Luise von Baden. Ein Lebensbild aus der Zeit der Aufklärung, Karlsruhe 1980 (2. durchges. Auflage 1990)

Markgräflich Badische Museen, Carl Friedrich und seine Zeit. Ausstellung im Rahmen der Landesgartenschau 1981, Baden-Baden, Neues Schloss, Red. Peter Eberhard, Karlsruhe 1981

Müller, Ernst, Der Badische Frauenverein, Sonderabdruck aus „Das Rote Kreuz“, 1910

Müller-Willeke, Irmgard, Stephanie Napoleon, in: Baden-Württembergische Portraits, Frauengestalten aus fünf Jahrhunderten, hrsg. von Elisabeth Noelle-Neumann, Stuttgart 2000, Seite 90 ff.

Obser, Karl, Markgräfin Karoline Luise von Baden und ihr botanisches Sammelwerk, in: Zeitschrift für die Geschichte des Oberrheins, 1908, Seite 4 ff.

Obser, Karl, Voltaires Beziehungen zu der Markgräfin Karoline Luise von Baden-Durlach und dem Karlsruher Hofe. Sonderabzug aus der Festschrift zum 50-jährigen Regierungsjubliläum von Friedrich I. von Baden, Heidelberg 1903

Oncken, Hermann, Großherzog Friedrich I. von Baden und die deutsche Politik von 1854–1871. Briefwechsel, Denkschriften, Tagebücher, hrsg. von der Badischen Historischen Kommission Bd. 1 und 2, Stuttgart, Berlin, Leipzig 1927

Oncken, Hermann, Luise Marie Elisabeth, Großherzogin von Baden, in: Deutsches Biographisches Jahrbuch 1923, Seite 251 ff.

Rietschel, Siegfried (Hrsg.), Vom Naturalienkabinett zum Naturkundemuseum 1785–1985, Karlsruhe 1985

Sänger, Reinhard; Siefert, Katharina, Die badische Fürstengalerie/Badisches Landesmuseum, Karlsruhe 1998

Scharnhorst, Christa von, Königin Friederike von Schweden, geborene Prinzessin von Baden. Memoiren aus ihrem Leben und ihrer Zeit, aufgezeichnet von einer Hofdame, Frankfurt 1858

Schindera, Frank (Hrsg.), Vom großherzoglichen Viktoria-Pensionat zur Franz-Lust-Kinderklinik Karlsruhe. 1920–1995, Karlsruhe 1995

Schlumbohm, Jürgen; Duden, Barbara; Gélis, Jacques; Veit, Patrice (Hrsg.), Rituale der Geburt. Eine Kulturgeschichte, München 1998

Schnabel, Thomas, Geschichte von Baden und Württemberg 1900–1952 (hrsg. vom Haus der Geschichte Baden-Württemberg), Stuttgart 2000

Schraub, Ingrid, Zwischen Salon und Mädchenkammer. Frauen in Biedermeier und Kaiserzeit, Hamburg 1992

Schraut, Sylvia, Frauen an den Höfen der Neuzeit. Handlungsspielräume und Gestaltungsmöglichkeiten, in: Frauen bei Hof, hrsg. von Otto Borst (Stuttgarter Symposion Schriftenreihe Bd. 8), Tübingen 1998, Seite 9 ff.

Schwarz, Benedikt, Hofzeremoniell vor 150 Jahren, in: Die Pyramide 1921, Nr. 10, Seite 77

Schwarzmaier, Hansmartin; Krimm, Konrad; Stievermann, Dieter; Kaller, Gerhard; Stratmann-Döhler, Rosemarie, Geschichte Badens in Bildern 1100–1918, Stuttgart 1993

Schwarzmaier, Hansmartin, Vom Empire zum Biedermeier. Der badische Hof nach dem Tod Großherzog Karl Friedrichs, in: Baden und Württemberg im Zeitalter Napoleons, Bd. 2, Stuttgart 1987, Seite 41 ff.

Siebler, Clemens, Luise Marie Elisabeth von Baden, in: Baden-Württembergische Portraits, Frauengestalten aus fünf Jahrhunderten, hrsg. von Elisabeth Noelle-Neumann, Stuttgart 2000, Seite 137 ff.

Siebler, Clemens, Sophie Marie Victoria von Baden, in: Baden-Württembergische Portraits, Frauengestalten aus fünf Jahrhunderten, hrsg. von Elisabeth Noelle-Neumann, Stuttgart 2000, Seite 187 ff.

Spaude, Edelgard, Eigenwillige Frauen in Baden, Freiburg im Breisgau 1999

Stratmann-Döhler, Rosemarie, Schloss und Schlossgarten Karlsruhe (hrsg. von Staatl. Schlösser und Gärten Baden-Württemberg in Zusammenarbeit mit dem Staatsanzeiger f. Baden-Württemberg), München, Berlin 2000

Stratmann-Döhler, Rosemarie; Siebenmorgen, Harald, Das Karlsruher Schloss, Karlsruhe 1996

Straus, Rahel, Wir lebten in Deutschland. Erinnerungen einer deutschen Jüdin 1880–1993, hrsg. von Max Kreuzberger (Veröff. d. Leo-Baeck-Instituts), Stuttgart 1961

Trumpp, Julius, Kaspar Hauser, Napoleon und Stephanie. Der Tatsachenbericht. Gerabronn/Württemberg 1953

Varnhagen von Ense, Karl August, Denkwürdigkeiten des eigenen Lebens, Die Karlsruher Jahre 1816–1819, Karlsruhe 1924

Vehse, Eduard, Die Höfe zu Baden, hrsg. von Wolfgang Schneider, Leipzig/Weimar 1992

Vierordt, Heinrich, Das Buch meines Lebens, Erinnerungen von Heinrich Vierordt, 2. Auflage, Heidelberg 1934

Walter, Friedrich, Stephanie Napoleon. Lebensweg und Weggenossen 1789–1860, Baden-Baden 1948

Weber-Kellermann, Ingeborg, Frauenleben im 19. Jahrhundert. Empire und Romantik, Biedermeier, Gründerzeit, 3. Auflage München 1991

Weber-Kellermann, Ingeborg, Die Familie. Geschichte, Geschichten und Bilder, Frankfurt/M. 1989

Weber-Kellermann, Ingeborg, Die Kindheit. Kleidung und Wohnen, Arbeit und Spiel. Eine Kulturgeschichte, Frankfurt/M. 1979

Weech, Friedrich von, Karlsruhe. Geschichte der Stadt und ihrer Verwaltung. Auf Veranlassung des Stadtrats bearbeitet, 3 Bde., Karlsruhe 1895, 1898, 1904

Weech, Friedrich von (Hrsg)., Badische Biographien, Heidelberg/Karlsruhe 1875–1935

Weech, Friedrich von, Baden unter den Großherzogen Carl Friedrich, Carl, Ludwig 1738–1830, Freiburg im Breisgau 1863

Wintersteiner, Marianne, Die Schwiegermutter Europas. Markgräfin Amalie von Baden, Mühlacker 1996 (Roman)

Zimmermann, Paul Friedrich, Die Markgrafschaft Baden, ihre Hauptstadt und ihr Hof im Jahre 1789, in: Die Pyramide 1920, Nr. 47, Seite 356 f.

Zollner, Hans Leopold, Leopold von Baden. Ein tragisches Fürstenleben. Vortrag anläßl. der Eröffnung der Ausstellung Großherzog Leopold von Baden. Versuch eines Portraits, gehalten am

29.8.1990 in der BLB KA (= Badische Landesbibliothek, Vorträge 29)

Zollner, Hans Leopold, Greif & Zarenadler. Aus zwei Jahrhunderten badisch-russischer Beziehungen, Karlsruhe 1981

Zwischen Schule und Fabrik. Textile Frauenarbeit in Baden im 19. und 20. Jahrhundert. Ausstellung des Badischen Landesmuseums Karlsruhe u. des Museums für Volkskunde, Staatl. Museen zu Berlin-Preuß. Kulturbesitz, hrsg. von Harald Siebenmorgen, Sigmaringen 1993

Abbildungsnachweis:

Badisches Landesmuseum Karlsruhe 12

Cistercienserinnen-Abtei Lichtental 3, 5, 10, 11, 15

Freiherr von Gaylingsche Familienportrait-Sammlung Freiburg 2, 6, 7, 22

Fürstlich Fürstenbergisches Archiv Donaueschingen 13

Generallandesarchiv Karlsruhe 8, 18, 19, 24, 25

Privat 9, 16, 21

Staatliche Kunsthalle Karlsruhe 1

Staatsgalerie Stuttgart 14

Stadtarchiv Karlsruhe 4, 17, 20, 23

Stammtafel

Karl Wilhelm
Markgraf
von Baden-Durlach
1679-1738
∞
Magdalene Wilheln[...]
von Württemberg
1677-1742

Friedrich
Erbprinz von Baden
1703-1732
∞
Anna Charlotte
von Nassau-Oranien
1710-1777

Markgräfin Karoline Luise
geb. von Hessen-Darmstadt
1723-1783
∞
Karl Friedrich
Markgraf, Kurfürst,
1. Großherzog von Baden (seit [...]
1728-1811

Karl Ludwig
Erbprinz
1755-1801
∞
Markgräfin Amalie
geb. von Hessen-Darmstadt
1754-1832

Friedrich
Prinz
1756-1817
∞
Luise
von Nassau-Usingen
1776-1829

Ludwig I.
3. Großherzog (seit 1818)
1763-1830
∞
Katharina Werner
Gräfin Langenstein
† 1850

Amalie
von Baden
1776-1823

Karoline
von Baden
1776-1841
∞
Maximilian
Kg. v. Bayern
1756-1825

Luise
Zarin Elisabeth
1779-1826
∞
Alexander
Zar v. Russland
1777-1825

Friederike
von Baden
1781-1826
∞
Gustav IV.
Kg. v. Schweden
1778-1837

Marie
von Baden
1782-1808
∞
Friedr. Wilh.
v. Braunschw.-
Wolf., 1771-1815

Karl
2. Großhzg. (seit 1811)
1786-1818
∞
Großherzg. Stephanie
geb. de Beauharnais
1789-1860

Wilhe[...]
von B[...]
1788-[...]
∞
Ludw[...]
von H[...]
1777-[...]

Luise
von Baden
1811-1854
∞
Gustav Wasa
Prinz von
Schweden

Erbprinz
geb. u. gest.
1812
(angeblich
Kaspar
Hauser)

Josephine
von Baden
1813-1900
∞
Karl Anton
v. Hohen-
zollern-
Sigmaringen

Alexander
Erbprinz
1816-1817

Marie
von Baden
1817-1888
∞
Herzog von
Hamilton

Sämtliche Daten sind, soweit nicht anders angegeben, Lebensdaten.

Fett: Großherzöge von Baden

Fett + kursiv: Diejenigen Frauen, die im Buch hauptsächlich vorgestellt werden

Luise Karoline Geyer von Geyersberg
Reichsgräfin von Hochberg
1768-1820

Leopold
4. Großherzog (seit 1830)
1790-1852
∞
Großherzogin Sophie
geb. von Schweden
1801-1865

Wilhelm
Markgraf von Baden
1792-1859
∞
Elisabeth
von Württemberg
1802-1864

Amalie
von Baden
1795-1869
∞
Karl Egon
Fürst von Fürstenberg
1796-1854

Maximilian
von Baden
1796-1882

Ludwig II.
5. Großherzog
(regierungsunfähig)
1824-1858

Friedrich I., Prinzregent (seit 1852)
6. Großherzog (seit 1856)
1826-1907
∞
Großherzogin Luise
geb. von Preußen
1838-1923

Wilhelm
von Baden
1829-1897
∞
Marie
von Leuchtenberg
1841-1914

...

rich II.
er Großherzog (1907-1918)
-1928

herzogin Hilda
von Nassau
-1952

Victoria
von Baden
∞
Gustav V.
Adolf
Kg. von
Schweden

Ludwig Wilhelm
von Baden
† 1888

Max
Prinz von Baden
Reichskanzler 1918
1867-1929
∞
Marie von Cumberland

Markgraf Berthold
1906-1963
∞
Theodora von Griechenland

Markgraf Max
* 1933
∞
Valerie,
Erzherzogin von Österreich

Erbprinz Bernhard
*1970

Personenregister

Ortsregister

Biographien

Martha Schad

Bayerns Königinnen

407 Seiten mit 4 Abbildungen. Serie Piper

Über die aus dem Hause Wittelsbach stammenden Monarchen gibt es zahlreiche Veröffentlichungen. Doch wer waren die Frauen an der Seite dieser kunstsinnigen Herrscher? Bayerns Königinnen stammten alle aus führenden Dynastien Europas, waren schön und hochgebildet. Sie wirkten vor allem in ihren Familien, engagierten sich aber auch auf sozialem und kulturellem Gebiet, sie förderten Toleranz, Frömmigkeit und Liberalität im jungen Königreich, erlebten politische Niederlagen genauso wie privates Glück. Für ihre biographischen Studien zog Martha Schad bisher unerschlossene Briefe und Tagebücher aus dem Geheimen Hausarchiv der Wittelsbacher heran und schildert eindrucksvoll und kurzweilig das öffentliche und private Leben der bayerischen Herrscherinnen.

Kaiserin Elisabeth und ihre Töchter

201 Seiten mit einunddreißig Farb- und achtundzwanzig Schwarzweißabbildungen. Serie Piper

Einundzwanzig Salutschüsse kündigten 1855 die Geburt von Erzherzogin Sophie von Österreich an, der ersten Tochter des österreichischen Kaiserpaars Elisabeth und Franz Joseph. Ein Jahr später wurde Erzherzogin Gisela geboren. Als nach dem plötzlichen Tod der gerade zweijährigen Sophie endlich der ersehnte Thronfolger Rudolf zur Welt kam, war die Freude am Hof und beim Volk überwältigend. Zehn Jahre später folgte Marie Valérie, der erklärte Liebling von Mutter Elisabeth, der kleine Sonnenschein am Kaiserhof. Martha Schad schöpft für diese Familienchronik wie eine intime Freundin aus dem privaten Fundus der Kaiserfamilie. Anhand von Briefen, Tagebüchern, Gemälden und Photographien folgt sie den Lebenswegen der Töchter der Kaiserin und denen ihrer Nachkommen bis in die Gegenwart.

SERIE PIPER

Klaus Günzel

Das Weimarer Fürstenhaus

Eine Dynastie schreibt Kulturgeschichte. 223 Seiten mit 32 Seiten Abbildungen. Serie Piper

Am Weimarer Hof wurde eines der glanzvollsten Kapitel der europäischen Kulturgeschichte geschrieben. Vor allem die Frauen prägten das Gesicht der Dynastie: Herzogin Anna Amalia machte aus dem unbedeutenden Kleinstaat eines der wichtigsten geistigen Zentren des 18. Jahrhunderts. Als ihr Sohn Carl August den jungen Goethe an den Weimarer Hof holt, beginnt der Aufstieg des Fürstenhauses zum strahlenden Mittelpunkt der deutschen Klassik. – Mit leichter Feder zeichnet Klaus Günzel die Geschichte der Weimarer Dynastie und beleuchtet dabei auch die menschlichen Licht- und Schattenseiten ihrer bedeutendsten Persönlichkeiten.

»Eine vorzügliche Schilderung des nicht nur klassischen Weimar.«
Frankfurter Allgemeine Zeitung

05/1603/01/L

Stefan Gläser

Frauen um Napoleon

261 Seiten und 16 Seiten Bildtafeln. Serie Piper

Elf Frauen, die in Napoleons Leben eine besondere Rolle spielten, die seinen glanzvollen Aufstieg und seinen jähen Sturz erlebten, die ihn liebten, bewunderten oder auch verachteten: von der Mutter Letizia und den drei Schwestern über die Ehefrauen Joséphine und Marie Louise und die beiden Adoptivtöchter bis hin zur Geliebten Marie Walewska und den Gegnerinnen Königin Luise und Madame de Staël – sie alle hat Stefan Gläser historisch fundiert und mitreißend porträtiert.

»Eine flüssig zu lesende und zugleich neue Einsichten eröffnende Ergänzung zu den unzähligen politischen Napoleon-Biographien.«
Geschichte

05/1602/01/R

Martha Schad

Die Frauen des Hauses Fugger

Mit sanfter Macht zum Weltruhm. 190 Seiten mit einem farbigen Bildteil. Serie Piper

Die Augsburger Handwerker- und Kaufmannsfamilie Fugger stieg im 16. Jahrhundert zu sagenhaftem Reichtum und politischem Einfluß auf. Den Weg von einfachen Webern zum wichtigen Handelsgeschlecht ebneten auch die bislang nur wenig beachteten weiblichen Akteure des Hauses: Martha Schad zeigt, wie mit sanfter Macht die Fäden der Familien- und Reichspolitik gezogen wurden. Ein engagiertes Geschichtsbuch, das detaillierte Einblicke in Freud und Leid der Fugger bietet und dabei die historische Objektivität niemals verläßt.

»Die Autorin holt die Frauen aus der Fußnote der Geschichtsschreibung ... Mit der bei Martha Schad gewohnten Mischung aus Witz, Spannung und Detailreichtum.«
Aichacher Zeitung

05/1601/01/L

Karin Feuerstein-Praßer

Die preußischen Königinnen

367 Seiten mit 38 Abbildungen. Serie Piper

Es war durchaus kein leichtes Schicksal, das die preußischen Königinnen im »Männerstaat« Preußen zu bewältigen hatten. Gleichwohl gelang es einigen von ihnen, sich Freiräume zu schaffen – beispielsweise der »Philosophin auf dem Thron«, Sophie Charlotte von Hannover, und der bis heute wohl populärsten preußischen Königin, Luise von Mecklenburg-Strelitz. Andere wiederum litten unter den höfischen Intrigen und der Mißachtung ihres Gemahls oder konnten sich nur durch Lügen oder Heuchelei behaupten.
Unterhaltsam und mit großer Sachkenntnis erzählt Karin Feuerstein-Praßer vom Leben der sieben preußischen Königinnen.

»Wer sich für Geschichte interessiert und für Frauenschicksale der etwas besonderen Art, wird an dieser Lektüre viel Vergnügen haben.«
Aachener Nachrichten

05/1600/01/R

SERIE PIPER

Biographien

Thea Leitner

Habsburgs verkaufte Töchter

272 Seiten mit 16 Abbildungen. Serie Piper

Thea Leitner bringt in ihrem Bestseller eine unbekannte Seite der europäischen Geschichte zur Sprache, nämlich die Biographien Habsburger Prinzessinnen, die schon im Kindesalter der Politik verschrieben wurden. Obwohl von Kindesbeinen an über sie verfügt wurde, waren sie als erwachsene Frauen keineswegs passive Opfer ihrer Herkunft.

Habsburgs vergessene Kinder

288 Seiten mit 34 Abbildungen. Serie Piper

Thea Leitner verfolgte die Spuren von Nachkommen des Erzhauses, die von der Geschichtsschreibung bislang kaum beachtet wurden. Dabei stieß sie auf Menschen »mit ihren Ängsten und Leidenschaften und Verstrickungen, ihren heroischen Höhepunkten und ihren abgrundtiefen Nöten«.

Skandal bei Hof

Frauenschicksale an europäischen Königshöfen. 320 Seiten. Serie Piper

Vor dem Hintergrund europäischer Politik eröffnen diese erschütternden Tragödien ein Gesellschaftsbild, das die Skandale heutiger gekrönter Häupter als harmlose Geschichten erscheinen läßt.

Die Männer im Schatten

An der Seite berühmter Herrscherinnen. 260 Seiten mit 35 Abbildungen. Serie Piper

Mit kriminalistischem Spürsinn folgt Thea Leitner dem Leben der Ehemänner berühmter Frauen: Maria Stuart, Katharina die Große, Maria Theresia und Queen Victoria. Sie beschreibt anschaulich, unterhaltsam und kenntnisreich die zu Nebenrollen verdammten Männer und wirft damit ein neues Licht auf die Biographien der berühmten Frauen.

Fürstin, Dame, Armes Weib

Ungewöhnliche Frauen im Wien der Jahrhundertwende. 352 Seiten mit 38 Abbildungen. Serie Piper

Biographien

Dirk Van der Cruysse

»Madame sein ist ein ellendes Handwerck«

Liselotte von der Pfalz – eine deutsche Prinzessin am Hofe des Sonnenkönigs. Aus dem Französischen von Inge Leipold. 752 Seiten. Serie Piper

Ein unvergleichliches Bild ihrer Zeit hat Liselotte von der Pfalz in ihren 60000 Briefen hinterlassen. In diesen Universalreportagen beschreibt sie ihr Leben am Hof ihres Schwagers, des Sonnenkönigs Ludwig XIV., freimütig, spöttisch, oft derb. Die Intrigen und Ränkespiele, die politischen Krisen und die glänzenden Feste bei Hof fanden in »Madame«, der Tochter des Kurfürsten Karl Ludwig von der Pfalz, eine kluge und geistreiche Beobachterin.

»Van der Cruysses Werk berichtet so frisch, wie es seinem Objekt zukommt.«
Die Zeit

»Dirk Van der Cruysse gelang es in bravouröser Weise, diese ungewöhnliche Frau zu rehabilitieren.«
Die Welt

Bruno Keiser

Adelheid Königin, Kaiserin, Heilige

Ein Leben in bewegter Zeit. 272 Seiten. Serie Piper

Daß auch Frauen Geschichte machen, beweist Adelheid (931 bis 999), Königin von Italien (947) und als Gemahlin Ottos des Großen Kaiserin des Römischen Reiches (962). Sie entwickelte schon damals ein Konzept von Europa und wirkte mit bei der Gestaltung und Bewahrung des entstehenden Reiches. Mit Hartnäckigkeit und Machtbewußtsein, mit Charme und Diplomatie setzte sie ihre Ziele durch. Ihr Leben spielte sich nicht nur in Palästen und Pfalzen ab, sondern auch im Kerker, auf Feldzügen und Reichstagen. Als Gründerin eines Klosters in Selz im Elsaß wurde sie 1097 heiliggesprochen. Das anschaulich erzählte Lebensbild einer klugen und tatkräftigen Herrscherin zur Zeit der letzten Jahrtausendwende läßt zugleich ein faszinierendes Bild der Zeit entstehen.

SERIE PIPER

Robert Holzschuh

Das verlorene Paradies Ludwigs II.

Die persönliche Tragödie des Märchenkönigs. Mit 27 unveröffentlichten Briefen des Königs. 175 Seiten. Serie Piper

Zwischen 1884 und 1886 schrieb der bayerische König Ludwig II. zahlreiche geheime Briefe an seinen engsten Vertrauten Karl Hesselschwerdt. Sie endeten häufig mit dem Befehl »Verbrenne dieses Blatt«. Doch Hesselschwerdt widersetzte sich der Anweisung, und die Briefe existieren bis heute. Sie stammen aus den Jahren, in denen sich der finanzielle und politische Untergang seines Königtums ankündigte – und parallel dazu das tragische Liebesleben des Romantikers auf dem Königsthron, das schließlich in die private Katastrophe mündete.

»Eine fesselnde, plausible Historie, die sich mit all ihren Bizarrerien flüssig und durchaus aufregend liest.«
Michael Skasa, Literaturen

05/1599/01/L

Sylvia Jurewitz-Freischmidt

Die Herrinnen der Loire-Schlösser

Königinnen und Maitressen um den Lilienthron. 288 Seiten mit 16 Abbildungen. Serie Piper

Die Geschichte der Schlösser an der Loire ist untrennbar verbunden mit den bedeutenden Frauen Frankreichs vom Ende des 14. bis zum Ende des 16. Jahrhunderts. Die Lebensgeschichten von Isabeau de Bavière über Jeanne d'Arc bis zu Catherine de Medici spiegeln die farbenprächtige Epoche der Valois, die in den Loire-Schlössern residierten. Architektur, Kunst, Literatur, Wissenschaft, aber auch das Handwerk erlebten während der französischen Renaissance einen ungeahnten Aufschwung, und das Leben am Hof gewann eine nie dagewesene Bedeutung. Dabei waren die Frauen, die den König umgaben, keineswegs nur schmückendes Beiwerk, ganz im Gegenteil – manche von ihnen bestimmten die Geschikke Frankreichs. Kenntnisreich und spannend erzählt die Historikerin Sylvia Jurewitz-Freischmidt von den Königinnen und Maitressen an der Loire.

05/1598/01/R

SERIE PIPER

Erika Bestenreiner

Luise von Toscana

Skandal am Königshof. 328 Seiten mit 9 Schwarzweißfotos. Serie Piper

Einen größeren Skandal hat Deutschland vor dem Ersten Weltkrieg nicht erlebt: Luise von Toscana aus dem Haus Habsburg, die künftige Königin von Sachsen, verläßt ihren Mann und ihre fünf Kinder und wird bürgerlich. Erika Bestenreiner erzählt die Hintergründe dieses Dramas fesselnd wie einen Roman, hält sich aber genau an die Quellen.

Die Geschichte dieser Flucht vom Thron ist die Geschichte von Kälte und Herzlosigkeit in der königlichen Familie, vom Mut, anders sein zu wollen, und von der Suche nach der wahren und großen Liebe.

05/1550/01/L

Helga Thoma

Ungeliebte Königin

Ehetragödien an Europas Fürstenhöfen. 254 Seiten mit 20 Abbildungen. Serie Piper

Nach außen mochten die großen europäischen Fürstenhöfe Pracht und Luxus ausstrahlen, doch hinter ihren Fassaden spielten sich wahre Ehetragödien ab. Die Töchter von Kaisern und Königen wurden häufig wie ein Stück Ware gehandelt und noch als Kinder aus Staatsräson in ein fernes Land verschachert, nach persönlichem Glück wurde selten gefragt. Packend und historisch fundiert erzählt Helga Thoma von tragischen Schicksalen, aber auch von starken Frauen, die sich vom Leid nicht brechen ließen.

»Was Helga Thoma zusammengetragen hat, gibt einen tiefen Einblick in höfisches Zeremoniell und in den seelischen Zustand, in den die ungeliebten Königinnen nach ihrer Heirat gerieten.«
Westfälischer Anzeiger

05/1413/01/R

Heinz Ohff

Der grüne Fürst

Das abenteuerliche Leben des Hermann Pückler-Muskau. 327 Seiten mit 30 Abbildungen. Serie Piper

Ein luxusverwöhnter, exzentrischer Snob, der Duelle focht und mehr Liebschaften hatte als Casanova; ein Abenteurer, der zu Pferd halb Afrika durchquerte, von höchstem Adel, aber republikanisch gesinnt, begabter Autor, genialer Gartenarchitekt: So jemanden wie den Fürsten Pückler-Muskau hat es im Deutschland des 19. Jahrhunderts nicht noch einmal gegeben.

Ein Stern in Wetterwolken

Königin Luise von Preußen. Eine Biographie. 493 Seiten mit 34 Abbildungen. Serie Piper

Heinz Ohff zeichnet in seiner Biographie das Bild einer Frau zwischen Legende und Historie und vermittelt zugleich einen lebendigen Eindruck der damaligen Zeit.

»Ein lesenswertes, kluges Buch.«
Die Presse

Karl Friedrich Schinkel
oder Die Schönheit in Preußen

285 Seiten mit 38 Schwarzweiß-Abbildungen. Serie Piper

In seinem kurzen Leben hat Karl Friedrich Schinkel die Schönheit Preußens erfunden. Es gibt nichts, was Schinkel nicht gebaut hätte: staatliche Gebäude, Akademien, Kirchen, Kasernen, Repräsentationsbauten. Wer Berlin und Brandenburg heute bereist, stößt überall auf seine Spuren. Der große Biograph Heinz Ohff erzählt mit der ihm eigenen Leichtigkeit Schinkels Leben für und mit der Architektur. Der Bogen spannt sich über eine politisch bewegte Zeit von den Napoleonischen Kriegen bis in die Mitte des 19. Jahrhunderts mit dem Vordringen von Wissenschaft und Technik.